Mit der Bibel durch das Jahr 2023

Mit der Bibel durch das Jahr 2023

Ökumenische Bibelauslegungen

Herausgegeben von
Nikolaus Schneider

unter Mitwirkung von

Franz-Josef Bode

Jochen Cornelius-Bundschuh

Maria Jepsen

Emmanuel Sfiatkos

Rosemarie Wenner

Heiner Wilmer

KREUZ kbw bibelwerk

Redaktion
Dr. h.c. Nikolaus Schneider, Präses a.D. und Ratsvorsitzender der EKD a.D.

MIX
Papier | Fördert gute Waldnutzung
FSC® C014496

www.verlag-kreuz.de
Koproduktion mit dem Verlag Katholisches Bibelwerk GmbH, Stuttgart
www.bibelwerkverlag.de
Umschlagkonzeption: wunderlichundweigand, Schwäbisch Hall
Umschlaggestaltung: Verlag Herder
Umschlagmotiv: Queek/GettyImages
Satz: Arnold & Domnick GbR, Leipzig
Druck und Bindung: GGP Media GmbH, Pößneck

Printed in Germany

ISBN 978-3-451-60115-6 (Verlag Kreuz)
ISBN 978-3-460-20235-1 (Katholisches Bibelwerk)

Inhalt

Liebe Leserinnen und Leser!

Zu Beginn eines neuen Jahres feiert die orthodoxe Kirche eine Doxologie, einen Lob- und Dankgottesdienst. Im Abschlussgebet dieses Gottesdienstes heißt es:

> »Wir bitten Dich, o allbarmherziger Gebieter, segne den Kranz des beginnenden Jahres mit Deiner Gnade! Schenke der Erde den nötigen Regen, auf dass sie Frucht bringe, und lass uns den Jahreskreis in Frieden und Eintracht verbringen, mit dem Kranz der herrlichen Tugenden, erleuchtet vom Licht Deiner Gebote … Die Jugend erziehe, die Alten stütze, sammle die Zerstreuten, tröste die Enttäuschten und vereinige sie mit Deiner Heiligen Kirche. Dein ewiges Reich komme auf uns, das Reich der Güte, der Gerechtigkeit und des Friedens ...«

Jeder Tag unseres Lebens ist ein Geschenk. Jedoch gleicht kein Tag dem anderen. Manche schenken uns Zufriedenheit, Gesundheit und Glück, andere wiederum stellen uns vor Herausforderungen und lassen uns verzweifeln. Wie gut und stärkend ist es dann, wenn man jeden Tag mit einem kurzen Moment der Ruhe und des Gebetes beginnen kann? Eine schier unerschöpfliche Quelle der Inspiration für ein solches Innehalten in unserer unruhigen Zeit ist die Heilige Schrift. Ein uraltes und dennoch immer aktuelles Zeugnis unserer Beziehung zu dem Einen, dem wir uns anvertrauen.

Der Hl. Johannes Chrysostomos, ein Kirchenvater und -lehrer der einen, ungeteilten Kirche (344–407 n. Chr.), beschreibt in einer seiner Reden die Beschäftigung mit der Hl. Schrift folgendermaßen:

> »Das Studium der Heiligen Schrift ist wie ein kostbarer Schatz. Denn wie man aus dem kostbaren Schatz, auch nur einen kleinen Teil entnehmend, viel Reichtum erwirbt, so gilt dies auch für die Heilige Schrift: Wahre Schätze sind größtenteils in den Tiefen der Erde verborgen. Niemand vermutet, dass unter der Erde, auf der man steht, ein Schatz verborgen ist … So ist es auch bei der Heiligen Schrift. Oberflächliches Lesen allein reicht nicht aus. Es muss sorgfältig geforscht werden. Wenn nur das Lesen ausreichen würde, würde Philippus nicht zu dem Äthiopier sagen: ›Verstehst du auch, was du liest?‹ (Apg 8,30) Denn derjenige, der die Schrift erforscht, bleibt nicht an der Oberfläche, sondern steigt in die Tiefe hinab …«

Wir alle sind eingeladen, in die Tiefe des Textes der Heiligen Schrift hinabzutauchen und wahre spirituelle Schätze zu heben. Diesem Anliegen ist auch das Buch »Mit der Bibel durch das Jahr« gewidmet, das Sie in Ihren Händen halten. All denen, die in der Heiligen Schrift Antworten suchen, soll es als Wegweiser dienen, das Wort Gottes zu entdecken. Dabei sind die kurzen exegetischen Ansätze der vielen Autorinnen und Autoren, denen an dieser Stelle herzlich für ihre Mitarbeit gedankt sei, erste Einblicke in die Auslegung der jeweiligen Textstellen. Sie sollen allen Suchenden als Anstoß dienen, sich intensiver mit dem Wort Gottes zu befassen und Fragen zu stellen. Das kann z.B. bedeuten, dass ich in meinem Ansatz den einen oder anderen Aspekt nicht berücksichtigt habe. Andererseits kann es zu einer Diskussion führen, die Ansichten und Denkweisen kritisch hinterfragt. Der Gedankenaustausch ist in jedem Fall eine bereichernde Erfahrung.

Wenn wir mit der Bibel durch das Jahr gehen, haben wir einen Anker in unruhigen, stürmischen Zeiten und können immer wieder voller Hoffnung auf Gottes helfende und heilende Gegenwart bauen. Wir werden auf dem Weg durch das neue Jahr bemerken, dass eine zweitausend Jahre alte Sammlung von Texten mehr ist als Geschichte. Es ist ein lebendiges Zeugnis einer Gemeinschaft im Herrn, einer Gemeinschaft der Hoffnung, des Vertrauens, des Respekts und der Liebe. Die Heilige Schrift ist und bleibt aktuell. Wie oft man sie auch liest, man entdeckt stets Neues, Lebendiges. Durch ihr Studium wird Gott auf besondere Weise erfahrbar. Sie ist das gemeinsame Fundament aller Christen. Diesem ökumenischen Aspekt wird dadurch Rechnung getragen, dass die Autorinnen und Autoren aller Konfessionen ihre Sichtweise in diesem Buch zusammengetragen haben. Wie in der Urkirche, in der wir alle unseren Anfang haben, kommen auch hier Menschen verschiedener Disziplinen zusammen. Sie als Leserinnen und Leser erhalten einen besonderen Einblick in die Gedanken- und Glaubenswelt der anderen und teilen diese Erfahrung mit der Welt. Unser Austausch wird zu einem steten spirituellen Prozess. An diesem Prozess sind nun auch Sie beteiligt.

Aus meiner persönlichen Erfahrung weiß ich, wie wichtig die Auseinandersetzung mit der Bibel ist. Sie hat nicht nur meine Studienzeit maßgeblich geprägt. In meinem pastoralen Dienst ziehe ich täglich das Wort Gottes heran, um vielen Menschen Mut zuzusprechen und Gott näherzubringen. Auch ich brauche Mut zur Überwindung von Ängsten, Vorurteilen, Zweifeln. Die Bibel ist mir Trost und Zuversicht.

Besonders dankbar bin ich den Herausgeberinnen und Herausgebern für die Einladung, als erster orthodoxer Theologe und Geistlicher das besondere Projekt »Mit der Bibel durch das Jahr« als Mitherausgeber zu begleiten. Das mir entgegengebrachte Vertrauen und die geschwisterliche Wertschätzung sind ein Beweis für ein wachsendes ökumenisches Miteinander.

Apropos wachsen: Einen letzten Aspekt möchte ich hier noch erwähnen. Das Studium der Heiligen Schrift befördert unser Wachsen im Glauben. Die Bibel bietet uns die dafür nötige geistige Nahrung. Viel können wir miteinander und voneinander lernen und uns an reicher Frucht erfreuen. Vielleicht zeichnet der Hl. Ephräm der Syrer in seiner Rede über die Verklärung Christi aus diesem Grund das folgende Bild:

> »Vom Acker kommt Erntesegen, vom Weinberge schmackhafte Früchte und von der Hl. Schrift belebende Lehre. Der Acker gewährt nur für eine Zeit die Ernte, und der Weinberg gewährt nur für eine Zeit die Weinlese, aber die Hl. Schrift sprudelt, so oft sie gelesen wird, belebende Lehre. Ist der Acker abgeerntet, so hört er auf, zu tragen; ist der Weinberg abgeherbstet, so wird er unfähig; von der Hl. Schrift aber kann man täglich ernten, ohne dass die Ähren in ihr für die Ausleger abnehmen, und täglich kann man in ihr Weinlese halten, ohne dass die Trauben der in ihr hinterlegten Hoffnung ausgehen. Nähern wir uns also diesem Acker und genießen wir von dem Ertrag seiner lebenspendenden Furchen! Ernten wir von ihm Ähren des Lebens, nämlich die Worte unseres Herrn Jesus Christus …«

Diese und viele weitere gute Erfahrungen wünsche ich Ihnen auf Ihrem Weg mit der Bibel durch das Jahr. Seien Sie mutig, wenn Sie nach geistigen Schätzen suchen, denn vieles ist noch verborgen. Öffnen Sie Ohren und Herzen für die Botschaft der Hl. Schrift. Erfreuen Sie sich an der Schönheit und der Fülle des Wortes Gottes und an der Reichhaltigkeit der geistigen Ernte.

Möge Gott Sie auf Ihrem Weg begleiten.

Bischof Emmanuel von Christoupolis

Hinweise zum Gebrauch dieses Buches

Das Geleitwort dieses Bandes von »Mit der Bibel durch das Jahr«, liebe Leserinnen und Leser, verweist auf eine Erweiterung des ökumenischen Horizontes: Wir heißen die orthodoxe Glaubensfamilie, vertreten durch die Griechisch-Orthodoxe Kirche in Deutschland, im Kreis der Herausgeberinnen und Herausgeber und der Autorinnen und Autoren herzlich willkommen! Und das gilt in gleicher Weise für alle neuen Leserinnen und Leser. Es ist uns eine große Freude, dass neben der Römisch-Katholischen Kirche, den Kirchen der Reformation nun auch die dritte Säule der Kirche Jesu Christi in unserem Buch vertreten ist. Die Klangfarbe orthodoxer Theologie und Frömmigkeit haben Sie schon bei der Lektüre des Geleitwortes vernehmen können. Ich bin gewiss: Die Auslegungen unserer orthodoxen Glaubensgeschwister wird Ihr Verstehen biblischer Texte und Ihr Nachdenken über unseren Glauben bereichern.

Die Lesungen des Tages folgen dem Bibelleseplan der »Ökumenischen Arbeitsgemeinschaft für Bibellesen«, den wir in diesem Band abdrucken (ab Seite 432) und worin auch die Zeiten des Kirchenjahres berücksichtigt werden. Ziel des Bibelleseplans ist es, im Laufe der Jahre die wichtigsten Texte der Bibel kennenzulernen. Am besten beginnen Sie mit der Lektüre des Bibeltextes selber und legen dazu die Lutherbibel oder die Einheitsübersetzung (in möglichst aktuellen Übersetzungen) an einen festen Platz in Ihrer Wohnung. So vorbereitet, greifen Sie zu den Auslegungen im vorliegenden Band, denen ein Gebetstext beigegeben ist.

Wir haben die Jahreslosung an den Beginn des Bandes gestellt. Dort finden Sie auch die Monatssprüche (Seite XII). Die Gebete (Morgen- und Abendgebete) für jeden Tag der Woche wurden von Sr. PD Dr. Nicole Grochowina aus der Communität Christusbruderschaft Selbitz verfasst (ab Seite 415). Die Gebete auf dem Lesezeichen haben meine Frau Anne Schneider und ich formuliert.

Im Anhang finden Sie:

- ein Bibelstellenregister (ab Seite 438), welches das Auffinden der Auslegungen erleichtert,
- ein Verzeichnis der Mitarbeiterinnen und Mitarbeiter (ab Seite 442),

– ein Abkürzungsverzeichnis der biblischen Bücher (Seite 446),
– und ein Quellenverzeichnis (Seite 447), in dem vermerkt ist, woher jene Gebetstexte am Ende einer jeden Auslegung stammen, die nicht von den Autorinnen und Autoren selbst verfasst wurden.

Die Schreibweise der biblischen Namen folgt dem »Ökumenischen Verzeichnis der biblischen Eigennamen« nach den Loccumer Richtlinien.

Für Rückmeldungen zu den Bibelauslegungen sind wir dankbar. Am besten erfolgen diese Rückmeldungen an die Redaktion, die sie an die betreffenden Autorinnen und Autoren weiterleitet. Hinweise zur Verbesserung unserer Ökumenischen Bibellesehilfe können ebenfalls an die Redaktion erfolgen (redaktion@kreuz-verlag.de).

Ich wünsche Ihnen eine anregende Lektüre!
Ihr
Nikolaus Schneider

Jahreslosung und Monatssprüche

Jahreslosung 2023
Du bist ein Gott, der mich sieht. *Gen 16,13 (L)*

Monatssprüche 2023

Januar
Gott sah alles an, was er gemacht hatte: Und siehe, es war sehr gut. *Gen 1,31 (E)*

Februar
Sara aber sagte: Gott ließ mich lachen. *Gen 21,6 (E)*

März
Was kann uns scheiden von der Liebe Christi? *Röm 8,35 (E)*

April
Christus ist gestorben und lebendig geworden, um Herr zu sein über Tote und Lebende. *Röm 14,9 (E)*

Mai
Weigere dich nicht, dem Bedürftigen Gutes zu tun, wenn deine Hand es vermag. *Spr 3,27 (L)*

Juni
Gott gebe dir vom Tau des Himmels und vom Fett der Erde und Korn und Wein die Fülle. *Gen 27,28 (L)*

Juli
Jesus Christus spricht: Liebt eure Feinde und betet für die, die euch verfolgen, damit ihr Kinder eures Vaters im Himmel werdet. *Mt 5,44–45 (E)*

August
Du bist mein Helfer, und unter dem Schatten deiner Flügel frohlocke ich. *Ps 63,8 (L)*

September
Jesus Christus spricht: Wer sagt denn ihr, dass ich sei? *Mt 16,15 (L)*

Oktober
Seid Täter des Worts und nicht Hörer allein; sonst betrügt ihr euch selbst. *Jak 1,22 (L)*

November
Er allein breitet den Himmel aus und geht auf den Wogen des Meers. Er macht den Großen Wagen am Himmel und den Orion und das Siebengestirn und die Sterne des Südens. *Hiob 9,8–9 (L)*

Dezember
Meine Augen haben deinen Heiland gesehen, das Heil, das du bereitet hast vor allen Völkern. *Lk 2,30–31 (L)*

Mit der Bibel durch das Jahr 2023

Einführung zum Buch der Psalmen auf Seite 377 ff

Der königliche Mensch

Gekrönte Häupter beschäftigen bis heute die Menschen. Ihr Leben und ihre Schicksale, ihre Hoch-Zeiten und ihre Skandale füllen die Boulevardblätter. Ein Blick hinter die Kulissen in einer Foto-Homestory, das befriedigt die Neugier. Auf einmal werden sonst verschlossene Bereiche für eine breite Öffentlichkeit zugänglich, die so am Leben der gekrönten Häupter Anteil haben kann.

Von einem gekrönten Haupt der eigenen Art spricht unser Psalm. Und auch er erlaubt einen Einblick in Beziehungsverhältnisse; doch hier geht es um die Beziehung Gott – Mensch. Zu dieser Beziehung gehört, dass der Mensch angenommen ist, dass er herausgehoben ist unter den Geschöpfen. Eben ein gekröntes Haupt, mit eigener Würde und eigenem Glanz: Gott denkt an den Menschen.

Gekrönte Häupter haben bis heute Aufgaben. Sie repräsentieren den Staat, sie stehen für seine Werte ein. Auch die Menschheit hat solche Pflichten. Sie repräsentiert Gott, den Schöpfer, und die mit ihm verbundenen Werte. Deshalb heißt es auch, sie sei wenig niedriger gemacht als Gott. Ihre Aufgaben sind bezogen auf das Ganze der Schöpfung. Die Schöpfung ist der Bereich des menschlichen Wirkens, die Schöpfung ist gleichsam das Herrschaftsgebiet der Menschheit. Immer wieder treten hier lebensfeindliche Mächte auf den Plan. Ihnen gilt es zu wehren, damit nicht Lüge und Tod die Herrschaft antreten. Dabei spielen die Kleinsten, die Säuglinge und Kinder, eine wichtige Rolle: Ihr Lob, auch wenn es gebrabbelt ist, wehrt allem Lebensfeindlichen in der Welt. Sie sind gleichsam Botschafter des lebensfreundlichen Gottes.

Der königliche Mensch soll wie ein guter König handeln, der Verantwortung für die Menschen in seinem »Staat« übernimmt. Seine »Untertanen« sind die nichtmenschlichen Geschöpfe, unter denen stellvertretend vor allem die Tiere genannt werden. Ihnen soll er Schutz und Fürsorge zukommen lassen. Ein guter Vorsatz für das neue Jahr.

PETER RIEDE

Unser Gott, du nimmst uns Menschen wahr, du kennst uns, du achtest auf uns. Lass auch uns deine Schöpfung wahrnehmen, die Tiere und alles Leben, das uns umgibt. Und lass uns achtsam mit ihnen umgehen.

Einführung zum Buch Genesis auf Seite 369 ff

Aller Anfang …

Struktur: Das ist der rote Faden dieses Textes. Struktur gegen das Chaos und die Leere, das »Tohuwabohu« (V. 2) des Lebens. Der Welt einen Raum geben, der Leben ermöglicht: das von Pflanzen und Tieren, schließlich das des Menschen. Die straffe Ordnung im Text hat viele irritiert und tut es – leider – auch heute noch. Manche erkennen darin eine Kosmologie und verstehen sie als biblische Darlegung der Entstehung der Welt, so als hätten die Verfasser(innen?) vor rund 2500 Jahren der Evolutionstheorie und der These vom Urknall vorausgreifen wollen. Doch wer diese Erzählung vom »6-Tage-Werk« Gottes wie ein Versuchsprotokoll liest, wird sie nicht verstehen können. Eher ist sie mit Poesie zu vergleichen. Die Bibel interessiert die Deutung dessen, was ist – die Physik kümmert sich um das Wie und die innere Struktur dessen, was ist. Das ist eine ganz andere Ebene – und darum wird die jahrhundertealte Auseinandersetzung Schöpfungserzählungen vs. naturwissenschaftliche Weltsicht beiden Seiten nicht gerecht. Das Missverstehen könnte mit dem ersten Wort beginnen: »Im Anfang« wird häufig übersetzt, so, als sei das ganze chronologisch zu verstehen. Das hebräische »be« meint aber auch »als«. Und schon steht alles ganz anders da: Der Anfang ist ein Lebensraum, und ihm wohnt eine Struktur inne, die Leben ermöglicht und sichert – davon erzählt die geordnete Abfolge der »Tage« – die selbstverständlich nicht der 24/7-Logik folgen, sondern deutlich machen, dass der geschaffenen Welt eine endliche, zeitliche Struktur innewohnt.

Theoretisch zwingend lässt sich aus dem Staunen über die innere Ordnung der Schöpfung die Existenz Gottes nicht »beweisen«. Aber nicht wenige aus den Reihen derer, die sich damit als Physiker oder Botanikerinnen beschäftigen, sind zum Staunen gekommen – und vom Staunen zum Glauben. Sie haben eine Spur SEINER Schritte wahr-genommen, gewissermaßen …

HANS-CHRISTIAN NEIBER

Aller Anfang liegt bei dir, Schöpfer der Welt. Alles Leben entspringt deiner Liebe. Erhalte mir das Staunen und die Demut.

Und es geht weiter ...

Auch wenn die erste Schöpfungserzählung im Buch Genesis nicht als chronologische Ausführung eines Bauplanes missverstanden werden darf: Eine Auseinandersetzung aber führt diese Erzählung doch. Sie polemisiert gegen die babylonische Götterwelt. Und das ist kein Zufall, denn ihre schriftliche Entstehungszeit fällt wohl in das zeitliche Umfeld des babylonischen Exils. Dessen große Herausforderung war die Auseinandersetzung mit dem Scheitern der israelitischen Königsherrschaft nach Salomo – also die Frage, wie Gott es zulassen konnte, dass alle scheinbar so segensreichen Strukturen, die im Laufe der Geschichte Israels entstanden waren, mit der Eroberung Jerusalems und der Deportation nach Babylon zerstört wurden. Die Begegnung mit der babylonischen Götterwelt verschärfte dieses Fragen – was ist nun mit unserem Glauben an den einen Gott, den Vater Abrahams, Isaaks und Jakobs? Die erste Schöpfungserzählung kann als Antwort auf diese bohrenden Fragen verstanden werden: Gott sorgt für lebenstragende Strukturen, auch im inneren und äußeren Tohuwabohu. Auf ihn ist Verlass. Die Sterngottheiten Babylons sind für die Bibel nichts als Lampen, die Gott »an das Himmelsgewölbe gehängt« hat. Der feine Humor der Bibel: Gott als Raumausstatter. Und ihnen wird eine Funktion zugewiesen: Sie dienen schlicht als Zeitmesser und zur Orientierung.

Und dann wird es spannend: Was für uns heute gesichertes Wissen ist, war den Verfasser/innen schon vor langer Zeit bekannt – dass sich die Fauna dem Wasser verdankt, alles tierische Leben letztlich aus dem Wasser hervorgekrochen ist (natürlich nicht an einem »Tag«, wie schon beschrieben, aber auch einer inneren Entwicklung folgend). Und auch hier wird wieder eine wesentliche Botschaft dieser Schöpfungserzählung deutlich: Selbst die »Monster des Meeres« sind in Gottes ordnender Hand (im Ps 104,26 wird der Leviathan gar zum Spielzeug Gottes). Die Schöpfung ist so »in Ordnung«. Immer wieder heißt es: Und Gott sah, dass es gut war.

HANS-CHRISTIAN NEIBER

Die ganze Schöpfung ruft dein Lob aus, o Herr. Vom Mikroorganismus bis zum Blauwal: alles dein Wollen und Vollbringen. Mein Gott, wie groß bist du!

… und dem Ganzen wird die Krone aufgesetzt

Im letzten Abschnitt der Schöpfungserzählung gehen wir einem Höhepunkt entgegen, der aber nicht ihr Ziel ist: der Erschaffung des Menschen. Es kann nur angerissen werden, was darin alles begründet liegt. Dass Gott auf einmal als »wir« spricht, ist christlicher Theologie eine Steilvorlage für ihre Vorstellung der Trinität gewesen, aber zunächst als Hinweis darauf zu deuten, dass das Sich-Aussprechen ein Grundzug ihres Gottesbildes ist. In der Schöpfung kehrt Gott sozusagen sein Innerstes nach außen, indem er spricht und es wird. Und die Selbstaufforderung hebt das »Werk« des 6. Tages als etwas Besonderes hervor. Gott schafft ein Abbild seiner selbst, von dem Ps 8 sagt, es sei nur ein wenig geringer als er selbst. Die Bipolarität des Menschen ist Ausdruck seines Auf-Beziehung-Angewiesenseins. In ihr spiegelt sich der Wille Gottes zur Beziehung, der im ganzen Schöpfungshandeln zum Ausdruck kommt. Und: Eine Unter- oder Überordnung der Geschlechter im Verhältnis zueinander ist hier nicht angelegt, ganz im Gegenteil: Nur im wechselseitigen Angewiesensein ist der Mensch ganz Abbild des Schöpfers. Diese Zusage der Würde wird nun ausdrücklich mit einem Auftrag verbunden. Als »Statue« Gottes in der Schöpfung repräsentiert der Mensch statthalterlich dessen Herrschaftsanspruch, einem weise handelnden König gleich. Der Mensch hat also keinen eigenen Herrschaftsanspruch, bestenfalls kommt die übrige Schöpfung einem Lehen gleich. Dass ausgerechnet dieser Auftrag eine furchtbare, bis heute andauernde Ausbeutung der übrigen Schöpfung legitimieren sollte, ist ein beklagenswertes Missverstehen. Denn die Krone des Ganzen ist nicht der Mensch, wie gerne behauptet wird, sondern der 7. Tag, die Vollendung, der Sabbat als des Schöpfers alles strukturierende Wegmarke im Lauf der Dinge. Erst mit ihm kommt die Schöpfung zu ihrem Ziel, und so auch der Mensch als ihr Teil – und alles dient dem letzten Wozu des Ganzen: dem Lob des Schöpfers.

HANS-CHRISTIAN NEIBER

Auf dich hin hast mich geschaffen, als ein kleines Teilchen deiner Schöpfung – so will ich dich loben, mein Gott, meine Ruhe und meine Kraft!

Gottes Schöpfungsgarten

Gemälde mit Naturdarstellungen finden sich in vielen Häusern, nicht nur in Museen. So wird ein Stück Natur in den Lebensalltag geholt. Ein Naturbild als Labsal für die Seele, das Entspannung in die Zimmer zaubert und einfach guttut.

Ein wunderbares Naturbild, genauer ein Gartenbild, begegnet uns heute, wenn wir uns mit der zweiten Schöpfungserzählung der Bibel beschäftigen. Es ist ein Bild von Fülle und Leben, das alle, die gerne in der Natur sind, ansprechen dürfte, es ist ein Bild für die Schöpfung.

Doch es gab eine Zeit, in der das, was blüht und wächst, noch nicht da war. Noch keine Sträucher und Gräser, noch kein Regen, der den Garten befeuchtet. Noch kein Mensch. Alles Leben ist abhängig von der Feuchtigkeit. Erst als sie da ist, wird auch der Mensch geschaffen, aus der trockenen Materie der Erde. Der Mensch ein »Erdling«, so könnte man das hebräische Wortspiel zwischen Adama (Erde) und Adam (Mensch) im Deutschen nachahmen. Damit der »Erdling« lebt und zu einem »Lebe«-Wesen wird, braucht es den Atem.

Der Lebensort des Menschen wird als Baumgarten vorgestellt, in dem viele Fruchtbäume wachsen, »schön anzusehen« und zugleich Grundlage für die Ernährung des Menschen. Fast eine Idylle, fast eine Art Schlaraffenland. Ein Leben ohne Arbeit, ohne Mühe und Plage. Und dennoch ein Leben mit Grenzen. Vor allem eine von Gott gesetzte Grenze soll der Mensch nicht überschreiten: Von einem Baum im Garten darf der Mensch nicht essen, weil damit die Erkenntnis von Gut und Böse verbunden ist. Im Garten Eden braucht der Mensch diese Erkenntnis nicht, wohl aber in der Zeit, als er nicht mehr dort lebt und selbst jeweils aus einer Fülle von (heilvollen oder unheilvollen) Möglichkeiten wählen muss.

Nicht alles, was möglich ist, ist auch zuträglich, nicht alles, was machbar erscheint, dient dem Leben. Wir erfahren es täglich, wenn intakte Natur den Interessen weniger geopfert wird und damit zugleich eine dauerhafte Schädigung der ganzen Schöpfung einhergeht.

PETER RIEDE

Unser Gott, hilf, dass wir unsere Grenzen erkennen und nicht zum Schaden anderer leben.

Eine biblische Magna Charta

»Ich schwöre, dass ich … Gerechtigkeit gegen jedermann üben werde«, so endete der Amtsschwur von Bundeskanzler Olaf Scholz, den er 2021 nach seiner Wahl vor dem Deutschen Bundestag leistete. Eine Regierung baut auf Gerechtigkeit gegenüber den Menschen, für die sie verantwortlich ist. Das weiß auch das Grundgesetz der Bundesrepublik Deutschland, das »im Bewusstsein seiner Verantwortung vor Gott und den Menschen« formuliert wurde. Gleich zu Beginn schärft es die Menschenrechte ein »als Grundlage jeder menschlichen Gemeinschaft, des Friedens und der Gerechtigkeit in der Welt«. Recht und Gerechtigkeit in der Welt zu schaffen, das war und ist bis heute eine bleibende Aufgabe für alle, die sich in der Politik engagieren, für Gerichte und alle, die sich um Ausgleich und Frieden zwischen Menschen bemühen.

Auch unser heutiger Psalm hält, ähnlich einer Magna Charta, grundlegende Aufgaben einer gerechten Regierung fest, nur dass es hier ein König aus Juda ist, der dieser Regierung vorsteht. Zu diesen Aufgaben gehört das Eintreten für die Armen und Schwachen in der Gesellschaft, damit diese zu einem Rechtsbeistand kommen und nicht in Bedrückung und Unrecht dahinvegetieren müssen. Seine gerechte Regierung hat aber auch Auswirkungen auf die Natur, die zum Blühen kommt und in Fülle alles zum Leben Nötige bereithält.

Politiker und Politikerinnen haben zu allen Zeiten schwierige, oft auch belastende Aufgaben vor sich. Nicht umsonst beginnt der Psalm mit einem Gebet, einer Fürbitte für den König: Gott soll ihm seine Gerechtigkeit und seine Rechtsvorschriften als Maßstab für sein Handeln übergeben. Gottes Gerechtigkeit ist die Größe, an der sich menschliche Gerechtigkeit orientieren soll.

Wäre das nicht auch ein wunderbarer Vorsatz für das Jahr? Den Politikerinnen und Politikern und all denen, die Verantwortung auf sich nehmen, nicht immer nur ihre Defizite vorzuhalten, sondern für sie zu beten, dass sie zu Entscheidungen kommen, die dem Frieden und der Gerechtigkeit dienen.

PETER RIEDE

Unser Gott, segne du all die, die in Politik und Gesellschaft Verantwortung übernehmen. Sei du an ihrer Seite und gib ihnen Mut und Orientierung.

Der Traum Gottes vom Menschen

Die Erschaffung der Frau wirkt fast ein wenig naiv. Man bekommt den Eindruck, Gott müsse erst ausprobieren, wie das Problem der Einsamkeit des Menschen zu lösen sei. Zudem scheinen patriarchalische Vorstellungen mitzuschwingen, wenn etwa die Frau »Hilfe« des Menschen sein soll. Jener sich steigernde Erzählduktus zielt jedoch offenbar darauf, die Gemeinschaft von Mann und Frau als unübertroffenes Werk Gottes erscheinen zu lassen. Demgegenüber ist das Verhältnis des Menschen zur Tierwelt von Herrschaft bestimmt, was insbesondere die Benennung der Tiere zeigt. Wiewohl Tiere für manchen Menschen zum Gefährten werden können, sind sie doch niemals ein echter Dialogpartner. Dies ist allein jenem Wesen vorbehalten, welches aus der Herzgegend des Menschen geschaffen wird. Durch dieses findet er zu seiner Identität als »Mann« (isch) und dieses in Gleichheit und doch wesenhafter Unterschiedlichkeit zur »Frau« (ischa). Wenn hier rein passivisch formuliert wird – »wird sie genannt« –, ist zudem ein Herrschaftsverhältnis ausgeschlossen. Als »Hilfe« des Mannes wird dabei der Frau eine Rolle zugewiesen, die sonst im AT Gott zukommt, wo er die Hilfe schlechthin ist. Die Frau wird damit zu einer Art Stellvertreterin Gottes. Dass beide sich ihrer Nacktheit nicht schämen, weist auf die ungebrochene Vertrautheit beider hin. Ein wunderschönes Bild also, das hier entfaltet und das doch durch die Wirklichkeit oft genug in Frage gestellt wird. Offensichtlich geht es hier um einen uranfänglichen Traum Gottes vom Menschen. Tröstlich ist dabei, dass die Bibel die Vorstellung kennt, dass die Urzeit von Gott am Ende der Welt wiederhergestellt wird, wenn z.B. im NT vom »neuen Adam« die Rede ist. Sich um dieses gottgewollte heile Miteinander von Mann und Frau im Alltag zu bemühen, ist also kein vergebliches Unterfangen, sondern Beginn einer neuen Welt.

BURKARD M. ZAPFF

Allmächtiger Gott, du hast den Menschen wunderbar erschaffen und noch wunderbarer erneuert. Gib uns die Kraft, deinem Willen zu entsprechen, um so zu werden, wie du uns gedacht hast.

Ist ein Gott zu wenig?

Die im Alten Testament häufig zu findende Forderung, JHWH allein zu verehren, hat in den vergangenen Jahren zu einer heftigen Diskussion geführt. Was Grundlage dreier Weltreligionen ist, wurde vorgeworfen, Intoleranz und gewaltsame Auseinandersetzungen zwischen den Religionen zu befeuern. Eines wurde dabei jedoch übersehen. Was nämlich gelebte Alleinverehrung Gottes bedeutet, macht beispielhaft Psalm 71 deutlich. Bereits der Beginn ist ja so etwas wie ein Motto, welches den Psalm überschreibt, wenn dort der Beter den Gott Israels – pointiert vorangestellt – als seine Zuflucht bezeichnet. Das hier verwendete Wort bedeutet ursprünglich den Felsvorsprung, in jedem Fall einen geschützten Ort, der Sicherheit gewährt. Der Psalmbeter schildert denn auch alle möglichen Gefährdungen, die dem Menschen widerfahren können, insbesondere seitens böswilliger Menschen. Jeder könnte dieser Liste wohl ohne Schwierigkeiten weiteres hinzufügen. Wer kann eigentlich in solchen Situationen wirklich helfen? Dies ist die entscheidende Frage, vor der jeder Mensch steht. Der Beter ist überzeugt, dass dies allein Gott kann, und richtet damit seine ganze Hoffnung auf ihn, obwohl seine Feinde höhnisch sagen, Gott habe ihn verlassen. Alleinverehrung Gottes bleibt hier also keine theoretische Überlegung, möglicherweise gar zur Untermauerung eigener Überzeugungen oder Machtansprüche, sondern ist Ausdruck des absoluten Vertrauens auf jenen, der allein Retter ist und das nicht nur punktuell, sondern vom Mutterschoß an bis ins Alter, ja für immer (vgl. V. 1). Gerade Letzteres deutet auf eine Perspektive hin, die sogar die Todesgrenze als den letzten Feind des Menschen mit Gott zu überwinden hofft.

In Gott sich zu bergen, im Gebet alles, was uns bedrängt, vor Gott auszubreiten und darin Zuversicht und neue Lebensperspektiven zu gewinnen und dies ein Leben lang, wie könnte man Alleinverehrung Gottes schöner beschreiben?

BURKARD M. ZAPFF

Gott, du alleiniger Retter. Gib, dass ich in dir allein meine Zuflucht suche und du mehr und mehr mein Leben, Denken und Tun bestimmst.

Raffinierte Verführung

Der Verführer, der Durcheinanderbringer geht subtil vor. Verdrehungen und Halbwahrheiten sind sein Metier. Immer wieder gehen wir Menschen ihm auf den Leim. Sollte Gott gesagt haben … die Frau lässt sich ein auf die so raffiniert gestellte Frage. Dieses Einlassen wird ihr und ihrem Mann zum Verderben. Eure Augen werden euch aufgetan …, so lautet die verführerische Halbwahrheit. Was sie dann aber mit ihren Augen sehen und erkennen, ist nicht das, was ihnen der Verführer versprochen hatte.

Worin aber besteht die Schuld der ersten Menschen? Es ist nicht das Essen einer verbotenen Frucht. Auch wenn dies über die Jahrtausende sich in den Köpfen der Menschen festgesetzt hat, aus der Frau eine Verführerin machte und aus der verbotenen Frucht einen Apfel. Die Schuld der ersten Menschen besteht darin, dass sie der Schlange mehr Glauben schenken als Gott. Der große Riss zwischen Mensch und Gott ereignet sich im Vertrauensbruch, im Misstrauen und Zweifel. Bis auf den heutigen Tag offenbart sich darin die Sünde. Der Mensch hat das Vertrauen zu Gott verloren. Er hört andere Stimmen und glaubt anderen Einflüsterungen. Damit aber kehrt der Mensch Gott den Rücken. Er entfremdet sich von dem, der ihn ins Leben gerufen hat. Ursünde – das ist keine zeitliche Aussage. Ursünde meint vielmehr die Wurzel aller Sünden, die Entfremdung des Menschen von Gott, das verlorene Vertrauen. Ohne Gott, von Gott entfernt und entfremdet, steht der Mensch nackt da, entblößt. Das ist das erste, was er erkennen muss.

Und Gott? Gott geht dem Menschen nach. Gott sucht den verlorenen Menschen: Adam, wo bist du? Das ist Gottes Ruf seit Anbeginn der Schöpfung. Gottes Ruf über die Jahrtausende hinweg. Gottes Ruf, der in vielen Boten und in besonderer Weise in Jesus Christus Gestalt geworden ist. Er ist in den Riss getreten und hat die Trennung aufgehoben. In ihm sucht Gott den Menschen bis auf den heutigen Tag. Auch heute ruft er nach mir: Mensch, wo bist du?

SR. BRIGITTE ARNOLD

Herr, mein Gott, du rufst nach mir. Hier bin ich, mit all meinen Begrenzungen und Fehlern, meinem mangelnden Vertrauen. Erbarme dich meiner!

Trotz allem bekleidet

Der Mensch muss die Folgen seiner Entfremdung von Gott tragen. Das Leben wird mühevoll. Schmerzen, Existenzängste, Vergänglichkeit prägen fortan sein Leben. Er hat es selbst verschuldet. Am eigenen Leib erfährt er, wie ein Leben ist, fern von Gott, jenseits von Eden. Gott nimmt den Menschen ernst in seiner Eigenverantwortung. Er selbst hat den Riss provoziert. Die bewachte Grenzlinie ist die logische Konsequenz. Der Mensch wird aus dem Paradies, jener ganz engen und innigen Gemeinschaft mit Gott, entlassen. Aber Gottes Fürsorge für den Menschen hört damit nicht auf. Ebenso wenig der Ruf: Mensch, wo bist du?

Es mag in unserem Abschnitt nur ein kleines Detail sein, das man leicht übersehen kann, angesichts der so drastischen Strafen und Folgen auf den ersten Sündenfall des Menschen. Aber es ist ein ganz wesentliches Detail, das uns das tiefste und innerste Wesen Gottes offenbart. Es heißt: Und Gott der Herr machte Adam und seiner Frau Röcke von Fellen und zog sie ihnen an. Das ist die Fürsorge Gottes für den gefallenen Menschen. Zwar weist ihn Gott aus dem Paradies. Aber er entlässt ihn nicht und niemals aus seiner Fürsorge. Gottes Fürsorge für den schuldiggewordenen Menschen wird ihn begleiten auf seinem Weg jenseits von Eden. Gottes Fürsorge, die sich gründet in seiner Liebe und Sehnsucht nach dem Menschen, hört nicht auf. Gott hört nicht auf, sich um den Menschen zu sorgen, zu kümmern. Gott hört nicht auf, in liebevoller Sehnsucht dem Menschen nachzugehen. Und – wie auch in anderen Gesandten – ist es ganz besonders Jesus Christus, in dem diese Sehnsucht Gottes nach dem Menschen Gestalt geworden ist. Zum Leben hat Gott den Menschen geschaffen, zum Heil und nicht zum Verderben. Warum sonst hätte er ihm damals nach dem ersten Sündenfall Röcke aus Fellen machen sollen? War das doch schon der Beginn für die Kleider des Heils, die Kleider der Gerechtigkeit, die Gott für uns bereitet hat.

SR. BRIGITTE ARNOLD

Herr, mein Gott, du sorgst für mich in und mit all meiner Schuld, meinem Versagen. Kleider des Heils hast du mir bereitet. Ich danke dir!

Wehret den Anfängen

Wer vergleicht, der hat schon verloren. Was so banal klingt, ist eine tiefe Wahrheit. Wo wir anfangen zu vergleichen, ziehen wir meist den Kürzeren. Nichts anderes erlebt Kain. Lassen wir die Frage aus dem Spiel, warum Gott das eine Opfer annimmt, das andere nicht. Wir finden keine Antwort darauf. Kain aber gerät durch diesen Vergleich in eine Negativspirale, die ihn zum Brudermörder werden lässt. Gott selbst will diesem Geschehen Einhalt gebieten. Er spricht Kain an und warnt ihn vor der zerstörerischen Dimension, die Gedanken und Gefühle entwickeln können, wenn ich ihnen ungefiltert und ungebremst Raum gebe. Am Beispiel von Kain wird uns aufgezeigt, wie die Gewaltspirale ihren Lauf nimmt. Es beginnt mit einem Eindruck, einer Ungerechtigkeit, einer Empörung. Daraus werden Urteile, die sich in meinem Kopf, meinen Gedanken festsetzen. Der gesenkte Blick ist ein Indiz dafür, dass ich meine innere Freiheit verloren habe, dass ich gefangen und besessen bin von einer Sache. Alle Versuche, Kain aus dieser verfahrenen Situation herauszuführen, prallen an ihm ab. Sein Entschluss ist gefasst, unwiderruflich. Der Konkurrent muss aus dem Weg geschafft werden. Ein Sündenbock wird gesucht und gefunden, und der muss weg! Was in der Erzählung von Kain und Abel so eindrücklich und beispielhaft geschildert wird, hat sich millionenfach wiederholt in der Geschichte der Menschheit. In der Bergpredigt weist Jesus darauf hin, dass bereits das Zürnen über den Bruder einem Töten gleichkommt. Und in der Benediktsregel heißt es: Böse Gedanken, die sich in unser Herz einschleichen, sofort an Christus zerschmettern und dem geistlichen Vater eröffnen. (RB 4, 50)

Kain wird zum Brudermörder und fällt doch nicht aus der Fürsorge Gottes heraus. Das Zeichen auf der Stirn soll ihn nicht brandmarken, sondern vielmehr schützen. Aus dem Kainszeichen ist für uns das Kreuz Jesu Christi geworden.

SR. BRIGITTE ARNOLD

Herr, mein Gott, du warnst mich, wenn ich mich verrannt habe in meinen Gedanken und Gefühlen. Hilf mir, deinen Ruf zu hören und ihm zu folgen.

Die Schwachen fest im Blick

Januar ist bei uns Vesperkirchenzeit. Die wenig haben, rücken ins Zentrum der Aufmerksamkeit, werden gewürdigt dafür, wie sie ihr Leben bestehen. Meine Kollegin schrieb in einem Artikel: »Reichtum ist nicht Belohnung für Leistung, sondern meistens geerbt oder einfach Glück, denn fleißig und begabt sind Arme auch.« Da brach Entrüstung aus. Reiche und einflussreiche Menschen sahen sich in ihrer Schaffenskraft missachtet. Ich staunte. Denn Menschen, die mit ihrem Tun Erfolg haben, erfahren ja Bestätigung schon durch monetäre Entlohnung und Ansehen.

Gott ließ dem Abel beim Opfern seine Aufmerksamkeit zukommen. Der Name Abel deutet auf »ein Hauch, ein Nichts«, schlechte Ausgangsbedingungen also. Kain aber war stark genug, seinen Bruder Abel zu erschlagen.

Kains Stärke setzt sich in seinen Nachkommen fort. Sie bauen Städte, schaffen Kultur, Technik, Handwerk und Kriegskunst. Sie sind, so würden wir heute sagen, Leistungsträger. Lamech bringt ihr Selbstbewusstsein in seinem Lied zum Ausdruck. Darin wird das Recht des Stärkeren besungen.

Gott aber hält fest am Recht der Schwachen. Er schenkt Adam und Eva ein drittes Kind anstelle des erschlagenen Abel: Set, das heißt »Ersatz«. Durch Set erzählt Gott nicht die Geschichte der Sieger weiter, sondern die Geschichte des Schwachen, des Ermordeten. Der Sohn des Set heißt Enosch, das bedeutet »Menschlein«.

Da begann man, den Namen Gottes anzurufen. Das Menschlein sieht, dass Gott die Zukunft mit den kleinen, fehlbaren, immer wieder schwächelnden Menschen verbindet. Es ehrt Gott dafür, dass er die Schwachen, die Nichtse, im Blick behält, für sie sorgen will und erwartet, dass für sie gesorgt wird.

Vielleicht lernen wir das, bevor Gott eine neue Sintflut nicht mehr verhindern kann.

ANNE RESSEL

Du, Gott, mit deinem sorgenden und liebevollen Blick für die Schwachen, für die mit den schlechten Ausgangsbedingungen. Leihe uns deinen Blick. Öffne uns die Herzen, sie zu stärken und uns zu freuen an allem, was ihnen zukommt.

... wollt ihr ewig leben?

Der Tod ist schwer zu akzeptieren. Die Anti-Aging-Forschung ist in vollem Gang. Die Hoffnung ist, dass Unsterblichkeit erreicht wird. Manche sehen diese Hoffnung skeptisch. Es wird vermutet, dass sich das Höchstalter bei 120 bis 130 Jahren einpendeln wird. Das würde sich decken mit dem, was die Bibel als Höchstmaß setzt.

In der langen Ahnenreihe vorsintflutlicher Patriarchen lesen wir in 1 Mose 5 von bis zu fast 1000 Jahren Lebenserwartung. Menschen, die lange nach der Sintflut lebten, fragten sich, warum diese Spanne nicht mehr erreicht wurde. Da fügt einer zwischen der Ahnenreihe und der Sintfluterzählung eine mythologische Erklärung ein. Zweierlei macht er klar:

Zum einen hat Gott bestimmt, dass der Mensch, der hinsichtlich seiner Erkenntnis wie Gott geworden war, nicht ewig leben sollte. Mit Blick auf den großen Mittler Moses, der nach biblischem Zeugnis 120 Jahre alt wurde, sollte genau dies die Spanne sein, die einem Menschen maximal zugeteilt ist. Die Erzählung betont dabei, dass jeder dieses Leben nur hat, weil und solange Gott seinen Geist, den lebensstiftenden Atem, gibt.

Zum anderen versucht der Text zu erklären, warum es anders als in der Vorstellung der umliegenden Völker keine herausragenden gottähnlichen Gestalten gibt. Auch die, die aus der Verbindung von himmlischen Wesen und Menschen hervorgehen, sind vielleicht etwas größer als andere, aber sterblich. Himmel und Erde können sich berühren, bleiben aber klar unterschieden.

Das ist auch heute eine wichtige Erkenntnis. Wir sollen das Leben auf der Erde gestalten, aber dabei nicht nach dem Himmel greifen. Eine Spanne von bis zu 120 Jahren ist begreifbar und vermittelt die Einsicht, dass das Leben endlich ist und deshalb jeder Augenblick kostbar.

ANNE RESSEL

Gott lehre uns bedenken, dass wir sterben müssen, auf dass wir klug werden. 120 Jahre mögen reichen, um jeden Tag sorgsam zu sein mit dem, was geschenkt ist durch deinen Geist.

Leben lernen

Was kann Gott gegen die Gewalttaten der Menschen ausrichten? Die erste Gewalttat versuchte er einzuhegen. Der Mörder Kain, gefragt nach seiner Verantwortung, sollte neu beginnen können. Aber die Gewalt wurde mehr und mehr. Die Menschen trauten der Macht der Stärke. Lamech prahlte damit, auch Kinder zu töten. Die Gewalt griff um sich.

In der Linie des ermordeten Abel und seines Stellvertreters Set findet sich bei Noah das Beharren auf Recht und Barmherzigkeit, den Regeln Gottes. Aber Noah ist einsam im Widerstehen der Gewalt. Die Menschheit ist aus der Sicht Gottes nicht zu retten. Gott ist zutiefst betrübt. So fokussiert Gott seinen Willen für das Leben ganz auf Noah. Zwei Aufgaben hat dieser: Er soll die Arche bauen und er soll das Überleben der Arten sichern und für alle gut sorgen. Das ist es, was Noah tut.

Als ich diesen Text schrieb, hat Russland die Ukraine überfallen. Blut fließt. Der Ruf nach Waffen wird laut und lauter. Gewalt produziert Gegengewalt. Auch aus den Kirchen ist kaum ein Wort zum Gewaltverzicht zu hören. Die unglaublichen Umweltschäden, die der Krieg anrichtet, sind wenig im Blick. Angesichts der Verknappung von Öl und Gas sollen die Maßnahmen gegen die Klimaerwärmung hintenangestellt werden. Es scheint, die Erde ist nicht zu retten.

Gott ruft voll Kummer nach Menschen, die Archen bauen, um alles bedrohte Leben darin zu bergen, die zu Fürsorge und Vorsorge bereit sind. Vor allem aber sucht er Menschen, die sich nicht dem Mythos der Gewalt ergeben haben, sondern festhalten an seinem Wort des Friedens. Nach der Flut wird das das einzige sein, was Gott verlangt: Das Blut von Menschen darf nicht vergossen werden. Gott schließt mit Noah einen Bund und dann wieder und wieder. Gott sucht Verbündete für das Leben, damals wie heute.

ANNE RESSEL

Du Gott des Friedens, du hast einen Bund angeboten. Menschenleben sollen wir achten, Menschen bergen und versorgen. Erbarm dich unser, dass wir wie Noah einfach tun, was du forderst um des Lebens willen.

Der Stammbaum des Gottesvolkes

Manche Menschen betreiben Stammbaumforschung, um zu ergründen, woher sie kommen und wer sie eigentlich sind. Dieses Anliegen spiegelt auch der erste Teil des Psalms. Die biblische Überzeugung, dass Gott, der Schöpfer der Welt, sich Israel als sein Volk erwählt hat, wird dabei an zwei Gestalten festgemacht, die am Beginn der Heilsgeschichte Gottes mit Israel stehen: Abraham und Jakob. Dabei wird der Bund mit Abraham, der diesem reiche Nachkommenschaft (Gen 15,5) und die Gabe eines Landes verheißt (vgl. Gen 15,18) in Jakob, der als eine Art kollektiver Persönlichkeit für das Gottesvolk Israel steht (vgl. Gen 32,29), konkret. Herausgestellt wird dabei insbesondere die Treue Gottes zu seinen Verheißungen, die Generationen überdauert. Der Psalm leitet somit den Beter an, sich im Vollzug des Gebetes auf seinen Stammbaum und damit die Grundlagen seines Daseins zu besinnen, um daraus Hoffnung und Zuversicht für seinen eigenen Lebensweg zu gewinnen. Denn auch dieser wird von der Treue Gottes begleitet. Natürlich bedenkt dabei der Psalm als alttestamentliches Gebet zunächst einmal die Herkunft des Gottesvolkes Israel. Da aber der Bundesschluss Gottes mit Abraham in Christus als neuer Bund auf die Jüngerschaft Jesu ausgeweitet wurde (Lk 22,20), dürfen auch wir uns als Christen in diese Reihe der Nachkommen Abrahams stellen. Dann gilt diese Treue Gottes auch uns, und zwar jedem einzelnen. »Erwählung« heißt dann einerseits, sich der unlöslichen Gemeinschaft mit Gott zu erfreuen, und andererseits, aus dieser Wirklichkeit heraus zu leben und zu handeln, damit auch andere an dieser Erwählung teilhaben möchten, so dass schließlich alle Kinder Abrahams werden und damit tatsächlich auf der ganzen Erde Gottes Entscheide gelten (V. 7b).

BURKARD M. ZAPFF

Herr, unser Gott, öffne uns die Augen, dass wir mit unseren jüdischen Geschwistern erkennen, welche Freude es ist, als Nachkommen Abrahams zu leben und von Gott in Treue begleitet zu werden.

Gott gibt den Menschen eine neue Chance

Noah ist die Hauptperson. Gott braucht ihn dringend. Denn er ist gerecht und befolgt die göttlichen Anweisungen, auch wenn sie sich merkwürdig anhören. So ist Noah (dt.: Trost) in der Lage, zum Trost seines Volkes zu werden (vgl. 5,29).

Gott präzisiert, welche Tiere Noah mit in die Arche nehmen soll: reine und nichtreine. Hier hat Gott schon Noahs Opfer im Blick, mit dem er sich als Überlebender der Flut bei Gott für die Rettung bedanken wird (8,20) und für das er reine Tiere braucht. Von Anfang an ist also klar, dass diese Katastrophe nicht den völligen Garaus bringt, sondern neues Leben ermöglicht. Das kündigt sich schon in 6,8 an, als nach dem Bericht über Gottes Reue wegen seiner Schöpfung und der Bosheit der Menschen Gottes Gnade Noah gegenüber die Oberhand behält.

Noah hat noch sieben Tage Zeit, um die Arche zu beziehen. Dann wird Gott es regnen lassen und damit die Menschheit ausrotten. Noah nutzt diese eine Woche und bringt alle rechtzeitig in Sicherheit. Viele schon haben diesen Einzug in die Arche auf Gemälden festgehalten. Man kann es sich wie einen langen Aufmarsch vorstellen: Menschen und Tiere ziehen paarweise ein. Gott braucht sie für den Neuanfang. Er will nicht den Untergang. Ein jüdischer Ausleger erkennt hierin ein Vorbild des allgemeinen Friedens zwischen aller Kreatur in messianischer Zeit.

Erstaunlich sind die genauen Zeitangaben. Noah ist 600 Jahre alt, als die Flut kommt und die geordnete Schöpfung in ein Chaos verwandelt. Die 600 Jahre deuten darauf hin, dass zu diesem Zeitpunkt alle Vorfahren Noahs bereits gestorben sind. Sie waren also keine Frevler und kommen auch nicht in der Flut um. Erstmals in der Bibel lesen wir hier ein genaues Datum: Am 17. Tag des zweiten Monats beginnt die Flut. Das weist darauf hin, dass es sich um ein wirklich außergewöhnliches Ereignis von großer Bedeutung handelt. Es ist so bedeutend, dass Gott den Holzkasten eigenhändig verschließt. Welch liebevolle und fürsorgliche Geste! Alle an Bord sind vor den Fluten geschützt und werden überleben.

EVELINA VOLKMANN

Wir danken dir, denn du bist ein weiser Gott. Manchmal ist es schwer für uns, dich zu verstehen. Darum schenk auch uns Weisheit.

Nur Noah bleibt übrig

Die Wasserfluten schwellen an. Nach 40 Tagen gibt es kein Festland mehr. Die von Gott selbst verschlossene Arche hält dem stand und schwimmt sicher auf dem Wasser. Alle Lebewesen, die nicht in der Arche sind, gehen jedoch unter und sterben jämmerlich. Der Mensch, von Gott einst durch »Odem des Lebens« (V. 22, vgl. 2,7) ins Leben gerufen, gibt seinen Odem, den Atem, wieder ab und ertrinkt. Die Flutkatastrophe hält 150 Tage an. So lange ist Gott bekümmert über die boshaft gewordene Menschheit. Er schickt das Wasser, weil er zutiefst bedauert, was aus seinen Geschöpfen geworden ist, ja, wie schlecht und ungerecht sie sich verhalten. Gottes Werk ist in seinen eigenen Augen gescheitert.

Gott lässt Noah übrig. Der hat als Einziger nicht mitgemacht, als alle anderen das Recht brachen. Er besitzt einen unbeirrbaren Glauben und nimmt alles aus Gottes Hand. Nun wartet er geduldig. Zusammen mit seiner Familie bildet er den geretteten Rest der Menschheit. Noah wird so zum Sinnbild der trostvollen Geborgenheit in Gott inmitten bedrohlicher Wassermassen. Darüber, wie er selbst seine Rettung empfunden hat, schweigt die Bibel. Wir wissen weder, was Noah mit Gott, noch was er mit seiner Familie gesprochen hat. Warum legt er für die ertrinkenden Menschen nicht Fürbitte bei Gott ein – wie Abraham für Sodom?

In der gesamten Erzählung wird nur in diesen wenigen Versen von der Flut erzählt. Die anderen Teile sind viel ausführlicher und damit wichtiger: wie Noah die Arche anfertigen soll, wie er in sie hineingeht, wie er wartet, bevor er sie wieder verlässt. Die Bibel betont Gottes Rettung stärker als sein Unheilshandeln. Die Vernichtung ist nicht Gottes letztes Wort. Gottes Ziel ist, seine gute Schöpfung mithilfe eines Gerechten und seiner Familie zu bewahren. Dennoch wird uns zugemutet, beides in Gott zu sehen: sein vernichtendes und sein bewahrendes Verhalten.

EVELINA VOLKMANN

Du heilst, was vernichtet ist. Dafür danken wir dir, Gott. Im größten Leid deinen Trost erkennen – das ist unsere Hilfe.

Die Rettung ist nahe

Noah und seine Familie harren nun schon lang aus im schwimmenden Holzkasten. Da endlich geschieht etwas: Gott erinnert sich an Noah. Sicherlich hat er ihn zwischenzeitlich nicht vergessen. Doch jetzt ist der Moment da, in dem Gott etwas unternehmen wird! Jetzt ist sein Ärger vorbei. Er hatte Noah vor der Flut versprochen: Mit dir will ich einen Bund schließen (6,18). Damit dies eintreten kann, schickt Gott einen Wind. Man kann das hebräische Wort dafür auch wie in Gen 1,1 mit »Geist« übersetzen. Dann schwingt in der Kraft, die die Wassermassen erfolgreich bezwingt, die göttliche Geistkraft mit, die am Anfang allen Lebens steht. Außerdem verschließt Gott die irdischen und die himmlischen Wasserquellen. Die Rettung naht.

Seit Monaten ist nun erstmals fester Untergrund unter der Arche zu spüren. Die Arche ruht auf dem Berg Ararat. Manche lokalisieren die Landung der Arche. Die Fluterzählung beruht aber nicht auf historischen Fakten. Sie sagt uns vielmehr etwas über Gott und seine Beziehung zum Menschen: Gott nimmt den Menschen in seiner Fehlerhaftigkeit gnädig an: »Es sollen wohl Berge weichen und Hügel hinfallen, aber meine Gnade soll nicht von dir weichen.« (Jes 54,10)

Die Wassermassen gehen weiter zurück. Weitere Bergspitzen werden sichtbar. Noah bleibt ruhig, 40 Tage lang. Er hat es nicht eilig, endlich nach draußen zu kommen. Wie so oft in der Bibel lässt die Zahl 40 an Elend oder Prüfung des Menschen denken. Dann öffnet er ein Fenster. Mehrfach lässt er Tiere ausfliegen. Die Taube, die um die Abendzeit mit dem Blatt eines Ölbaums im Schnabel zurückkehrt, bezeugt Noah den von Gott geschenkten Neuanfang. Sie ist weltweit zum Symbol für Versöhnung und Frieden geworden.

Die Noah-Erzählung weckt Hoffnung. Sie zeigt einen Gott, der treu ist. Einen Gott, der den Menschen die von Gewalt und Verdorbenheit gereinigte Erde als Wohnraum zurückgibt. Einen Gott, der einen Gerechten rettet, damit Menschheit und Natur überleben.

EVELINA VOLKMANN

Gott, du gedenkst deiner Menschenkinder – bei Noah, bei uns, in Ewigkeit. Du bist treu. Dir vertrauen wir uns an.

Nie wieder

Endlich ist die Quarantäne vorbei, endlich darf Noah das Dach der Arche öffnen und nach draußen gehen. Die Wasserfluten sind verschwunden, das Land ist trocken und bewohnbar für Mensch und Tier. Gott selbst hat den Notstand beendet und den Katastrophenfall für überwunden erklärt. Nun gibt es wieder Hoffnung auf Normalität für Noah und seine Familie.

Und was macht Noah als Erstes? Er baut einen Altar, er sagt Danke und bringt seinem Gott Brandopfer. Noah hält inne. Er weiß, wem er sein Leben verdankt. Und er ist sich darüber bewusst, dass die Rettung seiner Familie und der Neuanfang nach dieser zerstörerischen Flut eine unverdiente Gnade ist. So richtet er seinen Dank an seinen Gott – er ist sein Gegenüber, an ihn will er sich halten. Zum ersten Mal in der Urgeschichte wird von einem Altar gesprochen – ein Ort der Dankbarkeit. Diese dankbare Haltung prägt die Beziehung von Noah zu Gott.

»Der Herr roch den lieblichen Geruch«, heißt es in der Lutherbibel (V. 21). Das Brandopfer, also die vollständige Verbrennung des geschlachteten Opfertiers bis auf Haut oder Fell, stimmt den Herrn gnädig – so menschlich wird hier über Gott gesprochen. Der Schöpfer des Himmels und der Erde akzeptiert den Dank. Es ist ein Zeichen für die wiederhergestellte Gemeinschaft von Gott und Mensch. »Nie wieder will ich die Erde wegen der Menschen verfluchen«, sagt Gott in seinem Herzen (BasisBibel). Und in Vers 22 folgen die bekannten Worte, die für viele Menschen Trost und Zuversicht bedeuten: »Solange die Erde besteht …«

Allerdings: Wie lange besteht denn die Erde noch? Haben wir Menschen es nicht demnächst geschafft, die Lebensgrundlage der gesamten Schöpfung zu vernichten? Wir sind es, die seit Jahrzehnten den Untergang allen Lebens herbeiführen. Hier braucht es keinen Gott, der uns mit einer Sintflut straft. Das bekommen wir schon selbst hin. Wer bewahrt uns vor den Folgen unseres klimaschädlichen Verhaltens, unserer Geldgier und unseres egoistischen Umgangs miteinander?

CHRISTINE HAAG-MERZ

Barmherziger Gott, wir bekennen, deine Schöpfung nicht sorgfältig genug zu bewahren. Erbarme dich unser und zeige uns den Weg deiner Liebe und Gerechtigkeit.

Gott setzt seinen Bogen in die Wolken

Was für ein Wunder ist ein Regenbogen! So farbenfroh, manchmal geradezu leuchtend. Gott setzt ihn als Zeichen in die Wolken, damit er sich an seinen Bund mit allem Lebendigen erinnert. Das Symbol, das heute für Frieden, Freiheit, Toleranz, Geschlechtergerechtigkeit und vieles mehr steht, ist in unserem Bibeltext Gottes ureigenstes Erinnerungszeichen – die Erinnerung an sein Versprechen gegenüber Noah, dessen Familie und allem Lebendigen auf der Erde. Es ist wie ein neuer Anfang der Menschheit. Auch der Schöpfungsauftrag wird wiederholt: »Seid fruchtbar und mehret euch.« (V. 1)

Und obwohl der Bund ausdrücklich Menschen und Tieren gilt, ist es vorbei mit dem Tierfrieden der Arche-Zeit. »Nun gebe ich euch alles zu essen«, heißt es in Vers 3. Anscheinend lebte die Menschheit laut Bibeltext vor der Sintflut vegetarisch (Genesis 1,29), nun aber ist Fleisch und Fisch auf der Speisekarte. Ausgenommen wird nur der Genuss von Blut. Hier setzt das Alte Testament eine Grenze, die für alle Menschen gilt. Blut steht für Lebenssaft – diese Lebenskraft soll sich der Mensch nicht aneignen.

Es bedeutet ja nicht, dass wir Tiere essen müssen. In Vers 2 heißt es lediglich: »Ich gebe sie in eure Hand.« Wir Menschen können sehr wohl entscheiden, wie wir mit den Tieren umgehen wollen. Um satt zu werden, sind wir heutzutage nicht auf Fleisch angewiesen, im Gegenteil. Wir könnten mehr Menschen satt machen, wenn wir den Fleischverbrauch reduzieren würden. In unserem Bibeltext wird ja ganz ausdrücklich betont, dass Gottes Bund mit Noah eine Lebenszusage für die gesamte Schöpfung bedeutet – für Mensch und Tier. Daran dürfen wir uns orientieren und teilhaben. Und auch unseren Teil dazu beitragen, die Schöpfung zu bewahren.

Albert Schweitzer, der »Urwaldarzt« und Friedensnobelpreisträger, hat die Ehrfurcht vor dem Leben so ausgedrückt: »Ich bin Leben, das leben will, inmitten von Leben, das leben will.«

CHRISTINE HAAG-MERZ

Guter Gott, dein Bogen in den Wolken ist ein wunderbares Zeichen. Bei jedem Regenbogen freuen wir uns über die Zusage, dass du an deinem Bund mit deiner Schöpfung festhältst. Wir danken dir dafür und wollen unsere Verantwortung erkennen.

Petzen und fremdschämen

Huiuiui, jetzt wird es fast peinlich. Der betrunkene Noah schläft seinen Rausch aus und wird von seinem Sohn Ham nackt im Zelt entdeckt. Eine Situation zum Fremdschämen. Heutzutage könnte Ham ein schnelles Foto mit dem Handy machen und die Aufnahme mit dem passenden Smiley in der Familiengruppe posten. Papa Noah ist sowas von peinlich – »cringe« würde das in Jugendsprache lauten.

Wie kann man sich auch so heftig betrinken, dass man nicht einmal mehr seine Bekleidung ordentlich im Griff hat?! Aber Noah, der erste Weinbauer, wird in unserem Bibeltext überhaupt nicht getadelt. Das hämische Verpetzen des Ham ist die entscheidende Verfehlung in unserer Geschichte.

Denn: Das Zuhause, die Familie, soll ein Schutzraum sein, auch wenn man sich mal daneben benimmt. Wo ich daheim bin, stellt man meine Blöße nicht zur Schau. Wenn ich mich blamiere, helfen mir die anderen raus, decken meinen Fehltritt liebevoll zu, zeigen mir einen Ausweg. Es bleibt zwar peinlich, die Blöße ist passiert, aber ich werde aufgefangen und muss nicht für hämische Geschichten und Schadenfreude herhalten, über die sich die halbe Welt lustig macht.

Noah spricht Segensworte für Sem und Jafet, aber Ham verflucht er. Genauer gesagt trifft es dessen Sohn Kanaan, was für unsere Ohren sehr unfair klingt, aber in früheren Zeiten keine Verwunderung ausgelöst hat. Kanaan und seine Nachkommen sollen künftig die Knechte aller Knechte sein – was wohl im Nachhinein die untergeordnete Stellung der ursprünglichen Herren des Landes Kanaan begründen soll. Noch viel schlimmer ist, dass damit die Versklavung der Schwarzafrikaner gerechtfertigt wurde, die nach Genesis 10,6 als Nachkommen Hams gelten. Eine sehr unrühmliche Nachgeschichte, für die unser Text nichts kann (W. Klaiber, Schöpfung, 2005, S. 175).

Wir alle brauchen diesen Segen, den Noah seinen Söhnen zuspricht. Wir alle brauchen die Zusage des Bundes mit Gott, den Segen des Schöpfers nach der Sintflut.

CHRISTINE HAAG-MERZ

Treuer Gott, so oft habe ich mich schon blamiert, ich will gar nicht daran denken. Danke für deinen Schutz und Segen über meinem Leben.

Gott behütet sein Volk

Mehrteilige Filme oder Fernsehserien fassen manchmal zu Beginn zusammen, »was bisher geschah«. Zuschauerinnen und Zuschauer finden so wieder gut Anschluss an das Bisherige. Für den Fortgang Wichtiges wird in einer Abfolge von Bildern präsentiert, im Schnelldurchlauf werden die wichtigsten Darsteller vorgestellt. Und prägnante Aussagen, die die Dramatik des Geschehens unterstreichen, ziehen einen in den Bann, bereiten Lust wie auch Nervenkitzel und sorgen für neue Aufmerksamkeit, wie die Handlung denn weitergeht.

Etwas zugespitzt: In diesem Psalm wird der Bogen über sechs biblische Bücher gespannt – die fünf Bücher Mose sowie das Buch Josua. Die Heilsgeschichte des Volkes Israel in wenigen Sätzen und Bildern. Mit der zentralen Botschaft: Gott behütet sein Volk. Man könnte auch sagen: Er segnet den Aufbruch und das Ankommen, wenn am Ende des Psalms explizit an Abraham erinnert wird. Er verlässt seine Heimat und macht sich auf den Weg in ein Land, das Gott ihm zeigen will.

Mit dieser Perspektive weitet sich der Horizont. Auch wenn in dem Psalm von der Urerfahrung der Bewahrung des Volkes Israel erzählt wird – von seiner Befreiung aus der Gefangenschaft in Ägypten –, gilt die Sorge und der Segen Gottes doch allen, die aufbrechen. So sind von diesem Psalm auch jene Aufbruchshoffnungen inspiriert, die später folgen werden. Zum Beispiel der zweite Exodus des Volkes Israel – aus der Babylonischen Gefangenschaft. Viele weitere Aufbrüche handeln von Aufbrüchen, die unter der Verheißung Gottes stehen.

Etwa der, der sich mit Martin Luther King verbindet. Seine »I have a dream«-Rede am 28. August 1963 endet mit den Worten: »Wenn wir die Freiheit erschallen lassen – wenn wir sie erschallen lassen von jeder Stadt und jedem Weiler, von jedem Staat und jeder Großstadt, dann werden wir den Tag beschleunigen, an dem alle Kinder Gottes – Schwarze und Weiße, Juden und Heiden, Protestanten und Katholiken – sich die Hände reichen und die Worte dieses alten Spirituals singen: ›Endlich frei! Endlich frei! Großer allmächtiger Gott, wir sind endlich frei!‹«

UDO HAHN

Gott, ich danke dir, dass du meine Fesseln löst und ich frei bin.

Einsatz für die Vielfalt

Manchmal verstehe ich einen Menschen erst dann, wenn ich kapiere, dass er nicht dieselbe Sprache spricht. Mit unseren unterschiedlichen Gefühlen, Erfahrungen und Denkmustern meinen wir noch lange nicht dasselbe, selbst wenn wir dieselben Worte sagen. In systemischen Beratungsprozessen geht es oft gerade darum, die Unterschiede sichtbar zu machen. Sie sind gewollt, weil sie den Blick weiten.

Und zugleich ist das schwer auszuhalten. Die Sehnsucht nach Einheit ist universal und häufig beschwören viele von uns, dass wir doch dasselbe Ziel, dieselben Bedürfnisse hätten. Aber die Gefahr ist groß, dass Unterschiede nicht mehr gewollt sind – dass alle einer Norm entsprechen müssen. Ein Volk, eine Sprache, eine Hautfarbe, eine Partei, eine Denkweise, eine Art von Musik, eine Art der Kunst (alles andere ist »entartet«), eine Art zu glauben, eine Art zu lieben.

Diese Gefahr sehen die Autoren des Genesis-Buches und platzieren genau am Übergang zwischen der »Urgeschichte« und der Geschichte der »Urväter und -mütter« diese Geschichte vom Turmbau zu Babel. Der Turm steht für menschliche Allmachtsphantasien, die gerade in totalitären Systemen ihren Ausdruck finden. Gerade mit einer Arche einer ersten Naturkatastrophe entkommen, scheinen die Menschen auf die nächste Katastrophe zuzusteuern, und darum schreitet Gott ein und »zerstreut sie in alle Länder«.

Oft wird diese Zerstreuung als Bestrafung gedeutet. Aber ich verstehe sie als Gottes beherzten Einsatz für die Unterschiede. An jeder Diktatur können wir studieren, wie sehr die Machthabenden sich vor ihnen fürchten. Doch Gott freut sich an der bunten Vielfalt seiner Schöpfung und jetzt bewahrt er sie.

Für mich heißt das: Ich will mich jeden Tag auf die göttliche Vielfalt einlassen, will neugierig sein, ob der andere so unterschiedliche Mensch meinen Blick weiten und verändern kann. Neue Welten gibt es zu entdecken – und auch, dass wir in aller Unterschiedlichkeit Kinder des einen Gottes sind, der größer und weiter ist, als wir jemals denken können.

CHRISTIANE QUINCKE

Mach mich neugierig, großer Gott, auf deine bunte Schöpfung. Und lass mich dafür dankbar sein.

Nichts Besonderes?

Abram ist nicht vom Himmel gefallen. Abram ist ein bodenständiger Mann mit einer vielfältigen Vergangenheit und einer ungewissen Zukunft – und das Ganze im vorgerückten Alter. Aber vielleicht ist er gerade deshalb wichtig?

Die Bibel sagt nichts darüber, warum Gott ausgerechnet Abram auswählt und mit ihm und Sarai eine Segensgeschichte beginnen will. Christliche und jüdische Ausleger sahen in ihm einen gerechten und besonders gläubigen Menschen und im Koran ist er über jeden Zweifel erhaben.

Die Bibel ist zurückhaltender, und das ist gut so. Sie erzählt von göttlichen Auswahlverfahren, die den menschlichen widersprechen: Mose kann nicht reden, David ist klein und zart, Jeremia hat Angst, Ruth hat die falsche Religion, Maria ist unscheinbar, Petrus verbockt die Sache. Und dennoch beginnt Gott gerade mit ihnen einen neuen Weg in die Zukunft. Und sie, diese Auserwählten, lassen sich darauf ein – manchmal widerwillig, meistens stolpernd, aber immer mit Gott an ihrer Seite. Auch Abram öffnet sich diesem Gott und lässt sich von ihm in unbekannte Gefilde schicken.

Das ist aber kein Urlaubstrip. Gott mutet ihm zu, alles, was vertraut ist, zurückzulassen und aus den Werten und Gewohnheiten der Familie auszubrechen (»Haus deines Vaters«). Für die Menschen damals bedeutete das Verlassen der Familie den Verlust von Schutz und Halt – es geschah in der Regel aus einer Not heraus: Hunger oder Krieg. Das ist weit mehr als der Ausstieg aus einem festgefahrenen Leben in eine neue Unabhängigkeit. Und während ich das hier schreibe, müssen Menschen ihre Heimat und ihre Familien verlassen, weil sie dort sonst nicht mehr sicher sind oder keine Zukunft haben.

Gerade an ihre Seite stellt sich Gott und segnet sie: die nichts vorzuweisen haben außer sich selbst. Sie fallen nicht vom Himmel, sondern haben eine Vergangenheit und eine ungewisse Zukunft. Und in diese gehen sie mit dem Gott Abrahams und Saras. Und vielleicht stellt mich Gott ja auch an ihre Seite, damit sie durch mich seinen Segen erfahren?

CHRISTIANE QUINCKE

Ich weiß nicht, ob ich so mutig wie Abram und Sarai bin, Gott. Aber ich hoffe auf dich an meiner Seite.

Immer dasselbe Spiel?

Abram gibt hier keine gute Figur ab. Da hat er gerade große Verheißungen empfangen und nun greift er plötzlich zur Lüge, um sein Leben zu schützen. Ja, sein Leben ist in Gefahr, weil der Regent eines reichen und riesigen Landes mit rechtlosen Fremdlingen und Bettlern wie Sarai und Abram so umspringen kann. Dass mächtige Männer vor nichts zurückschrecken, wenn sie eine Frau »besitzen« wollen, erzählt ein paar Seiten später auch die Geschichte von David (2 Sam 11). Und dennoch: Abram geht es offensichtlich nur um sich und er macht sich auf Kosten von Sarai ein gutes Leben.

Dass diese unrühmliche Tat von Abram nun prominent zwischen zwei Segensgeschichten platziert wird, ist kein Zufall. Einerseits sind die Helden der Bibel alles andere als stets ruhmreich und makellos, sondern Menschen mit Fehlern (vgl. David, Petrus, Paulus, Mose), die den Segen brauchen. Andererseits geht es vielleicht auch gar nicht in erster Linie um »Glaubenshelden« wie Abram, sondern eben um Gott – und um die, die man so leicht übersieht.

Gott ist der eigentliche Hauptakteur der Geschichte und macht wieder wett, was Abram verbockt hat. Der Plan von Abram scheint zwar zunächst aufzugehen, aber dann macht ihm Gott einen Strich durch die Rechnung. Wie ein Blitz schlägt Gott in die patriarchale Welt ein und gibt einem Menschen Würde und Freiheit zurück – mit Plagen wie in der Geschichte vom Auszug Israels aus Ägypten (Buch Exodus). Sarai ist in der Geschichte stumm und den Eigeninteressen Abrams und der Gier des Pharaos ausgeliefert. Niemand scheint sich um sie zu kümmern – außer Gott: Er rettet und befreit Sarai. Die Stimmlose bekommt eine Stimme.

Gott sei Dank geht die Geschichte gut aus. Abram musste lernen, dass es nicht nur um ihn geht, sondern um Menschen, die sich nicht wehren können und gerade deshalb wichtig sind für die Zukunft einer Gemeinschaft. Gott nimmt sich gerade der Stummen und Wehrlosen an und stellt sich auf ihre Seite – das durchzieht die ganze Bibel. Und es lässt mich hoffen für unsere Welt.

CHRISTIANE QUINCKE

Gott, ich bitte für die Stummen und Wehrlosen, für alle, die benutzt und missbraucht werden. Schütze sie!

Um des lieben Friedens willen

Warum trennen sich Menschen? Menschen, die bisher gut miteinander ausgekommen sind, gehen auf einmal getrennte Wege: Ehe- und Lebenspartner, erwachsene Kinder und ihre Eltern, lebenslange Freunde und Freundinnen. Oft geschieht das nicht schiedlich-friedlich, sondern geht einher mit hässlichen Begleiterscheinungen. Man kann sich nicht mehr leiden.

Es gibt aber auch Trennungen, die nichts damit zu tun haben, dass man sich nicht mehr leiden kann. Abram und sein Neffe Lot waren schon seit langer Zeit gemeinsam unterwegs. Sie lebten als Nomaden. Sie waren immer auf der Suche nach Weideland und ausreichend Wasser. Die Geschichten von Lot und Abram spiegeln die Zeit eines Umbruchs. Das Land steht den nomadisch lebenden Menschen nicht mehr grenzenlos zur Verfügung. Ein Teil der Menschheit lebt in Städten und hat dort eine andere Kultur entwickelt. Konflikte sind unvermeidlich. Zuerst unter den nomadisch lebenden Menschen selbst.

Abram sieht dunkle Wolken aufziehen. Er nimmt wahr, dass seine Knechte und die Knechte Lots sich immer mehr streiten um das knappe Wasser fürs Vieh und um die Weiden. Er will nicht, dass sich das auswächst bis hin zu Mord und Totschlag, zu einem »Bruderkrieg« gar wegen des knappen Raumes für ihre Lebensweise.

So macht er Lot den Vorschlag: Lass uns auseinandergehen. Nicht, weil er Lot nicht mehr leiden kann, sondern um den Frieden zu bewahren.

Die Abram-Lot-Geschichte schärft uns in der Gegenwart die Augen. Von den Millionen Menschen, die weltweit auf der Flucht sind, kommt ein kleiner Teil auch zu uns. Viele davon kommen allein, ohne Rückhalt in der Familie oder der Sippe, stattdessen mit oft tragischen Erlebnissen im Gepäck. Dazu gehören auch ungewollte Trennungen. Sie tun weh. Umso mehr sind sie darauf angewiesen, in Frieden willkommen zu sein.

GERHARD SCHÄBERLE-KOENIGS

Herr unser Gott, gib uns ein weites Herz und einen wachen Geist. Mache uns aufmerksam für die Not von Menschen um uns, die getrennt von ihren Liebsten leben müssen. Gib uns Fantasie und Liebe, ihnen mit Wärme zu begegnen.

Bei Gott bin ich geachtet

Akkurat ist aufgezeichnet, wer mit wem gegen wen Krieg führt. Viele Königsnamen werden genannt. Für sich genommen ist das wenig bedeutsam. Worum es in diesen Kriegszügen geht, erschließt sich nicht.

Auch gegenwärtig werden Kriege geführt. Es ist kaum möglich, zu überblicken und zuzuordnen, wer gegen wen die Waffen erhoben hat, wer sich mit wem zusammengetan hat, um einen anderen aus dem Weg zu räumen oder zu vernichten.

Nur eines ist sicher: Diejenigen Menschen, die davon betroffen sind, leiden unendlich unter der Gewalt. Ihre Häuser werden zerstört, ihr Land verheert, sie selbst werden bedroht, verletzt, verstümmelt oder getötet. Frauen werden vergewaltigt, Mädchen entführt und missbraucht, Jungen zu Kindersoldaten gezwungen.

Umso bedeutender ist das, was die Bibel hier am Schluss zeigt. Lot und seine Angehörigen sind, während sie in Sodom lebten, in den Strudel der Gewalt geraten. Von den Angreifern wurden sie gefangengenommen und mitsamt ihrer Habe verschleppt. Und viele andere auch.

Das Leben eines bestimmten Menschen, namentlich bekannt, steht auf dem Spiel. Und das Leben der Menschen, die zu ihm gehören. In den Kriegsberichten spielen diese Menschen keine Rolle. Ob sie leiden, ob sie ausgeraubt werden, ob sie davonkommen oder umgebracht werden, ist für diejenigen, die sich zu Feldzügen verabreden, ohne Belang.

Für die Bibel jedoch sehr wohl. Und so wird diese Begebenheit erzählt und im Gedächtnis der Menschheit bewahrt. Abram ist zugetragen worden, was Lot geschehen ist. Er rüstet seine Leute aus und macht sich mit ihnen auf, Lot und die Seinen zu befreien. Und es gelingt ihnen.

In den Augen Gottes ist jeder Mensch wertvoll, gleich ob er von den Mächtigen geachtet wird oder nicht. Er hat einen Namen. Er ist verbunden mit Menschen, zu denen er gehört. Er wird geachtet als Mensch, der seine Tage und Jahre in Frieden leben will und soll.

GERHARD SCHÄBERLE-KOENIGS

Herr mein Gott, du hast mir das Leben geschenkt. Wunderbar und unverwechselbar hast du mich geschaffen. Du kennst meinen Namen. Du achtest auf mich. Danke, guter Gott.

Ich will dich segnen. Du sollst ein Segen sein

Abram kehrt mit den befreiten Bewohnern Sodoms und dem geraubten Gut zurück. Sein Weg führt ihn in die Nähe von (Jeru-) Salem. Die Episode, die mit den kriegerischen Feldzügen einiger Könige begonnen hat, neigt sich dem Ende zu. Und am Ende stehen Friedensgesten. Der König von Salem kommt vor die Stadt und begrüßt Abram. Er hat Brot und Wein dabei, offenbar keine Waffen. Eine hoffnungsvolle Geste. Brot steht für das Leben. Inbegriffen ist der Wunsch: Ihr sollt immer genug zu essen, genug zum Leben haben. Wein steht für die Lebensfreude. Zu ihr ist gerade jetzt Anlass, da die Gefahr durch feindliche Überfälle abgewehrt ist.

Und noch etwas bringt Melchisedek mit. Er segnet Abram im Namen seines Gottes. Und Abram lässt es geschehen. Das stellt die Beziehung zu seinem Gott nicht in Frage. Es kommt nur darauf an, in Frieden zusammenzuleben – ohne eins zu sein.

Abram zieht weiter Richtung Sodom, um die Befreiungsaktion abzuschließen. Der König von Sodom kommt ihm entgegen. Er ist dankbar, dass die Verschleppten wieder zurück sind. Er will sich erkenntlich zeigen und sagt Abram: Behalte du das Raubgut, die Menschen lass hier. Doch Abram weist das weit von sich. Er denkt in die Zukunft. Er sieht die Gefahr, die drohen würde, wenn er das Angebot annähme. Es hieße dann womöglich: Abram hat die Notlage Sodoms schamlos für sich selbst ausgenutzt und ist reich geworden. Und damit wäre der Keim gelegt für neuen Hass und neue Gewalt.

Die Bibel blickt zurück auf eine ferne Epoche der Menschheitsgeschichte. Verschiedene Kulturen leben gleichzeitig: Menschen, die umherziehen, und Menschen, die in festen Städten wohnen. Die Konflikte daraus sind oft furchtbar.

Abram verschmäht reiche Beute. Der Friede soll Zukunft haben. Er kommt allen zugute, nicht nur den Starken. Gott hat Abram gesegnet. Dieser Segen ist ihm eine Verpflichtung und nicht sein exklusives Eigentum.

GERHARD SCHÄBERLE-KOENIGS

Herr mein Gott, ich bitte dich um deinen Segen für diesen Tag und für alle, die zu mir gehören. Mache mein Herz weit, damit ich andere teilhaben lassen kann an deinem Segen.

Die Krise als Chance

Wer hätte sich nicht schon einmal in einer Lage befunden, die ihn/sie alle Kräfte kostete? In solchen Fällen bleibt eigentlich nur Resignation und Verzweiflung oder der feste Entschluss, all sein Vertrauen auf den HERRN zu setzen und bei ihm Hilfe im Gebet zu suchen. In vergleichbarer Situation muss sich der Beter von Psalm 40 befunden haben. Er selbst ortet sich »in einer Grube des Grauens, in Schlamm und Morast« (V. 3) und erzählt, was ihn gerettet habe: sein Vertrauen auf den HERRN (V. 5), das ihn im wahrsten Sinne des Wortes wieder auf die Beine stellte (V. 3).

Dazu gesellte sich für den Beter ein Zweites: Er erkannte, dass Gott nicht auf Opfer irgendwelcher Art angewiesen ist – wie könnte ihn auch beeindrucken, was er ja selbst geschaffen!? (Jes 66,2) Wohl aber »erwartet« respektive erhofft er sich ein Ringen des Menschen um das Erkennen des Willens Gottes und nach erfolgter Erkenntnis dessen Umsetzung in die Tat. Das ist nun fürwahr kein absolut sicheres Erfolgsrezept, und doch empfiehlt es sich zu bedenken: Wenn alles um uns wankt, Gott wankt nicht. Wenn alle Lichter erlöschen, das Licht über Betlehem vergeht nicht, der Stern über ihm bleibt stehen und mutiert nicht zum verglühenden Kometen. Wenn alles um uns und in uns zusammenbricht: Gott bleibt (be-)stehen. Wenn es Karfreitag in unserem Leben wird, weist er uns auf den Ostermorgen voraus. Das Vertrauen auf ihn und das Bittgebet um seine Hilfe sind zwei Stützen, an denen sich der Gebeutelte wieder aufrichten kann.

Krisensituationen werfen ernste Fragen, auch religiöse Fragen auf: Was will ER wirklich von mir? Was sagt ER mir durch die missliche Situation, in die ich geraten bin? Empfiehlt ER mir auf diese Weise u. U. eine Kursänderung meines Lebens? Diese zugebenermaßen eher unangenehmen Fragen können durchaus zum Schlüssel werden, welcher das verschlossene Tor der Hoffnung aufschließen kann. Wenn wir uns ihnen stellen, nutzen wir die Chance in der Krise und können unserem Leben eine Wende zu besseren Tagen geben.

BERNHARD KIRCHGESSNER

Lass mich deinen Willen erkennen, HERR, und gib mir den Mut, diesen in die Tat umzusetzen!

Wirkendes Wort

Das Wort Gottes ergeht an Abram, der sich später Abraham nennen darf. Wie hat man sich eine solche Wortoffenbarung vorzustellen? Sicherlich nicht im Sinne eines göttlichen Diktats, wobei der Mensch nur die Rolle einer Marionette spielt. Andererseits kann eine göttliche Wortoffenbarung auch nicht gleichgesetzt werden mit den persönlichen Befindlichkeiten und Fantasien eines Menschen. Es bleibt auch in diesem Fall ein Grundsatz zu beachten: Gottes Wort gibt es nicht an und für sich, sondern Gottes Wort gibt es immer nur in menschlichen Wörtern, ohne dass Gottes Wort in diese aufgeht.

Wird der Mensch auf welche Weise auch immer von Gott angesprochen, so wird er sich dessen erst in seiner gedanklichen oder anschaulichen Antwort darauf bewusst. Gottes Ansprache bewirkt etwas im Inneren des Menschen. Wie durch sein schöpferisches Wort die Welt entstand, so entstehen durch Gottes Ansprache im Menschen Worte und Bilder, die als innere Worte und Bilder das begreifen möchten, was der Mensch durch die göttliche Ansprache erlebt. Erfährt der Mensch durch die Zeit hindurch in vielfältiger Weise Gottes Ansprache, auf die er wiederum durch seine inneren Worte und Bilder antwortet, dann kann man von einem inneren Dialog zwischen Gott und Mensch sprechen. Abram ist für einen solchen Dialog offen und das wird ihm als Gerechtigkeit angerechnet.

Doch die inneren Worte und Bilder wollen in einem zweiten Schritt in vernehmbarer Sprache gefasst werden. Die inneren Worte und Bilder bewirken somit ihre sprachliche Ausgestaltung je nach Zeit und Kultur. Um diese in menschlicher Sprache mitgeteilten Wörter, die Gottes Wort enthalten, versammeln sich Menschen, weil sie sich davon angesprochen fühlen und weil es in ihnen etwas bewirkt. Später werden diese Wörter verschriftlicht, und der schriftliche Text gilt dann als Maßstab für das in menschlichen Worten formulierte göttliche Wort und damit als Maßstab des Glaubens, dessen Idealgestalt uns in Abram begegnet.

FRANZ JOSEF BACKHAUS

Gott, schenke mir die rechten Worte zur rechten Zeit.

Der Bote Gottes

Biblische Erzählungen legen Gewalt offen. Das gilt auch für das Dreieckverhältnis von Sarai, Abram und Hagar. Zu Beginn der Erzählung ist es Sarai, die erfahren muss, wie Kinderlosigkeit sie gewaltsam ins gesellschaftliche Abseits stellt. Die von ihr initiierte Lösung der Leihmutterschaft ihrer Sklavin Hagar tut nicht nur Hagar Gewalt an, denn sie wird nicht einmal gefragt, sondern diese Übergriffigkeit fällt auf Sarai zurück, denn als Hagar merkt, dass sie schwanger ist, verliert ihre Herrin bei ihr rapide an Ansehen. Abram, der als Vermittler diesen Gewaltzusammenhang beenden könnte, dreht stattdessen an der Gewaltspirale und liefert Hagar der Rache ihrer Herrin aus. So flieht die ägyptische Sklavin Hagar aus dem Hause Abrams, dem Stammvater Israels. In Umkehrung zur bekannten Exoduserzählung möchte diese Erzählung die Augen vor der Gefahr der Gewalt öffnen, die Israel in Ägypten verwandeln kann.

Die Gewalt bringt Hagar in die Wüste, an einen Ort, wo der Tod oder eine Gottesbegegnung wartet. Für Hagar trifft der zweite Fall zu. Ein Bote Gottes, ein Engel, verknüpft mit Hagars Schwangerschaft eine Verheißung auf eine zahlreiche Nachkommenschaft, die der Verheißung an Abram in Gen 12 und 13 ähnelt. Hagar ist die erste Frau in der Bibel, die eine Begegnung mit einem Engel hat, und weist somit auf Maria im Lukasevangelium hin, die letzte Frau der Bibel, die eine Begegnung mit einem Engel hat.

Biblische Erzählungen legen aber nicht nur Gewalt offen, sie zeigen auch Wege aus der Gewalt auf. In unserer Erzählung geschieht dies durch die Botschaft des Engels. Er ist ein Grenzgänger zwischen Gott und Mensch. Als Anwälte des göttlichen Willens sorgen Engel für die Umsetzung von Gerechtigkeit und für ein friedliches Zusammenleben in der Welt. Als Mitgeschöpfe von uns Menschen dürfen wir Engel nicht vergöttlichen, wie das manche esoterische Engelreligion tut, sondern wir sollten von ihnen lernen wie von älteren Geschwistern.

FRANZ JOSEF BACKHAUS

Gott, möge dein Bote mein Wegbegleiter in guten und in schlechten Zeiten sein.

Jüdische Identität

Im Jahr 2012 löste ein Urteilsspruch des Kölner Landgerichts eine kontroverse Debatte zur religiös begründeten Beschneidung ohne Vorliegen einer medizinischen Indikation aus. Das Urteil des Kölner Landgerichts stellte diese Art von Beschneidung einer Straftat gleich. Der durch die kontroverse Debatte neu geschaffene § 163 1d BGB hält zwar eine religiös motivierte Beschneidung grundsätzlich für möglich, wenn die Regeln der ärztlichen Kunst eingehalten werden und das Kindeswohl bewahrt bleibt, aber durch Hinweise aus der juristischen Fachwelt, die auf Unvereinbarkeiten dieses Paragraphen mit dem Grundgesetz hinweisen, ist diese Diskussion wohl lange noch nicht beendet.

Charlotte Knobloch, von 2006 bis 2010 Präsidentin des Zentralrats der Juden in Deutschland, brachte es damals in einem Artikel in der Süddeutschen Zeitung vom 25. September 2012 auf den Punkt: Wollt ihr uns Juden noch? In diesem Artikel stellt sie eindeutig klar: Die Beschneidung (hebräisch Brit Mila) ist Kern der jüdischen Identität.

Diese Aussage findet ihre Begründung darin, dass nach der Zerstörung des Salomonischen Tempels und der Deportation nach Babylon der Ritus der Beschneidung als Symbol des ewig dauernden Abrahambundes zu dem maßgeblichen Kennzeichen des Judentums wurde. Entsprechend diesem familiären Ritus besteht die Verpflichtung, acht Tage nach der Geburt ein männliches Kind zu beschneiden. So wird es kultfähig und kann schon als Kind gleichberechtigt an jüdischen Feiern wie dem Paschafest teilnehmen.

Mag sich die Art und Weise der Beschneidung durch den medizinischen Fortschritt geändert haben, mag sich die Begründung der Beschneidung geändert haben, indem die religiösen Argumente durch rationale und gesundheitliche Argumente ergänzt wurden, das Faktum der Beschneidung aber bleibt bis heute im Judentum in all seinen vielfältigen Ausgestaltungen bestehen. Und das ist gut so und verdient christlicherseits Respekt und Anerkennung.

FRANZ JOSEF BACKHAUS

Gott, gib mir Kraft, damit ich deinen Willen und deine Gebote im Herzen bewahre und danach lebe.

Menschenfamilie unter Gottes Segen

Von diesem Text bin ich überwältigt, weil in ihm so viele große Themen vorkommen. Die Treue Gottes zu seiner Verheißung an Abraham, sein ewiger Bund und das Zeichen der Beschneidung. Zum ersten Mal ist mir beim Lesen allerdings aufgefallen, welche Rolle Ismael hier spielt. Der erste Sohn Abrahams mit Hagar, von den Muslimen als ihr Gründungsvater angesehen: Auch ihm spricht Gott seinen Segen zu, auch ihm ist versprochen, zu einem großen Volk zu werden. Er ist der erste, der mit Abraham beschnitten wird und das Zeichen des Bundes trägt. Die Familien- und Geschwistergeschichte von Abraham und Sara, Hagar und Ismael und später dann Isaak ist voller tiefer Konflikte und Bedrohungen. Manchmal scheint es so, als ob zwischen jüdischen, christlichen und muslimischen Gemeinschaften bis heute diese Konflikte immer weitergetragen werden. Was politische Ursachen hat, wird oft religiös überhöht und damit scheinbar unlösbar.

Doch diese Feindschaft ist in der Bibel nicht angelegt. Gottes Segen gilt allen Nachkommen Abrahams, auch wenn er seinen ewigen Bund allein mit Israel und den Nachkommen Isaaks schließt. Gott folgt dabei nicht den scheinbar natürlichen menschlichen Regeln, dass dem Erstgeborenen alles zufällt, sondern trifft seine eigene Wahl. Doch er eröffnet allen eine Zukunft.

Die freie Entscheidung Gottes für sein Volk ist ein Segen, der allen Völkern gilt. Deshalb wird das Volk Israel auch »Licht für die Völker« genannt, denn durch den Bund und die Tora soll Gerechtigkeit entstehen, allen Völkern zum Vorbild. Nicht Konkurrenz, sondern Geschwisterlichkeit im besten Sinne sollte die Antwort sein, die wir als Menschen jüdischen, christlichen und muslimischen Glaubens darauf geben, denn Gottes Segen ist für alle im Überfluss da.

BEATE STRÄTER

Barmherziger Gott, du hast uns Menschen in Vielfalt geschaffen, und wir leben unter deinem Segen. Du hast uns eine Zukunft im Frieden verheißen. Lehre uns, als Menschenfamilie zu leben, unsere Unterschiede zu achten und wie gute Geschwister einander zu schätzen. Lass uns gemeinsam auf deinen Willen für uns und unsere Welt sehen und für Gerechtigkeit und Frieden eintreten.

Wer's glaubt, wird selig

Nun macht Gott ernst, und er erntet Gelächter. Erst von Abraham im Text davor, dann von seiner Frau Sara. Sie können sich einfach nicht vorstellen, dass da noch Bewegung und Lebendigkeit in ihr Leben kommen soll. Zu lange gewartet, zu lange gehofft. Die biologische Uhr abgelaufen für Nachwuchs, schon lange. Die Liebe zwischen ihnen abgeklärt, die Konflikte durchgestanden und durchlitten, große Emotionen ordentlich weggepackt.

Die drei unbekannten Männer in der Mittagshitze werden mehr als gastfreundlich empfangen. Eine Spur der Erwartung, dass da noch was kommen kann im Leben, muss doch wohl noch da gewesen sein.

Warum Gott zu dritt kommt – das hat in der christlichen Theologie Spekulationen ausgelöst, dass es hier schon ein Vorzeichen der Trinität gab. Doch Gott lässt sich nicht in die Karten schauen, er selbst gibt etwas von sich zu erkennen, was wir Menschen nicht fassen können.

Sara hat schon viel erlebt und gesehen. Dass sie lacht, ist vielleicht auch eine Erinnerung an ihre Zeit als jüngere Frau, als sie noch vieles vom Leben erwartete.

Und so kommen die junge und die alte Sara hier zusammen, um noch einmal neu aufzubrechen. Erstarrte Beziehungen wieder fruchtbar zu machen, das Leben spüren, wo man mit allem längst abgeschlossen hat, sich mit Lebendigkeit erfüllen lassen: Dazu braucht es keine Schwangerschaft im hohen Alter. Der Begriff der Generativität fällt mir hier ein, den der Psychoanalytiker Erik H. Erikson prägte. Gemeint ist damit das Gegenteil von Stillstand und Rückzug, sondern eine Haltung, die uns fragen lässt, mit welchen unserer Erfahrungen und Ideen wir für die Welt und die nachfolgenden Generationen etwas Gutes und Wertvolles hinterlassen wollen. Dazu hilft es, Verbindung mit jungen Menschen zu haben, mit den Fragen und Problemen unserer Zeit und dem Glauben, dass unsere Zukunft immer offen ist: Denn bei Gott ist nichts unmöglich.

BEATE STRÄTER

Gott, du überraschst uns immer wieder, wenn wir uns für dich offenhalten und neugierig auf die Welt und die Menschen bleiben. Lass uns das Gute in unserem Leben teilen und weitergeben, dankbar und liebevoll.

Wer kann bestehen?

Die drei Männer ziehen weiter, Abraham begleitet sie als guter Gastgeber. Und nun wandelt sich die Geschichte plötzlich: Gott in Gestalt der drei hat verschiedene Seiten und ist nicht nur der »liebe« Gott. Die Sünde, um die es hier geht, ist nicht zuerst eine pervertierte Sexualität, sondern der gewaltsame Umgang mit Fremden und der Verrat am Gebot der Gastfreundschaft, wie später deutlich wird.

Abraham bittet für die vom Verderben bedrohte Stadt um Verschonung und Gott lässt mit sich handeln. Er erinnert Gott an seine Versprechen, dass er gerecht sei. Sollten einige wenige es denn nicht wert sein, dass alle verschont bleiben? Was zählt die Stimme von Einzelnen in einem gewalttätigen, bösen System? Erfahrungen aus der Geschichte zeigen: Auch sie werden meist von den Folgen nicht verschont. Doch hier lässt Gott mit sich handeln und das zeigt mir: Es scheint für Gott nicht egal zu sein. Auch wenn das böse und schädliche Verhalten einer Gemeinschaft für alle zur Katastrophe führen kann, so können Einzelne, die nicht mitmachen, zur Rettung aller beitragen. Abraham hat hier die Rolle, dies vor Gott geltend zu machen, ihn an seine, die größere Gerechtigkeit zu erinnern.

Der Rabbiner Jonathan Sacks zieht noch eine andere Linie, indem er eine Verbindung zwischen der Ankündigung des ersehnten Sohnes und diesem Gespräch zieht: Es geht hier auch darum, was es bedeutet, Eltern bzw. Kind zu sein. Das beharrliche Nachfragen Abrahams und das geduldige Darauf-Eingehen Gottes beschreibt, wie Eltern ihren Kindern begegnen sollen. Die Aufgabe der Kinder ist es, immer weiter zu fragen, vielleicht auch infrage zu stellen und auf Gerechtigkeit zu pochen. Heute, wenn die junge Generation unseren Lebensstil und unseren fehlenden Veränderungswillen anprangert, eine wichtige Erkenntnis.

BEATE STRÄTER

Gütiger Gott, du wendest dich uns zu, nicht unbarmherzig, sondern mit einem väterlichen und mütterlichen Blick. Wir dürfen dich fragen und bitten, um Erbarmen, um Gerechtigkeit. Wo wir Menschen kläglich scheitern, hoffen wir auf deine Güte.

Fels und Rettung

Psalm 62 hat offensichtlich zwei markante Gestalten der Kirchengeschichte umgetrieben. Vers 2 dürfte den Kirchenvater Augustinus zu seinem berühmten »Unruhig ist unser Herz, bis es ruht in Dir, o GOTT« und Vers 3 Martin Luther zu »Eine feste Burg ist unser Gott« inspiriert haben. Beiden war die Welt der Psalmen bestens vertraut. Alles, was das menschliche Herz an Freude und Dank, Leid und Not, Krankheit und Tod bewegt, ja selbst die Verfluchung des maledeiten, bösen Nachbarn und Feindes, wurde in therapiefreier vorchristlicher Zeit ins Gebet gehoben. So wurde das ganze Leben im Gebet der Psalmen und im Denken und Handeln der Menschen präsent. Allein das Aussprechen all dessen, was den Menschen an Positivem wie Negativem erfüllt, vermag ihm Erleichterung zu verschaffen. Wenn obendrein der Mensch der Überzeugung ist, dass derjenige, dem er alles vorträgt, der höchste GOTT ist, der ihm Ohr, Herz öffnet und ihm offene Arme entgegenstreckt, kann ihm dies geradezu Flügel verleihen.

Wozu jeder Therapeut heute raten würde (»Sprechen Sie sich doch bitte mal aus!«), das empfiehlt auch der Beter von Psalm 62 in Vers 9: »Schüttet euer Herz vor ihm aus!« ER, dem wir alles anvertrauen dürfen, löst des Menschen Probleme wahrlich nicht, diese muss der Mensch schon selbst anpacken, aber er leiht ihm sein Ohr, hört ihm zu, hört gut zu und kann dem Menschen so zur Rettung werden.

Wir sind heutzutage dem »Windhauch« ausgesetzt, mit dem Modestrom der Zeit zu schwimmen und so zu agieren, wie viele dies tun: zu unserem Vor- und anderer Menschen Nachteil. Psalm 62 fordert uns nachdrücklich auf, dem Mainstream zu widerstehen und Gott mehr zu vertrauen, auf ihn stärker zu bauen als auf Menschen, deren Zuneigung flüchtig und eigeninteressiert sein kann. Wer auf Gott baut, setzt sein Lebenshaus nicht in den Sand, sondern errichtet es auf Fels, gibt ihm so Bestand und findet schließlich zu großer innerer Ruhe.

BERNHARD KIRCHGESSNER

Du hörst mich, HERR. Darum lege ich alles, was mich bewegt, in deine Hände: Sollten meine Wünsche und Vorstellungen gut für mich sein, dann erhöre mich!

Kollateralsegen

Auftritt in Sodom und Gomorrha, das sprichwörtlich gewordene Menetekel über alle verdorbenen, gottlosen und widerlichen Formen menschlichen Lebens. Es gibt sie, diese Verhältnisse, damals wie heute. Die Erzählungen dieses Kapitels machen das in kaum wünschenswerter Weise anschaulich. Lot, der Neffe des Patriarchen Abraham, wohnt in Sodom und nimmt angelegentlich zwei Engel Gottes in sein Haus auf. Ob er sie als solche erkennt oder sie sich wenigstens als diese zu erkennen geben, bleibt offen. Aber dass sie ihm mehr als nur nette Zeitgenossen sind, wird rasch klar. Ein Mob von gewaltbereiten, übellaunigen Nachbarn umringt sein Haus und verlangt die Herausgabe der Ankömmlinge. Sie ahnen, dass sich Böses vorbereitet. Dass Lot zur Beschwichtigung dieses Pöbels nichts Besseres einfällt, als seine Töchter zur Vergewaltigung freizugeben, dokumentiert die Verrohung der Sitten – auf allen Seiten. Man mag es sich kaum vorstellen, wenn man sich in eine der beiden Töchter hineinversetzt. Im Richterbuch Kap.19 wird übrigens eine noch schrecklichere Variante dieser Episode erzählt. Am Ende retten hier die Engel die Szene, in dem sie Lot ins Haus zurückziehen, die Töchter vor der Auslieferung bewahren und die bösartige Meute in die Irre führen. Lot und seine Familie profitieren dabei von der Fürbitte Abrahams, die im vorgehenden Kapitel geschildert wurde, und von der Selbstverpflichtung Gottes, seine Auserwählten nicht einfach untergehen zu lassen. Wir sehen so etwas wie eine infektiöse Dimension des Segens. Lot, geschildert als nicht ganz sauberer, weil hoch eigennütziger Verwandter des Glaubenshelden Abraham, bekommt selbst in Sodom noch so viel Segen ab, dass es ihm zur Rettung des Lebens verhilft. Eine »Nebenwirkung« des Glaubens, die mehr Menschen zugutekommt, als wir und sie es selber glauben mögen.

HELMUT ASSMANN

Gott des Lebens, bewahre uns vor bösen Umständen und bösen Menschen. Schicke deine Engel, wenn die Not groß ist. Und stärke in uns das Vertrauen, dass du es wirklich tun wirst.

Vorsicht!

Nachdem die Engel Lot und seine Familie mit Müh und in Eile aus Sodom herausbugsiert haben, ist die Geschichte aber noch nicht ausgestanden. Sie sollen auf keinen Fall zurückschauen, die ganze Familie nicht, und auf das Gebirge fliehen. Lot indes will dort nicht hin, weil ihn sonst, so seine Vermutung, ein Unheil treffen könnte, das nicht weiter erläutert wird. Es wird ihm gewährt, in die Stadt Zoar (»Kleinigkeit«, eine Anspielung auf die Größe des Städtchens) zu fliehen. Bis dahin hält Gott das Verderben an. Aber bei Sonnenaufgang bricht es los: Feuer und Schwefel vernichten die ganze Gegend am Toten Meer – zurück bleibt eine Ödnis, die bis heute anschaulich ist. Lots Frau hingegen flieht nicht konsequent. Sie bleibt stehen, blickt zurück, aus welchen Gründen auch immer, und erstarrt zur Salzsäule. Sie wird damit zu einem Symbol von zeitloser Geltung. Dem göttlichen Gericht oder einer Katastrophe zuzuschauen ist offenbar eine gefährliche Sache. Ob man sich nun daran weidet oder vergewissern möchte, dass es tatsächlich stattfindet, oder auch nur seiner Sensationslüsternheit folgt: Der Anblick des Unheils bannt die Aufmerksamkeit, lähmt die Seele, lässt den Geist erstarren. Das ist keine mythische Angelegenheit, sondern hat mit der Wirkungsmacht des Bösen zu tun. Es bindet menschliche Wahrnehmung und hat infektiösen Charakter, wie der Segen auch – nur verdirbt es das Leben und tötet seine Dynamik ab. Wer zu lange hineinschaut, dem stirbt ein Teil seiner Seele. Die Stummheit vieler Kriegsteilnehmer des Zweiten Weltkrieges wird mit diesem Sachverhalt zu tun haben. Denn wem wir uns aussetzen, das erfüllt uns auch. Wohin wir schauen, dem geben wir auch die Möglichkeit, uns zu orientieren. »Einfach nur hingucken« ist ein Irrtum. Es blickt immer etwas – oder jemand – zurück.

HELMUT ASSMANN

Ewiger Gott, gib unseren Augen Halt und unserer Seele Kraft, dass wir uns abwenden von dem, was uns bindet, und aufschauen zu dir, dem Schöpfer und Vollender unseres Lebens.

Verwandtschaftsbande

Der dritte Teil des Kapitels bietet noch einmal ziemlich finsteres Material: Inzest im ausdrücklichsten Sinne des Wortes. Die beiden Töchter Lots, also diejenigen, die ihr Vater bereit war, dem aufgebrachten Pöbel von Sodom zum sexuellen Fraß vorzuwerfen, sorgen sich nun um Nachkommenschaft, die ihnen versagt zu werden droht. Kein Mann in Sicht, nur ihr alter Herr, mit dem sie sich vor dem Inferno am Toten Meer in einsame Sicherheit gebracht haben. Sie füllen ihn kurzerhand mit Wein ab und besorgen sich während seiner Trunkenheit die Aussicht auf eine Mutterschaft. Abstoßender geht es kaum. Aber diese Schilderung hat, auch wenn es sich nicht besonders edel anfühlt, eher theologische Methode als geschichtlichen Anhalt. Die Kinder dieses alttestamentlich absolut indiskutablen Tabubruchs werden nämlich als die Stammväter zweier Völker identifiziert, mit denen Israel es immer wieder in kriegerischer Weise zu tun hatte, der Moabiter und der Ammoniter. Zweierlei wird durch diese unheilige Genealogie literarisch festgehalten. Erstens: Es handelt sich um Verwandte. Zweitens: Es sind widerwärtige Verwandte. Wer aus solchem Schoße kroch, dem ist nahezu alles zuzutrauen – so lautet die wenig verschleierte Botschaft dieser Erzählung. Was damit nun anfangen? So wenig erbaulich es klingt: Dieses Verfahren hat leider Methode, bis heute. Echte und Rufmorde pflegen sich nicht selten auf solche Herkunftsszenarien zu berufen, seien sie nun erfunden oder nur leidlich glaubwürdig erzählt. Es ist daher ein menschheitliches Glück, dass die jüdische Theologie und später die christliche andere Saiten aufgezogen hat. Nicht wo einer herkommt, bestimmt sein Leben, sondern wohin er unterwegs ist. Nicht an dem, was ihre Väter getan haben, wird eine gemessen, sondern an dem, worauf sie ihr Vertrauen setzt.

HELMUT ASSMANN

Liebender Gott, vergib, wenn wir nach Gerücht und Vermutung mit unseren Mitmenschen umgehen, lehre uns stattdessen aufrichtig und aufmerksam zu sein, zum Wohle aller und zu deiner Ehre.

Der Erbe der Verheißung

Die Umwege, die Abraham und Sara gehen mussten, bis sie schließlich zu dem bereits in Gen 12 verheißenen Nachkommen kamen, sind schon erstaunlich. Musste das sein? Und warum müssen andere Menschen dabei auf der Strecke bleiben?

Wir sahen, wie der Weg missgedeutet wurde (Ist Ismael der verheißene Erbe Abrahams?) – doch es war das Denken der Menschen, das zu dieser Missdeutung führte, weil man Gott, dem Schöpfer, nicht zutraute, ein Wunder zu vollbringen. Am Ende wird die Verheißung doch erfüllt, und Abraham hält den Sohn in den Armen, der ihm von seiner Frau Sara geschenkt wurde.

Wir sehen, wie der Mensch in Gottes Plan einzugreifen versucht: Sara wird eifersüchtig auf diesen Erstgeborenen Abrahams und fordert, Ismael solle verschwinden, denn er kann nicht der rechte Erbe sein, dies ist nicht mehr sein Weg, sondern es ist der Weg der Verheißung, den nur Abraham und Sara gehen dürfen.

So wird Ismael mit seiner Mutter fortgestoßen, auf einen anderen Weg. Wie merkwürdig, dass sich dieser Weg auch als ein Weg Gottes erweist und dass auch für Ismael eine große Verheißung bestimmt ist.

Rechnen wir damit, dass Gott in unser Leben eingreift, dass er unsere Schritte kennt, dass er einen Plan mit uns hat? Oder sind wir eher der Ansicht, dass alles, was um uns herum und an uns geschieht, nur zufällig so ist?

Unser Leben wird, so wie das Leben Abrahams und Saras sowie Hagars und Ismaels, von vielen Einflüssen bestimmt und sicher auch gelenkt. Selten läuft alles so, wie wir es erwarten. Wir lassen uns beeindrucken von den Aussagen unserer Mitmenschen, Ereignisse und Begegnungen beeinflussen unsere Entscheidungen. Krankheit oder Unfall können schlagartig alle unsere Pläne über den Haufen werfen.

Wir erfahren: In allem, was geschieht, ist Gott gegenwärtig. Er weiß um uns. Er hat einen Plan, in den wir hineinpassen. Wohin auch immer unsere Schritte uns führen: Er ist da!

MARTIN SENFTLEBEN

Herr, von hinten und von vorn hast du mich umschlossen, hast auf mich deine Hand gelegt. Zu wunderbar ist für mich dieses Wissen, zu hoch, ich kann es nicht begreifen.

Der Erbe der Verheißung?

Wenn wir nicht den Ausgang wüssten, würde uns bei dieser Erzählung sicher der Atem stocken. Hätte Abraham wirklich seinen Sohn getötet? Warum stellt Gott ihn derart auf die Probe, wo er doch genau weiß, wie sehr Abraham ihm vertraut? Denn Gott sieht doch ins Herz!

Wir begegnen hier zwei Menschen, die sich dem Willen des nicht nur körperlich Stärkeren unterwerfen und dabei tun, was ihrem Wesen widerspricht: Abraham unterwirft sich Gott, Isaak unterwirft sich Abraham. Sie gehen miteinander einen Weg, der zerstörerisch ist, und beide erscheinen in dieser Situation hilflos, ohne Ausweg. Doch dann greift Gott in letzter Sekunde durch seinen Engel ein.

Ich stelle mir immer wieder vor, wie es weitergegangen wäre, wenn Abraham die Stimme nicht gehört hätte. Oder wenn der Engel eine Sekunde später gerufen hätte. Denn Abraham wollte gehorsam sein, und Isaak wollte sich nicht widersetzen.

Die Tatsache, dass alles passt, dass am Ende doch ein Opfer geschehen kann und beide wieder physisch unversehrt zurückkehren, ist nicht wirklich beruhigend. Abraham und Isaak sind beide traumatisiert. Doch darum geht es nicht.

Es geht um das unbedingte Vertrauen, das nicht nur Abraham, sondern auch Isaak in dieser Stunde bewiesen haben.

Die Christenheit hat diese Erzählung in die Lesungen der Osternacht eingebettet. So wie Abraham, der Erzvater des Gottesvolks, bereit war, seinen Sohn zu opfern, so ist Gott bereit, seinen eigenen Sohn zu opfern. Es gibt nur einen Unterschied: Jesus starb am Kreuz. Es gab kein Ersatzopfer, weil es diesmal um die Rettung der ganzen Menschheit ging und nicht nur um einen Einzelnen. Gott musste dafür selbst in die Bresche springen.

Wenn wir versuchen, uns in Abraham hineinzuversetzen, als er sich mit Isaak aufmachte, dann erkennen wir vielleicht auch, wie hoch Gott uns wertschätzt, da er sich in seinem Sohn aufmachte, um uns zu erlösen. Welch eine Liebe!

MARTIN SENFTLEBEN

Herr, du hast mich erforscht und kennst mich. Ob ich sitze oder stehe, du kennst es. Du durchschaust meine Gedanken von ferne. Du bist vertraut mit all meinen Wegen.

Die Verheißung

Warum wird so akribisch festgehalten, wie Abraham ein Stück Land kauft, das scheinbar nicht mehr als ein Friedhof sein soll? Die Schilderung mag uns einen Einblick in damalige Verhandlungsmethoden gewähren, ihr liegt aber doch wohl ein anderes Interesse zugrunde: Mit dieser Erzählung wird der rechtmäßige Erwerb eines Stückes von dem Land, das Gott dem Abraham verheißen hat, belegt. Hier beginnt also die Verheißung sich zu erfüllen. Saras Begräbnis spielt dabei nur eine untergeordnete Rolle, sie ist der Rahmen für das viel Größere.

Dabei ist klar, dass Abraham schon mehr Land gekauft haben muss, denn er ist wohlhabend und als »Gottesfürst« bekannt. Auch die Hethiter achten ihn. Aber so erworbenes Acker- und Weideland kann man wieder verkaufen. Erst mit dem Begräbnis Saras (und später auch Abrahams) wird das Land wirklich zum Eigentum, denn dann kann es niemand mehr nehmen, weil es der Ort des Bleibens geworden ist. Das wird auch daran ersichtlich, dass Josef an diesem Ort seine letzte Ruhe fand (Gen 50,2–13), nachdem die Nachkommen Abrahams sich längst in Ägypten niedergelassen hatten.

Es geht um Heimat, den Ort, zu dem man immer zurückkehren kann, den Ort der Vorfahren. In unserer Zeit gibt es solche Orte kaum noch – wir sind eine mobile Gesellschaft, man zieht dorthin, wo die Arbeit ist.

Wenn einem auf diese Weise die physische Heimat, der Ort der Erinnerung, genommen wird, dann gilt es, einen Ort zu finden, der mit einem geht. Gott ist solch ein Ort. In ihm können wir ruhen, in seiner Hand ist unser ganzes Leben, zu ihm können wir immer zurückkehren, sogar ohne dass wir uns auf eine lange Reise begeben müssen. »Unsere Heimat ist im Himmel«, hat der Apostel Paulus dementsprechend schreiben können (Phil 3,20). Diese Heimat kann uns niemand nehmen.

MARTIN SENFTLEBEN

Wohin kann ich gehen vor deinem Geist, wohin vor deinem Angesicht fliehen? Ich erwache, und noch immer bin ich bei dir.

An der Hand Gottes leben

Da funkt jemand SOS. Der Schrei eines in Not geratenen Menschen. Vom »Ende der Erde« meldet er sich, so die fast poetisch klingende Positionsbestimmung für einen Ort, an dem buchstäblich nichts mehr geht. Man könnte auch sagen: »Ich bin am Ende mit meiner Kraft.« Dort, wo die Angst einen lähmt. Ein Gefühl, das man sich körperlich vorstellen muss, das einem fast die Luft nimmt. Und dann als Letztes auch noch die Stimme versagt. Das Aus steht unmittelbar bevor. Aber noch am Ende der Erde, dort, wo alles aussichtslos erscheint, lässt sich eine Verbindung zu Gott aufbauen.

Edith Stein – Jüdin, Atheistin, Philosophin, Pädagogin und schließlich Christin, Ordensfrau und Mystikerin – hat ein Lied verfasst, das sich ganz eng an Psalm 61 anlehnt: »Erhör, o Gott, mein Flehen.« Sie dichtet es 1936. Von der Diktatur des Nationalsozialismus verfolgt, wird sie 1942 im Konzentrationslager Auschwitz ermordet. »Hab auf mein Beten acht«, so formuliert sie ihre flehentliche Bitte »aus dunkler Nacht«, wie sie ihr »Ende der Erde« nennt. »Auf dich ich hoffend sehe: / Du lenkst und leitest mich.« Wie der Psalmbeter, so vertraut auch sie auf Gott, dass er sie sieht, obwohl es finster ist.

Erstaunlich, wie schnell die Verbindung da ist zwischen dem der Verzweiflung nahen Gottsucher und Gott, der »ein Gebet weit von uns entfernt« ist, wie es die jüdische Lyrikerin Nelly Sachs formuliert hat. »Du bist gleich einem Turme, / den nie der Feind bezwang. / Ich weiche keinem Sturme, / bei dir ist mir nicht bang. / In deinem Zelt bewahren/willst du mich immerdar. / Mich hütet vor Gefahren/dein schirmend Flügelpaar.« So nimmt Edith Stein die Bilder des Psalms auf. In einem Brief schreibt sie: »Es ist im Grunde immer eine kleine, einfache Wahrheit, die ich zu sagen habe: wie man es anfangen kann, an der Hand des Herrn zu leben.«

Das Gebet als ausgestreckte Hand, die Gott ergreift. Die NS-Diktatur nahm ihr das Leben. Aber, so dichtet sie in der Gewissheit, dass die Trotzmacht ihres Glaubens stärker ist: »Es wird ja nie zunichte/des Herrn Barmherzigkeit.«

UDO HAHN

Lobe den Herrn, meine Seele, und vergiss nicht, was er dir Gutes getan hat.

Einführung zum Römerbrief auf Seite 398 ff

Die gemeinsame Grundlage trägt

Paulus hält sich zwar formal an das hellenistisch-jüdische Schema einer Brieferöffnung (Präskript). Am Anfang eines Briefs stehen Absender und Empfänger und dann ein Gruß. Viele Worte zur Selbstvorstellung über sich verliert er aber nicht, obwohl man sich persönlich noch nicht kannte. Viel wichtiger ist ihm, das inhaltlich Verbindende zwischen der Gemeinde und ihm herauszustellen. Deswegen betont er die Berufung von Jesus Christus her, die sowohl er wie auch die Gemeinde in Rom empfangen haben. Das verbindet. Deswegen werden aber sogleich auch drei zentrale Aussagen über das Evangelium, über diesen Jesus Christus gemacht: Jesus Christus war ein Mensch und stammte als Mensch aus der Nachkommenschaft des Königs David; er war also ein Jude. Für Paulus war es immer wichtig, dies zu betonen, und zwar nicht nur gegenüber Juden, sondern gerade auch gegenüber Nichtjuden, die etwa in Rom die große Mehrheit der Gemeinde ausmachten. Jesu Zugehörigkeit zum erwählten Volk ist für Paulus wesentlich. Jesus Christus war und ist zugleich der Sohn Gottes und der Herr, ein Titel, der sonst für Gott gebraucht wurde. Der dritte Punkt in diesem kurzen Glaubensbekenntnis ist die Auferstehung Jesu Christi von den Toten. Dabei ist wichtig, dass Jesus von Gott durch die Auferstehung nicht zum Gottessohn »gemacht« oder »eingesetzt« wird, sondern durch die Auferstehung wird Jesus als Gottessohn »erwiesen«. Die Auferstehung macht offenbar, macht deutlich, welch eine Vollmacht dieser Jesus Christus innehatte.

Mit dieser Brieferöffnung hat Paulus das gemeinsame Fundament zwischen der Gemeinde in Rom und ihm selbst im wesentlichen Inhalt des Evangeliums und dem daraus resultierenden Auftrag dargelegt.

STEFFEN BAUER

Barmherziger Gott, die Geschichte Gottes mit uns geht weiter über alle Zeiten hinweg. Lass uns hören und davon erzählen, lass uns auch uns selbst als ein Teil dieser Geschichte verstehen und so leben.

Den Glauben wechselseitig stärken

In der Vorrede oder Einleitung (Prooemium) werden die Vorgeschichte, der Anlass und schließlich die Thematik eines Briefs dargestellt. Dem folgend betont und lobt Paulus den Glauben der römischen Gemeinde, die auch ohne sein Zutun lebt und gedeiht. In diesem Zusammenhang verweist Paulus darauf, dass es aber dennoch längst eine Gemeinschaft zwischen der Gemeinde in Rom und ihm geben würde, nämlich sowohl in seinen Gebeten wie auch in seinen Gedanken. Der Gemeinde in Rom wird damit eine besondere Bedeutung zuteil. Zugleich aber stellt Paulus seinen dringenden Wunsch heraus, die Gemeinde zu besuchen. Nach seinem Verständnis eines universalen Missionsauftrags ist er dazu berufen, auch ihnen das Evangelium zu verkünden. Er möchte sie in ihrem Glauben stärken, betont aber auch, dass sie sich bei einem Besuch wechselseitig im Glauben bereichern würden. Letzteres ist besonders bemerkenswert: ein Apostel, der als Subjekt nicht nur anderen als Objekte die frohe Botschaft verkündet und sie dadurch im Glauben stärkt, sondern dieses Geschehen als ein wechselseitiges begreift und damit auch die Unterscheidung aufhebt, dass auf der einen Seite Gebende, Verkündigende und also Aktive wären und auf der anderen Seite sich »nur« Empfangende, Hörende und also Passive befinden würden. Wenn Paulus hier nicht nur ein rhetorisches Stilmittel ergreift, um bei der Gemeinde in Rom positiv gehört zu werden, dann wird hier über das Geschehen in den Gemeinden etwas ganz Wesentliches deutlich: Wenn Christen sich besuchen und austauschen, einander Lebens-, Glaubens- und Gotteserfahrungen erzählen, dann ist dies ein dialogisches und für alle Beteiligten ermutigendes Geschehen, das den Glauben wechselseitig stärkt.

STEFFEN BAUER

Du stärkender Geist, lass uns aufeinander hören, einander unsere Glaubenserfahrungen erzählen und so immer mehr von dem Geheimnis deines Wirkens erfasst werden.

Mutig den ganz Anderen bekennen

Die Verkündigung des Kreuzestodes Jesu hat in der römisch-hellenistischen Welt nur Spott hervorgerufen. Demgegenüber betont Paulus, dass er zu dieser Nachricht stehe, und zwar deshalb, weil in Kreuz und Auferstehung Jesu Christi nicht etwa Ohnmacht, sondern vielmehr die Kraft Gottes sichtbar geworden sei und diese Kraft Gottes eben auch in der Verkündigung wirksam werde. Verkündigung ist also nicht Rede über ein Ereignis, nicht nur Information, sondern ein Geschehen, in welchem eben diese Kraft Gottes wirksam wird. Weil nur Gott selbst diese Kraft innewohnt, muss man aber alle seine bisherigen Vorstellungen von Kraft, Macht und auch Gottes Gerechtigkeit begraben. Deswegen betont Karl Barth, dass es bei diesem Geschehen um das »schlechthin Neue«, mit nichts Vergleichbarem gehe, das, so Paulus hier, in der Verkündigung aber allen Menschen gelte. Martin Luther hat dieses Neue gespürt und in einem langen Ringen schließlich zu einem neuen Verständnis der von Paulus hier angeführten Gottes-Gerechtigkeit gefunden. Verabschieden musste er die Vorstellung, dass Paulus hier von der Gerechtigkeit Gottes als einer aktiven, fordernden und strafenden Gerechtigkeit rede. Das Neue wird erst deutlich, wenn man Luthers Spur folgt und die paulinische Rede von der Gerechtigkeit Gottes als passive, zugesprochene, verzeihende Gerechtigkeit versteht. So erst wird klar, dass es nicht auf eine religiöse Leistungserfüllung ankomme, sondern auf das, was Christus für uns getan hat und uns im Glauben zuspielt. Genau darauf läuft das Heilshandeln Gottes nach Paulus hinaus: Im Glauben wird es zugespielt, für den Einzelnen spürbar wirksam und also für den Glaubenden bedeutsam. Und indem Paulus hier Habakuk zitiert, wird erneut deutlich, was dieses ganze Kapitel durchzieht: Der Bezug zur Heilsgeschichte und den schon ergangenen Verheißungen darf nicht fehlen.

STEFFEN BAUER

Gottes Geistkraft, komm und schenke uns Glauben, der zum Leben führt, und Mut, dich immer neu zu bekennen.

Fatale Folgen

Das Evangelium »ist Kraft Gottes zur Rettung für jeden, der glaubt«. Damit hat Paulus begründet, warum er sich zur Verkündigung in der ganzen Welt verpflichtet weiß. Denn darin wird »die Gerechtigkeit Gottes«, sein rettendes Ja zu allen offenbart. Aber warum müssen sie gerettet werden? Das erläutert Paulus in Römer 1,18–3,20. Am Anfang steht eine ähnliche These: »Der Zorn Gottes wird vom Himmel herab offenbart.« Was aber meint »Zorn Gottes«? Das ist keine emotionale Reaktion Gottes, die er besser beherrscht hätte. Der »Zorn« Gottes ist sein Gericht über die Verfehltheit menschlichen Tuns, das notwendige Nein zu aller Gottvergessenheit und Ungerechtigkeit der Menschen.

Deren Ursachen liegen tief. Die Menschen, die Gott an seiner Schöpfung als ihr Gegenüber hätten erkennen können, verehren stattdessen Bilder seiner Geschöpfe. In ihnen beten sie menschliche Macht und Schönheit, also letztlich sich selbst an und verfehlen so ihre göttliche Bestimmung. Paulus zeigt das an den Götterbildern seiner Zeit; er könnte das aber auch an den Götzen unserer Zeit plausibel machen.

Aber Gott verhängt keine Strafen. Er liefert die Menschen an die Konsequenzen ihrer Selbstvergötterung aus. Was Paulus an Störungen menschlichen Zusammenlebens auflistet, sind die fatalen Folgen davon, dass sie sich nicht mehr der Verantwortung vor Gott und der Fürsorgepflicht füreinander bewusst sind. Paulus beurteilt dabei die Homosexualität so negativ, weil er darin, wie sie damals gelebt wurde, ein Beispiel dafür sah, dass man im gleichen Geschlecht nicht den anderen, sondern nur sich selbst gesehen hat. Wir wissen heute, dass homosexuelle Beziehungen genauso wie heterosexuelle in gegenseitiger Verantwortung gelebt werden können. Nicht die sexuelle Prägung ist das Problem, sondern die Zerstörung einer guten Gabe Gottes durch alle Arten ausbeuterischer oder erniedrigender Sexualität.

WALTER KLAIBER

Ihr, die ihr Christi Namen nennt, gebt unserm Gott die Ehre; ihr, die ihr Gottes Macht bekennt, gebt unserm Gott die Ehre! Die falschen Götzen macht zu Spott; der Herr ist Gott, der Herr ist Gott. Gebt unserm Gott die Ehre!

Problematische Entrüstung

Paulus hat in Römer 1,18–32 schonungslos aufgezeigt, welch fatale Folgen es hat, wenn Menschen sich in ihrem Leben und Tun an falschen Göttern ausrichten und sich so der Gier nach Macht und Lust ausliefern. Aber er befürchtet offensichtlich, Beifall von der falschen Seite zu erhalten. Niemand hat Anlass sich darüber zu freuen, wie klar Paulus solches Verhalten verurteilt, nur weil er oder sie sich für fromm hält und im Übrigen darauf vertraut, Gott werde es bei einem selbst nicht ganz so streng meinen. Es ist richtig, auf Gottes Güte zu vertrauen. Aber das heißt nicht, darauf zu spekulieren, dass der liebe Gott ein guter Mann sei. »Weißt du nicht, dass Gottes Güte dich zur Buße leiten und zur Umkehr führen will?«, fragt Paulus (V. 4) und macht damit klar: Eine echte Begegnung mit Gottes Gnade hat tiefgreifende Konsequenzen. Die rettende Botschaft, die Paulus verkündet, hat nichts mit »billiger Gnade« zu tun (Dietrich Bonhoeffer), auch wenn das oft so missverstanden wird. Die Berufung auf Rang und Namen, Herkunft und religiöse Sozialisation zählt hier nicht. »Bei Gott gibt es kein Ansehen der Person.« (V. 11)

Paulus macht mit eindringlichen Worten klar, dass Gott sich durch äußere Statusmerkmale nicht blenden lässt, sondern danach urteilt, wie es wirklich um Sein und Tun eines Menschen steht – gleich, ob es sich um Juden oder Heiden handelt. Das war damals die kontroverse Frage – heute würde Paulus vielleicht sagen: gleich ob Christen oder Konfessionslose.

Und das führt Paulus zu einer für ihn ganz ungewöhnlichen Weitung des Horizonts. Nicht nur Menschen, die das Gesetz des Mose kennen, sind in der Lage, das Rechte zu tun. Das, was Gott im Gesetz will, ist allen ins Herz geschrieben; auch sie können es tun, und Gott wird ihr Leben nicht danach beurteilen, ob sie das geschriebene Gesetz gekannt, sondern ob sie seinen Willen getan haben!

WALTER KLAIBER

Treib unsern Willen, dein Wort zu erfüllen; hilf uns gehorsam wirken deine Werke; und wo wir schwach sind, da gib du uns Stärke. Lobet den Herren!

Echte Frömmigkeit

»Wir waren immer gute Katholiken!« »Ich bin lutherisch getauft und erzogen!« »Ich bin in der fünften Generation Methodist!« Solche Aussagen mögen zwiespältige Gefühle in uns wecken. Es kann sich darin echte Dankbarkeit für ein gesundes geistliches Erbe zeigen, aber auch ein problematischer Anspruch auf religiöse Erbhöfe und reservierte Plätze im Himmelreich. Paulus hatte ähnliche Probleme mit jüdischen Zeitgenossen. Gegen seine These, dass vor Gott alle gleich sind, wenden sie ein: Aber wir sind doch Juden! Wir haben doch das Gesetz! Wir kennen den Willen Gottes! Wir sind doch beschnitten und gehören zu Gott!

Paulus hinterfragt diese Ansprüche. Seine Anklagen in V. 17–23 scheinen uns freilich sehr plakativ und pauschal zu sein. Aber er nimmt damit Motive prophetischer und innerjüdischer Kritik auf.

Und was er anprangert, betrifft ja nicht nur jüdische Menschen. Überall, wo hohe moralische Standards gepredigt werden, besteht die Gefahr der Doppelmoral, einer Kluft zwischen dem, was man von anderen fordert und sich selbst als Freiheit zubilligt. Den Vorwurf, dass »durch euch« der Name Gottes in der Welt geschmäht wird, müssen wir heute zuallererst auf uns Christen beziehen.

Entscheidend sind nicht äußere religiöse Identitätsmerkmale, sondern die Frage, ob das, worauf sie hinweisen, auch wirklich gelebt wird. Paulus macht das am Motiv der »Beschneidung des Herzens« deutlich, einer Aussage, die sich schon im Alten Testament findet (Dtn 10,16; 30,6; Jer 4,4). Die Zugehörigkeit zu Gott entscheidet sich nicht an dem äußeren Merkmal, sondern daran, ob sie unser ganzes Leben bis in sein Zentrum bestimmt. Damit wird nicht einer bloßen Innerlichkeit das Wort geredet, sondern zu einem Leben mit Gott ermutigt, in dem »Herz und Mund und Tat und Leben« von seiner Gegenwart geprägt sind.

WALTER KLAIBER

Sprich Ja zu meinen Taten, hilf selbst das Beste raten; den Anfang, Mitt und Ende, ach Herr, zum Besten wende. Mich segne, mich behüte, mein Herz sei deine Hütte, dein Wort sei meine Speise, bis ich gen Himmel reise.

Heiße Auseinandersetzung

Ich lese diese Verse mitten im Angriffskrieg Russlands gegen die Ukraine. Und ich frage mich, wie die Christen beider Völker diese Worte lesen? Klagen die Geschwister aus der Ukraine mit den Psalmworten der ersten Strophe (V. 3–7)? Fühlen sie sich auch von Gott verstoßen und verlassen angesichts der willkürlichen Zerstörung durch den Feind in ihrem Land, das zunehmend in Schutt und Asche gelegt wird? Empfinden sie auch diese harte Erfahrung als Prüfung für ihre Gottesbeziehung? Und werden in den Gemeinden prophetische Stimmen laut, die ähnlich wie in der zweiten Strophe des Psalms (V. 8–10) mit bildreichen Worten Gottes Sieg über sämtliche Feinde vor Augen malen? Und suchen und schöpfen die Christen in der Ukraine dann aus solchen Worten Hoffnung und ziehen voll Zuversicht auf Gott in die nächste Schlacht mit einer Kampfeslosung wie in der letzten Strophe des Psalms (V. 11–14)? Und wie lesen die Geschwister in Russland in diesen Tagen diese Worte? Streiten sie für Gott (und Vaterland)? Fühlen auch sie sich verlassen von Gott in den sinnlosen Schlachten und Kampfeshandlungen? Oder gar legitimiert? Ich nehme mit Anspannung die derzeitigen Bemühungen der Kirche und ihrer Repräsentierenden wahr, eine Haltung zu den gewalttätigen Auseinandersetzungen und den damit verbundenen Folgen zu gewinnen. In mir ist eine Gewissheit ganz unumstritten: Gott ist nicht auf die Weise an der Seite eines Volkes, dass man an Sieg oder Niederlage ablesen könnte, wer an Gottes Herzen liegt und wer verstoßen ist. Ich kann und will dieses Gottesbild, wie es mir in dem Psalm heute begegnet, nicht teilen. Aber ich teile die Sehnsucht nach Sicherheit, Geborgenheit und Frieden. Ich teile auch zuweilen ein heißes Herz, das sich heiß wünscht, eine nicht mit menschlichem Maß wirkende göttliche Macht möge gegen alle Ungerechtigkeit in dieser zerbrochenen Welt – im Großen wie im Kleinen – machtvoll vorgehen.

ULRIKE JUNGE

Gott des Friedens, gib mir deinen Geist, dass ich die Welt mit deinen Augen sehen kann und mit ganzem Herzen dem Leben dienen kann.

Gott ist doch gnädig!

Nach dem harten Urteil des einstigen Pharisäers Paulus über die Schuld der Juden drängt sich förmlich die Frage auf, die der Apostel nun selber stellt: Ja, was ist es denn dann mit Gottes eigenem Volk? Jesus kam zu seinem Volk, die Jünger waren Juden, ebenso die frühen christlichen Gemeinden. Doch Paulus, der berufene Heidenmissionar, leidet sehr darunter, dass viele aus seinem Volk es ablehnten, Jesus als den verheißenen Messias anzuerkennen. Er selber möchte sogar verflucht sein und auf sein Heil verzichten zugunsten seiner Stammesverwandten (Röm 9,1–3). Hat Israel seine Erwählung verspielt? Nein! Gott steht nach wie vor zu seinem Volk. Gottes Zusage steht. Es gilt: Gott bleibt den Menschen treu, auch wenn diese ihm untreu werden. Welch herrlicher Trost auch für uns heute! Welch große Gnade! Auch wenn wir Menschen schuldig werden: Gott vergibt uns und geht uns nach, um uns zurück zu lieben zu ihm.

Doch nicht erst in unserer Zeit: Auch damals, bei Paulus, wurde diese herrliche Gnade Gottes missverstanden. Ja, wenn Gott doch gnädig ist, dann können wir ja froh und munter drauf los sündigen. Vergeben ist ja sein Amt, wie schon Voltaire einmal sagte. Doch damit wird Gott nicht ernst genommen, sondern im Grunde verhöhnt und verspottet. Auch heute ist die allzu leichtfertige Rede vom »lieben Gott« (der eben doch vergibt) weit verbreitet. Doch damit ist die Gnade des heiligen Gottes zur Selbstverständlichkeit verkommen und zur Schleuderware geworden. Bonhoeffer sagte einmal mit Recht, dass diese »billige Gnade« zum Todfeind in unserer Kirche geworden ist, denn dann kann die freimachende und frohmachende Botschaft des Evangeliums nicht mehr verstanden werden.

LIESELOTTE MATTERN

Herr, unser Gott, danke, dass du uns immer wieder vergibst, dass du uns treu bleibst, auch wenn wir dir untreu werden. Gib, dass wir darüber froh und dankbar werden und nicht mit deiner Gnade Schindluder treiben.

Ist denn keiner da, der Gutes tut?

Halt!, möchte man rufen, wenn man diesen Bibelvers liest. Der Apostel Paulus reiht hier Worte aus den Psalmen aneinander, in denen Beter klagen über Menschen, die sie hart bedrängten. Es sind bittere Erfahrungen, die auch hinter den prophetischen Bußworten von Jes 59,8 stehen. So haben sie alle es erlebt: Keiner, der Gutes tut! Doch wirkt diese Reihe der Zitate nicht allzu negativ? Ist das nicht Schwarzmalerei? Wo bleibt das Positive? Keiner, der Gutes tut?

Wie ist das heute? Wenn man die Zeitungen aufschlägt oder das Fernsehen einschaltet, wird man förmlich überschüttet von Berichten über brutale Verbrechen und mörderische Kriege. Vor schlimmen Missbrauchshandlungen sind selbst kirchliche Kreise nicht gefeit. Überall Skandale und Grausamkeiten. Ist wirklich alles so niederträchtig und gemein? Freilich: Schlechte Nachrichten verkaufen sich besser. Doch ist tatsächlich alles so negativ? Gibt es nicht auch heute das Andere, das Positive? Dass Menschen einstehen für Notleidende, dass sie sich einsetzen für Bedrängte, oft ohne Rücksicht auf die eigene Person? Geschieht nicht vielfältig Gutes im Verborgenen? Auch Paulus hat wenige Verse vor unserem Text gesagt, dass selbst Heiden das Gesetz erfüllen (Röm 2,14), und er kann die Philipper auffordern, auf das Gute, Wahrhaftige und Reine zu schauen, das es gibt. Warum zeichnet er jetzt durch die Bibelzitate alles so schwarz in schwarz? Paulus urteilt hier nicht aus menschlicher Perspektive. Er sieht den Menschen vor Gottes Richterstuhl, und vor Damaskus hat der Apostel erkannt, dass es dem Menschen, wenn er sich auch noch so bemüht, absolut unmöglich ist, vor dem Heiligen als Gerechter dazustehen. Es ist, wie Luther sagte, »doch unser Tun umsonst auch in dem besten Leben«.

LIESELOTTE MATTERN

Herr, unser Gott, lass uns erkennen, wer wir sind vor dir, der du uns dennoch nicht verwirfst, sondern durch Christus gnädig annimmst.

Wir sind Sünder!?

Die Verse der heutigen Bibellese enthalten die zentrale Botschaft des Apostel Paulus. Schon als Konfirmandin wusste ich sie selbstverständlich auswendig. Doch ob sie heute selbst in christlichen Kreisen noch gehört, geschweige denn verstanden werden? »Sie sind allesamt Sünder und ermangeln des Ruhmes«, wie Luther übersetzte, oder, wie es die Einheitsübersetzung sagt: »Alle haben gesündigt und die Herrlichkeit Gottes verloren.« Wie sollen wir diese Aussage verstehen? Das Wort »Sünde« kommt bei uns heute fast nur noch im Zusammenhang mit dem Verkehr oder dem allzu reichlichen Essen vor.

Wir ermangeln des Ruhmes, wir haben die Herrlichkeit Gottes verloren … Ja – aber, so die vielfältig verbreitete Botschaft heute »wir sind doch Ebenbild Gottes und Gott unendlich wertvoll«! Ja, in der Tat. Gott hat den Menschen zu seinem Ebenbild geschaffen. Zu seinem Gegenüber. Zu dem Du, dem er einen hohen Auftrag für seine Schöpfung gegeben hat. Doch die Menschheit lebt seit Adam in Auflehnung gegen ihren Herrn und Gott. Wir wollen – quasi auf Augenhöhe mit Gott – selbst Gott spielen. Wohin das führt, können wir heute allzu deutlich sehen. Der Apostel sagt uns aber, dass nur Jesus, der neue Mensch, der neue Adam (vgl. Röm 5,12 ff) das Ebenbild Gottes ist (2 Kor 4,4; Kol 1,15). Christus hat der gefallenen Schöpfung einen neuen Anfang gebracht. Er hat durch seinen Tod am Kreuz uns aus unserer Sünde, dem Selber-Herr-und-Gott-sein-Wollen, der Feindschaft gegen den Schöpfer befreit. Ja, wir sind Gott unendlich wertvoll, aber nicht, weil wir so großartig sind, sondern weil Gottes Liebe so groß ist. Wir sind Gott so außerordentlich wertvoll, dass sein Sohn stellvertretend für uns und unsere Sünden am Kreuz gestorben ist, so dass wir Vergebung unserer Sünde empfangen können. Darum werden wir dann auch teilhaben an der Herrlichkeit Christi (2 Kor 3,18).

LIESELOTTE MATTERN

Nun, was du, Herr, erduldet, ist alles meine Last; ich hab es selbst verschuldet, was du getragen hast. Schau her, hier steh ich Armer, der Zorn verdienet hat. Gib mir, o mein Erbarmer, den Anblick deiner Gnad.

Was die Welt im Innersten zusammenhält

Im Naturkundemuseum in Berlin gibt es einen Publikumsmagneten – eine Kamerafahrt führt einen bis an die Enden des Universums. Sie beginnt im Inneren des Museums. Man lässt die Rotunde unter sich, sieht das Museum von oben, schließlich ganz Berlin aus der Vogelperspektive, dann die Stadt nur noch als immer kleiner werdenden Punkt in Europa. Schließlich blickt man aus dem Weltall auf unsere Erde herab, erst als einzelnen Stern, dann im Zusammenspiel mit den anderen Planeten unseres Sonnensystems. Kurz darauf erscheint selbst dieses nur noch als kleiner Winkel der Milchstraße. Und auch die bildet bald nur noch einen Nebel, der in den unendlichen Weiten des Universums verschwindet. In nur vier Minuten ist eine Entfernung von mehreren Millionen Lichtjahren zurückgelegt. Dann geht die Reise im selben Tempo wieder zurück. Ein Gefühl der Erleichterung und der Vertrautheit erfasst einen, wenn die blaugrün schimmernde Atmosphäre der Erde aus dem Gewimmel von Himmelskörpern wieder auftaucht. Wie kann man es nur für selbstverständlich halten, dass in diesem entlegenen Winkel des Universums das Leben entstanden ist?! Ein Wunder zu groß, um es zu begreifen. Wie winzig und verloren ist da die eigene Existenz. Ist sie nicht absolut sinnlos, ohne Ursprung und Ziel?

Was trägt dich eigentlich im Leben? Ich versuche, die 613 Gebote der Tora zu halten, ist die Antwort, die Paulus bereits als Kind gelernt hat. Aber das gibt ihm keine Gewissheit – dieses Fundament ist brüchig. Die Beschneidung, das Siegel des Bundes mit Gott? Sie ist nur ein äußeres Zeichen. Was also gibt mir Halt?

Paulus hat erfahren, dass ihn durch alle Zweifel, Abgründe und Sinnlosigkeiten hindurch das Evangelium trägt. Seit Gott ihm in dem gekreuzigten Jesus begegnet ist, weiß er sich in ihm mit der ganzen Vergeblichkeit seines Lebens geborgen. Nichts kann ihn von Gottes Liebe trennen.

CHRISTOPH SCHROEDER

Gott, ich bin gewiss, dass nichts – weder Hohes noch Tiefes, weder Engel noch Mächte noch Gewalten, nicht einmal der Tod – mich von deiner Liebe trennen kann.

Am Anfang ist Beziehung

Wie die Kamera im Berliner Naturkundemuseum in die Tiefe des Universums führt, so führt Paulus die Römer in die Tiefen der Geschichte Israels. Doch nicht, um ihnen zu zeigen, wie sich die eigene Existenz in den Weiten des Universums oder der Historie verliert, sondern um sie gewiss zu machen, dass es da von Anfang an eine Beziehung gibt, in die sie hineingehören und die sie trägt. Gottes Geschichte mit den Menschen lässt sich noch weiter zurückverfolgen als bis zum Berg Sinai. Das Gesetz selbst erzählt von dem, was ihm vorausliegt.

Lange vor Mose und den Gesetzestafeln lebte Abraham. Mit Sara, seiner Frau, bricht er auf Gottes Verheißung hin auf aus seiner Heimat in das Land, das Gott ihm zeigen will. Dort soll er, so Gottes Versprechen, Segen erfahren und selbst ein Segen werden; seine Nachkommenschaft soll so zahlreich sein wie der Sand am Meer und die Sterne am Himmel. Abraham lässt alles zurück und zieht los.

Doch auf den Segen, den Gott ihm verheißen hat, muss Abraham die längste Zeit seines Lebens warten. Sara und er werden älter und älter. Schließlich wird den beiden doch noch ein Sohn, Isaak, geboren. Endlich beginnt sich der Segen zu erfüllen. Doch dann fordert Gott Abraham auf, ihm seinen Sohn zu opfern. Was soll nun aus der großen Nachkommenschaft, aus der Segensmittlerschaft für die Völker werden? Wird sich noch ein Weg auftun, den er nicht im Blick hat? Abraham macht sich mit Isaak auf den Weg zum Berg Moria. Drei Tage sind sie unterwegs. Was auch immer geschehen mag – er hält an seinem Vertrauen zu Gott fest.

Dieses Vertrauen in Gottes Güte trotz allem, was dagegen zu sprechen scheint, hat Abraham in Gottes Augen und in denen aller nachfolgenden Generationen zu einem Gerechten gemacht. Die Beziehung zu Gott, das ist die Entdeckung und Erfahrung des Paulus, ist das, was das Leben trägt.

CHRISTOPH SCHROEDER

Gott, manchmal zweifle ich. Doch in der Taufe hast du mir versprochen: »Du bist mein geliebtes Kind.« Daran will ich mich halten.

Wie Abraham und Isaak glauben

Um zu erfahren, was einen im Leben trägt, kommt es darauf an, wie Abraham zu glauben. Abraham hält selbst dann noch an Gottes Güte fest, als sich ihm sein freundliches Angesicht in eine Fratze zu verwandeln scheint. Abraham ist bereit, für seine Liebe zu Gott das Leben seines Sohnes herzugeben und auf den ihm verheißenen Segen zu verzichten.

Im Judentum überragt Abrahams Gehorsamstat alles: Durch seine Bereitschaft, das ihm Liebste aufzugeben, ermöglicht er allen nachfolgenden Generationen das Leben und lässt ihnen den Segen zuteil werden. Vor diesem Hintergrund haben die ersten Christen Jesu Tod als Vollendung der Bindung Isaaks gedeutet. Wie Abraham bereit war, seinen einzigen Sohn zu opfern, hat Gott Christus nicht verschont, »sondern hat ihn für uns alle dahingegeben« (Römer 8,32). Jesu Kreuzigung tritt an die Stelle der Aqedah, der Bindung Isaaks. Beide, Abraham und Gott, sind bereit, ihren einzigen Sohn hinzugeben. Abraham, weil er Gott vertraut, und Gott, weil er die Menschen liebt. Derselbe Glaube bestimmt beider Handeln.

Doch welche Rolle spielt Isaak in dem ganzen Geschehen? Ist er passiv? Dass Paulus Jesus die Rolle des Isaak zuspielt, lässt Isaak im Rückblick als eigenständig entscheidende und handelnde Person erkennbar werden. Er ist nicht wehrloses Opfer, sondern bereit, den Weg zu gehen, der ihn in den Tod führen wird; der Tod jedoch wird nicht das Ende dieses Weges sein. Jesus folgt auf Isaaks Spuren. Vater und Sohn handeln im Einklang miteinander. Warum tun sie das? Aus Liebe. In Christus nimmt Gott das Schicksal auf sich, vor dem er Abraham und Isaak nur knapp bewahrt hatte. Warum? Damit alle, die an Christus glauben, am Segen teilhaben und das ewige Leben gewinnen (Johannes 3,16).

Christus ist Isaak, Sohn Abrahams und Erbe aller Verheißungen. Alle auf ihn Getauften sind Abrahams Kinder. Was bedeutet das für unseren eigenen Glauben?

CHRISTOPH SCHROEDER

Gott, in deinem Sohn Jesus bist du den Weg ans Kreuz gegangen. Aus Liebe zu uns. Lass uns diesen Segen weitertragen.

Herzensangelegenheiten

Beim Lesen dieses Psalms fällt mir ein Gespräch mit meinem verstorbenen Vater ein. Mein Vater war Jahrgang 1935. Ein Kriegskind, wie diese Generation genannt wird. Seine älteste Schwester war knapp 20 Jahre älter als er und schon zu Kriegszeiten verheiratet. Mit einem grausamen Mann. Er war SS-Offizier, aber das war nicht das vorherrschende Merkmal seiner Grausamkeit, unter dem u.a. mein Vater als kleiner Junge gelitten hat. Ich erinnere mich, dass mein Vater mit noch immer zu spürender Verzweiflung davon erzählt hat, wie der Mann seiner Schwester ihm heimlich Schmerzen zugefügt hat. Wie er ihm z.B. zur Begrüßung und Verabschiedung mit seiner Pranke die zarte Kinderhand gequetscht hat und wie mein Vater versucht hat, sich nichts anmerken zu lassen. Ihm bloß nicht zeigen wollte, wie sehr ihn das schmerzte! Und er erzählte mir, wie er danach sich bildreich seine Rache an seinem Schwager ausgemalt hat. Was er ihm alles antun würde, wenn er groß und diesem Mann endlich gewachsen sein wird. Wie er über Jahre diese Rachegedanken in seinem Herzen geschürt und auf seine Stunde gewartet hat. Groß und stark musste er dafür werden. Die Ehe seiner Schwester wurde schon während des Krieges wieder geschieden. Meine Tante hat ihre zwei kleinen Töchter als Kinder nicht mehr wiedergesehen. Aber eines Tages hat mein Vater seinen Peiniger aus Kindertagen wiedergesehen. Die heißen Rachegedanken noch wach im Herzen begegnete er einem gebrochenem Kriegsverbrecher im Rollstuhl. Und da fielen die jahrelang geschürten Rachegedanken in sich zusammen. Doch nicht ohne Schadenfreude. So menschlich, wie auch menschliche Herzensbewegungen uns im heutigen Psalm begegnen. Ich bin so dankbar, dass mein Vater mir nicht berichten musste, wie er dem Peiniger aus Kindertagen dann eine reingehauen hat! Ich bin dankbar für das Herz, das die Rachegedanken loslassen konnte und mir die Möglichkeit bot, weiter zu ihm aufzuschauen. So möchte ich auch zu Beginn der Passionszeit aufschauen zu Gott und das Beste aus meinem Herzen herausholen. Gott zur Ehre.

ULRIKE JUNGE

Gott, gib mir ein Herz, das sich die Welt und alles, was darinnen ist, zu Herzen nimmt.

Gottes Friede, trotz allem

Warum soll man sich der eigenen Bedrängnisse rühmen? Meint Paulus etwa: Schön, dass ich krank bin? Klasse, dass meine Beziehung kaputt gegangen ist? Super, dass ich arbeitslos bin? Paulus geht es hier nicht um ein Schönreden von unschönen Dingen. Auch geht es nicht darum, Leid zu verklären.

Stattdessen entwirft Paulus hier ein realistisches Szenario vom Leben. In den Versen 1 und 2 erinnert Paulus an das Fundament, auf dem Christenmenschen stehen. Wir haben durch Jesus Christus Frieden mit Gott. Dadurch dass wir glauben, sind wir im rechten Verhältnis mit Gott, also »gerechtfertigt«. Dieses Stehen in der Gnade macht uns Hoffnung. Der Gott, der uns in Christus seinen Frieden schenkt, hat uns nämlich Hoffnung über dieses Leben hinaus geschenkt – oder wie Paulus sich ausdrückt »die Hoffnung auf Herrlichkeit«.

Dann ist doch alles klar, oder? Paulus ist aber Realist und kein frommer Träumer. Seine eigene Biographie mit den vielen Misserfolgen und den vielen Verfolgungen verhindert, dass er die Bodenhaftung verliert. Solch ein Mensch weiß, dass auch Christenmenschen schwierige Lebensabschnitte nicht erspart bleiben. Aber auch in diesen schweren Zeiten gilt die Verheißung von Gottes Zuwendung, Liebe und Frieden. Die Tiefschläge unseres Lebens können auch das ewige Leben nicht einfach ausradieren.

Paulus ermutigt dazu, in den harten Stunden des Lebens an Gott und seiner Gnade festzuhalten. Einfach ist das nicht. Aber so kann man vielleicht die schwere Etappe schaffen. Das Hoffen auf Gott kann dann Geduld, Kraft und Bewährung vermitteln.

Dabei müssen wir uns aber nicht auf unsere eigenen Kräfte verlassen. Gottes Heiliger Geist verbürgt, dass das Leben nicht hundertprozentig schiefgehen kann. Dieser bezeugt nämlich in unserem Herzen Gottes Liebe. Sie ist Gottes »Anzahlung« für die Hoffnung auf Herrlichkeit. Den Frieden, den uns Gott schenkt, kann nichts kaputt machen, kein Mensch und erst recht keinerlei Bedrängnis, denn nichts kann »uns scheiden von der Liebe Gottes, die in Christus Jesus ist, unserem Herrn«. (Röm 8,39)

FRANK EWERSZUMRODE

Komm, Heiliger Geist, komm in mein Herz. Lass mich Gottes Liebe spüren. Gib mir so Kraft weiterzugehen.

Gottes Feindesliebe

Einem guten Menschen kann man gerne etwas Gutes tun. Wenn jemand zu mir freundlich ist, dann helfe ich gerne. Aber warum soll ich mich für diejenigen einsetzen, die sich mir gegenüber dreist, unhöflich, ja missgünstig verhalten?

Gott macht genau das. Gott gibt alles, und zwar für alle, nicht nur für die Guten und Heiligen, sondern sogar für seine Feinde: »Gott aber erweist seine Liebe zu uns darin, dass Christus für uns gestorben ist, als wir noch Sünder waren.« (V. 8)

Gott liegt jeder Mensch so sehr am Herzen, dass er keinen einzigen verlieren will. Das ist dermaßen seine Herzensangelegenheit, dass er seinen Sohn hingibt, auch für die, die von Gott nichts wissen wollen. Dass Jesus seinen Weg bis zum bitteren Ende geht, dass er sogar für seine Henker betet (Lk 23,34), dass am Kreuz, trotz der radikalen Ablehnung, in Jesus Gottes Liebe präsent bleibt, zeigt, dass Gott wirklich jedem Menschen seine Hand anbietet. Gott macht damit ernst, was es heißt, seine Feinde zu lieben. Mehr als sich kreuzigen zu lassen, geht an Liebeserweis nicht.

Was heißt das für uns? Die Messlatte liegt hoch, göttlich hoch. Für uns heißt es, dass Gottes Liebe wirklich immer gilt. Auch wenn wir von Gottes Wegen abkommen, bleibt Gottes Hand ausgestreckt. Wie Jesus selbst am Kreuz nicht aufgehört hat zu lieben, so geht Gott jedem Menschen nach, auch seinen Feinden. Denn Gott erweist seine Liebe darin, dass jeder Mensch die Liebe annehmen darf, in der Jesus am Kreuz gestorben ist.

Wenn Gott selbst seine Feinde liebt, dann brauchen wir vor Gott keine Angst haben. Dann ist seine Liebe kein Fake. Dann können wir dem Gott, der uns im gekreuzigten Jesus seine Liebe offenbart, wirklich von ganzem Herzen vertrauen. Wer nämlich seinen Sohn sogar für seine Feinde hingibt, kann es auch mit uns nicht böse meinen.

FRANK EWERSZUMRODE

Deine Liebe, guter Gott, kennt wirklich keine Grenzen. Dafür danke ich dir. Hilf mir, immer tiefer zu verstehen, mit Herz und Verstand, wie gut du bist. Hilf mir so, damit ich wachse in der Liebe zu dir und zu meinen Nächsten.

Gottes Gnade ist stärker

Oft werden diese Verse aus dem Römerbrief als Beleg für die Lehre von der Erbsünde angeführt. Augustinus von Hippo (354–430) war der erste. Viele Theologen verschiedener Konfessionen folgten ihm darin. Hier meinte man zu lesen, dass alle Menschen in Adam gesündigt haben und deswegen als sündige Menschen geboren werden. Die Sünde Adams werde so von einer Generation an die nächste weitervererbt, Erb-Sünde eben.

Geht es hier aber um die Erbsünde? Nein! Solche Gedanken sind Paulus völlig fremd. Dass Adams Sünde von einem Menschen zum andern vererbt wird, schreibt er nämlich nicht. Er sagt nur, dass Adam gesündigt hat. Und er schreibt, dass die Sünde sich auf der ganzen Welt ausbreiten konnte, weil eben alle sündigen – und nicht weil die Sünde wie ein Virus weitergegeben wird. Alle Menschen haben nun mal mitgemacht.

Aber Paulus geht es hier nicht um die Sünde. Ein Wort kommt in diesem Abschnitt viel häufiger vor: Gnade. Paulus geht es vielmehr um Gottes Gnade und Zuwendung zu den Menschen. Auf Folgendes kommt es ihm an: Auch wenn alle Menschen sündigen, die Sünde manchmal ein erschreckendes Maß annimmt, ist Gottes Gnade stärker. Denn »wo jedoch die Sünde mächtig wurde, da ist die Gnade übergroß geworden«. (V. 20) Diese Übersetzung ist zu schwach. Bei »übergroß geworden« hat Paulus ein neues Wort im Griechischen erfunden. Wörtlich müsste es daher heißen: überübergroß geworden. Wenn Paulus also ein neues Wort erfindet, dann scheint das der springende Punkt zu sein: die überbordende Größe von Gottes Gnade und Zuwendung zum Menschen.

Für uns heißt das Folgendes: Auch wenn wir keinen Ausweg mehr aus den Irrungen unseres Lebens sehen, dürfen wir uns dessen gewiss sein, dass Gottes Gnade noch mal viel größer und stärker ist, und zwar die Gnade, die in Jesus Christus sich allen Menschen zugewandt hat. Daraus kann man auch sehen, dass es im christlichen Glauben zuallererst nicht um die (Erb-)Sünde geht, sondern immer um die noch größere Gnade Gottes.

FRANK EWERSZUMRODE

Gnädiger Gott, wir danken dir, dass deine Gnade und deine Liebe stärker sind als unsere Verfehlungen. Hilf uns, immer mehr darauf zu vertrauen und zu leben.

Die Taufe – ein (Auf-)Bruch in das Leben

Das alte Taufbecken in Ephesus hat eine Kreuzform. Es ist so tief, dass ein erwachsener Mensch in ihm untergetaucht werden kann. Der Täufling steigt in das Becken; in den Seitenarmen des Kreuzes stehen rechts und links zwei Personen, die den Täufling fragen, ob er getauft werden will, und ihn nach seinem Bekenntnis drei Mal untertauchen. Dann steigt die getaufte Person aus dem Wasser und zieht weiße Kleider an. Ein neuer Mensch bricht in ein neues Leben auf!

Wahrscheinlich hatte Paulus bei seinen Ausführungen über die Taufe eine solche Szene vor Augen. Wir haben in unseren Kirchen eher Taufsteine oder -schalen und taufen überwiegend Kinder. Manchmal wirkt eine Taufe eher wie die kirchliche Feier eines Familiengeburtstages; anders als bei Paulus ist vom Tod und dem Mitsterben mit Christus meist keine Rede.

Und doch geht es auch in der Kindertaufe um einen grundlegenden Wandel. Wer getauft ist, gehört zum dreieinigen Gott und wird gleichzeitig frei von den Bildern, die andere von ihm haben. Den Eltern, die ihr Kind zur Taufe bringen, gilt deshalb: »Ihr könnt euch darauf verlassen, dass Gott euer Kind segnet!« Aber auch: »Versucht nicht, dieses Kind so zu programmieren, wie ihr das wollt; vertraut es Gott an und traut ihm einen eigenen Weg mit Gott zu.«

Getauft sein heißt: mit Christus all dem zu sterben, was Menschen unter Druck setzt; oft sind das gerade die Ansprüche, die wir selbst an uns stellen. Getauft sein heißt: mit Christus aus dem ständigen Kampf um Anerkennung aussteigen, der uns gegeneinander ausspielt. Getauft sein heißt: sich Gott anvertrauen und loslassen, wo wir meinen, alles im Griff haben zu müssen.

In der Taufe werden Menschen, Kinder wie Erwachsene, Alte und Junge, Menschen unterschiedlichen Geschlechts, Wohlhabende und Arme frei zu einem Leben im Geist der Liebe Christi. In diesem Leben regiert nicht mehr der Tod, sondern die Wirklichkeit der Auferstehung.

JOCHEN CORNELIUS-BUNDSCHUH

Gott, in deine Güte tauchen wir ein. Das Wasser der Taufe wäscht von uns ab, was uns bedrängt und unter Druck setzt. Erfrischt steigen wir heraus und fühlen uns wie neu geboren. Dein Geist umhüllt uns. Wir sind geborgen.

Knechte und Mägde der Gerechtigkeit

Die Taufe macht uns zu Christenmenschen. Was das bedeutet, hat Martin Luther mit zwei Sätzen beschrieben: »Ein Christenmensch ist ein freier Herr, eine freie Frau über alle Dinge und niemandem untertan. Ein Christenmensch ist ein dienstbarer Knecht, eine dienstbare Magd in allen Dingen und jedermann untertan.«

Das erste ist eine wunderbare Zusage. Wir sind freie Menschen! Das passt in unsere Zeit: Wir wollen uns frei bewegen können. Wir wollen individuell sein, jede Person etwas Besonderes. Die Taufe legt dazu den Grundstein. Sie macht uns frei gegenüber allen Menschen. Sie bindet uns aber zugleich an Christus, der auf allen unseren Wegen mit uns geht.

Die Freiheit, in die uns die Taufe führt, ist deshalb nicht nur eine »Freiheit von«. Sie führt in eine »Freiheit zu«: Sie setzt sich ein für Frieden, Gerechtigkeit und die Ehrfurcht vor dem Leben aller Mitgeschöpfe. Es ist nicht gleichgültig, was wir als Getaufte tun oder lassen. »Denn indem ihr frei geworden seid von der Sünde«, also der Bindung an die Mächte des Bösen, der Konkurrenz, der Herrschaft, »seid ihr Knechte und Mägde geworden der Gerechtigkeit.«

Vollendet wird diese Gerechtigkeit erst in der Zukunft. Aber sie richtet uns heute schon aus: Wo übernehmen wir Verantwortung für die, die nicht für sich selbst sorgen können? Wie treten wir dafür ein, dass auch kommende Generationen die Schönheit dieser Erde erleben können? Wo stiften wir Frieden?

Paulus wie Luther schärfen uns und allen Getauften ein: »Ihr seid frei geworden, um schon hier und heute etwas von der Gerechtigkeit Gottes in die Welt zu tragen! Das ist eure Verantwortung; das ist euer Auftrag!« Wir können dazu beitragen, auch wenn die Vollendung des ewigen Lebens noch aussteht: Denn die Kraft der Auferstehung wirkt schon jetzt in uns und durch uns in unserer Welt!

JOCHEN CORNELIUS-BUNDSCHUH

Du machst mich frei, Gott. Aufrecht kann ich durchs Leben gehen. Dafür danke ich dir. Stärke mich, dass ich in dieser Freiheit meine Verantwortung wahrnehme: für mich, für die Menschen um mich herum, für deine Erde. Lass mich für Gerechtigkeit und Frieden einstehen – so wie du es für mich und uns getan hast.

Tu, was du willst – und bringe Gott Frucht!

»Tu, was du willst!« Wie wäre das: eine Welt ohne Gesetze und Regeln? Eine Welt, in der ich tun und lassen kann, was ich will, und frei bin von lästigen Einschränkungen. Von solch einer Welt hat Bastian, der Held aus der »unendlichen Geschichte« von Michael Ende, geträumt.

Bastian fühlt sich durch sein Amulett bestärkt, das genau diese Inschrift trägt: »Tu, was du willst.« Doch er muss erleben, dass dieses »was du willst« sich nicht mit der schnellen Befriedigung von offensichtlichen Bedürfnissen zufriedengibt: mein Auto, mein Haus, meine Reise. Vielmehr fragt dieses »was du willst« weiter und tiefer nach dem, was ein Mensch wirklich will: Was geht mich unbedingt an? Was macht mich aus? Was trägt mich?

Mit dieser Vertiefung kommen Beziehungen in den Blick: zu Gott, zu anderen Menschen, zu allem, was Gott geschaffen hat. Um diese Beziehungen zu leben und im Geist Gottes zu gestalten, braucht es Regeln und Gesetze. Sie bewähren sich darin, dass sie dem Leben dienen und ein gerechtes und friedliches Miteinander ermöglichen. Sie sind gut; sie sind aber auch wandelbar und immer wieder neu mit Leben zu füllen.

Entscheidend für den Glauben ist die Bindung an den Geist Christi. Sie schafft Freiheit, aber sie führt zugleich in die Verantwortung für das Zusammenleben auf Erden. Im Glauben orientieren wir uns nicht einfach an dem, »was wir wollen«, sondern suchen eine Lebensführung, die Frucht bringt: vor Gott, für meine Nächsten, auch für die, die mir fremd und fern sind, für alle unsere Mitgeschöpfe.

Was sind solche Früchte, die wir mit Freuden ernten? Das Vertrauen unter uns wächst, dass seit Christi Tod und Auferstehung der Tod nicht mehr das letzte Wort über unser Leben hat. Unser Miteinander in Christus gedeiht trotz unserer Verschiedenheit. Unser Glaube strahlt in die Welt aus und wird zum Salz der Erde.

JOCHEN CORNELIUS-BUNDSCHUH

Gott, du bist Richtschnur und Leitfaden meines Lebens. Du gibst mir Halt und wäschst mir den Kopf, wenn es nötig ist. Du hast alle im Blick: die, die ich gerne um mich sehe, die, die mir fremd sind, und die, die ich nicht sehe. Leite mich in deiner Wahrheit und Gerechtigkeit und führe mich den Weg in das Leben.

Kunstvoll durchbuchstabiert

In der Betrachtung dieses Psalms, der mir schon aus Jugendzeiten sehr vertraut ist, gleiten meine Augen und Gedanken immer wieder vom Inhalt weg hin zur Form. Nur in der Übersetzung der Basisbibel finde ich wieder, was ansonsten meinen Augen und Ohren verborgen bleiben würde: Der Psalm 25 ist ein poetisches Kunstwerk! Die Anfangsbuchstaben der Verse entsprechen im Hebräischen dem Alphabet. Hier hat jemand mit Hingabe und Zeit ein Kunstwerk geschaffen. Ein Kunstwerk mit Buchstaben. Mit allen Buchstaben des hebräischen Alphabets. Wie ist das entstanden? War der rein technische Wunsch Mutter des Gedankens, eine Gedächtnisstütze für das Rezitieren zu schaffen? Wollte der Psalmist seine Gottesbeziehung in Form gießen und dabei etwas »Allumfassendes« schaffen? Von A–Z sozusagen? Mir kommt der Begriff der »Alphabetisierung« in den Sinn. Damit ist der Prozess gemeint, durch den sich ein Mensch die Lese- und Schreibfähigkeit aneignet. Alphabetisierung gilt bei uns als Basisbildung. Der heutige Psalm ist Zeugnis davon, wie jemand weit über diese Basisbildung hinaus gekommen ist und nun auf dieser Basis virtuos Gott die Ehre gibt. Die Worte des Psalms umfassen Bitten, Klagen, Gottvertrauen, Lob – der Inhalt scheint allumfassend wie das Alphabet. Hier hat jemand seine Beziehung zu Gott im wahrsten Sinne des Wortes durchbuchstabiert. Auf Basis seiner Erfahrungen mit Gott und dem, was ihm durch die Lese- und Schreibfähigkeit gegeben war, hat der Psalmist dieses Kunstwerk zum Lobe Gottes geschaffen. Es gibt so viele Weisen, wie Menschen ihrer Gottesbeziehung Ausdruck geben. Ich möchte mich heute dadurch inspirieren lassen, auf Basis meiner Erfahrungen mit Gott und dem, was mir an Basisfähigkeiten gegeben ist, meine Weise zu finden, Gott die Ehre zu geben. Mit Worten, mit Taten, mit Kreationen – auf jeden Fall mit Einfallsreichtum und Hingabe.

ULRIKE JUNGE

Gott, du hast uns so reichlich begabt, schenke mir die Hingabe des Psalmbeters, um meiner Dankbarkeit Ausdruck zu geben.

Geht nicht ins Blumenbeet!

Da spielen die Kinder auf dem Rasen und die Eltern weisen lautstark darauf hin: Geht aber nicht ins Blumenbeet! Man kann es abwarten: Spätestens einige Minuten danach werden die Kinder fröhlich mitten im Beet stehen. Lange galt uneingeschränkt die Theorie, dass das Unterbewusstsein eben kein »Nein« kenne. Jede Anweisung müsse daher positiv formuliert werden. Mittlerweile ist klar, es kommt nicht nur auf die Wortwahl an, sondern noch viel stärker auf die inneren Bilder und Gefühle, die mit einer Aussage verbunden sind. Geht nicht ins Blumenbeet – es kann sein, dass gerade diese Aufforderung die Kinder erst auf das Beet aufmerksam macht. Ah, sie blicken sich um und sehen, wie schön es wäre, ein paar Blumen zu pflücken, selbst Teil dieser bunten Welt zu sein ... Es hängt vom Kontext ab, wie die Worte gehört werden. Kommunikation kann immer misslingen. Auch »Bleibt bitte auf dem Rasen« – ist keine Garantie, dass die Kinder nicht das Blumenbeet entdecken.

Paulus berichtet von genau diesem Kommunikations-Dilemma. Das Gebot, nicht zu begehren, weckte erst die Begierde. In einer Art Rollenspiel spricht Paulus hier aus der Position Adams (ein typischer rhetorischer Kunstgriff der Antike): Die Schlange (= die Sünde) instrumentalisiert das göttliche Gebot des Nicht-Essens vom Baum für ihre Zwecke. Sie überlistet Eva und Adam. Die Konsequenz wird sein, dass beide das Gebot Gottes übertreten und den Garten Eden verlassen müssen.

Paulus ringt um die Frage, wie es sein kann, dass das Gute (die Tora) nicht dazu führt, dass das Gute in jeglichem Lebenskontext umgesetzt ist. Dass es eben nicht gelingt, liegt an der Wirkmacht der Sünde – so eine erste Antwort. Aber auch, wenn die Sünde scheinbar stärker ist als das Gebot, so verhilft die Tora doch immerhin in der Reflexion zur Erkenntnis der eigenen Fehler.

KATRIN BROCKMÖLLER

Gott, deine Worte weisen mir die guten Wege, wenn auch manchmal erst im Rückblick. Mit meinem ganzen Herzen, meiner ganzen Kraft und all meiner Liebe vertiefe ich mich in die Schrift und bitte dafür um deinen Segen.

Christus, der Regisseur der inneren Welt

Paulus diskutiert in diesen Versen ein sehr menschliches Phänomen. Die Werte sind klar, die Entscheidung auch, aber es gelingt einfach nicht, »gut zu sein«. Mich versöhnt immer das Konzept des »inneren Teams« von Schulz von Thun mit meiner eigenen Unzulänglichkeit. Die Grundidee besteht darin, »den inneren Menschen« (vgl. V. 22) wie eine Bühne zu sehen, auf der verschiedene Figuren ein »Theaterstück« aufführen. Alle haben sie Bedürfnisse, Ziele sowie ihre je ganz eigene Methode, sich durchzusetzen. Nun kann es sein, dass die Besetzung der »Schauspieler« in der Rolle der »Anteile der Sünde« im inneren Theater stärker sind als die »vernünftigen« und »frommen« Mitspieler/innen. Wenn die Führung der inneren Welt nicht funktioniert, werden sich die »bösen Mitspieler« immer wieder durchsetzen – vor allem, wenn die andere Fraktion gutmütig, friedlich, besonnen etc. ist. Die Tora oder der Wille allein helfen da offensichtlich nicht.

Diese Fragen diskutiert Paulus in einer Art Rollenspiel. Das »Ich« ist nicht Paulus, sondern »der Mensch«. Dieses Ich, das Fleisch, ist machtlos gegen die Sünde. Zwar sind die Ideale klar, aber die Umsetzung scheitert. Vollkommene Verzweiflung ist die Folge in Vers 24: »Ich elender Mensch!« Das ist auch die Situation von Vers 25b.

Es gibt in diesem Dilemma einen einzigen Ausweg nach Paulus: Jesus Christus. Er ist derjenige, der von der Macht der Sünde erlöst. Christus wird quasi zum Chef im inneren Team. Die Stimmen der Sünde werden sich nicht mehr durchsetzen. Sie sind entmachtet. Der Mensch wird frei, Gottes Wort zu folgen.

In der Exegese wird der erste Teilvers in 25a wie ein Zwischenruf des Paulus gelesen – bevor in 25b wieder das Rollen-Ich spricht: »Der Mensch in der Spannung von Tora und Sünde«.

Die Frage, ob und wem die Tora noch gilt, steht damit natürlich sofort im Raum – Paulus wird sie in den weiteren Kapiteln des Römerbriefes diskutieren.

KATRIN BROCKMÖLLER

Jesus Christus, sei du mein Seelenführer. Ich gebe meine inneren Welten in deine Hände. Sei du mein Regisseur.

Du bist frei!

Durch die Erlösung in Christus ist die gesamte Situation des Menschen und auch der Funktion und Wirkung der Tora völlig neu definiert. Jetzt kann es gelingen, den Worten der Tora zu folgen. Wir Menschen sind nicht mehr zu schwach. Die Kraft der Sünde ist entmachtet.

Um das zu verdeutlichen, wendet sich Paulus in Vers 2 an ein »Du«. Er meint damit das »Ich« aus Kapitel 7. Mit dieser rhetorischen Figur schafft es Paulus, uns Leserinnen und Leser als Seelsorger anzusprechen. Wer hätte sich nicht mit dem »Ich« der vorangehenden Verse aus Kapitel 7 identifiziert? Wer kennt nicht das Dilemma, das Gute zu wollen, aber in der Umsetzung zu schwach zu sein? Jetzt wendet sich Paulus an uns: Du bist frei! Du kannst Leben in allen Dimensionen! (Vgl. V. 2) Hier spricht Paulus jede und jeden persönlich an. Allen gilt diese Zusage: Du bist frei, du lebst im Geist Gottes. Diese individuelle Freiheit bindet Paulus ab Vers 9 wieder in die Gemeinschaft ein.

Das Reden im starken Gegensatz von Fleisch und Geist verführt zu einem dualistischen Denken und häufig auch zu einer Abwertung von Körperlichkeit, von Sinnenlust und Freude aneinander. Das ist hier nicht gemeint bei Paulus. Fleisch ist ein Bild für alles, was von Gott wegführt, was wie Vers 6 zur Feindschaft gegen Gott und damit zum Tod führt. Das Gegenteil ist Leben und Frieden und Gottes Gegenwart. In diesem Sinn können auch das Denken, Urteilen und Reden – auf den ersten Blick »Geist« – zu einem Werk des »Fleisches« werden. Ebenso können sinnliche Erfahrungen, die Freude an Gottes Schöpfung, eben alles, was »leiblich« erfahrbar ist, zum guten Leben führen.

Wenn der Geist Gottes in uns wohnt, dann sind unsere Leiber lebendig, jetzt und in der Ewigkeit der Auferstehung.

KATRIN BROCKMÖLLER

Gott, segne mich mit der Gnade, meine Freiheit zu leben. Bewahre mich vor den Versuchungen zu urteilen über das Leben anderer. Schenke mir das Glück, mit meinem ganzen Ich in Körper, Seele und Geist von dir belebt zu sein.

Kinder Gottes

»Zu wem gehörst du?« So wurde ich als Kind manchmal gefragt. Ich wurde in den 1950er Jahren geboren und wuchs in einer Kleinstadt auf. Wir Kinder waren viel draußen und spielten ohne Erwachsene. Ab und an gab es wohl Gründe, uns »zuzuordnen«. Wenn ich die Namen meiner Eltern sagte, wussten meine Gegenüber, wo ich hingehörte. Heute sagen mir Verwandte gelegentlich, dass ich meiner Mutter oder meinem Vater ähnlich sei, nicht nur im Aussehen, sondern auch in meinem Verhalten. Meine Eltern sind schon verstorben, doch ich komme nach ihnen und wurde von ihnen geprägt. Paulus entfaltet, was es bedeutet, zu Gott zu gehören. »Ihr seid Gottes Kinder«, sagt er. Er meint damit erwachsene Menschen, die in Christus von Gott an Kindes statt angenommen wurden und deshalb Familienmitglieder mit allen Rechten und Pflichten in Gottes Haushalt sind. Gottes Geist schafft diese enge Verbindung. Als starke, dynamische Kraft prägt er das Leben der Söhne und Töchter Gottes. Kinder Gottes lassen sich nicht allein von ihren Neigungen und Begierden leiten, sondern sie werden von Gottes Geist beeinflusst, wörtlich heißt es in der Tageslese »getrieben«. Gottes Geist befreit aus dem Kreisen um sich selbst und ermöglicht eine vertrauensvolle Beziehung zu Gott, die das Tun und Lassen der Kinder Gottes bestimmt. Ein Ausdruck der Familienbande ist das Gebet. Wer zu Gott gehört, kann Gott quasi Papa nennen, und dies ein Leben lang. »Abba, Vater«, dieser Gebetsruf wurde zu einem Kennzeichen der christlichen Gemeinden. Wer im lebendigen Gespräch mit Gott lebt, erwartet Gottes Zukunft, ein Erbe, das in der Gegenwart schon Hoffnung weckt und Sinn stiftet. Ich bin dankbar dafür, zusammen mit vielen Geschwistern zu Gottes großer und weltumspannender Familie zu gehören.

ROSEMARIE WENNER

Barmherziger Gott, in Jesu Namen darf ich dich »Abba, Vater« nennen. Du liebst mich, wie es meine Eltern taten. Ich möchte dir vertrauen und deinen Willen tun, um so als dein Kind erkennbar zu sein. Leite mich durch deinen Geist.

Mitleiden und Mithoffen

Umweltzerstörung und Klimawandel stehen nicht explizit auf der Themenliste, die Paulus im Römerbrief behandelte. Er kümmerte sich nicht um den Erhalt der Erde, denn er rechnete mit der baldigen Wiederkunft Christi. Trotzdem gibt die Tageslese Denkanstöße für die Zukunftsfragen, die uns heute beschäftigen. Die universelle Sicht auf die Welt, die Paulus vermittelt, ist faszinierend. Zwar will er in erster Linie erläutern, was es bedeutet, als Gottes Kinder mit Christus zu leiden und teilzuhaben an Gottes Herrlichkeit. Doch dieses Anliegen bezieht er weder allein auf ein Individuum noch ausschließlich auf die Menschheit. Die ganze Schöpfung ist mit hineingenommen in die Folgen der Gottesferne. Sie leidet unter Zerstörung, seufzt angesichts der Vergänglichkeit und sehnt sich nach Erlösung. Paulus gebraucht das Bild einer Geburt: Alles Geschaffene liegt in den Wehen, schreibt er. Wehen sind schmerzhaft, Gebärende seufzen nicht nur, sie stöhnen und schreien. Doch dieser Schmerz ist von der freudigen Erwartung auf das Kind erfüllt, das bald zur Welt kommen wird. Unter Schmerzen hofft die Schöpfung auf das Neue, das Gott in Christus ins Leben ruft. Mit Jesu Tod und seiner Auferstehung begann die neue Schöpfung bereits. Doch das Seufzen ist noch in der Welt. Wir nehmen wahr, wie Dürre oder Fluten die Erde verwüsten und Mensch und Tier darben. Oftmals ist diese Zerstörung von Menschen verursacht. Wir überheben uns über die Mitschöpfung und beuten sie aus. Wann lernen wir, dass wir Teil des Ganzen sind? Gerade als Menschen, die sich in Christus als Kinder Gottes verstehen und als Gottes Erben eine herrliche Zukunft erwarten, sind wir dazu berufen, uns für das Wohl alles Geschaffenen einsetzen. Denn Mitleiden mit der geschundenen Schöpfung und die Arbeit an ihrem Erhalt sind Ausdruck des Glaubens an Gottes erneuerndes Handeln.

ROSEMARIE WENNER

Lebendiger und Leben schaffender Gott, lehre mich dich zu erkennen in allem, was ist. Hilf mir, mich als Teil deiner Schöpfung zu begreifen und mit ihr zu leiden und zu hoffen. Befähige mich, an deinem erneuernden Handeln mitzuwirken.

In allem und immer mit Gott verbunden

Manchmal verschlägt es einem die Sprache. Leid, das einem widerfährt oder das man bei anderen wahrnimmt, kann Menschen genauso verstummen lassen wie ausweglose Notlagen. Sogar Klagegebete bleiben da im Halse stecken. Für Paulus sind selbst solche Lebenslagen Orte der Geistesgegenwart. Wenn wir nicht weiter wissen, tritt Gottes Geist vor Gott für uns ein. Was für eine Gebetsgemeinschaft: Wir finden keine Worte für unsere Not. Oder wir wissen nicht, was wirklich helfen könnte und was Gottes Wille angesichts einer konkreten Lebens- oder Weltlage ist. Doch die Kommunikation mit Gott, dessen Kinder wir durch Christus sind, bleibt bestehen. Gottes Geist erweist sich als Fürsprecher für die Kinder Gottes, die zwar schon zu Gott gehören, aber auch an dem Leiden in der Welt zu verzweifeln drohen und sich zusammen mit allem Geschaffenen nach Erlösung sehnen. Das ist noch nicht alles. Paulus wagt sogar, dem Leiden eine positive Seite abzugewinnen: Denen, die Gott lieben, dient alles zum Besten. Alles wirkt zum Guten zusammen. Das ist eine kühne Aussage. Wird damit Leiden verharmlost? Werden tiefe Lebenskrisen und Glaubensfragen mit einem »alles wird gut« weggewischt? Nein. Doch das Vertrauen in Gottes Gegenwart lässt darauf hoffen, dass Gott »aus allem, auch aus dem Bösesten, Gutes entstehen lassen kann und will«. So hat es Dietrich Bonhoeffer 1943 in einem eindrücklichen Glaubensbekenntnis formuliert. Bonhoeffer fährt fort: »Dafür braucht er Menschen, die sich alle Dinge zum Besten dienen lassen.« Zu diesen Menschen will ich gehören. Ich will mir dieses tiefe Vertrauen schenken lassen und rechne damit, dass Gott mich in der Gemeinschaft mit ihm hält, in die Christus mich im Heiligen Geist hineinnimmt.

ROSEMARIE WENNER

Treuer Gott, ich darf dein Kind sein. Christus, deinem Bild will ich ähnlicher werden. Heiliger Geist, du trittst für mich und die ganze Schöpfung ein. Alles, was mir heute begegnet, wird mir zum Besten dienen. Das erwarte ich im Vertrauen auf dich, dreieiniger Gott.

Wo ist Gott in der Not?

Der Beter des Psalms kommt gleich im ersten Vers auf den Punkt. Für Glaubende ist es bis heute die vielleicht herausforderndste Frage: Wo ist Gott in der Not? Der hier seine Klage förmlich herausschreit, leidet unter einer besonderen Bedrängnis: Er sieht sich dem perfiden Treiben übermächtiger Frevler – gemeint sind Verbrecher – ausgesetzt. Und mit jedem weiteren Vers wächst seine Ohnmacht. Niemand gebietet der kriminellen Energie Einhalt, die dauernd Opfer fordert. Nicht einmal Gott.

Mindestens so schlimm wie das faktische Unrecht, das hier geschieht – üble Nachrede, Betrug und sogar Mord –, ist die Verhöhnung Gottes. Ihre Arroganz, ihr Zynismus gipfelt in Selbstgefälligkeit. Gott hat es auch nicht gesehen …

Die Selbstsicherheit der Kriminellen ist mit Händen zu greifen. Fast macht sich der Eindruck breit, dass sie ihr gewissenloses Treiben umso schamloser ausleben, je weniger sie fürchten, sich für ihre Verbrechen jemals verantworten zu müssen. Moral, Anstand und Recht treten sie ungeniert und sogar lustvoll mit Füßen.

Die Beschreibung ihrer Untaten hat etwas Beklemmendes. Sie tragen sie offen zur Schau. Ein Verhalten, das auch Autokraten und Diktatoren unserer Zeit an den Tag legen. Und mit ihnen alle, die denken, sie haben es »sich verdient«, nicht nur ein größeres Stück vom Kuchen zu nehmen, sondern ihn gleich ganz für sich allein zu beanspruchen. Hat ja keiner gesehen – kein Gericht und auch kein Gott.

Der Psalmbeter gibt nicht auf. Als müsse er Gott aufwecken, steigert er die Lautstärke seiner Stimme und die Eindrücklichkeit seiner Worte. »Du siehst doch, was hier los ist – jetzt greif endlich ein!«, hört man ihn schreien. Das muss Gott doch endlich aufrütteln.

Am Ende siegt die Zuversicht. Gott greift ein – zugunsten der Hilflosen. Sie sind nicht länger Freiwild habgieriger Verbrecher. Ihre Willkürherrschaft verschwindet. Noch müssen viele Menschen Qualen erleiden. Noch größer als ihre Angst ist aber ihre Zuversicht, dass Gott zu seinem Wort steht – und hilft.

UDO HAHN

Gott, gib uns Mut zum Glauben an dich, dass du nicht fern bist allen, die leiden.

Das paulinische Pro und Contra

Was spricht für mich, was gegen mich? Je nach Charakter füllt sich die Pro- oder Contraspalte schneller. Hier Erfolge, Liebenswertes und Gelungenes. Dort Unarten, Verdorbenes und Versagtes. Hier gute Erfahrungen und Geachtetes, dort Beschädigtes und Bedrücktes. Ein Glückspilz, dessen Ich durch die Contras nicht verunsichert ist. Ein Weiser, der die Pros nicht nur aufs eigene Konto schreibt. Ein Christ, der Christus einflicht in beides.

Er wird in Gott den erkennen, der uns mit Christus alles schenkt. »Sein Geist wohnt mir im Herzen«, dichtet Paul Gerhardt in seinem Lied zum paulinischen Pro und Contra. »Vertreibet Sorg und Schmerzen, nimmt allen Kummer hin; gibt Segen und Gedeihen dem, was er in mir schafft«, EG 351,7.

Doch die andere Seite bleibt, die Widerfahrnisse, die gegen uns zu sprechen scheinen. Wanderer auf anderen spirituellen Wegen hängen uns da leicht ab, erzählen von seelischem Aufstieg, Wohlergehen und zunehmender Erfüllung, während ich Christenmenschlein immer wieder Schmerz erleide und Ohnmacht, »Angst und Fährlichkeit, was man nur kann erdenken«, EG 351,12.

Auch der heutige Tag kann manches davon bereithalten. »Contras«, die nicht nur mich in Frage stellen, sondern auch Gott. Was gegen mich spricht, scheint auch gegen ihn zu sprechen und das neue Leben in seinem Geist.

Paulus beschönigt nichts, zählt auf, was alles zustößt, auch Christen. Sie sind immer noch den Mächten und Gewalten ausgesetzt. Aber die kommen nicht an gegen sie und nicht gegen Gott. Es gibt ein Bündnis zwischen Gott und seinen Auserwählten. Der Freispruch ist erfolgt. »Nichts, nichts kann mich verdammen … kein Urteil mich erschrecket …, weil mich mit Flügeln decket mein Heiland, der mich liebt«, EG 351,6, auch heute, Tag und Nacht. Paulus und Paul Gerhardt erinnern uns an das große »Pro«, das vor unserm ganzen Leben steht. Gott ist nicht nur mit uns, sondern für uns.

CHRISTINE JAHN

Du bist für mich, mein Gott, hast es klargestellt in deinem Sohn. Dieser Tag kann es in Frage stellen. Drum sag es mir neu, heute, dass mich nichts von deiner Liebe scheidet.

Gewissensfrage – Herzensfrage – Gretchenfrage

Gehe ich zur Zahnbehandlung, werde ich von möglichen Ängsten abgelenkt durch den Blick auf ein großformatiges Foto auf der gegenüberliegenden Wand: ein buddhistischer Tempel, verwitterte Steinaufbauten, aus denen mir Gesichter entgegenlächeln. Die Frage, welchem Glauben meine freundliche Zahnärztin angehört, stelle ich mir zwar gelegentlich, sie beunruhigt mich aber nicht.

Wenn ich in der jüdischen Gemeinde vor Ort zu Gast sein darf, steht vieles im Raum, verbindet manches, ist aber eines außer Frage: Auch sie scheidet nichts von der Liebe Gottes. Ich bezweifle nicht, dass sie zum bleibend erwählten Volk Gottes gehört.

Der religiöse Pluralismus unserer Zeit akzeptiert viele Wege zum Heil. Die Gespräche zwischen den Religionen haben Achtung voreinander gelehrt und der christlich-jüdische Dialog, der sich nach der Geschichte furchtbaren christlichen Antisemitismus entwickeln durfte, trägt Früchte. Das Arbeitsblatt, auf dem Konfirmand/innen eintragen, inwiefern Jesus Jude war, ist verbreitet.

Fremd ist uns Paulus' Qual geworden. Sie treibt ihn existentiell um. Wenn wahr ist, was er eben schrieb – keine Macht der Welt kann die Erwählten von der Liebe Gottes trennen –, wenn wahr ist, was er glaubt – die Liebe Gottes ist in Christus Jesus –, was ist dann mit den erwählten Israeliten, die nicht an Jesus Christus glauben?

Lässt sich Gottes Liebe dann doch beirren? Sind Gottes Heilsgaben nur so lange etwas wert, solange der Glaube stimmt? Sagt Gott sich von seinen Kindern los, wenn sie ihm nicht folgen? Sind die Ersterwählten verblendet und ersetzbar?

Nein, nein, sind wir gewohnt zu beteuern. Gott ist doch über allem. Seine Liebe ist fraglos. Paulus bringt es nicht so schnell zusammen. Er ringt mit der Frage. Eine Prise davon täte uns gut. Das nähme Gott ernst und den Menschen und die unlösbare Spannung zwischen beiden.

CHRISTINE JAHN

Wie sehr ringst du um uns, Gott? Rätselst du über uns, wie wir über dich? Ist deine Liebe wählerisch oder wahllos? Stimmt es, dass ich sie allen gönne? Suche ich sie denn in Christus Jesus? Begegne mir in ihm, mein Gott.

An der Grenze des Denkens ...

kann sich der Horizont weiten. Das ist die Hoffnung. Das Denken kann aber auch seine Grenzen überschreiten. Das ist die Gefahr. Paulus bietet hier beides.

Sein Gedankengang ist logisch, schlüssig, bibelfest. Aber die Zitate aus der Tora wirken aus dem Zusammenhang gerissen, in ihrer Kombination fragwürdig und in ihrer Schlussfolgerung missverständlich. Kommt am Ende nicht doch heraus, dass der Teil Israels, der nicht an Jesus Christus glaubt, von Gott abgelehnt ist wie einst Esau? Verworfen, um nicht sogar zu sagen »gehasst«, auf jeden Fall geschieden von der Liebe Gottes, von der doch nichts und niemand scheiden können soll?

Eigentlich will Paulus nicht dahin steuern. Seine Kernthese: Gott bricht sein Wort nicht. Einmal gegeben, bleibt er dabei. Darauf kann sich verlassen, wer es hört.

Was die biblischen Geschichten um Abraham, Sara und Isaak einerseits, Rebekka, Jakob und Esau aber zeigen, ist: Gottes Wort, man könnte auch sagen, seine Liebe, geht nicht in menschlichen Besitz über, pflanzt sich nicht auf natürliche Weise fort. Die Abstammung ist keine Garantie.

Die Liebe ereignet sich. Gott spricht Menschen an. Er kündigt Unglaubliches an wie die Schwangerschaft einer 80-Jährigen. Und er erweckt Glauben. Er sagt seine Liebe zu, schon bevor einer geboren war, obwohl ihn nichts auszeichnet vor dem Bruder. Und daraus erwächst das Heil, eine Lebensgeschichte, in der wir uns heute noch wiederfinden. Das Heil ist nicht von den Eltern vererbt, und es basiert nicht auf unseren Fähigkeiten. Es ruht auch nicht im E-Mail-Account, abhängig davon, ob wir ihn öffnen oder nicht.

Gott ruft uns an. Er ist in der Leitung. Wir aber auch. Das ist unsere Hoffnung.

CHRISTINE JAHN

Melde dich Gott. Sprich uns an. Wir sehnen uns nach deiner Stimme. Dringe durch die vielen Wörter, die uns umschwirren, hindurch, dass unser Vertrauen genährt wird. Wir sind doch deine Kinder.

Glücksschmied?

Jeder ist seines Glückes Schmied. Das ist ein altes Sprichwort, das schon bei den Römern gängig war. Auch, wenn man heutzutage nicht allzu oft Schmiede sieht, weiß man sofort, was gemeint ist. Alles ist danach ausgerichtet: Karrierecoaching, Selbstoptimierung etc. Dass etwas nicht gelingt oder nicht aufgeht, das scheint nicht im Horizont.

Scheint. Denn jedes Leben beinhaltet auch Grenzen und Scheitern. Diese Wendungen des Lebens treten ohne Vorwarnung auf, wirbeln Pläne oder den beschaulichen Alltag durcheinander. Zuweilen wird einem erst in diesen Krisen des Lebens deutlich, dass das mit der Glücksschmiede so eine Sache ist. Es liegt nicht alles in unserer Hand. Das wird klar. Vielmehr ist es Gottes Erbarmen, das Leben gelingen lässt. Keine kann Glück oder Gelingen erzwingen. Keiner kann es herstellen. Es ist nicht zu machen, es ist geschenkt.

Das ist ein scheinbarer Anachronismus in unserer Zeit. Wer redet – dazu noch öffentlich – von Gottes Erbarmen? Dabei eröffnet dieses einen bereichernden Blickwinkel auf das Leben. Wenn einer mit Gottes Erbarmen rechnet, dann wird er sein Leben neu und anders entdecken. Dann muss er nichts erzwingen, sondern kann erkennen, wie viel unverdient und schön in seinem Leben ist. Er wird merken, dass Selbstoptimierung und Perfektion nicht zwingend zu einem erfüllten Leben beitragen. Es eher die kleinen, unerwarteten und manchmal unspektakulären Dinge des Lebens sind, die es reich und schön machen.

Vielleicht geht es, anders als im Sprichwort, so: Gott ist des Glückes Schmied, der reich und häufig unerwartet gibt, das Leben neu und anders schmiedet. Erkennen darf es jede und jeder, vielfältig und jeden Tag neu. Ohne Hast, ohne Wollen oder Laufen. Einfach staunend entdecken und empfangen!

CHRISTIAN BUTT

Guter Gott, du schenkst uns tausendfältig neue Möglichkeiten. Jeden Tag neu. Lass uns darauf vertrauen und mit Herzen und Sinnen offen dafür sein.

Einfach mal glauben

Bei einer Generalaudienz des Papst Franziskus wagt sich ein zehnjähriger Junge nach vorne, schafft es tatsächlich, zum Papst vorzudringen und fragt ihn, ob er dessen Kappe (Pileolus) bekommen kann. Der Papst gewährt dem Jungen die Bitte, unbeeindruckt und äußerlich ruhig setzt der Papst die Audienz fort und baut in seine Ansprache den Jungen als Glaubensvorbild ein. Einfach mal glauben. So auch Paulus. Kompliziert argumentiert er und will doch nur eins deutlich machen. Im Glauben geht es nicht um deine Person und ihr Ansehen, deine Werke und Leistungen, sondern einzig um dein Vertrauen zu Gott und Jesus Christus. Einfach mal glauben.

Mit dem »einfach« ist es so eine Sache. Wenn es denn so »einfach« wäre, dann müsste Paulus nicht so kompliziert argumentieren. Und auch heute stehen dem »Einfach-mal-Glauben« manche Stolpersteine im Weg. Auch der gar nicht so kleine Stein des Selbstzweifels. Bin ich so o.k., wie ich bin, für Gott? Bin ich für Gott etwas wert? Kann ich wirklich annehmen, dass ich ihm vertrauen darf? Oder muss ich doch zeigen, was ich kann und wer ich bin?

Fragen, Zweifel, Bedenken. Gott einfach glauben und vertrauen ist kinderleicht und doch so schwer. Viele innere Vorbehalte kommen uns in den Sinn und stehen im Weg, ein Labyrinth von Stolpersteinen. Letztlich hilft nichts anderes, als es auszuprobieren. Dem Jungen bei der Papstaudienz gleich: aufzubrechen, sich auf den Weg zu machen, (innere) Hindernisse zu überwinden und dann die ausgestreckte Hand Gottes anzunehmen und zu merken: Er hält mich, trägt mich und meint wirklich mich. Ich bin nicht zu klein, unansehnlich, schwach oder welche Vorbehalte mir noch alle einfallen – ich bin sein geliebtes Kind. Gegen alle äußeren und inneren Stimmen: einfach mal glauben.

CHRISTIAN BUTT

Gott, du Hoffnungsquelle, es fällt oft so schwer, dir einfach zu glauben. Nimm du den Zweifel und die Skepsis von uns und stärke das Vertrauen in dich.

Herzmund

Oftmals heißt es: Glauben ist Privatsache. Glauben ist intim. Über fast alle Themen sprechen die Menschen in der Öffentlichkeit, auch intimste Intimitäten werden in den Talkshows und sozialen Medien breitgetreten. Doch beim Glauben scheint eine Grenze zu bestehen, das geht niemanden etwas an.

Mag es sich daher erklären, dass der Glaube wirklich mit dem Herzen zu tun hat. Er ist nicht nur privat und intim, sondern berührt die tiefsten Lebensfesten; hier geht es um die Basis allen Seins, um alles oder nichts. In diese Karten lässt niemand gerne die Außenwelt schauen, hat jede und jeder Angst vor Verletzungen, sich lächerlich zu machen. Das ist verständlich.

Allerdings: Paulus nennt im gleichen Atemzug das Bekenntnis. Er bleibt nicht beim Herzensglauben stehen, sondern verlangt, dass der Mund bekennen möge. Warum? Wohl nicht nur, um für andere sichtbar zu werden oder andere zu überzeugen. Sondern doch wohl auch um des eigenen Glaubens und Seins willen. Denn, indem eine oder einer nach außen tritt, ihren oder seinen Glauben formuliert und dazu steht, gewinnt dieser Kontur, Kraft und Stärke. Das Nennen und Bekennen lässt den Glauben sozusagen noch einmal eine Extraportion wachsen. Die eigene Überzeugung wird größer und die innere Gewissheit gewinnt erheblich dazu. Die persönliche Glaubenshaltung im Gespräch mit anderen zu vertreten hilft, die eigene Balance zu gewinnen und innerlich fester zu werden; und dadurch auch vergnügter, erlöster und befreiter. Insofern ist Bekennen Pflege des Herzens, des Herzensglaubens.

So gehören Glauben und Bekennen, Herz und Mund ganz natürlich aufs engste zusammen. Sie befruchten und bereichern sich gegenseitig. Sie bilden eine Art christlichen »Herzmund«.

CHRISTIAN BUTT

Gott, schenk uns den Mut, dich zu bekennen und für unseren Glauben einzutreten. Lass unser Licht vor allen Menschen brennen.

Gott ist der Ort des Lebens

In diesem Psalm steht der Tempel in Jerusalem im Zentrum, das Haus Gottes. Im ersten (V. 2–5) und im dritten Teil (V. 9–13) spricht das betende Ich zu Gott. Im Mittelteil (V. 6–8) wird über die Menschen gesprochen, die zum Heiligtum unterwegs sind. Der Tempel ist der Ort, nach dem sich die pilgernden Gläubigen sehnen. Dort wollen sie dem lebendigen Gott begegnen: Es ist ein Ort, an dem Leben sich entfalten kann, wie auch das Bild von den Schwalben zeigt, die an den Altären ihr Nest bauen. Im zweiten Teil wird klar, dass diese Leben spendende Kraft Gottes über das Heiligtum hinaus wirksam ist. Schon auf dem Weg dahin, in der dürren Wüste, wirkt sich Gottes Segen aus. Grund dafür ist die Ausrichtung der Pilgernden auf Gott, die Hoffnung auf die Begegnung mit Gott im Tempel auf dem Zion. Der dritte Teil beschreibt eingehend, wie wohltuend, stärkend und schützend sich der Aufenthalt im Heiligtum für die Menschen auswirkt. Der Tempel ist ein besonderer Ort der Gottesbegegnung, an dem Gott in besonderer Weise erfahren werden kann. Es gibt solche Orte, an denen die Gegenwart Gottes besonders spürbar ist.

Worauf es aber ankommt, ist die Beziehung zu Gott. Im letzten Vers werden die Menschen glücklich gepriesen, die auf Gott vertrauen. Die Zuwendung Gottes ist nicht beschränkt auf besondere Orte und Momente, sondern wirkt in den Alltag hinein. Der Gottesname JHWH, der hier genannt wird und insgesamt siebenmal im Psalm vorkommt, wird nach jüdischer Tradition nicht ausgesprochen. Stattdessen wird ein »Ersatzwort« verwendet, wie »der Herr« oder »der Name«. Einer dieser Ausdrücke ist auch ha-maqom, »der Ort«. Gott ist der Ort schlechthin. Er ist nicht an einen bestimmten Ort gebunden, auch wenn es besondere Räume (und Zeiten) der Gottesbegegnung gibt. Wo immer Menschen ihm vertrauen, ist er gegenwärtig und kann als Leben spendend erfahren werden.

AGNETHE SIQUANS

Gott, schenke uns die Sehnsucht nach der Begegnung mit dir. Lass uns in unserer Suche nach dir deine Gegenwart und deine Leben spendende Zuwendung erfahren!

Gott lässt sich finden von denen, die ihn nicht suchen

Sich verstecken, suchen und finden – von Kindheit an ist dieses Spiel uns vertraut. Was reizt daran? Gewiss ist es spannend, sich an Orte zu begeben, an die niemand denkt. Je länger es dauert, bis jemand gefunden ist, umso schöner ist es. Diese Spannung zwischen dem Bemühen, mit Geschick und Übersicht verborgen zu sein, und der Erwartung, den anderen doch so wichtig zu sein, dass sie beharrlich suchen – und finden! Kostbar ist die Zeit des Wartens. Sie soll sein. Wie ist mir jedoch zumute, wenn niemand mehr nach mir sucht? Ist dies nicht viel schlimmer als gefunden zu werden?

Paulus macht sich Gedanken über Gottes Umgang mit dem Suchen und Finden. Er erinnert an Gottes Wege mit Israel: Gott hat nach seiner Wahrnehmung alles dafür getan, von Israel gefunden zu werden. Gott hat sich immer gezeigt. Er wollte gefunden werden – die Natur hat er geordnet; schön sind die Werke Gottes; in die Freiheit aus der Sklaverei in Ägypten hat Gott Israel geführt; ein Land hat er geschenkt; viele Kinder sind geboren; selbst aus dem Exil in Babylon führte Gott heraus. Gott wollte sich finden lassen. Er wartete oft vergebens.

Nachdenklich stimmen die Worte von Paulus: Gott lässt sich finden von denen, die nicht nach ihm suchen; er offenbart sich denen, die nicht nach ihm fragen. Gott ist offenkundig immer ein Wesen, das nur eines im Sinn hat: Er möchte gefunden werden – von wem auch immer! Gott weiß darum, dass es gut ist, ihn zu finden. Neue Wege eröffnet er. Gott zeigt sich in der Welt. Ungeplante Begegnungen mit Gott sind möglich. Neue Entdeckungen ereignen sich absichtslos.

DOROTHEA SATTLER

Aufmerksamer Gott, zeige dich mir an den Orten meiner Not! Ich vertraue darauf: Du wirst es tun.

Paulus ist ein gläubiger Jude

Gott wird seinen ewigen Bund mit Israel niemals brechen: Mehrfach hat er ihn erneuert: Noah durfte zwei Tiere von jeder Art mit auf die Arche nehmen; die Vielfalt und Schönheit der Schöpfung blieben so bewahrt. Gott verspricht, Abraham werde mit Sara Nachkommen haben so zahlreich wie die Sterne am Himmel. Auch das Kind der Hagar, Ishmael, wird gerettet. Der Sinai-Bund mit Mose gilt bis heute: Die Befolgung der zehn Weisungen erleichtert das Leben. Der neue Bund wird schon vor der Zeit Jesu geschlossen: Jeremia lässt die Weisungen Gottes in das eigene Herz und nicht mehr nur auf Steintafeln schreiben; Gott sagt universale Barmherzigkeit zu. Jesus bezeugt mit seinem Leib und Blut den ewigen Bund Gottes mit den Menschen in der Erwartung seines Todes: Trotz aller Bosheit und Feindschaft bleibt Gott zur Versöhnung mit allen Geschöpfen bereit.

Wie Jesus ist auch Paulus ein gläubiger Jude. Beide haben Abraham zum geistlichen Vater. Beide sind Angehörige des Stammes Benjamin, benannt nach dem jüngsten der Söhne von Jakob und ein Urenkel von Abraham. Es ist heute wieder sehr wichtig, sich daran zu erinnern, dass das Christentum aus dem Judentum erwachsen ist und ohne Judentum nicht sein kann.

Nach Paulus hat eine kleine Gruppe im Judentum durch Jesus etwas für immer erkannt, was der eigenen Tradition keineswegs fremd ist: Nicht die guten Werke der Menschen motivieren Gott, barmherzig zu sein. Immer schon lässt Gott seine Gnade walten. Gottes gnadenvolle Liebe sollte Jona in Ninive verkündigen. Auf Gottes Erbarmen vertrauen jene, die die Psalmen beten. Paulus erlernte seine christliche Predigt in der Schule Israels.

DOROTHEA SATTLER

Treuer Gott, führe Israel auf deinen Weg des Heils!

Gott verlockt mit Eifersucht

Geht eine solche Rechnung auf? Ist das Kalkül stimmig: Ich werbe um die Liebe eines Menschen, indem ich ihn erleben lasse, wie gut eine dritte Person es mit mir hat, welch ein Segen ich für eine(n) andere(n) bin. Durch diese Wahrnehmung wird die Eifersucht geweckt. Der Wunsch, es auch so gut haben zu wollen, führt zur Umkehr – und in der Folge zu der eigenen Teilhabe am Glück.

Paulus argumentiert so: Gott zeigt seine Liebe nicht nur zu dem Volk Israel; Gott wendet sich auch denen zu, die bisher nicht sein Bundesvolk waren. Ungläubige finden zu Gott, vertrauen ihm und finden Trost und Segen im Leben und im Tod. Zumindest den sensiblen Teil im Volk Israel lässt dies nachdenklich werden, so hofft Gott. Es ist nie zu spät, sich an den lebendigen Gott zu erinnern.

Was sich schon im individuellen Leben von drei Menschen kaum sinnvoll planen lässt – die Erneuerung der ersten Liebe durch provozierte Eifersucht –, wird auf der Ebene von Völkergeschicken noch unübersichtlicher und ungewisser sein. Warum ist Paulus dennoch so zuversichtlich? Offenkundig traut er Israel vor allem eines zu: eine lebendige Sehnsucht nach dem Leben mit dem Gott der Väter. Paulus erinnert sich an die große Gedächtniskraft in Israel. In den Heiligen Schriften ist alles verzeichnet. Israel liest Gottes Wort Tag für Tag.

Verlockungen und Eifersucht sind Phänomene mit hohem emotionalem Gehalt. Vieles, was in diesem Bereich versucht wird oder auch geschieht, ist für Außenstehende nicht rational durchdacht. Paulus konzipiert seine Argumentation nicht als Außenstehender: Er lebt mitten in Israel und gibt seinen Wünschen freien Raum: Alle – auch Israel – mögen sich in die Nähe Gottes locken lassen.

DOROTHEA SATTLER

Geheimnisvoller Gott, locke uns hin zu dir!

Über alte Wurzeln und neue Zweige

»Hat Gott sein Volk verstoßen? Keineswegs!« (Röm 11,1) Paulus sucht nach Bildern, wie sich das Miteinander des jüdischen und des heidnischen Heilsweges in der Christusnachfolge verbinden und darstellen lässt, ohne die Treue Gottes zu seinem ersten Bund zu verdunkeln. Er benutzt das Bild des eingepfropften Zweiges in den alten Stamm und die alte Wurzel. In dem so neu geschaffenen Ölbaum sind beide Heilswege verschränkt. »Siehe nun die Güte Gottes und seine Strenge!«, ruft Paulus aus.

Das gilt für die ganze Vielfalt der Glaubenswege auch heute bei der großen Verschiedenheit von Herkünften, Biographien, Glaubensformen und -orten, die verbunden sind in einem vielfältig verpfropften und veredelten Baum. Gerade in der Verbindung von alter Wurzelkraft und neuen Zweigen ist das ein Sinnbild der Vielfalt und Einheit, um die wir heute besonders ringen. Die Universalität unseres Glaubens an Christus, der für alle gekommen und für jeden Menschen Bruder geworden ist, eines Glaubens, der alle als Geschöpfe des einen Vaters ansieht, lässt uns die ganze Buntheit der Welt und der Menschheitsfamilie als großen Reichtum erkennen.

Leider gibt es in unserer Zeit aber auch neue Ströme einer Ablehnung dieser Vielfalt durch die Konzentration auf die eigene, persönliche Meinung und Freiheit und dadurch auf die Ablehnung alles Fremden und anderen, ja auch des Glaubens selbst, der die eigenen Kreise stören könnte. Der neue Antisemitismus etwa ist ein gefährlicher Auswuchs dieser Entwicklung, die das Gesamte des einen und von Gott gewollten Ölbaums mit seinen verschiedenartigen Zweigen nicht annimmt.

Wo solches geschieht, müssen wir mehr als wachsam sein. Gerade da müssen wir den Glauben an einen Gott bekennen und bezeugen, der größer ist als unser Herz (vgl. 1 Joh 3,20, mein bischöflicher Wahlspruch) und der mehr Möglichkeiten der Gnade hat, als wir erahnen können. – Will Gott jemanden verstoßen? Keineswegs!

FRANZ-JOSEF BODE

Gott, in deiner großen Weite und Güte gehst du die verschiedenen Wege der Menschen mit, weil du für alle gekommen bist. Nimm mir an diesem Tag alle Enge, damit ich in allen Menschen erkenne, dass du zu ihnen stehst, weil du treu bist.

Über die verrückte und eifersüchtige Liebe

»Unwiderruflich sind die Gnadengaben und die Berufung Gottes.« In dieser Unwiderruflichkeit und Treue sind die Glieder des ersten Bundes, das Volk Israel, »von Gott Geliebte, und das um der Väter willen«.

Solche Treue Gottes gilt nicht nur Juden und Heiden in der damaligen Einteilung der Welt. Sie gilt auch heute für jeden von uns und seine eigene Lebensgeschichte. In unserer Taufe, ja schon in unserem Geschaffensein hat Gott sich uns unwiderruflich verbunden, uns zu seinem Ebenbild gemacht und uns hineingenommen in das Geheimnis Christi, der unser Menschsein geteilt hat von Geburt bis Tod. Dadurch kann er jedes Leben unterfangen, wohin auch immer es gerät, und es mitnehmen in sein Leben.

Verstockte Herzen gab es dabei nicht nur im Israel der Zeit Jesu. Es gibt sie in vielen Formen bei allen, die es mit Gott zu tun bekommen. Wie viele seiner Zeichen und Angebote ignorieren wir in unserem Leben? Vor wie vielen Herausforderungen Gottes und vor wie vielen Beanspruchungen durch die Menschen verstocken wir unser Herz, um uns im Innersten nicht stören zu lassen in den von uns gewohnten Weisen des Lebens und Glaubens? Umzukehren und neu aufzubrechen, wovon die gesamte Heilsgeschichte Gottes mit den Menschen – ob Juden oder Heiden – geprägt ist, fällt uns in der Tat weitaus schwerer, als wir unsere Bereitschaft dazu mit Worten oft schnell beteuern.

»Gott hat alle in den Ungehorsam eingeschlossen, um sich aller zu erbarmen.« Gott braucht nicht unseren Ungehorsam, um sich uns als gnädig zu erweisen. Er hat kein Helfersyndrom, das die Schwäche des Menschen braucht, um seine eigene Stärke zu beweisen. Nein, er achtet vielmehr in seiner verrückten Liebe unsere Freiheit, um uns mit dieser »eifersüchtigen« Liebe auch in dieser Freiheit immer wieder zu suchen und zu umfangen. Wer sich dessen im Glauben wirklich bewusst ist, kann selbst tiefer zu einem erbarmenden und liebenden Menschen werden.

FRANZ-JOSEF BODE

Gott, mit eifersüchtiger Liebe suchst du mich auch an diesem Tag. Lass mich die Möglichkeiten entdecken, dir zu begegnen. Vielleicht gelingen mir dann heute auch Barmherzigkeit und Liebe nach deinem Willen.

Über den Segen des Suchens

»Wie unerforschlich sind seine Wege?« – Nachdem Paulus lange darum gerungen hat, die Treue Gottes zu seinem immer wieder so verstockten Volk Israel zu verstehen, nach dem Hin-und hergerissen-Sein von den Erfahrungen, die er selbst mit diesem Gott und seinem Christus gemacht hat, endet das 11. Kapitel des Römerbriefs in einem großen Lobpreis der Weisheit Gottes. Die Auseinandersetzung gipfelt im Gebet, das Grübeln und Forschen mit dem befreienden Sich-Loslassen in der Anerkennung und in das Lob des immer größeren Gottes.

In wie vielen Lebenssituationen bei wie vielen ungelösten Fragen unseres Lebens und Glaubens, bei wie vielen Geheimnissen, die in der Begegnung mit Menschen und mit Gott bleiben, ist das einzig Befreiende die Anbetung und Anerkennung des immer Größeren?!

Er übersteigt alle menschlichen Dimensionen. Auf der Suche nach ihm öffnet sich an jedem erreichten Horizont ein neuer. Immer bleiben wir zu IHM unterwegs. Nie werden wir seiner habhaft. Nie werden wir mit dem »fertig«, der mit jeder Antwort neues Fragen hervorruft. Das bedeutet aber auch, nie mit seinem Ebenbild, dem Menschen, »fertig« zu werden und dem Reichtum des Menschlichen immer auf der Spur zu bleiben.

Wer der Geschichte Gottes mit den Menschen nachspürt und ihn in allem und jedem sucht, der erfährt einen Gott, der die Größe hat, sich in allen Dingen, Begegnungen und Menschen klein zu machen, der die Stärke hat, schwach zu sein und eine Schwäche zu haben für seine Menschen und seine ganze Schöpfung. Unsere Antwort kann eigentlich nur das staunende JA sein zu diesem Geheimnis, zu dieser Ermutigung, zu dieser Zukunft.

Die Katholische Kirche feiert heute das Hochfest der Verkündigung der Geburt des Herrn an Maria. Maria hat sich dem unergründlichen Geheimnis der Menschwerdung Gottes gestellt und mit ihrem JA Jesus Christus zur Welt gebracht. Ein solches JA zu Gott lässt auch uns Christus »zur Welt bringen«.

FRANZ-JOSEF BODE

Unergründlicher Gott, du bist größer als unser Herz. Ich kann nur staunen über deine Weisheit und Liebe. Lass mich diesen Tag bestehen im Vertrauen auf deine immer noch größere Liebe. Gib, dass viele sie heute durch mich erfahren.

Sich im Leiden Gott klagend und bittend anvertrauen

Psalm 69 ist ein umfassendes Klage- und Bittgebet. Die betende Person ruft Gott an und klagt über Not und Bedrängnis, die in verschiedenen Bildern geschildert werden. Das Versinken in Wasser und Schlamm verdeutlicht die Dringlichkeit und Bedrohung, in der sich das betende Ich befindet. In dramatischen Worten beschreibt der/die Betende die Bedrängnis durch Feinde. Die eigene Unschuld wird betont (V. 5), zugleich aber auch eventuelle Verfehlungen nicht ausgeschlossen (V. 6). Das Besondere in diesem Klagepsalm ist, dass das Eintreten für Gott und sein Haus als Grund für die Anfeindung genannt wird (V. 8.10). Aber alle Mühe, alles Weinen und Fasten führten nur zum Spott der Gegner. Das Eintreten für Gott hat Entfremdung von der Gemeinschaft und Einsamkeit gebracht. Die Vielfalt und Offenheit der verwendeten sprachlichen Bilder ermöglicht es, sich in unterschiedlichen Notsituationen in diesem Gebet wiederzufinden.

Der erste Teil dieses Psalms schließt mit inständigen Bitten (V. 14–16). Der/die Betende wendet sich in der Notlage an Gott. In der Klage widmet er/sie sich zwar zunächst noch ganz der Leidenssituation, macht aber gleichzeitig schon einen Schritt darüber hinaus. Gott wird angesprochen: Damit richtet sich der Blick über die eigene Not hinaus – das kann eine neue Perspektive eröffnen. Gott allein kann vor dem Tod – beschrieben als Versinken im Sumpf und Verschlungenwerden durch den Abgrund – retten. Die Bitte ist ein wichtiger Schritt nach der Schilderung der Notlage. Sie drückt Vertrauen auf Gott aus und zeigt, dass jede Klage in einer engen Gottesbeziehung verankert ist. Nur wer Gott völlig vertraut, kann ihm das tiefste Leid anvertrauen und auch sich selbst Gott im tiefsten Leid anvertrauen.

AGNETHE SIQUANS

Gott, in Leid und Not, in Freude und Dankbarkeit vertraue ich dir.

Immer kann ich zu dir kommen und mich dir anvertrauen.

Einführung zum Matthäusevangelium auf Seite 392 ff

Leid und Leidenschaft

Für das, was kommt, reichen wenige Worte. Jesus spricht Klartext. Er hat das erste Wort. So deutet sich an, dass das letzte Wort nicht dem Tod, sondern dem Leben gehört. Am Passahfest wird geschehen, worüber Jesus zuvor gesprochen hat. Daran erinnert er seine Jünger. Ob sie noch aus seinen früheren Leidensankündigungen mithören, dass sein Tod nicht das Ende sein wird?

Mit vier Szenen beginnt Matthäus das Drama der Passion. Für Matthäus ist Passion eine Geschichte voller Kontraste. List und Liebe, Salbe und Silberlinge stehen dafür. Die Ältesten und Hohenpriester verabreden, Jesus mit einer List zu fangen. Doch sie fürchten einen Aufruhr im Volk. Mit dem Angebot des Judas ändern sie ihren Plan. Sein wahres Motiv kennen wir nicht. Auf die Silberlinge reduziert wurde er zu einer Hassfigur, die zu einer Gewalt führte, die zu der dunkelsten Seite unserer Geschichte gehört.

Anders als er wollen die Ältesten Herren über Leben und Tod sein. Doch sie sind gefangen in ihrer List. Was sie planen, wird die Botschaft des Evangeliums nicht vernichten. Zwischen ihren Absichten und dem Verrat setzt eine unbekannte Frau mit der Salbung Jesu ein Zeichen verschwenderischer Liebe. Das ruft bei den Jüngern Widerspruch hervor. Sie fragen sich, was man damit an Gutem hätte bewirken können. Jesus aber würdigt die Empathie der Frau und macht sie zur Botschafterin des Glaubens, der in der Liebe, ja Hingabe gründet. Wie selbstverständlich erinnert er daran, dass Hilfe für die Armen die stetige Aufgabe aller ist, die ihm nachfolgen.

Damit Hilfe nicht in Almosen verkümmert, braucht sie die Kraft, die an die Liebe Jesu glaubt. Sie trägt, wenn es schwierig wird, und macht mutig gegen die Mächte des Todes und der Gewalt. Glaube und Liebe zusammenzuhalten, ist manchmal schwer. Frömmigkeit und Nächstenliebe geraten nicht selten in eine Spannung. Sie dürfen nicht gegeneinander ausgespielt werden. Beide werden gebraucht, wenn Menschen leiden und auf Hilfe hoffen. Passion ist Leiden, aber auch Leidenschaft aus Liebe für das Leben.

JÜRGEN THIESBONENKAMP

Du Gott des Lebens, lass die Kraft deiner Liebe in uns wirken. Gib, dass sie uns trägt auf unserem Lebensweg.

Abendmahl am Kap Finisterre

Wir waren am Ziel. Über Santiago de Compostela hinaus hatten wir in der Karwoche das Kap Finisterre erreicht. Viele Eindrücke der Pilgerreise lagen hinter uns. Der Blick über die Weite des Atlantiks tat gut. Zugleich meldeten sich die Fragen, was uns zu Hause erwarten würde, was wir bewahren und in unser Leben einbringen können? Das lag alles dicht beieinander. In die Stille hinein schlug jemand vor, Abendmahl zu feiern. Brot und Wein fanden sich. Andere Pilger gesellten sich dazu. Wir improvisierten und bald erklang der erste Lobgesang.

Bei Matthäus kommt er am Schluss. Manches von dem, was er berichtet, prägte auch unsere Feier. Da war der fremde Ort, der uns Gastfreundschaft gewährte. Die Vorbereitung ging von Hand zu Hand. Trotz aller Vorfreude zögerten einige. Konfessionelle Hürden waren nicht leicht zu überspringen. Die Selbstzweifel der Jünger meldeten sich auch bei uns. Gehörte man wirklich zur Gemeinschaft des Glaubens oder war man eher ein Randsiedler? Das dunkle Bild des Judas lag auch bei uns als Schatten über dem Glauben. Die Reise hatte Gewissheiten des Glaubens in Frage gestellt, aber auch neue Hoffnungen geweckt. Sie zu stärken war ein großer Wunsch, verbunden mit der bangen Frage, ob sie später noch das Leben tragen werden.

Dann nahmen wir das Brot, brachen es, gaben es weiter und aßen. Wir ließen uns Zeit. Mehr als im sonntäglichen Abendmahl erschloss sich mir, dass Christus uns einlädt und in seine Gemeinschaft ruft. Seine Worte sagen, dass Brot und Wein zusammen im Teilen und Essen zu seinem Leib und Leben werden. In diese Gemeinschaft nimmt er uns auf trotz unserer Zweifel, Irrungen und Sünden. Er gibt sein Leben hin, vergibt und befreit uns, wo wir an seiner Liebe scheitern, und stärkt uns, anderen zu vergeben.

Ein kleiner Vorschein dessen, was Matthäus das Reich Gottes nennt, lag an diesem Mittag über dem Kap Finisterre. Was wir erfahren hatten, nahmen wir mit nach Hause und manche von uns bis heute auf ihre Lebensreise.

JÜRGEN THIESBONENKAMP

Herr Jesus Christus, wir danken dir, dass du dein Leben mit uns teilst. Mache auch uns bereit, im Vertrauen auf dich mit anderen zu teilen und Gemeinschaft zu erleben.

Rabenschwarze Nacht

Gemeinsam gingen sie in die Stille der Nacht. Doch in ihren Herzen war es umso lauter. Was sie beim Essen erlebt hatten, hallte noch nach. In ihren Gedanken schockierte sie Jesus erneut mit einer Ansage, die sie aus der Fassung brachte. Die Gemeinschaft, eben noch erlebt, würde in wenigen Stunden zerbrechen, so als hätte es sie nie gegeben. Mit einem Wort aus dem Propheten Sacharja benennt Jesus das Drama, hinter das es ein Zurück nicht mehr geben wird. Doch dafür haben die Jünger kein Ohr. Zu aufgescheucht sind sie, um hören zu können, dass Jesus von einem Weg über diese Nacht hinaus spricht. Er willigt in sein Sterben ein, weil er daran glaubt, dass aus diesem Tod neues Leben auferstehen wird. Das Neue wird am vertrauten Ort in Galiläa beginnen. Seine Worte, die ihnen hätten Zuversicht geben können, verschluckt die dunkle Nacht.

Alles Sehen und Hören der Jünger richtet sich ganz darauf, an Jesu Seite zu bleiben. Petrus unterstreicht das mit starken Worten. Doch der Weg vom Lobgesang zum Abgesang ist kürzer, als er denkt. Er ist nur einen Hahnenschrei entfernt. Ein zweites Mal beschwört Petrus seine Treue, bereit mit Jesus zu sterben. Was wie eine selbstbezogene Pose daherkommt, wird zur gemeinsamen Haltung aller Jünger.

Damit wird es zur Frage, wie es mit der Treue zu Jesus bestellt ist und wie belastbar sie ist, wenn es ganz schwierig wird. Eine gradlinige Glaubensbiografie ist eher selten. Sich abwenden, zweifeln, verstummen und verschließen sind die Nachterfahrungen des Glaubens. So schonungslos die Worte Jesu auf Petrus wirken und seine Abwehr hervorrufen, so deutlich führt die Botschaft des Evangeliums darüber hinaus. Das Scheitern der Jünger ist nicht das Ende, denn Gott bleibt treu und wird aus dem Tod neues Leben erwecken. Was jetzt geschieht, steht schon im Licht der Auferstehung. Zu sehen ist es noch nicht. Doch der Weckruf des Hahns durchdringt die Nacht und lässt uns auf die ganze Botschaft Jesu hören und ihr vertrauen.

JÜRGEN THIESBONENKAMP

Treuer Gott, mache uns wach und bereit, dein Wort zu hören und ihm zu vertrauen, gerade da, wo wir in dunklen Erfahrungen gefangen sind und wir an uns und an dir scheitern.

In unseren Nächten

Es ist Nacht, als Jesus in den Garten Gethsemane geht. Es ist die Nacht der Entscheidung für ihn. »Mein Vater, ist's möglich, so gehe dieser Kelch an mir vorüber«, so bittet er. Es ist sein Gebet in dieser Nacht. Aber es ist auch das Gebet all der Menschen, deren Nächte voller Angst sind. »Die Nacht, die kam, war keine ungemeine, so gehen hunderte vorbei. Da schlafen Hunde und da liegen Steine. Ach, eine traurige, ach, irgendeine, die wartet, bis es wieder morgen sei.« So hat Rainer Maria Rilke die Not der Nacht Jesu und der so vieler Menschennächte verbunden.

Die Nacht ist die Zeit, in der wir Ängstigendes stärker noch wahrnehmen als am Tag. Umso mehr wenn wir allein durch die Nacht gehen müssen. Jesus bittet Petrus, Jakobus und Johannes, mit ihm zu beten und zu wachen. Aber die drei schlafen. Die Einsamkeit des betenden Jesus ist seine in dieser Nacht. Es ist aber auch die aller Menschen, die in ihren Nächten alleingelassen werden, weil keiner bei ihnen wacht.

In der Nacht von Gethsemane tritt Jesus an unsere Seite, teilt die Dunkelheit unserer Nächte. Kennt auch das Zittern und Zagen, die Traurigkeit am eigenen Leib. In dieser tiefen Menschlichkeit Jesu liegt unser Vertrauen in seine Nähe und seine Hilfe begründet.

Die Nacht ist auch die Zeit der Erfahrung besonderer Gottesnähe. In der Nacht der Entscheidung stellt Jesus sich ganz und gar unter den Willen Gottes, nennt ihn mit aller Zärtlichkeit: »Abba, mein Vater, ist's nicht möglich, dass dieser Kelch vorübergehe, ohne dass ich ihn trinke, so geschehe dein Wille.« In der Hingabe an den Willen seines Vaters kann er den Weg, der vor ihm liegt, annehmen.

In so vieler Menschen Nächte wird es weiter Zittern und Zagen geben. Aber wenn wir in aller Angst und Not nicht von Gott lassen und beten, wie Jesus selbst es uns gelehrt hat: »Dein Wille geschehe«, dann kann es sein, dass wir auch hören und sehen, welchen Weg er uns zugedacht hat. Und gerade auch in unseren Nächten Gottes Nähe erfahren.

WIEBKE BÄHNK

Gott, Vater Jesu Christi und unser Vater, auch in unseren Nächten bitten wir dich: Lass uns erkennen, was dein Wille für uns ist, mach uns deiner Nähe gewiss.

Ohne Gewalt

Das Wort Jesu, »Wer das Schwert nimmt, wird durch das Schwert umkommen«, ist als Absage an jegliche Gewaltausübung durch Christen verstanden worden.

Wer sich nun in den Verhandlungen zur Verweigerung des Wehrdienstes zu Zeiten der allgemeinen Wehrpflicht auf den christlichen Pazifismus berief, wurde zumeist gefragt, was er denn täte, wenn ein geliebter Mensch bedroht wäre und er eine Waffe zur Verfügung hätte. Damit war genau die bedrängende Situation benannt, um die es für die Jünger im Moment der Gefangennahme Jesu geht. Der, dem sie nachgefolgt sind, der, auf den sie vertrauen, den sie lieben, ist bedroht. Dass einer der Jünger – nach Johannes ist es Petrus – ein Schwert zur Verteidigung zieht, ist menschlich zutiefst nachvollziehbar. Er will ihn befreien von dem, was auf ihn zukommt.

Jesus aber verwehrt ihm diese Art der Verteidigung, fordert ihn auf, auf Gewalt zu verzichten. So wie er selbst es auch tut, dem, wenn er es von seinem Vater erbäte, »zwölf Legionen Engel« zur Verfügung stünden. Auch in der letzten Konsequenz bleibt er der Absage an jegliche Gewalt, wie er sie gelebt und gelehrt hat, treu. In dem Moment der Gefangennahme steht dahinter die Freiwilligkeit, mit der er seinen Weg als den Willen seines Vaters für ihn annimmt, der nicht durch menschliche Gewalt verhindert werden kann und darf.

Mit seinem Wort vom Schwert, das zuletzt den treffen wird, der es zieht, sagt Jesus zudem schlicht, dass aus Gewalt immer neue Gewalt entsteht. Die Menschheitsgeschichte ist voller Belege dafür. Aber genauso auch dafür, dass Menschen in Jesu Nachfolge Ernst gemacht haben mit diesem Wort, auf Gewalt in Auseinandersetzungen verzichtet und gewaltfreie Wege des Einsatzes für Gerechtigkeit und Frieden gefunden haben. Sie alle machen Mut. Dass es möglich ist, für das einzustehen, was wir als wahr für uns erkennen, in Jesu Nachfolge zu leben, an der Seite derer, die uns brauchen. Ohne dabei »ein Schwert zu ziehen«.

WIEBKE BÄHNK

Jesus Christus, du hast aller menschlichen Gewalt gewehrt. Schenk uns die Phantasie und die Friedfertigkeit, die wir brauchen, um unsere Wege gewaltfrei zu gehen.

Freiheit

»Und er, er schweigt zu allem still«, so heißt es in dem modernen Passionslied von Friedrich Walz. Das ist nicht nur vor dem Hohenpriester Kaiphas so, auch auf die Frage des Pilatus: »Hörst du nicht, was sie alles gegen dich vorbringen?« wird Jesus kein Wort sagen.

Ein Grund für sein Schweigen mag sein, dass das, was er sagt, von seinen Gegnern zwangsläufig missverstanden werden muss. Denn sie sind Männer einer menschlichen Ordnung, die nach ihrem Verständnis um jeden Preis bewahrt werden muss. Männer des Tempels und seines Kultes, der für sie den Mittelpunkt der Gottesverehrung und das Unterpfand der Gegenwart Gottes bildet; das Zentrum, um das sich das Volk Israel religiös sammelt. Dass Jesus das in Frage stellt, durch sein Tempelwort, durch seine Verkündigung von der Gottesnähe in der gelebten Liebe und Barmherzigkeit, durch die Gewissheit, dass in ihm Gottes Reich schon angebrochen ist, ist der eigentliche Grund für ihren Hass auf ihn. Hinter dem steckt die Angst zu verlieren, worauf sich ihr Leben gründet.

Jesus steht vor den Anklägern als der, dessen Gewissheit über den eigenen Weg bis zur letzten Konsequenz ganz und gar im Vertrauen auf Gott im Hören auf seinen Willen gründet. Darin liegt seine innere Freiheit gegenüber allem, was ihm vorgeworfen wird. Die einzige Antwort, die Jesus Kaiphas und kurze Zeit später auch Pilatus gibt, drückt dieses Selbstverständnis des Sohnes Gottes aus.

Das Festhalten an althergebrachten Ordnungen, gar ihre Verwechslung mit dem, was für das Heil notwendig ist – wir mögen das auch aus unserem Leben, unseren Gemeinden kennen. Aber dann kann es auch uns geschehen, dass wir eine tiefe innere Freiheit erfahren: Gottes Nähe in gelebter Liebe und Barmherzigkeit. Ein Vertrauen darauf, seinen Willen und Weg in uns zu hören, vielleicht sogar entgegen äußerer Ordnungen. Eine Freiheit der Kinder Gottes, zu der auch wir von Jesus Christus befreit sind.

WIEBKE BÄHNK

Jesus Christus, Sohn Gottes, zur Freiheit hast du uns befreit von Menschenworten und -ordnungen. Lass uns hören auf die Stimme unseres Vaters in uns, vertrauen auf seine Gegenwart in jedem Wort, jeder Geste der Liebe und Barmherzigkeit.

Gott ist nahe, wenn menschliche Hilfe fern ist

Nachdem der erste Teil des Psalms vor allem die Klage über die eigene Not in den Mittelpunkt gestellt hat, steht nun die Bitte im Vordergrund. Der/die Betende wendet sich an Gott, von dem allein Rettung kommen kann. Während menschliche Hilfe fern ist, ja die Mitmenschen als fern erfahren werden, richtet sich die Hoffnung des Beters/der Beterin ganz auf Gottes Nähe und Zuwendung. Sonst ist niemand da.

Die Bedrängnis durch andere Menschen führt dazu, dass in Vers 23–30 Gott inständig gebeten wird, gegen die Feinde vorzugehen. Gottes Zorn soll über sie kommen, sie sollen sogar aus dem »Buch des Lebens« ausgetilgt werden. Dort stehen nur die Gerechten, die Gegner aber werden als ungerecht und gottlos erlebt. Diese Bitten werden in einer Situation der Bedrohung und Angst ausgesprochen von einem Betenden, der ihnen ohnmächtig gegenübersteht. Mitunter verstören uns solche Aussagen, weil sie der Vorstellung der Feindesliebe und der Barmherzigkeit Gottes zuwiderlaufen. In einer Situation, wie sie der Psalm schildert, sind sie aber vielleicht in gewisser Weise nachvollziehbar. Wichtig ist, dass der Zorn nicht selbst ausgeübt wird, sondern dass alles Gott überlassen wird. Das zeigt, wie bedrohlich die Notlage ist, und zugleich, wie groß das Vertrauen auf Gott ist. Was von Gott erhofft wird, ist die Rettung des eigenen Lebens und eine Wende zum Guten.

Am Ende von Klagepsalmen steht meist das Lob Gottes (hier V. 31–37). Ob nun die Wende tatsächlich schon eingetreten ist oder vertrauend vorweggenommen wird: Gott wird für sein rettendes Eingreifen gepriesen. Der Psalm soll auch anderen Bedrängten Mut machen, ihr Vertrauen auf Gott zu setzen und die Hoffnung nicht zu verlieren (V. 33–34). Der Lobpreis umfasst letztlich die ganze Erde und auch Jerusalem, wo Gott im Tempel in besonderer Weise erfahrbar ist. Alle sollen in sein Lob einstimmen, weil er die Leidenden rettet und ihre Not wendet.

AGNETHE SIQUANS

Sei mir nahe, Gott, wenn alle mich verlassen, wenn ich angefeindet werde und Angst habe. Sei gelobt für deine Nähe in schwerer Zeit.

Angst essen Seele auf

Im Mittelpunkt steht Petrus, der bei drei Begegnungen Jesus drei Mal verleugnet. Das ist ein ganz anderer Petrus als der Jünger, den wir kennen und dem Jesus besonders zugewandt war; so etwa Petrus der Menschenfischer (Lk 5,10), Petrus der Fels, auf dem die Kirche Jesu Christi gebaut wird (Mt 16, 18 und 19) usw., und der diese Zuneigung zutiefst und mit voller Überzeugung erwidert (»Und wenn ich mit dir sterben müsste, will ich dich nicht verleugnen« (Mt 26,35)). Wie konnte es zu dem Leugnen kommen? Petrus scheint in der Situation sich an nichts, weder an die Erlebnisse mit Jesus, seinen Treueschwur, noch die Ankündigung der Verleugnung, zu erinnern. Es ist nicht nur die Tragik dieses Geschehens, die einen berührt, sondern es ist das Gefühl im tiefsten Innern, dass man das auch schon erlebt hat: vollkommen in einem Moment gefangen zu sein. Dann sind gute Vorsätze, tragende Erfahrungen, die Liebe eines Menschen oder der Glaube einfach nicht mehr gegenwärtig.

Im Fall von Petrus scheint es Angst gewesen zu sein, die zu einer »Amnesie« geführt hat. Angst ist eine Macht, die genau zu solch einer Fokussiertheit führen kann, die alle Erfahrungen vergessen macht. Der Filmtitel von Rainer Werner Fassbinder »Angst essen Seele auf« umschreibt die auffressende Wirkung von Angst sehr gut. Es kann aber auch Lust oder Begierde sein, die einen ähnlichen Zustand bewirkt, so etwa in der Schöpfungsgeschichte (1. Mose 3,6 und 7), als Eva schlicht auf den Apfel Lust hatte und das Verbot Gottes vergaß.

Der Hahn ist dann sozusagen der Weckruf, der Petrus erinnern und zugleich seine Schwachheit erkennen lässt. Der Satz »Und er ging hinaus und weinte bitterlich« berührt zutiefst. Bei Adam und Eva heißt es ganz nüchtern: »Und sie erkannten, dass sie nackt waren.« Das Tröstliche ist in beiden Geschichten, dass sie eben damit nicht zu Ende sind. Petrus wird ganz entsprechend dem Vermächtnis von Jesus Apostel und die Geschichte Gottes mit den Menschen hat nicht mit der Vertreibung aus dem Paradies geendet.

ELKE LUISE BARNSTEDT

Vater unser, wir danken dir für deine unendliche Liebe und Geduld mit uns.

Die Liebe Gottes aus den Augen zu verlieren, macht blind

Auch im heutigen Text steht ein Jünger im Mittelpunkt: Judas. Wegen des engen Kontextes zu der Verleugnung des Petrus liegt die Frage auf der Hand, worin sich das Verhalten von Petrus und Judas unterscheidet. Beide haben einen schwerwiegenden Fehler gemacht. Ähnlich wie Petrus scheint auch Judas auf etwas fokussiert gewesen zu sein. Matthäus 26,14–16 legt nahe, dass die 30 Silberlinge die Triebfeder für den Verrat gewesen sind. Judas wird nicht durch einen Hahnenschrei geweckt, sondern durch die Erkenntnis, zu welchen Konsequenzen sein Verrat geführt hat. Beide bereuen ihre Tat. Und ab da beginnen sich die Hergänge zu unterscheiden: Bei Petrus endet die Schilderung mit den Worten: »Und er weinte bitterlich.« Die Last der Verantwortung für sein Verhalten bleibt bestehen, aber seine Verzweiflung zeigt auch, dass er jetzt beides sieht: seine Verleugnung und zugleich die heilbringenden Erlebnisse mit Jesus. Demgegenüber versucht Judas, seinen Verrat rückgängig und durch die Rückgabe der 30 Silberlinge seine Beteiligung ungeschehen zu machen. Aber die Hohenpriester entlasten ihn nicht: »Was geht uns das an? Da sieh du zu!« Seine Verbündeten haben das Bündnis aufgekündigt. Die Last der Verantwortung und die Einsamkeit lassen Judas erneut alles vergessen. Er erkennt und sieht nichts mehr. Er fällt ins Bodenlose und in die Sinnlosigkeit und erträgt das Leben nicht mehr.

Auch Jesus wird in den folgenden Zeilen als einsam dargestellt. Dies geschieht durch das zweimalige Betonen seines Schweigens. Der, dessen wichtigstes Instrument die Sprache und die Begegnung mit Menschen war, schweigt. Er sucht keinen Kontakt mehr und will nicht mehr überzeugen. Seine Einsamkeit erscheint aber nicht als eine verzweifelte, sondern als eine souveräne, als eine voll Gewissheit. Dies kommt in seinem klaren Satz »Du sagst es« zum Ausdruck. Er ist bereit, den schweren Weg zu gehen.

ELKE LUISE BARNSTEDT

Vater im Himmel, öffne du unsere Augen, wenn wir verzweifelt sind und nichts mehr sehen, damit wir deine heilbringende Liebe sehen.

Schuld oder Unschuld ist nicht die entscheidende Frage

Und wieder sehen wir einen Menschen, der Unrecht tut: Pilatus. Er stellt sich nicht seiner Aufgabe, gerecht zu entscheiden, sondern überlässt Jesus einem Mob, von dem er weiß, dass man ihm Jesus aus Neid ausgeliefert hat. Seine Frau lässt ihm sagen, Jesus sei ein Gerechter. Er versucht, durch das Waschen seiner Hände seine (vermeintliche) Unschuld zu beweisen. Ist Pilatus ein Feigling oder gar ein Verbrecher? Oder aber ist er unschuldig, weil er so handeln musste, damit der Heilsplan Gottes sich erfüllte und Ostern Realität wurde? Die gleichen Fragen stellen sich auch hinsichtlich Petrus und Judas, aber auch schon alttestamentlich für Eva und Adam. Bezüglich Pilatus wird dessen sehr unterschiedliche Bewertung in der Kirchengeschichte allzu deutlich: Im Nikodemusevangelium wird Pilatus als unschuldig angesehen, die koptisch-orthodoxe Kirche verehrt ihn als Märtyrer und die abessinische Kirche sieht in ihm einen Heiligen. Demgegenüber bewerten die abendländischen und auch die orthodoxen Kirchen Pilatus sehr kritisch bis hin zur Bezeichnung als Gottesmörder.

Aber auf die Beantwortung dieser Fragen kommt es nicht an. Wir sind hier nicht als Richter/innen gefragt, das Urteil schuldig oder nicht schuldig zu sprechen. Wichtig ist für uns: Was können wir daraus lernen? Die drei bzw. fünf Personen sind Hauptpersonen von Begebenheiten, die von zutiefst Menschlichem und von Menschen in Verstrickungen berichten. Nehmen wir Pilatus: Kennen wir das nicht auch, dass wir wider besseres Wissen handeln und dabei schon spüren, es ist nicht gut? Oder Petrus und Judas: vollkommen von einem Gefühl, wie etwa Angst oder etwas haben zu wollen, bestimmt werden und sonst nichts mehr zu sehen? Oder Adam und Eva: Etwas lockt uns, und wir vergessen alle Vorgaben, Vorhaben und guten Vorsätze. Diesem sollten wir nachsinnen und auch darüber bitterlich weinen, aber dabei nicht aus den Augen verlieren, dass für uns die Zusage von Ostern gilt.

ELKE LUISE BARNSTEDT

Vater unser im Himmel, wir danken dir, dass wir mit unserer Vergangenheit und unseren Belastungen vor dich treten können und dabei deiner Gnade gewiss sein dürfen.

Ist Jesus Gott los?

Jesus will ein König sein? Die römischen Soldaten stellen ihn bloß. Sie ziehen ihm den Königsmantel aus und hängen ihn nackt ans Kreuz. Kann dieser Mann »Sohn Gottes« sein – wie einst König David? Dann müsste Gott ihm jetzt helfen, finden einige Vertreter des jüdischen Glaubens. Aber am Kreuz hängt der Beweis: Gott greift nicht ein. Jesus ist Gott los.

Statt der Krönung die Kreuzigung. Statt ihn zu ehren, beschimpfen ihn Hohepriester, Älteste und Schriftgelehrte. Denn da ist kein König. Nur ein nackter, machtloser Mensch, dem niemand hilft, auch Gott nicht.

Der Glaube sieht das alles auch. Er hat allerdings noch ein zweites Auge. Das hat die uralten Schriften im Sehnerv. Als Jesus Galle gereicht wird (34), entdeckt dieses Auge in ihm den Beter des Psalms 69,22. Und als seine Kleider verteilt werden (35) und er verlästert wird (39), sieht dieses Auge in ihm den Beter von Psalm 22,8 und 19. Zudem wird Jesus inmitten von Verbrechern hingerichtet (38). Da kommt der Gottesknecht in den Blick (Jes 53,9.12), der unschuldig ist, aber wie ein Verbrecher hingerichtet wird – dies jedoch für die Übeltäter auf sich nimmt.

Was bedeuten diese Bezüge zu den alten Schriften? Einmal, dass der leidende Jesus getragen ist von den Gebeten Israels. Diese Gebete sind schon da. Sie haben ihn längst vor Gott gebracht. Damit Gott ihn sieht und sich seiner annimmt. Eine zweite Einsicht: In Jesu Geschick wiederholt sich das des Gottesknechts von Jesaja 53. Der stirbt wehrlos, tut aber in Wahrheit etwas für uns, als er wehrlos stirbt.

Bei Gott ist also alles umgekehrt. Gott hat die Kraft zu wandeln, was für uns verloren ist: Der Gottlose – ist sein Sohn. Der Verlassene – ist im Gebet aufgehoben. Der Leidende – tut etwas an uns. Den Unrecht- und Gewalttätern – zahlt Gott es nicht heim. Er reicht ihnen die Hand. Denn sein Sohn nimmt am Kreuz Unrecht und Gewalt auf sich.

SEBASTIAN DEGKWITZ

Gott, du wandelst alles: Der Gottlose – ist dein Sohn. Der Verlassene – ist bei dir aufgehoben. Der Leidende – nimmt unsere Schuld auf sich. Du wandelst alles, weil du so unser Gott sein willst.

Der heilsame Schrei

Mein Gott, mein Gott, warum hast du mich verlassen? (Ps 22,1) Das ruft Jesus zu guter Letzt: ein Schrei der Klage und Verzweiflung, der Frage und Herausforderung. Widerruft Jesus, was er bislang von Gott gesagt hat? Gott war für ihn doch der nahe und barmherzige Vater, dessen Reich bald kommt. Und jetzt? Ist da eine Spannung in Jesu Reden von Gott. Sie gehört ab jetzt zum Evangelium. Jesus selbst erfährt, dass sein Gott – ihn verlässt.

Aber auch diese Erfahrung Jesu ist längst im Gebet Israels aufgehoben. Jesus stimmt ein in vorgegebene Worte, als würde er in einen Mantel schlüpfen, den ihm jemand hinhält. Betend findet er sich nicht ab mit dem, was ihm widerfährt. Betend ist der Tod nicht endgültig für ihn. Im Gebet macht er aus ihm eine Frage an Gott. Eine, die schon vor ihm so viele hinausgeschrien haben. Jesus richtet diesen Frageschrei an Gott, mit allen und für alle. In der Hoffnung, dass Gott sein Schweigen bricht und Antwort gibt in Wort und Tat.

»Mein Gott«, ruft Jesus. Er hält sich immer noch an Gott, ohne ihn zu verstehen – aber fragend. Würde Jesus nicht verständnislos beten, bliebe er nicht wirklich Mensch wie alle Menschen. Er würde auch aufhören, Sohn Gottes zu sein. Weil er aber unablässig betet, bleibt er Mensch – und Gottes Sohn.

Jesu Tod mit Psalm 22 auf den Lippen löst einiges aus: Der Vorhang im Tempel zerreißt (51). Der Zugang zum Allerheiligsten ist frei. Denn Gott erhört den Schrei seines Sohnes. Weil Jesus die finsterste Gottverlassenheit durchleidet und dennoch an Gott festhält, macht er für alle den Weg zu Gott frei, die in solcher Finsternis sind. Die Gräber öffnen sich (52). Sogar die Toten sind nun frei und können neu zu Gott kommen.

Der Hauptmann des Kreuzigungskommandos erkennt das alles: Jesus mit seinem Schrei aus Psalm 22 ist Gottes Sohn gewesen (54) – für alle, auch für ihn, der sich an Jesus vergriffen hat. Er kann sein Bekenntnis nur staunend aussprechen, ohne zu begreifen, so wie wir auch.

SEBASTIAN DEGKWITZ

Christus, dein Schrei dringt durch Mark und Bein, durch Fels und das Schweigen des Universums. Mit dir rufen wir aus den Finsternissen dieser Welt: Mein Gott, mein Gott!

Ist Jesus vernichtet?

Auch der tote Jesus ist immer noch präsent. Ein Mensch begräbt ihn: Josef aus Arimathäa. Die Frauen, die schon Jesus von fern zum Kreuz begleitet haben (55 f), sehen Josef zu, nehmen so Anteil daran. Jesus zu begraben, ist ihr letzter Liebesdienst. Warum tun Josef und die Frauen das? Ihr Meister ist doch gescheitert! Sie aber setzen fort, Jesus nachzufolgen und zu dienen (55). Sie bleiben bei Jesus und damit auch bei seiner Botschaft, ohne sagen zu können, welche Zukunft Jesus und sein Wort noch haben. Sie spiegeln damit Jesu Gebet am Kreuz (46), das das Endgültige offenhält. Hat nicht jeder Besuch eines Grabes etwas davon?

Auch für die Gegner Jesu ist er immer noch wirksam. Die Männer des Hohen Rates und der römische Statthalter befürchten, Jesu Jüngerinnen und Jünger könnten seinen Leichnam stehlen und behaupten, Jesus sei auferstanden. So ginge das Gerede um Jesus weiter. Diese Leute lassen das Grab versiegeln und bewachen. Nichts soll noch offenbleiben! Mit Jesu Grab soll auch das Reden von ihm aufhören. Niemand soll behaupten, Jesus sei auferstanden und wirke weiter.

Ob das wirklich so geschehen ist? Die Geschichte von der Grabwache reagiert auf ein Gerücht, das nach Ostern unter Nichtchristen die Runde machte: »Die Christen behaupten doch nur, Jesus sei auferstanden, und haben seinen Leichnam einfach gestohlen! Nur deshalb ist sein Grab leer.« Wie es auch gewesen sei, diese Geschichte unterstreicht: Jesus ist wirklich gestorben und begraben worden. Von seinem Begräbnis haben viele gewusst.

Hier, am versiegelten Stein vor dem Grab, endet, wie Menschen mit dem gekreuzigten Jesus umgehen. Sie haben ihn gekreuzigt oder von fern begleitet; sie haben seinen Leib aus Liebe begraben oder zur Sicherheit sein Grab versiegelt und bewacht. Endet auch Jesus selbst in diesem versiegelten Grab? Was jetzt noch kommt, liegt in keines Menschen Hand oder Gedanken. Es wird ganz Gottes Sache sein.

SEBASTIAN DEGKWITZ

Gott, du machst neu. Auch vor einem Grab machst du nicht Halt. Wo wir nichts mehr können, fängst du an. Wir hoffen auf dich.

Jesus lebt – Frauen haben es verkündigt

Am Ostersonntag geschah nach Karfreitag gleichsam der »Urknall« unserer christlichen Gemeinden und Kirchen. Weltweite und zeitenübergreifende Bedeutung entfaltete das Zusammenwirken von Himmel und Erde: Gott und Jesus, Engel und Menschen. Matthäus erzählt das so: Ein Engel öffnet am Ostermorgen Maria von Magdala und der »anderen Maria« das Grab Jesu, erklärt die Lage und beauftragt die Frauen, den Jüngern zu verkündigen, was geschehen ist: Das Grab ist leer, der Gekreuzigte lebt, Jesus ist auferstanden! Und der Engel verspricht: Geht mit den Jüngern nach Galiläa, dort werdet ihr Jesus sehen. »Mit Furcht und großer Freude« machen die Frauen sich auf den Weg, dabei begegnet ihnen der Auferstandene und bekräftigt den Verkündigungsauftrag des Engels. Von wegen: »Das Weib schweige in der Gemeinde.« Der auferstandene Jesus selbst erteilt Frauen diesen grundlegenden Verkündigungsauftrag.

Es bedurfte des Zusammenwirkens von Himmel und Erde, um diesen »Urknall« mit seinem schöpferischen, tröstenden und ermutigenden Kraftpotenzial unter die Menschen zu bringen: Im heilvollen Zusammenwirken von Karfreitag und Ostersonntag beglaubigte Gott damals in Jerusalem den Juden Jesus in seinem Reden und Tun als Christus für alle Welt. Inmitten und trotz aller irdischen Karfreitage gilt uns seither: Nicht der Tod und nicht die Todesmächte dieser Welt haben das letzte Wort, sondern das Vorbild Jesu. Dafür sorgt die unzerstörbare Lebensmacht Gottes. Das ist Kern und Grund des christlichen Glaubens und unserer Verkündigung. Und darum singen wir mit dem Osterlied »Christ ist erstanden« auch an Sterbebetten und bei Beerdigungen »mit Furcht und großer Freude« Halleluja – bis heute!

NIKOLAUS SCHNEIDER

Danke, Gott, für die Gewissheit: Jesus lebt, mit ihm auch ich! Danke auch für die mutigen Frauen am Ostermorgen!

Gute Nachricht contra Fake News

Als was für Schwächlinge werden diese Wächter am Grab Jesu da literarisch kunstvoll gezeichnet! Die auf Wunsch der Hohenpriester von der römischen Besatzungsmacht beauftragten Wächter sind erst wie tot, als Jesu Auferstehung alles ihnen bisher Bekannte erdbebenartig durcheinanderschüttelt. Erstarrt können sie ihrem Auftrag nicht mehr nachkommen.

Dann berichten sie ihren Auftraggebern zwar wahrheitsgemäß das Geschehene, lassen sich aber von ihnen bestechen. Gegen Geld erzählen Wachen, dass sie im Schlaf bestohlen wurden. Was für eine Ironie! Römische Jammerlappen verbreiten gegen Bezahlung religiöse Fake News. Dass sich diese Falschnachricht nicht nachhaltig verbreitet, ist in der Beschreibung der kraftlosen Wächter bereits angelegt.

Was für ein Kontrast zu den schwachen Wachen sind da die am Anfang erwähnten Frauen, die sich trauen, die unfassbare Botschaft von Jesu Auferstehung in die Welt hinauszutragen! Ihnen genügte eine kurze Begegnung mit dem Engel, um selber als starke Botinnen aufzubrechen. Jesus war ihnen zwar auf dem Weg entgegengekommen und hatte sie bestärkt, aber unterwegs waren sie da ja längst.

Vielleicht sind sie auch deshalb nicht dabei, als Jesus seinen Jüngern erschien. Die Frauen hatten ja schon verstanden. Die Jünger brauchten dafür noch eine Weile und einen Berg, wie damals Mose, um Himmel und Erde zu verbinden und Jesus wieder nahezukommen.

Und noch ein Kontrast: Während Matthäus bei den Fake News der Hohenpriester gegen die religiöse Elite des jüdischen Volkes und damit eine begrenzte Gruppe polemisiert, schreibt er Jesus zu, die Elf stellvertretend für alle seine Freundinnen und Freunde zu »allen Völkern« zu schicken und damit in die ganze Welt. So bleibt die Lüge im kleinen Kreis, die Wahrheit breitet sich aus.

Dass letztlich das Gute siegt, ist eine uralte Menschheitshoffnung. Auch der Schluss des Matthäus-Evangeliums verheißt, dass sich letztlich nicht die durchsetzen, die das Blaue vom Himmel herunter lügen, sondern die, die durch ihr wahrhaftiges Tun und Reden den Himmel auf der Erde verbreiten.

ANDREA REHN-LARYEA

Hilf mir, himmlische Hoffnung zu verbreiten!

Hallo Paulus,

ich lese deine Worte und antworte darauf ebenfalls mit einem Brief. Deinen Vergleich einer Gemeinschaft mit einem Körper lasse ich heute außen vor, auch das mit den aufeinander bezogenen Gnadengaben.

Ein Detail ist mir in deinen Zeilen neu aufgefallen und stößt mir auf: »Strebt nicht über das hinaus, was euch zukommt, sondern strebt danach, besonnen zu sein« (EÜ), schreibst du. Andere Übersetzungen sagen, dass niemand »mehr von sich halte, als sich's gebührt« (Luther) oder »Überschätzt euch nicht« (Hoffnung für alle) und »Bleibt bescheiden« (Gute Nachricht). Immer geht es darum, zurückhaltend zu sein. Auch an anderen Stellen schreibst du das. Warum? Wozu soll das gut sein?

War die noch junge Gemeinde in Rom damals schon so von sich selbst eingenommen, wie sie es in der späteren Kirchengeschichte dann immer wieder war und ist, und brauchte Zurechtweisung? Oder hattest du konkrete Personen vor Augen? Oder schließt du gar von dir auf andere? Zurückhaltung ist ja kein Wert an sich, es kommt vielmehr auf den jeweiligen Kontext an. Der Aufruf zur Bescheidenheit wurde und wird auch leider zu häufig missbraucht, um Menschen bewusst klein zu halten und zu unterdrücken. Das macht ihn für mich fremd und falsch.

Eine Übersetzung allerdings hebt einen ganz anderen Akzent deiner Worte hervor: »Überfordert euch nicht bei dem, wofür ihr euch einsetzt, achtet auf eure Grenzen bei dem, was ihr vorhabt« (BigS), heißt es da. Das klingt so viel fürsorglicher und hat auch in einer so von Leistung dominierten Kultur wie unserer heutigen eine viel höhere Relevanz!

»Bleib bescheiden!« oder: »Überfordere dich nicht!« Es macht einen großen Unterschied, ob du mir bevormundend sagst, wie ich mich deiner Meinung nach zu verhalten habe, oder ob ich deine Sorge um mich ahne. Befremdlich bleibt für mich der Eindruck in deinen Zeilen, dass du doch ein wenig von oben herab vorgibst zu wissen, wie das geht mit Glauben und Gemeindeleben. Darüber würde ich gerne mit dir streiten! Herzliche Grüße

ANDREA REHN-LARYEA

Öffne mir Augen und Verstand für immer neue Details, mich, andere und dich zu verstehen.

Spaziergang mit dem Römerbrief

Einundzwanzig Verhaltensregeln, mit denen sich Paulus hier an die junge Gemeinde in Rom wendet. Ich nehme seine Worte mit auf einen Spaziergang und suche in der Schöpfung nach Hinweisen zu ihrer Bedeutung.

Es ist nasskalt und stürmisch. »Ohne Heuchelei« kommt mir in den Sinn, das Wetter gibt nicht vor, anders zu sein, als es ist. Sehr gastfreundlich fühlt sich das nicht gerade an, dennoch ist jede Person willkommen in Feld, Wald und Wiese, egal, wer sie ist.

Ich komme vorbei an einer Reihe von kleinen Apfelbäumen entlang eines Feldes. Erst im letzten Jahr sind sie gepflanzt worden. Rechts und links neben jedem Bäumchen wurden Pfähle in den Boden getrieben und die dünnen Stämmchen dazwischen mit dicken Stricken gegen zu starken Wind gesichert. So können sie gut einwurzeln.

An einem Bäumchen sind die Seile ganz nach unten gerutscht. Ich schiebe sie vorsichtig an Pfählen und Stamm wieder nach oben. Beim Weitergehen frage ich mich, ob das richtig war: Sind die Pfähle und Seile wirklich noch eine Stütze für den wachsenden Apfelbaum oder hatte er sich gerade durch sein Hin- und Herschwanken davon befreit?

So kann es auch mit Regeln wie der Aufzählung bei Paulus sein, kommt mir in den Sinn. Bisweilen sind sie notwendig und geben Halt. Manche Menschen allerdings fühlen sich davon vielleicht schnell eingeengt. Wer gut verwurzelt ist, findet Halt direkt im Boden und braucht keine äußeren Stützen mehr. »Wer den andern liebt, hat das Gesetz erfüllt« (Röm 13,8), schreibt Paulus ein paar Zeilen weiter. Liebe ist ein guter Wurzelgrund.

Beim Weitergehen komme ich an einer Gruppe von Findlingen vorbei. Solange sie im Acker oder auf dem Weg liegen, können solche großen Steine sehr hinderlich sein, denke ich. Andererseits kann daraus auch Großartiges und Schützendes entstehen. Vielleicht wollte auch Paulus der Gemeinde in Rom mit seinen vielen Verhaltensregeln keine Steine in den Weg legen, sondern vielmehr zu ihrem Aufbau beitragen.

Dankbar, beschenkt und inspiriert von Apfelbäumen und Findlingen kehre ich nach Hause zurück.

ANDREA REHN-LARYEA

Deine Liebe schenke mir Freiheit und Halt.

Gutes tun – ohne Wenn und Aber

»Der Ehrliche ist immer der Dumme!« Und: »Gute Mädchen kommen in den Himmel, böse überallhin.« Was der Volksmund in kurze »Merksätze« presst, ist eine vermutlich alltägliche Erfahrung: Wenn ich Gutes tue, gut handle, dann habe ich immer wieder das Nachsehen. Es zahlt sich oft nicht aus, gut, aufrichtig, friedfertig durchs Leben zu gehen. Vielmehr setzt sich meist der Stärkere durch. Wer zurücksteckt, wird schnell untergebuttert. Wenn ich nicht auf der Strecke bleiben, nicht unter die Räder kommen will, dann muss ich mich wehren, im Notfall auch mal zurückschlagen.

Angesichts dessen wirken die Verhaltensanweisungen, die Paulus im heutigen Abschnitt aus dem Römerbrief für das alltägliche Zusammenleben gibt, wie aus der Zeit gefallen: nicht vergelten, stets auf das Gute bedacht sein, Frieden halten – möglichst mit allen. Überhaupt nicht leicht, was Paulus da auf unsere alltägliche To-do-Liste schreibt. Und trotzdem gibt er es der Gemeinde in Rom mit auf den Weg – und schlussendlich auch uns.

Ich lese diese Verse als Herausforderung. Sie fordern heraus – vermutlich die Gemeinde in Rom, auf jeden Fall mich. Sie fordern dazu heraus, »radikal« zu sein – radikal liebend, radikal dem Guten verpflichtet, radikal Gutes tuend. Ohne Wenn und Aber. Ohne Vorbedingung. Ohne die Hoffnung, dass es mir etwas bringt.

Wobei: Innerweltlich kann die »radikale« (Selbst-)Verpflichtung zum Gutes-Tun dazu führen, dass die Spirale von Gewalt und Gegengewalt ab und an durchbrochen wird. Manch ein »Feind« wird vielleicht doch zum Freund, wenn ich ihm bei Hunger oder Durst mit Essen/Trinken aushelfe. Aber rechnen darf ich damit nicht. Nach Paulus darf meine Neigung zum Guten nicht berechnend sein.

Und noch eine Dimension bringt Paulus ins Spiel: Gott. Auch wenn es manchmal den Anschein macht, dass Gutes-Tun nicht lohnen würde – sobald ich Gott einbeziehe, geht die Rechnung auf, garantiert. Davon ist Paulus überzeugt.

HEINER WILMER SCJ

Guter Gott, bei all meinem Bemühen, gut zu handeln – hilf mir. Bei all meinem Scheitern dabei – hilf mir.

Wer hat Angst vorm starken Staat?

Untertanen-Mentalität, Obrigkeitshörigkeit – das klingt wenig attraktiv. Eher was zum Kopfschütteln oder Widersprechen. So könnte der heutige Abschnitt aus dem Römerbrief eher so etwas wie der »Aufreger des Tages« sein.

Die Aufforderung des Paulus, sich als gute Staatsbürgerinnen und Staatsbürger zu bewähren, mag ja noch angehen. Aber die Begründungen, die Paulus liefert, klingen eher naiv: Betreibt Paulus eine »Heiligsprechung« des Staates? Eine Verklärung staatlicher Macht als gottgegeben? Was ist mit Unrechtsstaaten und Diktaturen? Der politische Raum des Paulus, das römische Weltreich im ersten Jahrhundert, ist auch alles andere als ein paradiesisches Idyll für alle. Paulus selbst kommt in den 60er Jahren in Rom zu Tode. Trifft ihn also das staatliche Schwert zu Recht – für welche böse Tat?

Von daher mutet uns der heutige Lesetext einiges zu. Ein Text zum Aufregen – vielleicht aber auch mit anregenden Impulsen.

Vielleicht will Paulus ganz bewusst ein Idealbild von »Staat« zeichnen. Eine Vision. Es wäre ausgesprochen attraktiv, wenn jede staatliche Gewalt »im Dienst Gottes für dich zum Guten« stehen und derart handeln würde. Wenn sich nur die böse Tat fürchten müsste. Vielleicht will Paulus uns ein Idealbild vor Augen stellen – damit wir kritisch die erlebte staatliche Realität daran messen können. Zugleich nimmt dies alle politisch Mächtigen in die Pflicht.

Schlussendlich gilt es zu unterscheiden, wem was gebührt. Und dabei dürften Furcht und Ehre in den Augen des Paulus vorrangig Gott zukommen – und beispielsweise nicht dem römischen Kaiser, der gottgleiche Verehrung fordert. Da ist Paulus ganz auf einer Linie mit Jesus (Mt 22,21). Und das ist auch für uns heute eine wichtige Orientierungshilfe.

HEINER WILMER SCJ

Guter Gott, mit Salomo bitte ich für alle Entscheidungen und Verantwortungsmomente – im Großen wie im Kleinen: »Verleih deinem Knecht ein hörendes Herz, damit er dein Volk zu regieren und das Gute vom Bösen zu unterscheiden versteht.«

Worauf es ankommt …

Im Lied »Worauf es ankommt, wenn Er kommt« (A. Albrecht/L. Edelkötter) wird Verschiedenes aufgezählt, was vielen Menschen erstrebenswert scheint: Besitz, Wissen, Macht, Erfolg … Doch den wiederkommenden Christus wird dies nicht interessieren, er wird nach anderem fragen: Was hast du geschenkt, wem hast du genützt …? Der Refrain hält eindringlich fest: »Jetzt ist die Zeit, jetzt ist die Stunde. Heute wird getan oder auch vertan, worauf es ankommt, wenn Er kommt.«

Der heutige Römerbriefabschnitt klingt für mich fast wie eine biblische »Vorlage« für dieses Lied. Denn Paulus schärft uns zum einen ein, worauf es ankommt, was zählt. Zentrales Stichwort für Paulus: Liebe. Die gegenseitige Liebe betont Paulus als Gipfelpunkt sämtlicher Gebote, als bündelnde Zusammenfassung des ganzen Gesetzes. Damit wandelt er in den Fußspuren Jesu, von dem Johannes 15,12 überliefert: »Das ist mein Gebot, dass ihr einander liebt, so wie ich euch geliebt habe.« Und in Matthäus 22,39 f wird das Doppelgebot der Liebe als Zentralaspekt des Gesetzes benannt.

Zum anderen fordert Paulus dazu auf, die Zeichen der Zeit richtig zu deuten, den »Kairos« (so wörtlich in Römer 13,11) zu erkennen. In eindrücklicher Nacht/Finsternis-Tag/Licht-Bildsprache mahnt er zu einem moralisch tadellosen Leben, wobei die vorgebrachten Tabus zeit- und kulturenübergreifend zum ethischen Kompass zu zählen sind: Maßlosigkeit, Ausschweifung, Streit, Eifersucht – das alles soll ferne sein.

Jetzt kommt es darauf an, denn: »Die Nacht ist vorgerückt, der Tag ist nahe.« Paulus will, dass wir gewissermaßen »Frühaufsteherinnen« und »Frühaufsteher« in Sachen Glauben und gutem Lebenswandel werden. Und die Frage, wie wir uns zu dieser frühen Stunde bekleiden sollen, ist für Paulus schnell beantwortet: »Zieht den Herrn Jesus Christus an« – dann klappt das auch mit dem In-Zaum-Halten der Begierden.

HEINER WILMER SCJ

Gepriesen bist du, Herr, unser Gott, der du Liebe bist (1 Joh 4,16). Deine Liebe umgreift alles, belebt alles, erfüllt alles. Gepriesen bist du in Ewigkeit, Herr, unser Gott.

Ich liebe den Herrn

Dieser Psalm gehört zu den sogenannten Hallel-Psalmen. Er nimmt Bezug auf das allererste Pessachfest, das dem Auszug des Volkes Israel aus Ägypten vorausging. Hallal, hebräisch, bedeutet so viel wie lobsingen, in Jubel ausbrechen. Es ist der einzige Psalm, der mit einer Liebeserklärung an Gott beginnt, stellt das Lob in den Mittelpunkt, spricht von der Erlösung aus dem Tod. Er gehört zu den Psalmen, die beim Pessachfest gebetet wurden, vom Gastgeber vorgelesen.

Wenn Sie diesen Text lesen, ist Ostern gerade vorbei. Die Vorstellung, dass Jesus mit seinen Jüngern beim sogenannten letzten Abendmahl diesen Psalm betete, lässt mich diese Worte noch einmal völlig anders lesen. Zuerst bezog ich ihn auf mich, wie ich das beim Lesen der Psalmen mit einer großen Selbstverständlichkeit zu tun pflege. Das ist ja auch nicht falsch. Aber: Wie hat Jesus selbst wohl diesen Psalm gebetet, »in der Nacht, als ER verraten ward ...« (Mt 26)? Was hat unser Herr wohl bei diesem Gebet gedacht? Es muss ja eine ziemliche Spannung damals im Raum gewesen sein: die Jünger in Angst, da sie von der Verfolgung Jesu wussten. Und Jesus in dem Wissen, was ihm bevorstand: Verrat, Hinrichtung, Hölle, Auferstehung! Nun lese ich den Psalm noch einmal anders. »Mich umfingen die Fesseln des Todes.« (V. 3) Ich habe mir vorgestellt, ich hätte diese Worte damals aus dem Munde Jesu gehört, der ja wie kein anderer vor und nach ihm über das Wort Gottes gesprochen hat, ja, der das Wort selbst geworden ist (Joh 1). Was wird ER gedacht und empfunden haben dabei? Es ist doch kaum vorstellbar, dass er diese Worte nicht bewusst und in inniger Verbindung mit dem Vater sprach. Vers 15, der mir zuvor reichlich unvermittelt und zusammenhanglos vorkam, bekommt plötzlich eine prophetische Bedeutung. Und auch Vers 18 ... Der Psalm war damals schon mehr als 1000 Jahre alt!

GABRIELE HILGENSTOCK

Herr, ich habe dich lieb. Denn du hast mich gehört und mir geholfen, indem du alles schon erfüllt hast! Erinnere mich immer wieder daran!

... dass die Hauptsache die Hauptsache bleibt!

Wir müssen nur ein paar Begriffe austauschen und schon sind wir mitten drin im Alltag unseres Gemeindelebens heute. Es ist ja wirklich nicht einfach, mit Menschen zusammenzuleben und zu arbeiten, die aus verschiedenen Kulturen mit unterschiedlichen Prägungen und eigenen religiösen Traditionen kommen.

Was vielleicht noch als bunte kulturelle Vielfalt geschätzt werden mag, wird sich als Problem erweisen, wenn die eigenen Traditionen und Glaubensweisen idealisiert und zum geltenden Maßstab für alle anderen erhoben werden.

Was im eigenen Kontext von Geschichte und religiöser Tradition als Ritual, als Askese, als Frömmigkeitsstil einleuchtete und zum christlichen Glauben zugehörig schien, muss von anderen Christen doch nicht unbedingt nachvollzogen werden.

Soll das, was zum Sekundären, zum Nachrangigen gehört, in die Mitte rücken und zum verbindlichen Zentrum des Glaubens erklärt werden? Wenn das geschähe, würden wir das Evangelium verraten und uns gegenseitigen Bewertungen und Verurteilungen aussetzen.

Mitten hinein in diese bemühende Debatte formuliert Paulus einen Spitzentext des Neuen Testamentes! Damit stellt er klar, was der Kern des christlichen Glaubens, die tragende Mitte christlicher Gemeinschaft ist und bleiben muss: Keiner von uns lebt sich selber, und keiner stirbt sich selber. Leben wir, so leben wir dem Herrn, sterben wir, so sterben wir dem Herrn. Ob wir leben oder ob wir sterben, wir gehören dem Herrn. Denn Christus ist gestorben und lebendig geworden, um Herr zu sein über Tote und Lebende. (V. 7–9)

So weit reicht Ostern – bis in die Fragen der praktischen Gestaltung des Gemeindelebens, bis hinein in den Umgang der Christen untereinander, wenn es um Rücksichtnahme, Liebe, Respekt, Toleranz, Verantwortung füreinander geht. Können wir das vergessen?

Tatsächlich: Die Hauptsache ist, dass die Hauptsache die Hauptsache bleibt.

EDWIN BRANDT

Herr Jesus, dass wir dir gehören im Leben wie im Sterben, bleibt das befreiende Geschenk unseres Glaubens an dich. Danke!

Bunte Vielfalt – Reichtum oder Gefahr?

Gern sprechen wir von offenen Türen unserer Gemeinden. Aber was bringen die Fremden, die neuen Christen mit an Prägungen, Meinungen, Gewissensbindungen? Werden sie unseren Frömmigkeitsstil akzeptieren? Erwarten sie, dass wir uns nach ihnen und ihrem – begrenzten? – Verständnis richten?

Sind sie eine Bereicherung oder doch eher eine Belastung für unsere Gemeinde?

Wie werden sich unsere Gemeinde, unsere Gottesdienste verändern, wenn sie mit uns glauben und den Glauben auf ihre Art leben wollen?

Stopp! Paulus muss uns unterbrechen: Vergesst nicht, mit wem ihr es in der Gemeinde zu tun habt! Was das für Menschen sind, die zum Glauben berufen worden sind so wie ihr. Was ihren unvergleichlichen Wert ausmacht – völlig unabhängig von Status, Bildung, Wohlstand.

Jeder Mensch, jeder einzelne ist einer, für den Jesus Christus gestorben ist. Sie alle sind Glieder am Leib Christi – wie wir. Von Gott geliebt, erwählt, berufen zur Mitarbeit in seinem Reich!

Können wir dann geringschätzig, abwertend, leichtfertig über sie reden oder mit ihnen und ihren Meinungen umgehen?

Die christliche Gemeinde ist nicht einem Homogenitätsprinzip verpflichtet. Sie soll eine Alternative zum gesellschaftlichen Umgang mit Fremden und Andersgeprägten leben: Hier geht es nicht darum, mit schlagkräftigen Argumenten Druck auf Menschen und ihr Gewissen auszuüben, sie zu Anpassung zu nötigen anstatt Annahme erfahren zu lassen. Wo das Evangelium von der Liebe Gottes gelebt wird, sollen Fremde Wertschätzung und Respekt erfahren, auch mit ihrer anderen und ungewöhnlichen Lebens- und Glaubensgeschichte. Wir sind mit ihnen eingeladen zu gemeinsamen Entdeckungen in der Christusnachfolge im Alltag.

EDWIN BRANDT

Herr, erbarme dich über uns und unsere Gemeinden. Hilf uns, einander mit den Augen deiner Liebe zu sehen und im Gemeindeleben das zu praktizieren, wozu uns dein Evangelium auffordert und befähigt.

Füreinander einstehen und miteinander glauben

Hätten wir gedacht, dass Paulus sich so intensiv mit dem Problem des Umgangs miteinander in der christlichen Gemeinde befassen, so ausführlich und mit so starkem theologischen Gewicht auf dieses Problem eingehen würde?

Starke und Schwache wird es immer geben in den Gemeinden, Menschen mit weiten Herzen und großzügiger ausgerichteten Gewissen und die mit eher eng geprägten Gewissen und ängstlicherer Einstellung zu verschiedenen Verhaltensweisen in Fragen der Ethik und Dogmatik. Aber bleiben wir unter dem Evangelium zusammen oder sind die Fliehkräfte zu stark?

Unsere unterschiedlichen Frömmigkeitsstile und verschiedenen theologischen Positionen sind nicht das Problem, jedoch die jeweilige innere Einstellung und geistige Haltung, zu denen wir uns von ihnen verführen lassen. Überheblichkeit, Selbstdarstellung, Selbstrechtfertigung, Verachtung, Neid und Missgunst wollen sich einnisten in unserem Denken und Empfinden.

Paulus ist davon überzeugt, dass wir uns gerade in unserer Unterschiedlichkeit gegenseitig helfen, ergänzen und so einander zum Segen werden sollen. Er erinnert uns daran, dass es uns gemeinsam um das Reich Gottes mit seiner eigenen Signatur gehen soll, die von Liebe, Geduld, Hoffnung und Trost geprägt ist.

Weil wir alle die Grunderfahrung liebevoller Annahme durch Christus teilen, können wir Korrektur, Ermutigung, Ergänzung als hilfreichen Dienst annehmen, ohne uns bevormundet zu empfinden. Demütig und dankbar stellen wir uns mit unseren Gaben der Gemeinschaft zur Verfügung.

Wenn wir miteinander in geistlicher Einheit und geschwisterlicher Liebe beten, Gott loben, vor Gott klagen, ihn, den dreieinigen Gott anbeten und gemeinsam dem Kommen seines Reiches dienen, kann die christliche Gemeinde für die Gesellschaft heilsame und ermutigende Alternative sein.

EDWIN BRANDT

Herr Jesus Christus, wir wollen uns an dir, an deinem Leben und deinen Worten orientieren, dass unter uns die Sehnsucht nach dem Kommen deines Reiches nicht erstirbt.

Kein leeres Verspechen

Was ist ein Versprechen? Es gibt in meiner Heimat Griechenland ein schönes Sprichwort, das gerne ermahnend zitiert wird: »Du sollst einem Kind und einem Heiligen nichts versprechen!« Ein Versprechen ist wertvoll, verbindlich. Es ist unter Umständen heilig, wie z.B. ein Gebet, und unbedingt einzuhalten!

Was aber haben ein Kind und ein Heiliger gemeinsam?

Wir nennen uns Kinder Gottes. Wir vertrauen darauf, dass er uns annimmt und so liebt, wie wir sind, und Er hält Seine Versprechen. Auch die Menschwerdung Christi ist die Erfüllung eines solchen Versprechens. Er nimmt alle Menschen in unendlicher Liebe, Güte und Barmherzigkeit an und wird einer von uns. Er fordert uns auf, einander anzunehmen, wie Christus selbst es tut: in unserer reichen Vielfalt und Verschiedenheit, als Seine Ebenbilder, ungeachtet der kulturellen Herkunft, zur Ehre Gottes.

Trotz aller Prüfungen und Herausforderungen verspricht er uns Freude, Frieden und die Kraft des Heiligen Geistes. Das ist kein leeres Versprechen, keine Täuschung. Die Besonderheit dieses Versprechens unterstreicht unsere tiefe spirituelle Verbindung mit unserem Vater, der auch Quelle der Heiligkeit ist.

Trotz alledem hadern wir oft mit Gott. Wir fühlen uns vergessen, missverstanden, orientierungslos. Wir vergessen unsere eigenen Versprechen, unsere guten Vorsätze und enttäuschen einander. Wir sind nun mal nicht alle Heilige. Das ist der Moment, wo die Kraft unseres Glaubens und unser Vertrauen in Gott gefragt sind.

In Gott werden wir zur Heiligkeit eingeladen. Wir sind gerufen, als seine Kinder an der Freude der Einheit in Ihm teilzuhaben, wenn wir Gottes Versprechen an uns als vollendende Wirklichkeit verstehen. Was noch könnte er uns versprechen?

EMMANUEL SFIATKOS

Herr, in deiner unendlichen Liebe hast du uns das ewige Leben versprochen. Du hast uns gelehrt, dich im anderen zu erkennen. Schenke uns den Geist der Besonnenheit, der Demut, der Geduld und der Liebe, damit wir einander nicht verurteilen, sondern gemeinsam deinen Namen in der Welt bezeugen.

Einheit aus dem Heiligen Geist

Was macht einen Gläubigen aus? Ist es die Gewissheit der Erkenntnis? Das Festhalten an Regeln und Gesetzen? Oder ist es doch das Vertrauen in die Kraft des Heiligen Geistes, der weht, wo er will, alles durchsetzt und die ganze Schöpfung vereint?

Paulus stellt sich seinen Adressaten als Diener Christi vor. Er schöpft seine Kraft aus dem Heiligen Geist, der nicht nur Inspirationsquelle seines Dienstes ist, sondern auch der Garant für seine Einheit mit Gott. Er ist ehrlich und direkt. Er scheut sich nicht davor, seinen Glauben vor der Welt zu bezeugen. Denn der Heilige Geist schafft Einheit! Gottes Wort zu hören, erneuert den gemeinsamen Glauben und die Einheit im Herrn.

Glaube ist aber auch ein tiefgründiger, das Leben verändernder Prozess. Wer im Glauben steht, wird täglich mit Veränderungen konfrontiert. Mitunter hinterfragt man seinen Glauben und gerät ins Wanken. Man fühlt sich verloren, wie die Jünger Jesu, die von ihrem Lehrer im Angesicht des Leidens getrennt wurden. Der Zuspruch Jesu, ihnen den Geist der Wahrheit zu senden, tröstet sie. Sie können hoffen! Ihr Dienst ist nicht sinnlos. Sie haben Mut zum Glauben und Kraft im Hl. Geist zu wirken.

Diese Kraft erhält uns auch heute stark im Glauben. Sie eint uns, über konfessionelle Grenzen hinaus im Bemühen, Gott in der Welt zu bezeugen. Sie treibt uns an, einander zu verstehen, unseren Glauben neu zu entdecken und die Einheit zu suchen.

Glaube ist kein theoretischer Ansatz, sondern gelebte Praxis. Er fordert uns heraus, die frohe Botschaft in die Welt hinauszutragen. Der Kirchenvater Johannes Chrysostomos sagt: »Wer in Gott lebt, freut sich allezeit!« Trotz der Krisen unserer Zeit dürfen wir nicht verzagen. Unsere Einheit im Heiligen Geist ist ein Grund zur Freude!

EMMANUEL SFIATKOS

Gott, mach uns im Glauben stark. Hilf uns, auf deine Stimme zu hören. Gib uns deinen Heiligen Geist, damit wir in Einheit deinen Namen in der Welt bezeugen.

Der Dienst am Nächsten

Ein besonderer Aspekt unserer »postmodernen Gesellschaft« ist das vielfältige soziale Engagement, auch außerhalb der christlichen Kirchen. Es beruht auf dem Bedürfnis, etwas Gutes für den Anderen zu tun. Fällt diese Tat dann noch mit einem kirchlichen oder religiösen Fest zusammen, ist das Gewissen fürs Erste beruhigt.

Betrachtet man die Gesellschaft, wie sie uns in der Bibel geschildert wird, eröffnet sich uns ein anderes Bild. Paulus legt voller Gottvertrauen und Tatendrang große Strecken zurück. Er koordiniert die von ihm gegründeten Gemeinden ohne Telefon, Internet und Flugzeug auf der Grundlage des Dienstes am Nächsten. Er fördert den Zusammenhalt der Gemeinden, indem er auf Nöte und Bedürfnisse aufmerksam macht und appelliert, Ressourcen zu teilen. Man würde heutzutage von einer »Win-win-Situation« sprechen. Paulus verweilt nicht nur bei der weltlichen Tat. Er ersucht die Gläubigen um ihren Beistand und ihr Gebet. Die Ressourcen für den Dienst am Nächsten werden somit um einen geistlichen Aspekt erweitert.

Die biblische Grundlage für den Dienst am Nächsten ist die Aufforderung Jesu Christi, einander in Liebe zu begegnen. Noch deutlicher wird Christus, wenn er sagt: »Was ihr für einen meiner geringsten Brüder getan habt, das habt ihr mir getan.« Der Dienst am Nächsten ist also ein Dienst an Gott selbst. Karitatives Wirken ist ein höchst spirituelles, persönliches Werk, das große Opfer abverlangt. Es ist eine Herzensangelegenheit, die über das Selbstverständliche hinausgeht. Schaut man z.B. auf das Leben im Kloster, bekommt der selbstlose Dienst eine neue Dimension. Nonnen und Mönche dienen mit ihren Gebeten der Welt und zeigen durch ihren Einsatz, was es bedeutet, für den Nächsten einzustehen.

Einander zu dienen ist also keine Frage der Unterwürfigkeit, sondern ein Geschenk der wahren Liebe in Christus, der nicht gekommen ist, um bedient zu werden, sondern um zu dienen.

EMMANUEL SFIATKOS

Guter Gott, hilf uns, die Not in der Welt nicht zu übersehen. Gib uns die Kraft, einander zur Seite zu stehen, Sorgen und Nöte zu sehen und in deinem Namen Trost zu spenden.

Der Herr ist mein Hirte

Seit etwa vier Jahren habe ich in einer christlichen Beratungsstelle eine psychotherapeutische Praxis. Viele bekennende Christen sind unter meinen Patienten. Ich arbeite tiefenpsychologisch, d.h. die frühe Prägung der Menschen ist zum Verständnis und damit auch für die Therapie wesentlich: Was habe ich in den frühen Beziehungen gelernt, um gut über die Runden zu kommen, sozusagen? Die »Schemata«, die wir hier erworben haben, wenden wir ein Leben lang an. »Schema ist ein stabil verankerter Komplex aus dysfunktionalen Glaubenssätzen (›Ich bin inkompetent und mache alles falsch‹) und fest damit zusammenhängenden Gefühlen, Wahrnehmungen und Erinnerungen.« (Zitat nach Wikipedia) Dysfunktional bedeutet: Sie machen krank, verhindern die freie Entfaltung meiner Gaben, sind zumindest nicht lebensfördernd. Diese Schemata sind nicht bewusst, aber wir richten uns im Leben danach – und manchmal machen sie uns eben sogar krank. So haben wir gelernt, uns anzupassen oder uns durchzusetzen, wegzuducken oder auf Konfrontation zu gehen. Oder zu arbeiten weit über unser Maß hinaus, in der vermeintlichen »Gewissheit«: Sonst reicht es nicht! Oder ich genüge nicht ... Aber welcher Stimme gehorchen wir denn da? »Der Herr ist mein Hirte« – der, der mein Herr ist, dem ich dienen will, der ist Hirte – und wie ein Hirte ist, wird in diesem Psalm beschrieben. Wem glaube ich: der verinnerlichten Stimme, die mir alles Mögliche sagt – oder vertraue ich dem, der mir sagt: Dir wird nichts mangeln! Ich führe dich zum frischen Wasser, Gutes und Barmherzigkeit werden dir dein Leben lang folgen! Denn: Ich bin der Herr, dein Gott, du sollst keine anderen Götter haben neben mir! »Folge mir nach« – so ruft Jesus Seine Jünger, der, in dem wir IHN erkennen. »ICH bin der gute Hirte! Meine Schafe hören meine Stimme«, Joh 10 ... Welche Last fiele von meinen Schultern, wenn ich dieser guten, liebevollen Stimme mehr vertraute! Nach dieser Stimme möchte ich mein Leben ausrichten!

GABRIELE HILGENSTOCK

Lieber Herr, hilf mir die Stimmen unterscheiden, die heute zu mir sprechen! Lass mich deine Stimme immer wieder heraushören dürfen, und dann lass mich bitte ihr folgen!

Mission braucht Geschwisterlichkeit

Eine neue missionarische Herausforderung wartet auf Paulus: eine christliche Gemeinde in Rom, die nicht von ihm gegründet wurde. Paulus weiß sich berufen, auch dort das Evangelium zu verkündigen und vertraut auf Gottes Geleit. Aber er will sein Menschenmögliches tun, damit diese Missionsreise gelingt. Deshalb schreibt er vorab einen inhaltsschweren Brief. In 15 Kapiteln legt Paulus gleichsam als »Selbstvorstellung« sein Verständnis des Evangeliums dar. Jetzt folgt hier im 16. Kapitel zunächst eine ungewöhnlich lange Liste von persönlichen Grüßen – mit überraschend vielen Frauennamen!

Diese lange Grußliste hat strategische Bedeutung: Paulus macht klar, dass es in Rom schon einen großen Kreis ihm vertrauter Christinnen und Christen gibt. Mit einigen von ihnen – so mit dem Ehepaar Priska und Aquila – hat er zum Beispiel während seiner Missionstätigkeit in Korinth und Ephesus zusammengearbeitet. Dieser vertraute Kreis soll ihm jetzt seine Einführung in Rom erleichtern.

Bedeutsamer aber ist der inhaltliche Aspekt: Diese Grußliste gibt einen Einblick in das persönliche Verhältnis von Paulus zu seinen Mitarbeitenden. Mit der Nennung ihrer Namen verbindet Paulus hier eine gemeinsame Geschichte, eine besondere Begabung oder eine große Wertschätzung. Und Paulus grüßt sie als Beauftragte Gottes. Auf Augenhöhe mit ihm! Auch die Frauen! Anders als an anderen Stellen in den neutestamentlichen Briefen und anders als in der späteren Kirchengeschichte macht Paulus hier deutlich: Frauen haben Teil an der apostolischen Berufung. Ich muss gestehen: Mein Paulus-Bild bekommt mit dieser Grußliste eine neue Facette

ANNE SCHNEIDER

Gott, schenke auch mir – gerade vor neuen Herausforderungen – die Einsicht: Geschwisterlichkeit hilft mir, das Evangelium immer neu zu sagen und zu leben.

Geschwisterlichkeit hat Grenzen – auch bei Christenmenschen!

Was mutet uns die Bibellese heute zu: Auf die herzliche geschwisterliche Grußliste folgt jetzt nicht wie erwartet ein Segenswort, sondern eine aggressive Ermahnung. Mit harter Polemik gegen Irrlehrer unterbricht Paulus den Zusammenhang seiner Grüße mit dem abschließenden Segen und Lobpreis Gottes. Unvermittelt konfrontiert uns Paulus mit Warnungen vor Menschen, die »Zwietracht und Ärgernis anrichten«. Vor Menschen, die die Lehrtradition des Glaubens nicht achten und so die Gemeinde spalten. Konkrete Namen oder den konkreten Anlass für diese Unterbrechung nennt Paulus nicht. Mag sein, dass Paulus erst während der Schlussworte seines Briefes Nachricht erhalten hat von missionierenden Irrlehrern, die auf dem Weg nach Rom sind. Von Menschen, die sich selbst als »Diener Christi« ausgeben, die aber nach dem Urteil von Paulus dem »Satan« zugehören. Die römische Gemeinde soll diese Missionare keinesfalls als Glaubensgeschwister erachten, um so »geschieden« zu bleiben vom »Bösen«. Und Paulus endet seine Ermahnung mit einer Verheißung, die mich frösteln lässt: »Der Gott des Friedens aber wird den Satan unter eure Füße treten in Kürze.«

Geschwisterlichkeit hat Grenzen – auch bei Christenmenschen. Da stimme ich Paulus zu. Für die römische Gemeinde damals wie für unsere Gemeinden heute. Das Problem aber ist die verbindliche Grenzziehung. Die absolute Wahrheit von Gottes Wort ist Menschen nicht verfügbar. Und deshalb auch keine absolut gültigen Unterscheidungen von Menschen und theologischen Lehren in »gut« oder »böse«, in »von Gott« oder »von Satan«. Wir müssen lernen, Grenzen zu ziehen, ohne Menschen zu verteufeln.

ANNE SCHNEIDER

Gott, schenke uns eine notwendige Toleranz, um mit Unterschieden gemeinsam Kirche zu sein. Aber auch Einsicht und Mut, um notwendige Grenzen von Geschwisterlichkeit zu erkennen und zu benennen.

Einführung zum Buch der Sprichwörter/Sprüche Salomos auf Seite 382 ff

Praktische Lebensklugheit

Die Kapitel 1 bis 9 gehören zum jüngsten Teil des Buchs der Sprüche und entstanden vermutlich zwischen dem 6. und 4. Jahrhundert v. Chr. Wie ein roter Faden zieht sich das Thema der »Weisheit« durch. Darunter versteht man im Judentum keine blasse Theorie, sondern die Kunst der »praktischen Lebensklugheit«. Die Weisheitsliteratur besteht deshalb nicht aus Geboten, sondern aus Empfehlungen und Anregungen, die dem Leser Spielraum für weiterführende eigene Gedanken lassen. Denn die Kunst der richtigen Lebensführung besteht niemals aus fertigen Rezepten, sondern bedarf immer der individuellen geistigen Aneignung sowie der Anpassung an die jeweiligen Lebensumstände. Dennoch gibt es einige Grundüberzeugungen der Verfasser dieses Buches. **Erstens**: Erkenntnis und Einsicht, Klugheit und Weisheit (die Begriffe können im Hebräischen durchaus synonym gebraucht werden) entstehen nicht von selbst, sondern setzen »immer strebendes Bemühen« und Lernbereitschaft des Menschen voraus (V. 1–6).

Zweitens: Den Rahmen dieses Lernens bildet die »Furcht des Herrn« (V. 7). Nicht Angst oder Furcht vor Gott ist damit gemeint, sondern eine Haltung der Ehrfurcht, des Respekts, den der Mensch Gott als dem Herrn allen Lebens entgegenbringt. Für die Verfasser ist diese Haltung keine geistige Pflichtübung, sondern die Voraussetzung eines gelingenden Lebens.

Drittens: Es gibt die »Klugen« und die »Toren«, d. h. die Menschen gehören entweder zur einen oder zur anderen Kategorie. Das ist sehr vereinfachend. Dass der Mensch sich in manchen Lebensfragen und -situationen klug, in anderen hingegen sehr ungeschickt verhält, kann jeder Mensch an sich selbst beobachten. Niemand ist ausschließlich »idiotisch« in dem, was er tut und entscheidet, und niemand handelt immer »klug«. Das wissen die Verfasser natürlich auch, doch für prägnante Sprichworte und Lebensweisheiten sind Entweder-oder-Formulierungen am besten geeignet. Dies muss bei der Lektüre mitbedacht werden, um keinem simplen moralischen Dualismus zu verfallen, der der Wirklichkeit nicht gerecht würde.

BEATE WEINGARDT

Gott, wir danken dir, dass du uns in unserer Einzigartigkeit erkennst und anerkennst!

... und nähme doch Schaden an seiner Seele

In den Versen 8 und 9 wird ein weiterer Grundbestandteil hebräischen Denkens und Formulierens deutlich: Wichtige Gedanken werden doppelt, manchmal sogar dreifach, formuliert. Zum einen, um die Vielschichtigkeit der Dinge anzudeuten, zum anderen, weil »doppelt genäht besser hält«: Zur Belehrung des Vaters kommt die Weisung der Mutter, der »Kranz« auf dem Haupt wird vom »Geschmeide« um den Hals ergänzt. Die Doppelung der Satzteile muss dabei nicht immer eine Doppelung der gleichen Aussage bedeuten, oft beinhaltet der zweite Teil des Gedankens auch das Gegenteil, gelegentlich eine Weiterführung der ersten Aussage (V. 19). Die Verse 10–19 kreisen um ein Thema, das zu den Grundversuchungen des Menschen gehört: die Gier nach Haben, Besitz, Noch-mehr-Haben. Sie gründet in der Hoffnung, darin Glück, Ansehen, Macht und Sicherheit zu finden. Da diese Gier jedoch mit Unaufrichtigkeit, Heimtücke, oft auch Gewalt und Unrecht verbunden ist, wird eindringlich vor ihr gewarnt (V. 10–16). Die Verfasser bezweifeln, dass Reichtum und Vermögen erworben werden können, ohne dass es zu Lasten anderer geht. Wer näher betrachtet, wie der Wohlstand Europas auf Kosten der zweiten und dritten Welt zustande kommt, kann dem leider nur zustimmen. Ab Vers 17 wird ein weiteres Verhängnis angesprochen, das mit der Habgier, sprich: mit der Überbewertung materieller Güter, verbunden ist: »So ergeht es allen, die nach Gewinn jagen: Er nimmt seinem Besitzer das Leben« (V. 19). Im Hebräischen steht für »Leben« das gleiche Wort wie für »Seele«, d.h. es geht nicht um die körperliche Existenz, die der Habgierige aufs Spiel setzt. Die Gefahr liegt tiefer und besteht in der Verarmung bzw. Beschädigung des eigenen (Mit-)Menschseins. Jesus nahm diese zeitlos aktuelle Gefährdung all derer, die materielle Güter zu ihren wichtigsten Lebenszielen und -themen machen, sehr ernst und warnte häufig vor ihr. In Mt 16,26 par finden wir den Gedanken von Spr 1,19 von ihm in Frageform aufgegriffen. Das zeigt: Er hat von seiner Aktualität nichts verloren.

BEATE WEINGARDT

Das, was uns nährt, ist nicht mit Händen zu greifen. Es ist Verbundenheit – mit den Mitmenschen, mit dir, oh Gott, mit uns selbst. Lass uns dies nie vergessen!

Weisheit bedarf des strebenden Bemühens

Dieser Abschnitt dreht sich ausschließlich um den Gewinn, den das Bemühen um Weisheit verspricht. Im Gegensatz zu materiellen Gütern ist der Vorteil, der im Streben nach Erkenntnis und Gottesfurcht liegt – die beiden gehören untrennbar zusammen (V. 29) –, nicht mit Händen zu greifen. Es ist ein Geheimnis der Weisheit, dass sie sich erst in den konkreten Herausforderungen im praktischen Lebensvollzug bewährt. So lange das Leben ohne Krisen und Gefahren, ohne besondere Belastungen dahinfließt, wird der Mangel an Lebensklugheit und Weisheit in der Regel kaum bemerkt (V. 22–25). Die Bewährungsprobe naht, wenn das Lebensschiff in stürmische Gewässer gerät – doch dann ist es zu spät, denn »Weisheit auf Knopfdruck« gibt es nicht. Sie bedarf, wie alle hohe Kunst, der ausdauernden Bemühung, quasi: des Trainings – durch Bildung, Gespräche, Reflexion. – In den Versen 26–31 taucht eine weitere Grundannahme altisraelitischen Glaubens auf: Es ist die tiefe Überzeugung, dass zwischen dem Verhalten eines Menschen und seinem Schicksal eine eindeutige Verbindung besteht, für die Gott selbst in seiner Gerechtigkeit Sorge trägt. Dieser sogenannte »Tun-Ergehen-Zusammenhang« geht davon aus, dass kluges und gottesfürchtiges Verhalten im Leben reichen Lohn trägt, während törichtes und Gottes Weisungen missachtendes Verhalten (»Spötter«) über kurz oder lang Unheil nach sich zieht (vgl. Ps 1). So ist es nur folgerichtig, dass »den Toren die eigene Sorglosigkeit zum Verderben« wird (V. 19). Der Glaube, dass guten Menschen Gutes und Bösen noch zu Lebzeiten Böses widerfährt (V. 32+33), kommt im vereinfachenden Dualismus der Spruchweisheit an vielen Stellen zum Ausdruck. Doch er bekam im Lauf der Zeit immer mehr Risse, denn die Wirklichkeit sah allzu oft anders aus (vgl. Hiob)! Spuren dieser Einsicht finden sich zahlreich im AT, verbunden mit der Erkenntnis, dass Gott selbst das Prinzip von »Was du säst, wirst du ernten« häufig durchbricht – aus Liebe und Barmherzigkeit zum Menschen.

BEATE WEINGARDT

Wir danken dir, Vater, dass du nicht so berechenbar bist, wie wir das oft gerne hätten. Einzig sicher bleibt, dass wir auf deine Güte angewiesen sind.

Versuchungen machen vor niemandem halt

Spätestens in Spr 9,1 (»Frau Weisheit«) wird klar, dass »Weisheit« im Hebräischen weiblich gedacht wird. Vermutlich wussten die Verfasser von der ägyptischen Göttin Maat, welche dort die »Hüterin der Weltordnung« war. Erneut werden die Vorzüge der Weisheit wortreich ins Licht gerückt – immer verbunden mit der Verheißung reichen Lohnes (V. 7 f). Neu ist, dass Weisheitsgewinn nicht nur mit der »Furcht des Herrn« verknüpft ist, sondern dass er auch auf Gottes Wirken selbst zurückgeführt wird. Weisheit ist, so gesehen, eine der Konsequenzen der Ehrfurcht vor Gott, seinen Geboten und Ordnungen (V. 6). Übersetzt in unsere Zeit würde dies bedeuten, dass es keine umfassende und tiefe Welterkenntnis ohne Respekt vor dem Transzendenten – kurz gesagt, vor dem, was nicht in des Menschen Macht steht und seinen Erkenntnishorizont definitiv übersteigt – geben kann. Möglicherweise gilt dies auch für eine realistische Selbsterkenntnis? Aus psychologischer Sicht würde ich sagen: Dem ist so. In V. 16–19 wird eine konkrete Versuchung des Mannes angesprochen: die sexuelle Beziehung mit einer verheirateten oder gar »fremden« (nichtjüdischen?) Frau. Dieses »Unrecht«, das besonders schwer wiegt, wenn bestehende Besitzverhältnisse (die Frau war nach der Heirat quasi Eigentum ihres Mannes) missachtet werden, ist neben der Habsucht eine weitere große Gefährdung des Menschen. Deutlich wird: Auch der Weise, der danach strebt, Gottes Ordnungen zu respektieren, ist keineswegs gegen die Versuchung gefeit. – Den Abschluss bildet die erneute Bekräftigung des Tun-Ergehen-Zusammenhangs, wobei die »Rechtschaffenen« und »Unsträflichen« den »Gottlosen und Treulosen« gegenübergestellt werden. Die Begriffe deuten erneut an, dass das (ge)rechte und lebenskluge Verhalten immer mit der Bindung an eine höhere Autorität verknüpft ist: Der Mensch braucht eine »Ausrichtung« seines moralischen Kompasses an einer Instanz, die nicht in ihm selbst gründet. Diese zeitlos gültige Erkenntnis gilt auch heute.

BEATE WEINGARDT

Gib uns, oh Gott, die Weisheit, aus den Blumen, die in unserem Garten wachsen, einen Strauß der Freude und des Sinns zu binden. Stärke uns im Bemühen um Lebensweisheit.

Jauchzt vor dem Herrn

Heute ist Sonntag. Ob Sie heute zum Gottesdienst gehen werden? Planen Sie das? Oder haben Sie es sich abgewöhnt – durch die Einschränkungen in der »Corona-Zeit« vielleicht, oder weil so viel Schlimmes in Seiner Kirche passiert, dass Sie ausgetreten sind? Oder weil Sie den Gottesdienst gar nicht vermissen? In unserem Hauskreis haben wir Letzteres festgestellt: Der Gottesdienst wurde von den meisten nicht vermisst! Ich kann ja zuhause im Fernsehen daran teilnehmen, über YouTube gute Gottesdienste und Predigten anhören oder/und selbst in der Bibel lesen, nicht wahr? Und überhaupt … In der Vorbereitung auf die Auslegung hörte ich in einer Predigt, dass das Heer vor dem Beginn einer Schlacht »jauchzt«, wenn sein König zu ihm stößt. Ein eindrückliches Bild, wie ich finde. Und das Jauchzen wird sehr nachfühlbar! Wenn ich nun allein sitze und mein »König« zu mir stößt, bin ich sicher auch froh. Mir kommen vielleicht Freudentränen (hatten Sie schon einmal eine Gottesbegegnung?), oder ich werde ganz andächtig, oder würde Ihm am liebsten um den Hals fallen. Aber jauchzen …? Und da wir ja von einer Gottesbegegnung sprechen: Manche gehen auf die Knie, manche schreiben Tagebuch, manche gehen in die Stille, ziehen sich von der Welt erstmal zurück, manche wohl sogar für lange Zeit – je nachdem. Aber – jauchze ich? Kleinkinder tun es, wenn man sie hochwirft und auffängt. Aber wir Erwachsene? – Im Fußballstadion wird noch gejauchzt. Beim Mauerfall in Berlin, als Tausende sich auf den Straßen trafen. Ich glaube, wir brauchen Gemeinschaft mit Gleichgesinnten zum Jauchzen! Nicht umsonst steht hier der Plural: Jauchzt! Wann haben Sie zuletzt laut »gejauchzt«, d.h. vor Freude laut gejubelt? Und wir Christen: Schaffen wir für die Menschen, die zu uns kommen, eine Atmosphäre, eine Einladung, einen Zuspruch, wo Menschen über unseren Gott in Jubel ausbrechen? Weil ER da ist und so ist, wie Er ist?! Und unter uns wohnt und gegenwärtig ist – Wahnsinn!

GABRIELE HILGENSTOCK

Vater, du gibst so viel Grund, zu jauchzen! Du bist sogar eigentlich DER Grund, dass wir jauchzen können! Welch eine Freude!

Lohn der Weisheit

Was bringt mir das? Wir alle kennen diese Frage in unseren Gedanken und Überlegungen, wenn wir etwas planen. Wird mein Projekt oder Verhalten mir schaden oder nutzen? Habe ich einen Gewinn für mich, wenn ich bestimmte Beziehungen mit Freunden, Verwandten, Kollegen oder Nachbarn pflege?

Der Abschnitt in Form einer belehrenden Mahnrede, die ein Weisheitslehrer an seinen Schüler hält, preist die Werte der Weisheit, die zu beherzigen und zu leben sich lohne: Ein unversehrtes, langes, erfülltes Leben – Ansehen bei Gott und den Menschen (wie es von Samuel 1 Sam 2,16 und Jesus Lk 2,52 erzählt wird) – ein gesunder Körper – volle Kornkammern und Weinkrüge (heute würden wir z.B. sagen: volle Auftragsbücher im Betrieb und hohe Aktiengewinne) stehen in Aussicht. Wer sehnt sich nicht danach? Insofern kann es doch eigentlich keine inneren Widerstände geben gegen diese dringenden Empfehlungen. Und wir ahnen und spüren auch, dass wir Orientierungspunkte, Leitlinien und Geländer in unserem Leben brauchen, um nicht als Individuum auf Irr- oder Holzwege zu geraten oder um nicht als Gesellschaft in Chaos und Anarchie zu versinken. Der Erwerb der Weisheit ist nicht mit dem Erwerb eines Diploms zu vergleichen, das, einmal erworben, wie ein Freibrief auch für Unredlichkeiten benutzt werden kann. Die Erinnerung an die gelernten Weisungen ist wichtig. Daher soll der Schüler sie sich um den Hals hängen; denn der Mensch hängt sich das um den Hals, was er und andere immer sehen und erinnern sollen. Der Maßstab der Selbstprüfung ist und bleibt der Glaube an Gott. Bleibt Gott der entscheidende Bezugspunkt in meinem Leben, halte ich mich nicht selbst für weise. Der Narr hält sich für weise, aber der Weise weiß, dass er eine Narr ist (Shakespeare).

STEFAN DURST

Bewahre uns, Gott, vor Übermut. Hilf uns, wenn wir erschlaffen. Mach uns gesund an Geist und Leib und schenk uns deinen Frieden.

Unvergleichlicher Wert der Weisheit

Was hat für uns einen besonderen oder gar den höchsten Wert? Wofür setzen wir uns mit allen unseren Eigenschaften und Begabungen ein, um es zu erlangen, zu erwerben, zu kaufen? So wie in früheren Zeiten sehnen sich Menschen auch heute nach Silber, Gold oder Perlen. Sie scheinen unvergänglich und eine Art finanzieller Absicherung des Lebens zu sein. Doch besser als diese Materialien ist die Weisheit, mit der Gott die Erde gegründet hat (Jer 10,12). Kein Geschöpf oder keine Materie wurde vor der Weisheit geschaffen. Sie ist gleichsam Gottes erstes Werk (Spr 8,22–31). Dadurch kommt ihr höchste Bedeutung zu. Gepriesen wird der Mensch, der sich von der Weisheit leiten lässt. Die Weisheit wird mit einem Lebensbaum verglichen. Dieser ist ein Symbol für langes, unversehrtes und glückliches Leben. Die Unwägbarkeiten des Lebens lassen sich mit ihr bewältigen. So bruchstückhaft, verletzlich und unvollkommen uns unser Leben auch erscheint, sie kann dem Leben Sicherheit verleihen in drei Bereichen, nämlich: Das Leben, als eine Reise verstanden, wird ohne Hindernisse und Behinderung verlaufen. Die Gefahr, zu stolpern wegen Widrigkeiten, ist gering. Sodann wird der für das Leben notwendige Schlaf zur Stärkung dienen. Ängste und Albträume in der Nacht werden nicht mehr herrschen. Außerdem können unvorhergesehene Schrecknisse mit Gelassenheit und Besonnenheit hingenommen werden. Die Unwägbarkeiten des Lebens, in die wir immer wieder hineingeraten und die uns zu überwältigen drohen, lassen sich mit Weisheit abmildern. Der weise Mensch spürt seine eigenen Begrenzungen und wie wenig das eigene Leben planbar ist. Aus Gottes Wort schöpft er Orientierung und Hilfe. Mascha Kaleko drückte das so aus: »Zerreiß deine Pläne. Sei klug und halte dich an Wunder.«

STEFAN DURST

Gott, ohne Vorbehalt und ohne Sorgen leg ich meinen Tag in deine Hand. Sei mein Heute, sei mein gläubig Morgen, sei mein Gestern, das ich überwand.

Gleiche Situationen damals wie heute

In diesem Abschnitt geht es um einzelne Mahnworte, die den Umgang mit unserer Umgebung und den Menschen, mit denen wir zusammenleben, betreffen. Es geht um gedeihliches Leben mit den Menschen, denen wir täglich oder wöchentlich begegnen – in der Nachbarschaft, in Geschäften, am Arbeitsplatz, in der Freizeit. Obwohl die Entstehung des Buches der Sprüche mehr als 2000 Jahre zurückliegt, werden hier Situationen angesprochen, die wir wohl alle kennen. Zunächst geht es um die Frage, wem und wie ich Gutes tue bzw. Hilfe leiste. Gemäß meinen Möglichkeiten und Fähigkeiten soll ich dem in einer Notlage Hilfsbedürftigen Gutes tun ohne Zeitverzug. Nicht mein Stundenplan bestimmt die Zuwendung. Entscheide ich über den Zeitpunkt meiner Hilfe, ist es für den anderen möglicherweise schon zu spät. »Wer schnell hilft, hilft doppelt« – in diese Sentenz ist der Ratschlag zu unverzüglicher Hilfe verdichtet worden. Spätere Schriften nehmen dieses Thema auf (Sir 4,1–10; Jak 2,15f). Schließlich warnt der Abschnitt vor Gemeinschaft mit falschen Leuten wie mit Spöttern, Gewalttätern, Frevlern, Narren. Da Gott an ihnen kein Gefallen hat, soll auch der Mensch mit ihnen keinen Umgang pflegen. Der Kontakt mit solchen Menschen würde mich negativ beeinflussen. Die Orientierung in meinem Leben richtet sich nach Gott aus. Was Gott missfällt, soll der Mensch meiden. Und das bedeutet auch die Bitte an Gott: Lass mich erkennen, dass mein Verhalten anderen gegenüber Reaktionen bei ihnen auslöst, die auf mich zurückwirken und mir gut- oder wehtun. Und eine zweite Bitte kommt hinzu: Lass mich nicht so, wie ich bin. Häufig leiden wir ja an uns selbst. Allein schaffen wir es nicht, uns zu ändern.

STEFAN DURST

Wir danken dir, Gott, für diesen Tag. Wir danken dir, dass du uns ins Leben gerufen hast und erhältst und uns täglich neue Kraft schenkst. Lass Zweifel uns nicht verzehren, Traurigkeit uns nicht lähmen, Angst uns nicht das Herz zuschnüren.

Raus aus der Enge

»Bei euch bekomme ich keine Luft mehr.« Nicht wenige Eltern oder Erzieher haben einen ähnlichen Vorwurf aus dem Mund ihrer Kinder oder dem Mund ihnen anvertrauter Jugendlicher schon einmal gehört. Die nächste Generation wünscht sich Freiheit. Sie will ihr Leben selbst in die Hand nehmen. Da stören die Regeln und Ratschläge der Älteren, selbst wenn sie noch so gut gemeint waren.

Der Verfasser der Sprichwörter scheint sich eher auf die Seite der Älteren zu schlagen. Er rät dazu, an der Erziehung festzuhalten. Er bezeichnet sie sogar als das Leben. Dabei redet er aber keineswegs Eltern oder Erziehern das Wort, die ihre Kinder und Zöglinge nicht loslassen und dauerhaft Macht über sie ausüben wollen. Es geht ihm um viel mehr. Es geht ihm um Lebenserfahrung im besten Sinne des Wortes: um die Erfahrung, wie ein Leben gelingen kann. Um das Gespür dafür, was angemessen, was richtig oder falsch ist; und auch um das Gespür dafür, mit welchen Menschen man sich einlassen kann und mit welchen nicht. Das alles ist für ihn die Weisheit, die er seinen Lesern wünscht. Und diese Weisheit soll in der Erziehung vermittelt werden, nicht etwa ein starres Regelwerk ohne Begründung. So kann der biblische Autor folgern: Dein Schritt ist nicht beengt. Vielmehr ist es ein sicherer Schritt: Du wirst nicht straucheln.

So fordert uns der Verfasser der Sprichwörter auf, zu fragen: Was hat sich bewährt im Leben der Generationen vor mir und auch in meinem eigenen? Was hat mein Leben gefördert und auch das Leben anderer? Was hat die Menschheit vorangebracht? Was hat umgekehrt zu Gewalt und Zerstörung geführt? Was war der Weg der Gerechten und was der Weg der Frevler? In der Antwort auf diese Fragen sieht er Gottes Weisung, der uns Menschen ein gelingendes Leben schenken will.

MARTIN FAATZ

Du, mein Gott, gib mir ein hörendes Herz, damit ich das Gute vom Bösen unterscheiden kann!

Das Herz auf der Zunge

»Du musst dem Chef einfach auch mal nach dem Mund reden. Reden ist Silber, aber Schweigen ist Gold.« Ein gut gemeinter Rat eines Kollegen für den, der wieder einmal nicht befördert worden war. Tatsächlich scheint das ein Erfolgsrezept zu sein: nicht immer alles sagen, was man denkt. Auch mal mit den Wölfen heulen. Mit dem Strom schwimmen. Dann wird es schon was mit der Karriere.

Vielleicht mit der Karriere, aber nicht mit dem Leben, würde der Verfasser der Sprichwörter einwenden. Falschheit des Mundes und Verkehrtheit der Lippen lehnt er ab. Stattdessen sollen wir unser Herz hüten. Will sagen: Was wir sagen und tun, soll in Einklang mit dem stehen, was wirklich unsere innere Haltung und Meinung ist.

Sollen wir also das Herz auf der Zunge tragen? Immer und überall sofort allen unsere Meinung sagen? Offen reden, was auch immer wir uns dadurch verbauen?

Auch der biblische Autor wird Situationen gekannt haben, in denen ein zu offenes Wort nicht weitergeführt hätte. Für ihn gibt es eine Richtschnur: Dient mein Handeln dem Leben oder dient es ihm nicht? Das gilt dann auch für alles, was ich sage – oder unter Umständen auch einmal nicht sage. Ich darf durchaus auch etwas für mich behalten: was nur verletzt, was nicht verstanden werden kann, was meinem Gegenüber nicht hilft oder was mir alle Chancen nehmen würde, etwas zum Besseren zu bewegen. Aber wenn es um Gerechtigkeit nicht nur für mich geht, um Voraussetzungen für das Leben aller, um Frieden im Kleinen wie im Großen, muss ich tatsächlich das Herz auf der Zunge tragen. Selbst wenn ich dann kein Gehör finde, habe ich doch zumindest keine Mitschuld auf mich geladen. Nur so bleibe ich auf dem geraden Weg, wie ihn der Verfasser der Sprichwörter nennt – dem Weg, den Gott uns weist.

MARTIN FAATZ

Du, mein Gott, schenke mir das Wort, das auferbaut und Nutzen bringt!

Verliebt oder geliebt

»Ich habe mich einfach verliebt.« Damit begründet ein Bekannter, warum er nach langen Jahren der Ehe seine Frau verlassen hat und zur neuen Freundin gezogen ist. Einfach verliebt? Der Verfasser der Sprichwörter hätte diese Begründung nicht akzeptiert. Er warnt vor der fremden Frau. Für ihn zieht sie den Liebhaber auf die Seite des Todes.

Warum? Hat der biblische Autor nicht alle Erfahrung gegen sich? Scheitern nicht zahlreiche Beziehungen? Können nicht Menschen sich so verändern, dass sie nicht beieinander bleiben können?

»Wir sind doch nicht verliebt«, hat einmal ein junges Paar beim Brautgespräch gesagt. Und das durchaus mit Ernst. Sie wollten sagen: Wir sind über die Phase der Verliebtheit längst hinaus. Zwischen uns ist Liebe gewachsen. Wir haben uns bereits gemeinsam etwas aufgebaut. An diesem Paar hätte der Verfasser der Sprichwörter wohl seine Freude gehabt. Denn das fordert er von seinen Lesern: sich nicht nur an die Verliebtheit zu erinnern, sondern an die Liebe, die daraus erwachsen ist. Bei dem zu bleiben, was das Paar gemeinsam aufgebaut hat. Sich nicht nur einmal füreinander entscheiden zu Beginn der Beziehung, sondern jeden Tag. Die Beziehung jeden Tag weiter wachsen lassen, weiter aneinander Anteil nehmen, weiter füreinander da sein, weiter gemeinsam Ziele haben, weiter gemeinsam etwas aufbauen. Dann werden sich beide sicher auch verändern im Laufe der Jahre. Sie werden auch ihr je eigenes Leben haben. Aber das muss sie nicht auseinanderbringen. Denn zugleich werden sie wie einen Schatz in Händen halten, was sie in all den Jahren miteinander geteilt, gemeinsam erlebt und zu Wege gebracht haben. Sie werden Liebespaar und Team zugleich sein.

Und verlieben werden sie sich nicht so leicht in andere, weil der Platz in ihren Herzen belegt ist. Für den biblischen Autor bleiben sie so auf der Spur des Lebens, wie Gott es schenken will.

MARTIN FAATZ

Du, mein Gott, lass uns Erbarmen finden und gemeinsam alt werden!

Leben in Spannung

Unser Text ist in zwei Abschnitte geteilt. Er beginnt großartig. Da beginnt einer mit dem Lob Gottes. Fast übertrieben, ja größenwahnsinnig mutet es an: Wer kann denn schon das Morgenrot wecken? Wer wird wirklich von Völkern und Nationen gehört? Aber der hier betet, ist so von Gottes alles überragender Liebe und Treue berührt, dass er sich dazu aufschwingt. Ist hier die Bodenhaftung verloren gegangen?

Dieser Eindruck verliert sich völlig ab Vers 6 und 7. Nicht sofort – zunächst wird darum gebeten, dass Gott noch eindrucksvoller klarmacht, wie groß er ist. Dann aber: ein Rufen nach Rettung und Befreiung. Dass dieser Ruf gerechtfertigt ist, zeigt die Aufzählung dessen, wie Gott über verschiedene Stämme redet. Ein Kriegsgott, der die Völker in die Schranken weist. Nach der Aufzählung wird der Ruf drängender in einer Frage gestellt. Wie kann der Beter die befestigte Stadt, die Zuflucht vor allem erreichen? Er sagt uns: unmöglich, wenn nicht Gott es tut. Allerdings ist dieser Gott offenbar nicht da, man fühlt sich verstoßen. Und dann bricht es heraus: Menschen können nichts tun. Nicht der Beter selbst. Nicht die Verbündeten. Niemand. Nur Gott kann noch heraushelfen. Der wird nun darum angefleht, dass er es tut.

Gott als Kriegsgewinner heranzuziehen, ist uns fremd. Die Situation des Beters wohl nicht so. Manchmal ist einfach alles klar und man selbst voller Elan, mit Gott auf dem Weg zu sein. Manchmal aber gibt es den Punkt, wo nichts mehr geht, wo Gott unendlich weit weg und doch die einzige Rettung ist. Wahrscheinlich braucht jedes Leben beides und die Erinnerung an das jeweils andere. Das bewahrt vorm Abheben und vorm Aufgeben.

ANNE RADEMACHER

Verleih uns Frieden gnädiglich, Herr Gott, zu unsern Zeiten. Es ist doch ja kein andrer nicht, der für uns könnte streiten, denn du unser Gott, alleine.

Sei fleißig wie eine Ameise

Haben Sie schon einmal einen Ameisenhaufen im Wald entdeckt? Ihn beobachtet, wozu uns die Verse heute auffordern. In, auf und um einem Ameisenhaufen wimmelt und wuselt es unglaublich. Ein heilloses Durcheinander! Doch je länger man sich Zeit nimmt, umso mehr ist zu entdecken: Da gibt es offensichtlich feste Straßen, auf denen wahrhafte Transportkünstler die Blätterteile auf dem Rücken zum Nest balancieren, und ebenso scheint es feste Straßen hinaus zu geben. Das, was man heute über Ameisen weiß, ist erstaunlich: Das Leben in einem Ameisenstaat ist ausgesprochen strukturiert. Jede Ameise hat eine klare Aufgabe und Funktion. Es gibt zum Beispiel Jäger, Sammler oder auch Viehzüchter. Mehr als 13000 Arten haben die Biologen verteilt über alle Kontinente ausmachen können. »Anführer und Herrscher« gibt es daher nach heutigem Wissen auch unter Ameisen. So oder so lohnt es sich, wenn man das nächste Mal einen Ameisenhaufen sichtet, eine Weile stehen zu bleiben. Und, auch wenn unser Wissen über die kleinen Insekten heute größer als zu biblischen Zeiten ist, bleibt die Botschaft bestehen: Nimm dir die Ameisen als Vorbild! Sie sind einfach unglaublich fleißig! Und damit steht der Vergleich im Raum: Wie führst du eigentlich dein Leben? Hoffentlich nicht faul oder gar im Bett! Denn, wer faul ist, schadet sich in der Konsequenz am Ende selbst. Das ist auf eine gewisse Art und Weise sicher richtig. Ich nehme jedoch in meiner Umgebung auch Menschen wahr, die so hochtourig und ameisengleich im Leben unterwegs sind, dass sie kaum noch Zeit für sich selbst finden. Ihre Arbeit und ihr Engagement im Ehrenamt fressen sie dann am Ende auf. Auch für sie gilt: Lerne von der Ameise! Denn: Die Forscher haben festgestellt, dass Ameisen zwar ausgesprochen fleißige Arbeiter sind, aber auch sie machen Pausen und schlafen. Wer hätte das gedacht?

WIBKE KLOMP

Guter Gott, schenke uns Momente, in denen wir über deine Schöpfung staunen. Lass uns von den Ameisen auch heute lernen und schenke uns ein gutes Maß zwischen Arbeit und Erholung.

Klare Kante

Beim Konfirmandenunterricht freue ich mich am meisten auf die Stunden im Unterricht, in denen die Jugendlichen sich auf die Suche nach ihrem Konfirmationsspruch machen. Ich selbst habe von meinem Pastor noch ein Bibelwort zugesprochen bekommen und war nicht so recht glücklich damit. Sich selbst einen Bibelvers für das eigene Leben auszusuchen, ist gar nicht so leicht. Natürlich gibt es auch da Listen möglicher Sprüche im Internet, aber viele Jugendliche packt der Ehrgeiz und sie durchblättern die Bibel. Mir ist in den letzten Jahren aufgefallen, dass gerade das Buch der Sprüche die Jugendlichen anspricht. Sie mögen die Klarheit der Worte. »Da zeigt Gott mal klare Kante«, hat ein Junge einmal gesagt, »dazu kann ich mich verhalten. Da weiß ich, wo ich dran bin.«

In diesem Abschnitt wird es nach ein wenig Anlauf sehr konkret: Sechs Dinge hasst der Herr, sieben verabscheut er – und dann werden sie Verhaltensweisen, die Gott an uns Menschen hasst, auf den Tisch gepackt. Fast möchte ich antworten: »Ja, Gott, das sehe ich genauso! Solch' ein Verhalten löst nur Unmut und Unfrieden aus. Diese Erfahrung teile ich«, und schon ertappe ich mich, wie ich konkrete Ereignisse in meinem Leben dieser Aufzählung mit großer Leichtigkeit zuordne. Gewiss, ich habe erlebt wie gelogen wurde, um besser dazustehen. Ja, ich war dabei wie jemand offensichtlich große Freude daran hatte, einen Streit einmal so richtig eskalieren zu lassen. Für nichts und wieder nichts. Ich habe es furchtbar gefunden.

Doch die eigentlich viel tiefer gehende Frage ist: Wie sieht es denn mit meinen eigenen Augen, der Zunge, den Händen und den Füßen aus? Woran orientieren sie sich? Wie hört sich mein eigener Herzschlag an, wenn ich mich auf ihn konzentriere? Darum ist es für mich kein Wunder, dass Jugendliche die Klarheit solcher Worte schätzen. Sie sind auf der Suche nach Werten, die ihren eigenen Ansprüchen standhalten.

WIBKE KLOMP

Barmherziger Gott, lass uns um ein gutes Miteinander unter uns Menschen ringen und uns nicht aufhören, miteinander Frieden und Gerechtigkeit zu suchen.

Hüte meine Weisung wie einen Augapfel

Weisheit und Einsicht kommen heute miteinander ins Gespräch. Sie sprechen über ein Thema, über das selbst heute kaum offen in unserer Gesellschaft gesprochen wird und doch überall präsent ist: Es geht um Liebe und Leidenschaft zwischen Mann und Frau. Die Bilder, die bis ins Detail gezeichnet werden, sprechen unsere Sinne an. Sie sind voller Lust und Sinnlichkeit. Wir hören von kostbaren Stoffen, der Raum ist von besonderen Düften erfüllt. Ja, die Liebe zweier Menschen zueinander ist ein Geschenk und kann zu einer besonderen Erfahrung miteinander werden. Der Haken in der zehnten Lehrrede ist nur: Ein Ehepartner wird hintergangen. Eine Frau verführt einen Mann – und, das muss auch gesagt werden, der Mann lässt sich darauf ein. Aus meiner Sicht tun sich beide darum nichts und auch die Weisheit urteilt letzten Endes klar: »Er ist ein Dummkopf!« Im Grunde genommen erstaunlich modern erfolgt damit eine Mahnung an den Sohn: Kurzfristiges Glück und Vergnügen können mittel- und langfristig großes Unheil anrichten. »Pass auf, was du tust und bedenke die Konsequenzen deines Handelns«, ruft darum die Weisheit. Ob die Verfasser damals schon im Blick hatten, dass Frauen sich und ihren Körper nicht unbedingt aus Freude, sondern aus purer Not verkaufen? Diese Frauen sind auf Geld angewiesen, um sich und womöglich auch ihre Kinder zu versorgen. Das alles ist sehr weit weg von der Sinnlichkeit, die aus den Versen dieses Kapitels herausströmt. Die Liebe ist und bleibt ein Geschenk von Gott. Sie zu leben, Freude an ihr zu finden, sie zu behüten und zu bewahren ist eine eigene Kunst. Gewiss hat sich die Sexualmoral in den letzten Jahrzehnten in unserer Gesellschaft geändert, aber verlässlich mit einem anderen Menschen in einer Beziehung zu leben, hat für mich immer noch einen ganz eigenen Wert.

WIBKE KLOMP

Gott, die Liebe ist ein Geschenk von dir. Sie ist sehr kostbar und zerbrechlich. Lass uns dieses Geschenk annehmen und achtsam damit umgehen.

Durch mich herrschen die Könige

Kennen Sie die in Wien verwahrte achteckige Krone des Heiligen Römischen Reiches? Ihre Form steht für das himmlische Jerusalem und der sie Tragende ist der Sachwalter Christi auf Erden, der die Menschen auf die Ewigkeit vorbereitet. Am Ende des Reiches sagte man, »die kaiserliche Krone [sehe aus], als hätte sie der allerungeschickteste Kupferschmied zusammengeschmiedet und mit Kieselstein und Glasscherben besetzt«. Heute haben wir Religion und Macht getrennt und stehen meist nur staunend im Museum.

Dabei hat diese Krone uns etwas zu sagen: Vier Seiten sind mit Edelsteinen und Perlen besetzt, vier Seiten zeigen Emaille-Bilder. Rechts vorne ist ein segnender, thronender Christus zwischen zwei Engeln abgebildet. Darüber steht: »Durch mich herrschen die Könige.« (Spr 8,15)

Doch was bedeutet es, dass die Herrscher der Erde durch die Weisheit, mit der Christus gleichgesetzt wird, regieren? Der Satz ist kein Wunsch, er ist eine Aussage. Ihr Inhalt ist irritierend. Soll denn wirklich durch Christus auch ein menschenverachtender Diktator regieren? Das kann es ja nicht sein! Dann aber muss man sich ansehen, was regieren wirklich heißt. Wahrhaftiges Regieren heißt in der Bibel: Nicht Machthaber, sondern Fürsorger sein. Maßvoll sein und dienen, nicht tyrannisch sein. Über die Weisung des einen Gottes nachsinnen und sie auch tun. Nicht umsonst sind diejenigen drei Könige Israels bzw. Judas auf den übrigen Platten abgebildet, die im biblischen Sinne positiv geherrscht haben (auch wenn sie sich wie David durchaus spektakulär versündigen konnten). Wer ohne Weisheit regiert, ist nur ein tyrannischer Machthaber. Wir Christ/innen haben durch die Taufe Anteil am Königtum Christi. Wir sind selber Königinnen und Könige. Aber nur dann, wenn wir unsere Aufgabe und Verantwortung in der Welt nicht als Beherrschen, sondern als Fürsorge für Mitmenschen und Umwelt begreifen.

MICHAEL HAUBER

Ich will dich lieben, meine Krone, ich will dich lieben, meinen Gott, ich will dich lieben ohne Lohne auch in der allergrößten Not; ich will dich lieben, schönstes Licht, bis mir das Herze bricht.

Ich – sein geliebtes Kind

Wenn man sich die Geschichte des Christentums anschaut, dann kreisten die meisten Auseinandersetzungen der ersten 6 Jahrhunderte um die Frage: Wer ist dieser Jesus? Ist er Mensch? Ist er Gott? Ist er beides? Wenn er beides ist, wie soll das zusammengehen? Die heutige Stelle aus dem Buch der Sprichwörter war eine Schlüsselstelle, um diese Fragen zu beantworten. Doch leider galt damals wie heute: fünf Ausleger, sechs Meinungen. Wurde die weibliche (!) Weisheit, die in Jesus männliches (!) Fleisch annahm, denn nun geschaffen (Spr 8,22) oder geboren (Spr 8,24)? Christ/innen haben sich wegen dieser Frage geprügelt, verketzert und auch getötet.

Und heute? Heute dürfte Spr 8,22–36 ein eher selten gelesener Text sein. Es ist still um ihn geworden. Das ist bedauerlich. Denn er bedeutet auch heute noch etwas. Und zwar dann, wenn Sie sich in das »Ich« der Sprecherin versetzen. Das ist keine Anmaßung. Schließlich sind wir kraft der Taufe Glieder des Leibes Christi. Was von Christus gesagt werden kann, kann auch von uns gesagt werden, zwar nur eben anteilhaftig, aber sehr wohl in einem nicht übertragenen Sinne. Wenn man diesen Abschnitt so liest, dann dürfen wir ihn verstehen als die frohe Antwort auf die Erklärung unseres göttlichen Vaters, dass er uns liebe. Ja, jede/r von uns war schon vor der Erschaffung der Welt gewollt, wir sind seine Freude Tag für Tag – und wir dürfen als sein geliebtes Kind bei ihm sein. Wir müssen dafür nicht einmal etwas »tun«; denn Weisheit ist ein Geschenk – wie wir es selber sind, wenn wir zur Welt kommen. Die Weisheit zu hassen bedeutet also sich selbst zu hassen. Ein Mensch, der nicht weise wäre, hätte aufgehört menschlich zu sein, er wäre nicht einmal ein findiges Tier. Also hören wir auf die Mahnung der Weisheit und achten ihre Wege, die ja auch unsere eigenen Wege sind!

MICHAEL HAUBER

Erhalte mich auf deinen Stegen und lass mich nicht mehr irregehn; lass meinen Fuß in deinen Wegen nicht straucheln oder stillestehn; erleucht mir Leib und Seele ganz, du starker Himmelsglanz.

Trinkt vom Wein!

Der Orient hat in der Antike wie heute Menschen bezaubert, ja berauscht. Ein wesentliches Merkmal der dortigen Kultur ist die Gastfreundschaft. Über diese wacht die oberste Gottheit, meist die allsehende Sonne. Einprägsam zeigt sich ein herausragender Gastgeber bei Hochzeitsmählern. Überbordende Fülle an Speis und vor allem an Trank ist deren hervorstechendste Eigenschaft. So ist es kein Wunder, wenn Jesus vom himmlischen Hochzeitsmahl spricht. Wir dürfen uns die Aussageabsicht Jesu nicht zu blutleer vorstellen! Ja, Jesus verbindet sogar seine Hoffnung, auf ewig beim Vater zu sein, damit, dass er im Reich seines Vaters das tun wird, was er im Abendmahlssaal zuletzt getan hat: Wein trinken.

Auch die Weisheit – die ja in christlicher Deutung mit der zweiten Daseinsweise Gottes, also seinem Sohn oder Wort, gleichgesetzt wird – lädt zum Gastmahl in ihr Haus auf der Stadtburg. Das Haus auf der Stadtburg ist entweder ein Königspalast oder der Tempel Gottes. Sie hat den Braten bereitet, lässt Wein kredenzen und lädt zur Freude ein.

Und Freude scheint mir auch der Schlüssel dafür zu sein, wie man die Aussage: »Anfang der Weisheit ist die Gottesfurcht« (Spr 9,10) richtig deutet. Müssen wir Gott fürchten? Er will doch, dass wir uns freuen. Auch und vor allem an ihm. Manche alten Wörter müssen gleichsam geputzt und auf Hochglanz poliert werden, damit wir sie wieder verstehen. Freude ist nicht der Spaß, den man sich gönnt, wenn man auf den Rummelplatz geht oder einen Wellnessurlaub genießt. Freude ist eine aus dem eigenen Inneren aufsteigende positive, seligmachende Haltung, die einen Bezug hat zu einem Gegenüber, dem man in Hochachtung begegnet. Und diese »Hochachtung« ist das, was Ehrfurcht bzw. im Falle Gottes die Gottesfurcht ausmacht. Dann würde die Übersetzung unserer Aussage lauten: Weise zu sein beginnt, wer mit hochachtungsvoller Freude an Gott lebt. Wäre das nicht ein Motto christlichen Lebens?

MICHAEL HAUBER

Ich will dich lieben, o mein Leben, als meinen allerbesten Freund; ich will dich lieben und erheben, solange mich dein Glanz bescheint; ich will dich lieben, Gottes Lamm, als meinen Bräutigam.

Weisheit gewinnen

Psalm 111 gibt eine Antwort auf Fragen, die viele Menschen umtreiben: Wie kann mein Leben gelingen? Wie kann ich Anerkennung bei anderen finden? In biblischer Sprache würde man fragen: Wie kann ich weise werden? Der Rahmen unseres Psalms ist wichtig: Er beginnt beim Lob Gottes aus ganzem Herzen. Er endet mit der Feststellung: Gottesfurcht ist Anfang der Weisheit. Aber halt: Es ging nicht um ein frommes Leben, das Gutes so richtig erst im Himmel erwartet! Gelingend ist kein Leben, das mühsam gebückt in ängstlicher Sorge vor Gottes Blick dahingeht! Aber all das meint der Psalm nicht! Es lohnt sich, genauer hinzuschauen, was gemeint ist:

Furcht des HERRN heißt, zu wissen, dass man nicht alles in der Hand hat. Es bedeutet, sich bewusst zu werden, wie begrenzt die eigenen Mittel sind. Das kann zu großer Hilflosigkeit und Angst führen. Aber es kann auch davon befreien, permanent handeln zu müssen. Denn der Gott, um den es der Bibel geht, wird uns beschrieben. Er wird uns hier im Lobpreis seiner Taten beschrieben. Diese Taten schenken Hoffnung. Sie rufen aber auch zum Wachsen in der Weisheit.

Gott wird gelobt, weil er die Welt geschaffen hat. Wer sich über ihre Schönheit freut, dem wird das kostbar – wie erfüllend ist es, Kostbarkeiten im Herzen zu bewahren! Er ist der Gott der Geschichte. Wer seine Taten erinnert, gewinnt Zuversicht für den eigenen Weg – ein gutes Gefühl, in Stimmigkeit zu leben! Er ist der Gott der Barmherzigkeit und Gerechtigkeit, deshalb sorgt er für die, die zu ihm gehören. Wer wie er sich darum bemüht, baut Beziehungen auf – Lebensgrundlage, wenn man mit anderen in Aufgaben verbunden ist!

So will uns der Psalm mit Blick auf Gott und doch ganz irdisch dazu führen, unsere Sehnsucht nach gelingendem Leben zu erfüllen.

ANNE RADEMACHER

Gott, du Schöpfer aller Dinge. Lass mich zu dir aufschauen, schenke mir, was ich zum Leben, zu gutem Leben brauche. Lass mich zum Segen für meine Mitmenschen werden.

Einführung zum Philipperbrief auf Seite 403 ff

Im Gefängnis

Da kommt ein Brief aus dem Gefängnis, und er beginnt wie alle anderen Briefe des Paulus. Gnade und Friede wünscht er den Briefempfängern in Philippi, und die freundlichen Worte zur Eröffnung reden von Dank an Gott und von Zuversicht. Ja, Zuversicht will Paulus verbreiten trotz seiner schwierigen Lage und obwohl es auch den Empfängern nicht gut geht. Die Wörter »Freude« und »sich freuen« ziehen sich wie ein roter Faden durch den Brief. Dabei sitzt Paulus wegen seiner Verkündigung im Gefängnis, und die Gemeinde in Philippi wird wegen ihres Glaubens verfolgt. Ein erstaunlicher Brief also. Sicher, Paulus weiß sich im Einklang mit den Briefempfängern; und am Briefende dankt er ausdrücklich für Gaben, die ihn aus Philippi im Gefängnis erreicht haben – es gab also trotz aller Schwierigkeiten auch Grund zur Freude.

Das wirkliche Geheimnis aber, warum Paulus hier von Dank und Freude reden kann, liegt woanders, nämlich darin, dass er sich auf Gott verlassen kann. Seine Zuversicht gilt Gott: Der hat den Anfang gemacht bei den Philippern, und Gott wird sie auch weiter führen und fördern und ihnen die Augen öffnen für das, was wirklich wichtig ist. Paulus könnte ja sagen: Den Anfang habe ich gemacht, denn die Gemeinde in Philippi hatte er als Apostel gegründet. Aber er nimmt seinen Missionserfolg aus Gottes Hand und vertraut ihm alles weitere an. Vielleicht auch deshalb nennt Paulus sich am Anfang dieses Briefes nicht wie sonst Apostel, sondern nur Diener oder Knecht von Christus Jesus. Offenbar muss er sein Amt aber auch bei der ihm eng befreundeten Gemeinde nicht besonders hervorkehren.

Die Fürbitte des Apostels gilt, wie gesagt, dem, was wirklich wichtig ist. Die Gemeinde könnte sich vor irdischen Richtern fürchten. Aber es kommt darauf an, in dem Gericht Gottes zu bestehen. Dort, am Tag Christi, können sie die Frucht der Gerechtigkeit vorweisen; das hat Gott bei ihnen angefangen, und das wird er auch vollenden. Erstaunlich? Ja, weil Gott große Dinge tut.

JORG CHRISTIAN SALZMANN

Gott, der du Anfang und Vollender des Glaubens bist, stärke unser Vertrauen auf dich durch Jesus Christus.

Grund zur Freude?

Wenn Paulus als Rädelsführer gefangengenommen wird, so das Kalkül seiner Gegner, dann wird die Bewegung um ihn herum schon zusammenbrechen. Das Gegenteil aber ist passiert, sagt Paulus. Das ist paradox, denn er rechnet damit, dass seine Gefangenschaft auch mit seinem Tod enden kann. Es ist nicht ganz klar, ob der Mut des Paulus Schule machte oder es zu einer Art Trotzreaktion kam; vielleicht konnte er auch durch mancherlei Kontakte aus der Haft heraus seine Mitchristen ermuntern. Oder man dachte, von der Obrigkeit sei doch nicht so viel zu befürchten, weil sie die Unschuld des Paulus sehen musste. Jedenfalls berichtet Paulus davon, dass alle im Umfeld seines Gefängnisses von seinem Glauben wussten. Wie auch immer, er kann sich freuen, dass trotz oder beinahe schon wegen seiner Gefangennahme die Verkündigung des Evangeliums weitergeht. Mit dieser Nachricht will er auch die Philipper ermutigen und trösten.

Zu seinem Leidwesen musste er aber auch hören, dass es konkurrierende Prediger gab, die seine Abwesenheit nutzten, um ihren eigenen Einfluss auszudehnen. Erstaunlich ist, dass der sonst so streitbare Paulus auch dieser Sache etwas Gutes abgewinnen kann: Hauptsache, Christus wird gepredigt! Spricht hier jemand, der abgeklärt an der Schwelle des Todes steht und sich nicht mehr mit den alten Streitereien abgeben will? So könnte man denken, wenn nicht die scharfen Worte gegen die »böswilligen Arbeiter« und falschen Lehrer in Phil 3 wären. Paulus unterscheidet also zwischen persönlichen Ambitionen und schwerwiegenden sachlichen Differenzen. Christus, das Evangelium soll gepredigt werden, ohne Rücksicht auf die Befindlichkeiten der Prediger – aber eben doch das Evangelium und nicht irgendeine andere Botschaft.

Dass nun das Evangelium sich ausbreitet, das ist für Paulus Grund zur Freude, allen Widrigkeiten zum Trotz. Es ist schon erstaunlich, wie die frohe Botschaft von Jesus Christus den Blickwinkel verändert.

JÖRG CHRISTIAN SALZMANN

Himmlischer Vater, lass das Evangelium sich ausbreiten und alle Mauern überwinden, in denen Menschen gefangen sind.

Leben oder Tod

Gegenüber Todessehnsucht und Märtyrerphantasien sind wir misstrauisch geworden. »Ich sehne mich danach wegzugehen und aus der Welt zu scheiden« – ist das Depression oder Verblendung? Und sollen wir das nachvollziehen können?

Bei genauerem Hinsehen zeigt sich, dass Paulus recht nüchtern die Möglichkeiten abwägt. Er wartet im Gefängnis auf seinen Prozess, und es kann sein, dass er zum Tode verurteilt wird. Angesichts dessen kann er sich trösten: Ich werde, wenn ich sterbe, bei Christus sein. Ja, er scheint auch so etwas wie Todessehnsucht zu kennen, eine Müdigkeit und die Versuchung, den Lebenskampf aufzugeben. Aber dagegen setzt er dann doch die Verantwortung gegenüber den Menschen, die ihm anvertraut sind: »Euretwegen ist es notwendiger, dass ich im Fleisch, dass ich am Leben bleibe.« Aus dieser Einsicht heraus wagt er sogar die Vorhersage, dass er nicht sterben werde. Wir wissen nicht, ob das eingetreten ist, weil für uns nicht klar ist, ob der Philipperbrief aus einer Gefangenschaft etwa in Ephesus oder aus der letzten Gefangenschaft des Paulus in Rom geschrieben wurde. Wichtiger ist allemal, dass Paulus sich für das Leben entscheidet und seine Hoffnung auf den Gott setzt, der ihm das Leben gegeben hat. Alles soll zum Gotteslob führen.

Beim Nachdenken über die Möglichkeit, zum Tode verurteilt zu werden, kommt der Apostel zu der bemerkenswerten Erkenntnis: »Christus ist mein Leben, und Sterben ist mein Gewinn.« Ein Satz, der schon vielen zum Trost im Sterben geworden ist. Denn das gilt nicht nur für Paulus, sondern für alle, die an Christus glauben: Bei dem Auferstandenen sind wir geborgen, bei ihm ist das Leben auch im Tode. Das ist aber eben kein Plädoyer fürs Sterben, sondern für das Leben – auch und gerade wenn nicht alles rund läuft und sogar wenn das ganze Leben wie eine Sackgasse wirkt.

Und wenn dann einmal der Tod kommt, dann bleibt Christus bei uns und wir bei ihm. So können wir leben. Gott sei Dank.

JORG CHRISTIAN SALZMANN

Himmlischer Vater, gib uns Lebensmut und tröste uns in Not und Angst. Sei bei uns an hellen und dunklen Tagen durch Jesus Christus.

Zeitgebunden

Man kann es drehen und wenden, wie man will: Für einen Menschen aus dem 21. Jahrhundert ist dieser Psalm ein Schock. Da werden Häupter zerschmettert und Erschlagene aufgehäuft, um die Macht eines einzelnen Mannes zu festigen. König und Priester soll er sein, herrschen auf ewig, kein Feind kann ihm widerstehen. Denn er hat ja – und das ist fast das Schockierendste – Gott selbst an seiner Seite, der quasi eigenhändig die Keule schwingt am Tag seines Zorns.

Professor Erich Zenger erläutert in seinem Psalmenkommentar, dass dieser Psalm höchstwahrscheinlich Teil eines Inthronisierungsrituals war, dem altägyptische Riten und Vorstellungen zugrundeliegen, die auf die israelitischen Verhältnisse übertragen werden. Die schwer übersetzbaren Bilder von der Geburt aus dem Tau der Morgenröte und die Anspielung auf den sagenhaften Priesterkönig Melchisedek sprechen dafür. Das hilft ein bisschen zum Verständnis, denn genauso haben die Pharaonen sich ja selbst gesehen: als absolutistische Herrscher göttlicher Abstammung, umgeben von Göttern, die sie unterstützen. Aber passt das auch zu meinem Gottesbild? Passt das zu meinem Bild von Jesus Christus?

Die Worte, die den Gott Israels und seinen Sohn, Jesus Christus, in der Bibel zuallermeist charakterisieren, fehlen hier: Gerechtigkeit, Barmherzigkeit und Friede. Der Traum von absoluter Macht, vom Fähnchen schwingenden Volk, das seinem Herrscher jubelnd in den Krieg folgt, wird ja bis heute nicht gerade von den Politikern geträumt, die Gottes Frieden im Wahlprogramm stehen haben. Deshalb erlaube ich mir, diesen Psalm dort zu lassen, wo er herkommt: aus einer ganz bestimmten historischen Situation, für einen ganz bestimmten historischen Zweck, den ich in meiner aktuellen Gegenwart nicht vermisse.

DAGMAR KÖHRING

O Herr, mach mich zu einem Werkzeug deines Friedens, dass ich Liebe übe, wo man sich hasst.

Beziehungsarbeit

Wie lebe ich als Christin oder Christ in der Gesellschaft? Ziehe ich mich zurück, kehre mich ab von der Welt? Oder versuche ich, ein besonders vorbildliches Mitglied der Gesellschaft zu sein? Soll ich dabei als Einzelne in die Gesellschaft hineinwirken oder ist dies eher Aufgabe einer Gemeinde? Und wenn ja, wie schafft es diese Gemeinde, ein einheitliches Bild nach außen abzugeben?

Für Paulus ist klar: Eine Gemeinde gibt dann ein gutes Bild nach außen ab, wenn es auch im Innenbereich stimmt. Aber an der aufrichtigen Liebe untereinander ist schon manche Gemeinde gescheitert. Deshalb herrscht in diesen Mikrokosmen manchmal ein eigenartiges Klima: Man weiß, man sollte die eigenen Interessen hintanstellen, aber man schafft es einfach nicht. Unausgesprochene Konflikte wabern durch die Luft, Fettnäpfchen lauern hier und da, in die neu Hinzukommende schnell hineintappen. Liegt das daran, dass Paulus Christi Gebot der Nächstenliebe hier noch ein bisschen höherschraubt? Die Philipper sollen ihre Brüder und Schwestern ja nicht nur genauso lieben wie sich selbst, sondern sogar mehr als sich selbst.

Natürlich kommt solche uneigennützige Liebe vor, und dann ist sie wunderschön und eine Ermahnung dazu überflüssig. Aber wo man sie anmahnen muss, da schleichen sich schnell Misstöne und Heuchelei ein. Wo ist der Ausweg aus dieser Falle?

Wenn ich selbst Teil eines solchen Systems bin, dann ist es mir wichtig, sehr hellhörig gegenüber meinen eigenen Gefühlen und betend mit Gott im Gespräch zu sein: Fühle ich mich wohl und wertgeschätzt in dieser Gemeinschaft? Oder musste ich schon zu viel an Kränkungen und schlechten Gefühlen unterdrücken, um noch ein fröhlicher Teil davon zu sein? Fühle ich mich ausgenutzt? Was müsste dringend mal angesprochen werden? Eine Gemeinschaft, wie Paulus sie hier aufzeichnet, ist harte Beziehungsarbeit. Aber wo sie gelingt, wird Gottes Reich auf Erden sichtbar.

DAGMAR KÖHRING

Herr, schenke mir Ehrlichkeit und Offenheit gegenüber anderen und gegenüber mir selbst.

Das bin ich dir wert?

Wenn ich diesen Christushymnus des Paulus lese, dann muss ich, ich kann nichts dafür, an das große Finale im »Herrn der Ringe« denken: Vier kleine Zufallshelden haben buchstäblich die Welt gerettet und nebenbei einem vertriebenen Königsanwärter zu seinem Thron verholfen. Jetzt stehen sie inmitten der Thronfeierlichkeiten. Der König kommt zu ihnen, und sie wollen sich wie alle anderen vor ihm verbeugen, doch der König sagt: »Ihr verbeugt euch vor niemandem.« Und dann geht der König mit dem gesamten Hofstaat vor ihnen auf die Knie. Natürlich freuen sie sich über die Ehrerbietung, aber man sieht auch, wie unwohl sie sich dabei fühlen. Denn sie haben es nicht deshalb gemacht.

Oder ich sehe eine treue Seele in der Gemeinde, die zuverlässig ihre Aufgabe verrichtet. Plötzlich wird sie vom Pastor öffentlich gelobt, Applaus brandet auf. Sie freut sich natürlich, aber man sieht auch, wie unwohl sie sich fühlt. Denn sie hat es nicht deshalb gemacht.

Genauso stelle ich mir diesen Christus vor, der freiwillig sein Leben für uns gab und jetzt von Gott erhöht auf dem Thron sitzt. Es ist Menschen und Engeln ein Bedürfnis, ihn zu ehren, und das freut ihn, aber er fühlt sich auch ein klein wenig unwohl – denn er hat es nicht deshalb gemacht.

Aber das ist eben das Paradoxe: Nur wirklich selbstlose Liebe ruft in uns den Wunsch nach wirklicher Verehrung wach. Es ist dieses Staunen: Das bin ich dir wert? Und die Dankbarkeit, die wie von selbst in uns aufsteigt.

Und das Großartigste ist, dass es in einem solchen von Hochschätzung geprägten Verhältnis nicht um ein Oben und Unten geht. Selbst zwischen Gott und Menschen nicht. Weil es von Fürsorge und Liebe und nicht von Herrschaft geprägt ist.

Gibt es das im richtigen Leben überhaupt? Ist das nicht eine viel zu romantische Vorstellung? Ich glaube nicht. Auch wenn ich annehme, dass es eher im Kleinen als im Großen vorkommt. Aber da, wo es geschieht, leuchtet Gottes Liebe auf – mitten im Hier und Jetzt.

DAGMAR KÖHRING

Herr, schenke mir die Fähigkeit, deine Liebe im Alltag zu erkennen.

Gott sei Dank, es ist Sonntag!

Zeit zum Aufatmen, um Kraft zu schöpfen, zu Gesprächen, die gut tun. Momente des Rückblicks auf die Woche, die war. Gedanken an die Zeit, die kommt. Im Trubel des Lebens braucht es Orte, an die wir uns zurückziehen können. Es braucht Zeiten, in denen wir loswerden können, was uns umtreibt. Und es braucht ein offenes Ohr – bei Gott und bei den Menschen. Der heutige Sonntag »Exaudi« erinnert uns daran. Er verdankt seinen Namen dem Tagespsalm (27,7): »Höre doch (audi), HERR, mein lautes Rufen! Hab Erbarmen mit mir und antworte mir!«

Psalmen sind Lieder Israels, die bis heute exemplarisch festhalten, was das Leben mit sich bringt, an Schönem und Traurigem. Der Psalmbeter ist in Not an Leib und Seele: Menschen stellen ihm nach, drohen mit Geschrei und Waffengewalt. Er fühlt sich verlassen, sucht Schutz und Asyl, flieht in den Tempel, fleht um Gottes Antwort und Hilfe. Und dann – in Augenblicken der Stille – erinnert sich das Herz an die uralte Weisung Gottes (vgl. Dtn 4,29): »Ihr sollt mein Antlitz suchen.« Wenige Worte als Rucksackgepäck für das wandernde Gottesvolk an allen Tagen des Lebens. Haltet Ausschau nach den Spuren der Gegenwart Gottes. Wo finden wir diese Spuren?

»Gott sei Dank, es ist Sonntag.« Was für ein Geschenk, wenn wir – wie Gott – am siebenten Tage ruhen können (Gen 2,2f). Was für eine Chance, wenn wir – wie die Psalmbeter – Schutz und Nähe Gottes suchen, um uns von der Seele zu reden, was das Herz beschwert. Was für ein Segen, wenn wir hören, dass Gott zu uns redet: im stillen Kämmerlein (Mt 6,6), in der vertraulichen Gemeinschaft (Mt 18,20), im Gebet und beim Brotbrechen hin und her in den Häusern (Apg 2,42), in gottesdienstlichen Versammlungen (Hebr 10,25f) oder auf dem Marktplatz der Welt (Apg 17,19ff).

»Gott sei Dank, es ist Sonntag«: Wir dürfen voll Vertrauen zu Gott flehen. Rechnen wir auch damit, dass er antwortet?

CHRISTIAN ROSE

Höre, gütiger Gott, unser lautes Rufen. Hab Erbarmen mit uns und antworte uns. Zeige uns deinen Weg, im Lande der Lebendigen. Wir setzen unsere Hoffnung auf dich.

This little light of mine I gonna let it shine

Das Leben in der Gemeinde ist ein Zusammenspiel. Davon schreibt Paulus. Er erinnert an die innige Beziehung, die er zu der Gemeinde hat. Dieses Beziehungsband lässt sich auch in die Ferne ausrollen und reißt nicht. Paulus war wirksam in der Gemeinde in Philippi, die er gegründet hat. Er bewirkt etwas in seiner Gefängniszelle durch seinen Brief, der Kontakt ermöglicht. Nun macht er den Menschen in Philippi klar: Auch ihr könnt etwas bewirken, ihr könnt in eurem Glauben wirksam sein. Für euch selbst, in dem ihr Gottes Gnade annehmt und eine Lebenskraft aus ihr macht. In der Gemeinde, indem ihr euch gemeinsam verantwortlich fühlt für ihr Wachsen und Gedeihen. In der Welt, in der ihr das Licht leuchten lasst, das Gott in euch hineingelegt hat.

Ich kann wirksam sein. Es macht einen Unterschied, dass ich da bin. Gott hat seine Gnade in mein Leben gelegt. Diese Gnade wirkt nach außen. Sie ist wie ein Licht, das in meinem Leben angezündet wird. Ein Licht kann gar nicht anders als zu leuchten, so dass auch andere es sehen und sich daran wärmen. Dann ist mein Leben ein Geschenk für die Menschen um mich her. Es ist ein Geschenk für diese Welt. Das ist es auch mit seinen Sprüngen und Unvollkommenheiten, mit seinen Grenzen und der vielleicht schwindenden Kraft. Aus dieser Haltung wächst Freude.

Auch wir, die das heute hören, gehören zu einer Gemeinde. Wenn wir auf das hören, was Paulus sagt, wird die Gemeinde auch für uns ein Ort sein, an dem wir etwas bewirken können. Wir werden uns gemeinsam verantwortlich fühlen und nicht denken, die Pfarrerin, der Diakon und die Gemeindeleitung werden es schon richten. Es kommt auch auf mich an.

MONIKA LEHMANN-ETZELMÜLLER

Guter Gott, manchmal fühle ich mich so nutzlos. Du aber traust mir etwas zu. Du hast Licht in mein Leben gelegt. Ich will mein Licht leuchten lassen für meine Familie, Nachbarschaft und Freunde, für die Menschen, denen ich begegne, in meiner Gemeinde. Ein Lichtpunkt will ich sein auf dieser Erde.

Wir brauchen einander

Die Überlegungen vom Zusammenspiel, der gemeinsamen Wirksamkeit und der gemeinsamen Verantwortung konkretisierten sich in diesem Briefabschnitt. Paulus schreibt von seiner Angewiesenheit auf Timotheus und Epaphroditus. Timotheus ist seit vielen Jahren sein treuer Begleiter; heute würde man sagen: Er ist sein Assistent. Ihre Verbundenheit beschreibt Paulus als eine Seelenverwandtschaft, so steht es wörtlich in Vers 20. Paulus spricht von Timotheus und sich als Vater und Kind, so eng und verbindlich ist ihre Beziehung. Dank Timotheus kann Paulus auch im Gefängnis wirksam sein. Dass Paulus diese Angewiesenheit auch annehmen kann und aus ihr Hilfe und Trost schöpft, ist eine Stärke.

Die Wechselseitigkeit, das Geben und Nehmen zwischen den drei Missionaren und auch zur Gemeinde in Philippi klingt mehrmals an. Paulus drückt seine große Dankbarkeit aus, Epaphroditus an seiner Seite zu haben. Wir brauchen einander. Das prägt jede Zeile des Briefabschnitts.

Wie schwer war es zur damaligen Zeit, Kontakt zu haben. Epaphroditus hat eine lange Reise auf sich genommen, um zu Paulus zu gelangen; Timotheus hat vermutlich einige Reisen unternommen, um Gemeinden im Auftrag des Paulus zu besuchen, Briefe zu überbringen und Austausch zu pflegen. Das war beschwerlich und reich an Risiken. Kontakt, Neuigkeiten, gar eine persönliche Begegnung waren rar und kostbar. Die Kostbarkeit von Begegnung und Kontakt neu zu entdecken und die Leichtigkeit, mit der wir auf vielen Wegen kommunizieren können, zu schätzen und zu nutzen, das nehme ich mir neu vor. Denn jede Begegnung ist eine Chance, bereichert und von Freude überrascht zu werden. Wem werde ich heute begegnen?

MONIKA LEHMANN-ETZELMÜLLER

Guter Gott, an jedem Tag begegnen mir Menschen. Ich möchte aufmerksam sein für den Menschen, der mir gegenübersteht. So wird eine Begegnung zu einem Geschenk. Ja, das wünsche ich mir.

Gott hat schon alles getan

Vom Saulus zum Paulus. Die große Wende im Leben des Apostels ist zum Sprichwort geworden. Von einem Verfolger der jungen christlichen Gemeinde ist er zum treuen Anhänger Jesu geworden. Paulus hat einen weiten Weg zurückgelegt, innerlich und äußerlich. Das mag der Grund sein, warum er so schroff für seine Haltung eintritt. In den Gemeinden war es umstritten, wie Menschen zu Gott kommen. Wer an Christus glauben will, muss sich erst beschneiden lassen und das jüdische Gesetz befolgen, meinten manche. Dazu sagt Paulus nein. Er ist sich sicher: Für Menschen, die an Jesus Christus glauben, gibt es keine Vorbedingungen. Sie brauchen keine Eintrittskarte. Gott hat schon alles getan. Er hat seinen Sohn geschenkt. Sich an Gottes Gebote zu halten, ist darum keine Voraussetzung zum Heilwerden. Es ist gerade andersherum. Ein Mensch, der nach Gott fragt, wird im eigenen Tun Gottes Liebe und Güte nachzeichnen, weil er beschenkt ist.

Heute können wir uns kaum mehr vorstellen, wie sehr Paulus und die Menschen in den Gemeinden mit solchen Fragen gerungen und ihre Haltung immer weiterentwickelt haben. Oder doch? Dass Gott uns liebt, ohne Wenn und Aber, haben wir oft gehört. Und doch messen wir den Wert eines Menschen an dem, was er zu leisten vermag. Auch unseren eigenen Wert.

»Ich kann ja nichts mehr tun«, sagt die alte Dame, die ich an ihrem Geburtstag im Pflegeheim besuche, »ich bin so nutzlos.«

»Nein«, sagt die Tochter zu ihr, »du bist ein Geschenk«, und gibt ihr einen Kuss.

Das fände Paulus gut. Wie wertvoll ich bin, hat nichts mit meiner Leistung zu tun. Wie die Menschen in Philippi buchstabieren wir das in unserem Leben immer wieder neu. Es gilt. Es gilt gerade dann, wenn wir uns schwach fühlen, wenn wir krank sind oder nicht mehr können. Gott hat schon alles getan. Ich bin ein geliebtes Gotteskind.

MONIKA LEHMANN-ETZELMÜLLER

Oft denke ich, dass mein Wert von dem abhängt, was ich leiste und darstelle. Doch du sagst mir: Du musst nichts mehr tun. Alles erledigt. Das will ich glauben. Danke, Gott. Ich bin dein geliebtes Kind. Immer.

Doppelte Staatsbürgerschaft

Doppelte Staatsbürgerschaft, ihr habt doppelte Staatsbürgerschaft! Die Leute von Philippi haben ja doch römische Staatsbürgerschaft. Sie sprechen wie Römer, essen wie Römer, kleiden sich wie Römer. Ihr habt doppelte Staatsbürgerschaft, ist die Botschaft für diese Leute, und dieses Mal sprechen wir nicht nur von Rom und Philippi, sondern von einem Platz im Himmel.

Die Philipper sind zögernd. Wer in aller Welt kann schon an zwei Orten zugleich leben? Wir können es noch extremer formulieren: Wer wird schon glaubhaft ausstrahlen, mein Ursprung und meine Zukunft sind im Himmel – hier bin ich nur auf Zeit? Paulus' Antwort ist kurz: Doppelte Staatsbürgerschaft zu leben ist eine Kunst. Strengt euch an, zieht in die Richtung, lasst das irdisch Vergangene vergangen sein und konzentriert euch auf die Zukunft, auf Himmel, Heimat, Ewigkeit! Wir feiern diesen Abschnitt des Philipperbriefs an Allerheiligen in der Gemeinde. Im »Corona-Jahr Nummer Zwei«. Oh, die Gemeinde hat viele Kerzen anzuzünden. Gedenken an Verwandte und Freunde, die zu früh gegangen sind. Neben Sorge und Unsicherheit gibt es Ärger und Wut. Heimatrecht im Himmel und ein Hoffen auf ein Wiedersehen machen das Leben hier nicht leichter. Wahrhaftig, wie leben zwischen den Welten zusammen mit den Müden und Trauernden, den Wütenden und Ziellosen?

Philipper 3,9 gibt Antwort. Ihr seid in Christus gefunden, besser noch, in Christus eingehüllt. Und ja, das gilt für alle, die Mühe haben, Trost und Zukunft und Frieden zusammenzubringen. Geborgen in Christus lernen wir Leben mit doppelter Bürgerschaft. Eingehüllt in ihm lassen wir uns mitnehmen, in sein Leiden und seine Auferstehung, in zeitlich begrenztes Leben auf Erden und Heimat im Himmel.

HEIKE MILLER

Wenn liebe Menschen uns verlassen, o Christus, wenn Angst um die Sicherheit des Lebens uns den Frieden raubt, wenn wir leer und ziellos durch die Tage stolpern, bist du da. Du sprichst mir zu, berge dich in mir, dass ich dich schützen und leiten kann. Ich sage ja, mein Gott, vom Hier und Jetzt bis in die Vergangenheit und in den Himmel. Danke dir.

Fundstück

Was immer das Problem war zwischen Syntyche und Euodia, wir wissen es nicht. Spekuliert wird viel. Der Punkt ist: Werdet und bleibt die, die in Christus gefunden sind. Denn so allein wird zusammengehalten, was immer zu entzweien droht. Paulus wird praktisch, gibt klare Anweisung, wie das glückt: Lebt ohne Angst, voller Freude, und bleibt im Gebet.

Wie in aller Welt kann man Angst abschaffen? Findet heraus, was euch die Nächte vertreibt und die Seele lähmt, und sprecht es aus, von sicherem Ort aus, umhüllt in Christus.

Zweitens, freut euch in allem, in aller Herausforderung mit einer Freude, die aus dem Leben in Christus kommt. Kein Glücksgefühl so nach »nur Schweben ist schöner« ist gemeint. Es ist die Freude, gefunden zu sein. Wir sind Gottes Fundstück, der berühmte verlorene Groschen, das ehemals verlorene Schaf, das Kind, das einfach nur weglief. Heimgefunden und wiederentdeckt, heißt diese Freude. Heimgefunden an den sicheren Ort, den wir Heimat nennen in Christus.

Und dann bleibt drittens: Betet. Betet mit Fürbitte und Danksagung. Die Rede ist nicht von unseren berühmten Wunschlisten, als ob es das ist, was Gott hören muss. Gott kennt unsere Bedürfnisse doch auswendig und bevor wir nur den Mund aufmachen. Aber als sein Fundstück geborgen in Christus lernen wir zu spüren und zu unterscheiden, was wir uns wünschen und was wir wirklich brauchen. Wenn das Letztere gelingt, sind wir in der Fürbitte, wir sehen die Welt und uns selbst mit Gottes Augen. Das ganze gilt auch für den Dank. Nein, Gott braucht unseren Dank nicht, er braucht nicht die Anerkennung wohlerzogener Kinder. Umhüllt in Christus, gefunden in ihm »leben wir Dank« ohne Unterbrechung.

Fundstücke in Christus sind wir, keine Angst, Freude pur und ein Leben im Gebet heißt das, für all die Syntyches und Euodias, Erzfeinde und Lieblingsbrüder, Philipper und meinen Nachbarn vis à vis.

HEIKE MILLER

In dir, o Christus, sind wir gefunden, wir – deine bunte Mischung verschiedener Charaktere, als dein Fundstück, einzigartig und voller Potenzial. Nimm, was uns ängstigt, gib, was wir brauchen. In dir ist Freude. Dank sei dir.

Vor-Leben

Nein, es ist nicht der normale Dankesbrief an die großzügigen Spender. Es sind Abschlussworte an die Vorzeigemeinde in Philippi. Was sie nicht alles gegeben haben! Und mit welcher Beständigkeit! Keine andere Gemeinde kann da mithalten. Selbst die Korinther wissen das. Wie oft hat Paulus die Gebefreudigkeit bei der Schwestergemeinde erwähnt. Paulus schreibt aus dem Gefängnis. Die Aussichten stehen nicht gut. Doch inmitten dieser Umstände bleibt seine Aufmerksamkeit ganz auf die Gemeinde bezogen. »Um mich braucht ihr euch nicht zu sorgen«, so der Missionar, »ich kann so oder so leben, bescheiden oder im Überfluss, sagen wir doch einfach, eure Spenden brauche ich nicht!«

Warum dann, so fragen wir, dieses Aufsehen um scheinbar Sekundäres? Wenn das Thema Beiträge so rudimentär scheint, warum dann solch ein langer Abschnitt noch am Ende?

Paulus' Antwort ist einfach: Es geht sicher nicht um mein, sondern letztlich um euer Wohl. Ihr Philipper, so Paulus, wachst in Kraft durch euer Geben. Es ist eine Kraft, die euch nicht nur im Hier und Jetzt leben lässt, sondern einen Vorgeschmack liefert, wie es am Ende und für alle Zeit sein wird.

Und mit dieser Erklärung sind wir plötzlich wieder bei den Bürgern des Himmels – wir erinnern uns, mit doppelter Staatsbürgerschaft. Sie bringen die Großzügigkeit und den Überfluss, endlose Ressourcen und Dimensionen ohne Limit in das Jetzt und Hier, ein Vorgeschmack eben auf die Ewigkeit. Sogar bis nach Rom oder Philippi praktizieren sie ein Vor-Leben und Vorleben, wie es im Himmel zugehen wird. Wenn nicht nur alle genug haben werden, sondern mehr als genug, und in einer Verlässlichkeit, dass keiner mehr sich sorgen muss.

Und dann kommt der berühmte Satz, den seitdem Generationen wiederholt haben. Ich kann alles (!) durch Christus, der mir Kraft gibt. Sage noch einer, dass dieses Vorhaben und der Plan unseres Gottes in Christus unrealistisch und weltfremd seien.

HEIKE MILLER

Vater, segne diese Gaben, uns zur Kraft und dir zum Preise. Der Welt zum Verständnis und unseren Nachbarn als Hoffnung. Dass dein großzügiges Reich kommt, zuverlässig und im Überfluss.

Danken verändert das Denken

Die pandemischen Zeiten haben unser Leben gravierend verändert. Und es braucht Phantasie sich vorzustellen, dass das Leben pulsiert. So wie in Jerusalem: Es ist Pfingsten, fünfzig Tage (Pentekoste) nach Ostern. Lukas erzählt: In der Stadt haben sich gottesfürchtige Menschen versammelt, sie stammen aus allen Völkern unter dem Himmel (Apg 2,5). Sie feiern Erntedank (Schawuot), mit Zweigen und mit Dankliedern. Eines könnte – wie am Passafest – unser Psalm sein.

Manchmal braucht es jedoch aufmunternde Worte an das Volk, an die Priester, an die gottesfürchtigen Menschen in der Stadt und auf dem ganzen Erdkreis: »Danket dem HERRN, denn er ist freundlich, und seine Güte währet ewiglich.« (V. 1.29)

Danken verändert das Denken, es führt aus der Enge in die Weite. Jeden einzelnen Menschen, der auf die Nähe Gottes vertraut. Wenn Gottes Geist über das Pfingstfest hinaus in unserem Herzen wohnt und dem Glauben die Gewissheit schenkt: Die Wirklichkeit mag anders aussehen, aber Menschen haben letztlich keine Macht über uns, die Fürsten dieser Welt kommen und gehen. Bienenschwärmen gleich verschwinden feindliche Völker wie ein verlöschendes Feuer im Dorngestrüpp. Inmitten aller Bedrohung für Leib und Seele schenkt Gott Hilfe und Trost.

Davon singt das Danklied an Pfingsten. Jede einzelne Stimme singt mit im Chor derer, die Gottes Hilfe erfahren haben. An den Ufern des Schilfmeeres (V. 14; vgl. Ex 15,2) und »an den Wassern zu Babel« (Ps 137,2) erklingt das »Danklied der Erlösten« (Jes 12,2): »Gott, der HERR ist meine Stärke und mein Psalm und ist mein Heil.«

Die Aufmunterung gilt auch uns (EG 294,1/GL 385,1): »Nun saget Dank und lobt den Herren, denn groß ist seine Freundlichkeit, und seine Gnad und Güte währen von Ewigkeit zu Ewigkeit. Du Gottes Volk sollst es verkünden: Groß ist des Herrn Barmherzigkeit; er will sich selbst mit uns verbünden und wird uns tragen durch die Zeit.«

CHRISTIAN ROSE

Danket dem Herrn, denn er ist freundlich, und seine Güte währet ewiglich. Du Gott, bist mit uns, darum fürchten wir uns nicht.

Der Weg ins Zentrum

Am Pfingstsonntag führt der erste Teil unseres Psalms von der Enge in die Weite (V. 5–18). Er schildert die äußere und die innere Not der Beter und dankt für erfahrene Rettung. Am Pfingstmontag beschreibt das Danklied im zweiten Teil das Fest der Geretteten (V. 19–28). Der Psalm schildert dabei in entgegengesetzter Richtung den Weg der Beter von außen nach innen ins Zentrum des Tempels.

Die in der Auslegungsgeschichte vorgeschlagenen Versuche, eine konkrete gottesdienstliche Situation des Psalms zu rekonstruieren, gelingen kaum. Aber eine einfache Tempelliturgie lässt sich nachzeichnen. Der Festgottesdienst am »Tag, den der HERR macht«, lädt ein zur Freude und zum Lob. Es ist gut vorstellbar, dass sich die Geretteten tanzend bewegen und in einer Prozession einziehen vom Tempelvorhof durch die »Tore der Gerechtigkeit«, durchs »Tor zum HERRN« bis hin zum Altar im Zentrum des Gotteshauses, um ihn mit Zweigen festlich zu schmücken. Gesang erfüllt den Raum. Der Heilandsruf erfleht die Hilfe Gottes (V. 25): »Hosanna, ach HERR, bring doch Rettung!« Und der Segensspruch feiert die Gegenwart Gottes beim Festgottesdienst (V. 26a): »Gelobt sei, der da kommt im Namen des HERRN!«

Und so spannt der Dankpsalm einen weiten Bogen: von der nachexilischen Festgemeinde Israels hin zum Kommen des Friedenskönigs an Palmsonntag (Mt 21,9) bis zum Pfingstfest der jungen Kirche und herüber in unsere Tage.

Pfingstfest heute? Viele Gemeinden feiern an diesem Tag ökumenische Gottesdienste, mancherorts gibt es Feste von Gemeinden anderer Sprachen und Herkunft, aus allen Völkern unter dem Himmel. Der Pfingstgeist schenkt Bewegung aufeinander zu. Pfingstmontag wird zum ökumenischen Fest der Glaubenden und Erlösten. So veranschaulicht er, was als Bibelwort über dem Pfingstfest steht: »Es soll nicht durch Heer oder Kraft, sondern durch meinen Geist geschehen, spricht der HERR Zebaoth.« (Sach 4,6)

CHRISTIAN ROSE

Dies ist der Tag, den der HERR macht, lasst uns freuen und fröhlich an ihm sein. Das ist vom HERRN geschehen und ist ein Wunder vor unsern Augen.

Losgehen und vertrauen

Die Geschichte von Abraham beginnt mit dem Vertrauen. Jetzt, am Ende seines Lebens, fordert er dasselbe Vertrauen auch von seinem Knecht: Dieser soll für Isaak, Abrahams Sohn, eine Frau aus der Verwandtschaft finden.

Anders als Abraham zieht der Knecht nicht einfach los. Er hat Bedenken: Was geschieht, wenn ich zwar die richtige Frau finde, aber sie mir nicht folgt? Soll ich dann umkehren und Isaak zurückbringen nach Haran? Abraham bleibt standhaft in seinem Vertrauen: Wenn Gott uns hierher geführt hat, so sollen wir auch hier bleiben. Er wird einen Engel senden, der dafür sorgen wird, dass die richtige Frau für Isaak dem Knecht zurück nach Kanaan folgt.

Der Knecht handelt mit Gott ein Zeichen aus, an dem er die passende Frau erkennt, trifft die schöne junge Rebekka am Brunnen, entdeckt eine direkte Verwandtschaft mit Abrahams Familie und lässt sich zu ihr nach Hause einladen. Nach der Begegnung mit Rebekka findet der Knecht Worte, um Gott für seine Führung zu danken.

Durch die gesamte Erzählung von Abraham ziehen sich zwei Konstanten: der Segen und die Erfüllung der Verheißung auf Gottes Seite und das Vertrauen auf der Seite der Menschen. Auch hier in diesem Kapitel begegnet beides: der Segen und das Vertrauen. Anders als zu Beginn wird aber noch ein Engel benötigt, der unterstützend tätig wird, dem Knecht den Weg weist (V. 7) und sein Vertrauen stärkt. Ich finde dieses kleine Detail tröstlich. Denn der Knecht bringt offenbar nicht alleine den Mut auf, direkt loszugehen. Seine Bedenken sind nicht von der Hand zu weisen und könnten ihn am Aufbruch hindern. Gottes Segen verwirklicht sich manchmal auch, indem er uns seine Boten an die Seite stellt, die unser Vertrauen stärken und uns den Weg weisen. Es gibt eben Zeiten, da gehen wir mutig los, und es gibt Zeiten, da wollen Bedenken gehört werden – für die Zeiten der Bedenken gibt es Engel. Gott sei Dank!

SIBYLLE ROLF

Mein Gott, lass mich heute meinen Weg gehen – Schritt für Schritt. Stärke mir den Rücken und den Mut, dass ich dir vertraue. Und wo ich es brauche: Stelle mir einen Engel an die Seite, der mich begleitet.

Vom Segen erzählen

Der heutige Text bietet eine breite Wiederholung des Geschehens von gestern – allerdings mit einer entscheidenden Variante. Heute hören wir die gleiche Geschichte aus dem Mund des Knechts: vom Eid, den er Abraham schwört, über den Engel, der dafür sorgen wird, dass er mit der richtigen Frau zurückkehrt, bis hin zur Begegnung mit Rebekka am Brunnen, in der er die passende Frau für Isaak erkennt und die er daraufhin mit reichen und wertvollen Gaben beschenkt. Die ganze Erzählung wird eingebettet in die Bitte und den Dank an Gott.

In der biblischen Abfolge dieser Erzählung liegt eine tiefe Weisheit. Gott handelt, auch ohne dass Menschen es in ihrem Leben erkennen und entdecken. Er wirkt lenkend und bewahrend, segnend und begleitend an jedem Tag. Aber erst, wenn wir davon erzählen und unsere Geschichte, die immer schon mit Gottes Verheißungsgeschichte verbunden ist, mit anderen teilen, eignen wir uns Gottes Segenshandeln an und erkennen es vielleicht im Erzählen allererst. Wenn die Dankbarkeit über Gottes Handeln unser Erzählen bestimmt, spüren wir erst, wie gut es Gott mit uns meint und wie er unser Leben gnädig lenkt und für uns sorgt.

Der Knecht hätte die gleiche Geschichte ebenso gut als seine eigene Erfolgsgeschichte erzählen können, in der er von seiner eigenen Leistung von Auftrag und Erfüllung berichtet und es sich selbst zuschreibt, dass er mit Rebekka zu Abraham und Isaak zurückkehrt. Aber er erzählt seine Geschichte als Geschichte der Dankbarkeit über Gottes Handeln.

Die Dankbarkeit ändert unsere Perspektive und lässt uns ahnen, dass wir das Wesentliche gestalten, aber nicht schaffen können. Darin wiederum liegt der Grund unseres Vertrauens auf Gott. Oder, mit Martin Luther: Wir sollen Menschen und nicht Gott sein – das ist die Summa. Welch eine Entlastung steckt darin!

Wo kann ich heute dankbar davon erzählen, was Gott mir schenkt?

SIBYLLE ROLF

Mein Gott, ich bekomme alles Wesentliche von dir. Du gehst mit mir. Du sorgst für mich und erfüllst deine Verheißungen. Lass mich auf das schauen, was du an mir tust, und dankbar davon erzählen. Stärke mein Vertrauen, dass du auch heute mit mir sein wirst.

Aufbruch

Wieder wird einem Menschen ein Aufbruch ins Ungewisse zugemutet. Rebekka soll nach nur einer Nacht entscheiden, ob sie ihre Familie zurücklassen und mit dem fremden Knecht in ein fremdes Land ziehen will. Ihr Bruder und ihre Mutter wollen sie noch nicht loslassen, der Knecht aber bittet sie, ihn nicht aufzuhalten, weil er sich der gnädigen Begleitung Gottes gewiss ist. Er hat seine Hand an den Pflug gelegt und blickt nicht zurück (Lk 9,62). Rebekka muss schnell entscheiden – und auch sie blickt nach vorne und nicht zurück. Ihr Vertrauen wird damit belohnt, dass sie nach ihrer Ankunft im fremden Land Isaak, ihrem späteren Mann, begegnet, der sie in das Zelt seiner schon verstorbenen Mutter führt, sie zu seiner Frau macht und sie liebgewinnt. Der Auftrag des Knechts ist erfüllt, und Abraham spielt in diesem Zusammenhang keine Rolle mehr. Sein Sohn Isaak tritt mit seiner Frau Rebekka seine Nachfolge an, Gottes Segen geht auf Isaak über (Gen 25,11).

Rebekka spielt in dieser Erzählung eine aktive Rolle. Sie lässt sich aus ihrem gewohnten Zusammenhang herausrufen und blickt nicht zurück. Sie lässt sich auf einen Neubeginn ein, auf Hoffnung und Vertrauen hin. Eine mutige und starke Entscheidung einer mutigen und starken Frau. Woher nimmt sie ihren Mut? Ihre Familie segnet sie zum Abschied (V. 60), und vielleicht liegt darin das Geheimnis. Mit Rebekkas Entscheidung für das neue Leben in Kanaan kann die Familie loslassen, nicht aber ohne Rebekka unter Gottes Schutz und Segen zu stellen. Auch Rebekka wird von Gott begleitet und beschützt auf ihrem Weg. Der Segen der Familie hilft ihr beim Abschiednehmen. Obwohl die Familie Rebekka gerne noch länger bei sich gehabt hätte, bietet der Segen die Möglichkeit, sie loszulassen, weil sie unter Gottes Segen geht. Die Kraft liegt im Vertrauen auf Gottes Segen und Schutz.

Wo brauche ich heute den Segen, um neu aufzubrechen – oder um loszulassen?

SIBYLLE ROLF

Alles ist an Gottes Segen und an seiner Gnad gelegen über alles Geld und Gut. Wer auf Gott sein Hoffnung setzet, der behält ganz unverletzet einen freien Heldenmut.

Ist mir doch egal

Mit den Kindern meiner ersten Klasse haben wir im Religionsunterricht über die Vor- und Nachteile gesprochen, großer Bruder, große Schwester zu sein oder eben ältere Geschwister zu haben. Bei allen Abwägungen waren sie am Ende des Gesprächs zufrieden mit ihrer eigenen Situation.

Jakob ist es nicht. Er will großer Bruder sein. Kein Wunder, hängt doch zu Jakobs Zeiten noch viel mehr am Erstgeborenen-Status als es heute (in der Regel) tut: Nicht »nur« finanziell ist es lohnend, als Erster auf die Welt gekommen zu sein. Auch der besondere Segen des Vaters gilt dem Erstgeborenen. Und den will Jakob unbedingt haben, zur Not auch mit unlauteren Mitteln.

Esau ist das gerade alles egal – älterer Bruder, jüngerer Bruder, was soll's?! Hauptsache satt. Sterben muss man am Ende sowieso, ob mit oder ohne Erstgeborenen-Segen. Esau denkt nicht lange nach. Das Essen duftet geradezu verführerisch und er hat so ein Loch im Bauch.

Mit Blick auf den Anfang der Erzählung könnte man sagen: Irgendwie hat Esau ja Recht. Die Zukunft ist für ihn doch sowieso schon entschieden. Gott hat schon klar gemacht, dass der Ältere dem Jüngeren dienen wird. Aber Esau weiß das ja nicht. Er hat nicht bewusst resigniert oder die Entscheidung Gottes akzeptiert. Er geht einfach nur leichtfertig mit einer der wichtigsten Glaubenstraditionen um. Ein Moment des Hungers reicht und er wirft über Bord, was eine besondere Heiligkeit hat. Kein Bock. Ist mir doch egal.

Ich frage mich: Welche Glaubenstraditionen sind mir eigentlich egal? Welche stören mich heftig? Und warum eigentlich? Übersehe ich etwas Wichtiges in diesen Traditionen oder gehören sie tatsächlich geändert? Was kann ich tun für mein Leben? Was kann ich tun für die Kirche Jesu Christi?

ANNETTE RÖHRS

Großer Bruder Jesus, hilf mir zu verstehen, was in unseren Glaubenstraditionen dem Leben dient und was ich getrost lassen kann oder aktiv ändern sollte.

Heiligt der Zweck die Mittel?

Jahre sind ins Land gegangen, viele Gefahren waren zu bestehen. Von Jakob und Esau haben wir lange nichts gehört, wohl von ihren Eltern. Die sind nun alt geworden. Die beiden Brüder sind erwachsen. Esau ist bereits zweimal verheiratet.

Für Isaak ist die Zeit des Sterbens gekommen. Und damit auch die Zeit, den besonderen Segen an den Erstgeborenen weiterzugeben. Dafür will Isaak einen passenden Rahmen schaffen: ein Festmahl. Isaak lässt es vorbereiten. Er selbst ist zu alt dafür. Soweit ist alles gut.

Aber jetzt folgt eine Lüge der nächsten. Hinterhältig wird der alte Mann nach Strich und Faden getäuscht. Mich macht das fassungslos. Rebekka will dem Glück ihres Lieblingssohns auf die Sprünge helfen. Schließlich hatte Gott es doch versprochen (Gen 25,23). Aber heiligt der Zweck die Mittel? Darf sie deswegen ihren Ehemann betrügen? Darf sie deswegen ihren Sohn zum Betrug anstiften? Ist das wirklich Gottes Weg? Und als reiche die Hinterhältigkeit Rebekkas nicht, macht Jakob auch noch mit. Mit 40 Jahren ist er nun wahrlich kein Bübchen mehr, er könnte den Plan der Mutter ablehnen. Aber seine – ja, was ist es? – Gier, sein Verlangen, seine Sehnsucht nach dem Segen ist zu groß. Wie listige Enkeltrick-Betrüger denkt er sich Geschichten aus, die den alten Mann zum Handeln verleiten. Hilflos aus der Ferne sehen wir zu, wie Jakob sich den Segen erschleicht.

Wir wissen: Jakob bekommt nicht gleich die volle Kraft des Segens zu spüren. Er muss ihn sich dann doch erst verdienen. Wir wissen auch, Esau bekommt auch seinen Anteil von Segensglück. Es scheint dann doch noch so etwas wie Gerechtigkeit nach unseren Vorstellungen zu geben. Und doch bleibt zurück das schale Gefühl, dass die ganze Geschichte mit dem Betrug eines alten, hilflosen Mannes beginnt.

ANNETTE RÖHRS

Gott, schenke auch mir vom Tau des Himmels und von der Fettigkeit der Erde und Korn und Wein in Fülle! Doch bewahre mich davor, diese Geschenke für mich behalten zu wollen.

Von der Auferstehung singen

Dankbar lese ich heute den Psalm. Dankbar stimme ich ins Halleluja ein. Viele und schwere Fragen haben die letzten beiden Textabschnitte bestimmt. Heute darf ich einstimmen in das uralte, ewige Halleluja – in das »Gelobt sei der Name des Herrn von nun an bis in Ewigkeit«. Heute ist Sonntag. Der Tag, der von der Auferstehung singt. Von der Aufrichtung der Schwachen, der Fragenden, der Zweifelnden, der Geringen, der Armen, der Kinder- und Perspektivlosen. Ich nehme Rebekka und Isaak, Esau und Jakob hinein in dieses Halleluja, in diesen Auferstehungsjubel, dass auch sie mit einstimmen können zu ihrer Zeit. Ich schicke meine Fragen in den Himmel und singe.

Ich singe mit dem Psalmbeter und mit Hanna und Maria: Gott richtet die Geringen auf und erhöht die Niedrigen. Ich bete mit Jesus zu Gott im Himmel und auf der Erde, dass sein Name geheiligt werde. Ich lasse mich hineinnehmen in die vielen Lobgesänge für Gott. Lasse mich hinauftragen in die Höhe und Weite des Himmels, der von Gottes Herrlichkeit voll ist. Und ich weiß: Auch wenn ich wieder in die Tiefe steige, ist Er da. Vom Aufgang der Sonne bis zu ihrem Niedergang sei gelobt der Name des Herrn!

Ich lausche dem Singen der jüdischen Gläubigen, die diesen Psalm am Pessach- und vielen weiteren Festen beten. Ich stimme ein in den Psalmengesang der Klöster am Sonntag, in denen Psalm 113 Teil des Stundengebets zur Vesper ist. Ich wiege mich in den vielen Vertonungen dieser Worte – in alten und modernen. Ich suche, finde meine Melodie, meinen Tanz.

Und ich schicke meinen Dank in den Himmel, dass ich Teil sein darf dieser großen zeit- und weltumspannenden Gemeinschaft, die von Trost und Aufrichtung, von Liebe und ewigem Frieden träumt.

ANNETTE RÖHRS

Der Friede Gottes, der all mein Verstehen übersteigt, möge mein Herz, meine Gedanken und mein Tun in Jesus Christus bergen.

Nicht ohne deinen Segen

Voller Erwartung kehrt Esau von der Jagd zurück und bereitet seinem Vater ein Festmahl. Er weiß, er steht vor dem Höhepunkt seines Lebens. Jetzt wird ihm sein Vater Isaak die Nachfolge der Herrschaft über die Sippe übertragen. Unter Gottes Segen kann er sich der größten Herausforderung seines Lebens stellen. Der Absturz könnte nicht schrecklicher sein. Isaak hat seinen Segen bereits einem anderen zugesprochen. Schon zum zweiten Mal hat Jakob seinen Bruder schändlich übers Ohr gehauen. Zuerst hatte er ihn um die Erstgeburt betrogen, nun um den Segen, der die Macht über die Sippe und den Besitz sichert.

Immer wieder frage ich mich, warum Isaak dieses Unrecht und diesen offensichtlichen Irrtum nicht korrigieren kann. Ein Segen, der sich einem Betrug verdankt, kann doch nicht Grundlage einer Verheißungsgeschichte sein. Bitter liest sich, wie Isaak dem Esau seine Zukunft beschreibt. Der Ältere wird der Herrschaft des Jüngeren nicht entgehen können. Die hier beschriebene Form des Segens, der weder geteilt noch zurückgeholt werden kann, bleibt mir ein Stück weit fremd. Meine Lebenserfahrung hat mich ein ums andere Mal gelehrt, dass Gott seinen Segen aus dem Leben von Menschen auch wieder abziehen kann. Unerklärlich bleibt das für die Betroffenen, wenn eine Segensspur im Leben sich einfach nicht mehr fortsetzen lässt.

Aber ein ums andere Mal ist es Gott, der in Gestalt des Segens das Leben von Menschen prägt. Fremd bleibt Gott hier dem Esau, für den es keinen zweiten Segen gibt. Vielleicht ist es ein rettender Hoffnungsschimmer, dass Isaak dem Esau zusichert, dass diese scheinbar so unumstößliche Rangordnung irgendwann dann doch ans Ende kommen wird. Dann endlich werden sich die beiden Brüder auf Augenhöhe begegnen und in die Augen schauen können. Diese Möglichkeit lässt mich auch heute durchhalten, wenn mir die Entdeckung des Segens Gottes in meinem Leben schwerfällt.

TRAUGOTT SCHÄCHTELE

Manchmal kommen mir andere zuvor, Gott. Und es scheint, sie haben dich auf ihrer Seite. Stärke meinen Glauben, dass auch ich am Ende nicht ohne deinen Segen durchs Leben gehe.

Das ungleiche Exil

Der Betrug bleibt nicht ohne Folgen – für Jakob und für Esau. Esau will sich rächen. Sein Bruder soll sich seines Segens nicht einfach unbeschwert erfreuen können. Esau will Jakob mit Gewalt aus der Welt schaffen. Was Isaak nicht vermochte, nämlich dem Jakob den unrechtmäßig erschlichenen Segen wieder zu entziehen, das will Esau nun mit den Mitteln der Gewalt umsetzen. Jakob muss sich vor seinem Bruder in Sicherheit bringen. Ihm bleibt nur die Flucht in die Fremde. Aber der eine Betrug zieht den nächsten nach sich. Rebekka sorgt dafür, dass Isaak den Jakob ziehen lässt, nicht ohne ihn erneut zu segnen. Sein Exil kann sich so zur Fortsetzung der Segensgeschichte des Jakob entwickeln. Die Sippe der Mutter wird zur Rettung als Heimat auf Zeit. Jakob wird dort seine eigene Familie gründen.

Esau verharrt im Modus des Protestes. Er heiratet eine Frau, deren Herkunft den Wünschen seiner Eltern entgegengesetzt ist. Aber welche Möglichkeiten bleiben ihm überhaupt noch, wo seine Mutter ihn betrogen und sein Vater den Segen Gottes seinem Bruder angeheftet hat? Die schwere Kränkung macht ihn fürs Erste unfähig, sein Leben weiter als ihm von Gott zugesprochen zu betrachten. Ehrlich gesagt, wie sollte Esau anders reagieren, wenn er irgendwie zu einer eigenen Identität finden will. So werden Jakob und Esau zu einem Symbol für ein Geschwisterpaar, das unterschiedlicher nicht sein kann. Jakob, der Liebling seiner Mutter, wird auf unrechtmäßige Weise auch zum Liebling Gottes. Esau bleibt bis in die Gegenwart der Bruder im Schatten.

Wie gut zu wissen, dass Esau nicht auf Dauer diesen Weg des Lebens im Widerspruch und im selbstgewählten inneren Exil weitergeht. Aber bis es zu dieser Wendung kommt, braucht es mehr als ein halbes Leben.

TRAUGOTT SCHÄCHTELE

Meine Kränkungen hindern mich manchmal daran, die für mich richtigen Schritte zu gehen, Gott. Mache mein Herz dann weich und weit, um aus den Verhärtungen meines Lebens herauszufinden.

Der Himmel steht offen

Für mich ist das eine der schönsten und eindrücklichsten Geschichten der Bibel. Und ich sehe sie in unterschiedlichsten bildhaften Darstellungen vor Augen. Einerseits ist die Kargheit der äußeren Situation kaum zu übertreffen. Nichts als ein hartes Stück Erde als Ort der nächtlichen Ruhe, der Kopf auf steinigem Boden gebettet. Romantisch ist nichts an dieser Situation. Aber genau inmitten dieser Kargheit öffnet sich dem erschöpft in den Schlaf gefallenen Flüchtling der Himmel. Das Bild der Jakobsleiter wird zum Garanten der Möglichkeit, dass Himmel und Erde sich tatsächlich berühren.

Unten der schlafende Jakob, oben Gott, und dazwischen in ständiger Auf- und Abwärtsbewegung die Engel. Bis heute hat sich dieses Bild der Himmelsleiter in vielen Köpfen eingeprägt. Gott bestätigt einmal mehr seinen Segen an Jakob, ja mehr noch, er bindet Jakob ein in die Geschichte des Segens, die von Abraham und Isaak auf ihn hinläuft und von ihm ausgehend über seine ganze Nachkommenschaft in die Zukunft weiterlaufen wird. Kein Wunder, dass Jakob hier seinen persönlichen Wallfahrtsort markiert. Gerade an dieser Stelle, wo er außer einem kalten Boden und einem harten Stein nichts gefunden hat, knüpft Gott sich unwiderruflich in Jakobs Lebensgeschichte ein. »Fürwahr, der Herr ist an dieser Stätte, und ich wusste es nicht!« Wo Gottes Segensspur verläuft, lässt sich auch am kärglichsten Ort ein Haus Gottes entdecken. Es ist schon eindrücklich, wie Gott dem Leben des Jakob zum Glanz verhilft, obwohl sich der dieser Segensspur eher glanzlos angenähert hat.

Gottes Handeln bleibt eine Ungeheuerlichkeit. Für Jakob gilt das, der sich dem ihm zugesprochenen Segen nicht entziehen kann. Und für die vielen Orte der Gegenwart, die sich, so mein sehnlichster Wunsch, auch als Orte erweisen mögen, an denen Gott sich zeigt – überraschend und gegen alle Erwartung.

TRAUGOTT SCHÄCHTELE

An Orten ohne Aussicht fehlt es nicht auf dieser Erde, Gott. Wie gut, dass auch da plötzlich dein Himmel offensteht und Himmel und Erde einander ganz nah kommen.

Unmögliches nimmt seinen Anfang

Jetzt macht sich Jakob auf in ein unbekanntes Land. Es geht um Zukunftssicherung, mehr noch, es geht um die Frage, ob Gottes Verheißung wahr wird, wahr werden kann. Jakob, der Betrüger, wird es erfahren, was es heißt, betrogen zu werden. Wir werden hineingenommen in eine Lebenswelt, die uns fremd ist. Die Szene beginnt an einem Brunnen. Damals war so eine Wasserstelle etwas Lebensnotwendiges, Wasser war etwas äußerst Kostbares. Vielleicht müssen wir das auch heute wieder neu lernen. Brunnengeschichten sind in der Heiligen Schrift Geschichten vom Leben. An einem Brunnen trifft Jakob auf fremde Hirten, »meine Brüder« so spricht er sie an. So zeigt er seine friedlichen Absichten. Diese Hirten sind aus Haran und kennen auch Laban. Laban ist Rebekkas Bruder. Jakob nähert sich seinem Ziel. Und dann kommt dieser magische Moment: Liebe auf den ersten Blick? Rahel kommt mit den Schafen der Herde ihres Vaters. Sie ist eine Hirtin! Ein junges Mädchen mit einer verantwortungsvollen Aufgabe. Bis heute ist das in manchen Landstrichen dieser Erde ein aktuelles Bild. Schon die erste Begegnung mit Rahel setzt in Jakob Kräfte frei: Er wälzt den Stein vom Brunnenloch. Er tränkt die Herde, umarmt und küsst Rahel und weint. So viele gelebte Emotionen, das ist eigentlich eine unmögliche Szene zu dieser Zeit! Öffentlich darf nur der Bruder die Schwester bei der Hand nehmen und auf die Wange küssen, weinen geht gar nicht. Das sind verdichtete und unmögliche, vielleicht auch wunderbare Momente. Jakob erzählt Rahel, wer er ist. Die Verwirrung geht auf Rahel über. Sie läuft nach Haus, lässt Jakob und Herde am Brunnen zurück und berichtet alles Geschehene ihrem Vater. Und Laban holt Jakob in sein Haus.

SUSANNE SCHNEIDER-RIEDE

Unser Gott, in verdichteten und unmöglichen Momenten, in wunderbaren Momenten warst du damals mit Jakob unterwegs. Bist du so auch heute mit mir, mit uns, mit deiner Welt unterwegs?

Der Betrug am Betrüger

Jakob erzählt seine Geschichte und bleibt bei Laban einen Monat. Tag für Tag arbeitet er auf dem Hof. Erst nach diesen Tagen fragt Laban nach dem Lohn und damit indirekt auch nach der Aufenthaltsdauer seines Neffen. Ein Monat gehört zur Gastfreundschaft. Und dann hören wir von einem Angebot, das in unserer Welt unmöglich, aber für die damalige Zeit nicht außergewöhnlich ist: Sieben Jahre will Jakob für Rahel dienen, sieben – eine heilige Zahl. Labans Antwort ist nicht gerade überschwänglich, aber Jakob darf bleiben. Laban hat aber zwei Töchter: Lea und Rahel. Von Lea heißt es: Ihre Augen waren zart, d. h. »schön« im Hebräischen, die Übersetzung mit »matt« ist schon eine Deutung. Lea könnte vielleicht dem altorientalischen Schönheitsideal der Kuhäugigen entsprechen. Leas Schönheit könnten ihre Augen sein. Aber Rahel wird schön von Gestalt beschrieben, sie ist schön anzusehen. In der biblischen Tradition schwingt bei so einer Betonung der Schönheit mit, dass in dieser Schönheit ein besonders schwerer Lebensweg sich abzeichnen könnte. Denken wir nur an Josef, David, Absalom, Mose, Ester, Bathseba und eben auch an Rahel. Sie sind alle schön, weil sie geliebt sind. Denn die Liebe macht die Geliebten schön, ihre Schönheit hat aber auch ihren Preis. Für Jakob ist in diesem Moment alles gut: »So diente Jakob um Rahel sieben Jahre – sie waren in seinen Augen wie einige Tage, weil er sie liebte.« (V. 20) Und dann erlebt Jakob, der Betrüger, was es heißt betrogen zu werden. Eigentlich können wir uns nur vorstellen, dass Jakob einen Vollrausch in seiner Hochzeitnacht hatte. Laban hingegen blieb wohl eher nüchtern. Aber was war mit Lea und Rahel? Das interessiert den Erzähler nicht. Für uns eine unglaubliche, ja vielleicht auch unmögliche Geschichte von Liebe, Leidenschaft und Betrug. Ein zutiefst menschliches Drama nimmt seinen Anfang: Jakob hat jetzt zwei Frauen, aber nur eine Frau liebt er.

SUSANNE SCHNEIDER-RIEDE

Unser Gott, wie verworren kann manchmal das Leben sein und werden. Ich bitte dich, dass ich heute für deine Lebensbegleitung achtsam sein kann.

Das Drama spitzt sich zu

Ein Konfliktpotenzial wächst stetig an. Jakob spürt, dass irgendetwas sich verändert hat, Labans Gesicht spricht Bände. Was ist jetzt dran? Jakob hat (wieder) auf Betrügereien gesetzt. Seine Betrugsmaschinerie könnte jetzt in eine Sackgasse geraten. Der Betrüger wird dem Betrüger zur Gefahr, Laban und Jakob schenken sich nichts. Jetzt ist Gottes Heilsgeschichte in Gefahr. Und doch: Gott setzt weiterhin auf Jakob, tröstlich ist das und gleichzeitig irgendwie unmöglich. Dieser Betrüger bekommt von Gott einen Ausweg gezeigt, sogar eine Zusage auf den Weg. Jakob, der sich mal wieder verkantet hat, sieht diesen Ausweg. Im hebräischen Text heißt es für Jakob: »Ich bin in Gemeinschaft mit dir.« Der »Ich-Bin, der Ich-Werde-Sein« ist mit Jakob unterwegs und bleibt mit ihm unterwegs, Gott setzt sich diesem Betrüger aus, Gott setzt auf ihn. Jetzt geht es für Jakob wieder um eine Flucht, um eine Flucht nach Hause. Sogar seine Frauen sind einverstanden. Rahel und dann auch Lea geben Jakob recht, indem sie nach ihrem Recht fragen. Auch die beiden fühlen sich zurückgesetzt. Dann dramatisiert sich die Erzählung. Rahels Diebstahl – er ist kaum deutbar. Was stiehlt sie? Ein Götterbild, etwas, was sie mit den Ahnen verbindet, oder einen magischen Gegenstand? Laban ist außer sich, Jakob lässt Laban seine Habe durchsuchen. Die Spannung steigt. Jakob sagt Laban sogar zu, dass Laban den töten darf, bei dem er das Gestohlene findet. Fein und dramatisch verwoben sind die Erzählfäden: die Geschichte einer Familie, die Geschichte des Volkes Gottes bedroht von menschlicher Unzulänglichkeit, von Betrug, Flucht, Neid und heftigen Arbeitsbedingungen. Dazu gehören eine Liebesgeschichte und die Einsicht, dass so eine Gemengelage nur durch Gottes Begleitung und Leitung nicht in einer menschlichen Sackgasse enden kann.

SUSANNE SCHNEIDER-RIEDE

Unser Gott, kannst du auch meine und unsere heftigen Gemengelagen im Leben, in der kleinen und großen Weltgeschichte zum Guten wenden?

Geschichten erzählen

Der Psalmdichter erzählt uns eine gute Geschichte. Er erzählt von Gott, der wunderbar handelt: von einem Gott, der rettet; von einem Gott, der nach denen schaut, die ihn rufen; von einem Gott, der aus jeder Bedrängnis befreit. In der Freude über diesen Gott ruft er alle zum Lobpreis auf. Warum erzählt er das alles? Will er sich selbst darstellen? Hat es den Beigeschmack eines billigen Trostes? Will er irgendjemanden bekehren? Nein, will er nicht: »Die Armen sollen es hören und sich freuen!« (V. 3) Die gute Geschichte soll anderen Mut machen. Sie soll helfen, auch in den schwierigsten Situationen auf Gott zu hoffen.

Da hat er gut reden, denke ich mir! Wenn es so einfach wäre! Manche Situationen sind einfach schrecklich, da hilft auch Glauben wenig. Dann aber lese ich zurück zur Überschrift und bin überrascht: Dieser Psalm wird David zugeordnet. Genauer, David auf der Flucht vor einem Konkurrenten um die Königskrone. Diese Zuordnung ist keine historische, aber sie ist eine Lesehilfe. David wird uns in einer Situation gezeigt, wo alles auf der Kippe steht. Also nichts mit Befreiung. Es ist ein Psalm aus höchster Not. Der Beter erinnert sich an alles Gute, was er selbst mit Gott erlebt oder von anderen gehört hat. Diese Erinnerung lässt ihn durchhalten und gibt ihm Hoffnung.

Diese Erinnerung an das Gute ist bis heute so nötig. In einer Zeit, wo schlechte Nachrichten die Überhand gewinnen, sind die guten besonders wichtig. Deshalb suche ich in der Bibel und im eigenen Leben nach guten Geschichten. Nach Geschichten, die mich lehren, wie Gott sich Menschen zuwendet. Solche Geschichten verhindern, in Resignation zu fallen. Solche Geschichten müssen wir uns gegenseitig erzählen.

ANNE RADEMACHER

Gott, du Herr unserer Welt. Lass mich an alles Gute denken, was du für mich getan hast, und es weitererzählen. Ich will dich dafür loben.

Ein Tropfen zu viel!

Die Suche Labans nach einer Götterfigur, die Rahel gestohlen und versteckt hatte, bleibt erfolglos. Ein weiteres Mal fühlt sich Jakob von Laban ungerecht behandelt. Und dieses Mal war eines zu viel: Jetzt bricht alles aus ihm heraus, was er an Kränkungen und Demütigungen von Laban schlucken musste – 20 Jahre lang! Dabei missachtet Jakob alle kommunikativen Streitregeln: Er rauscht von einem Thema zum anderen, er bringt keinerlei »Ich-Botschaften«, er haut Laban alles um die Ohren und er greift tief in die Zeitkiste hinein. Alles falsch, um konstruktiv miteinander zu streiten. Und vielleicht ist Laban schon daran, sein Messer zu ziehen und den respektlosen Jakob zur Räson zu bringen – da schließt Jakob mit einem Hinweis ab, der in Laban etwas zum Klingen bringt: Jakob weist Laban auf seinen Gott hin, der ihn in diesen 20 Jahren geschützt und ihm Gelingen geschenkt hat; in Laban muss die Warnung, Jakob nichts zu tun, aufgeklungen sein, die er in der Nacht zuvor geträumt hatte (s.o.: V. 24). Er bleibt ruhig. Ja, er schlägt Jakob sogar einen Vertrag auf Augenhöhe vor: Du bleibst dort – ich bleibe hier; wir tun uns nichts, weder heute noch in Zukunft. Alles ist schiedlich-friedlich gelöst. Aber da legt Laban doch noch eine Schippe drauf und hält fest: Wehe, du behandelst meine Töchter schlecht. Seine Augenhöhe ist halt doch noch einen oder zwei Millimeter höher … Der Vertrag wird feierlich geschlossen. Er erhält sein Gewicht und sein Siegel, indem sich beide auf ihren jeweiligen Gott berufen. Der Vertrag ist das äußere Ergebnis dieses Bibelabschnitts.

Ein gutes Ende, aber konstruktiv streiten sieht eigentlich anders aus. Das wissen wir, nicht?

Und sonst?

ACHIM KUHN

Gott, wir danken dir für alle Bewahrung: Du hast Jakob bewahrt – ohne dass er es merkte und hier eigentlich zu Unrecht, denn er weiß weder etwas von Labans Traum noch dass Rahel ihren Vater angelogen hatte. Vielleicht ist seine Bewahrung hier ungerecht; vor allem aber ist es wunderschön, wenn wir Menschen bewahrt werden – auch wenn wir es nicht mal merken. Oder wenn es eigentlich ungerechtfertigt ist. Danke dafür.

Versöhnung

Jakob hat große Angst. Er betet. Er trifft kluge Entscheidungen, um seinen Besitz, seine Familie und sich selbst vor Esau zu schützen.

Aber wissen Sie, was mir fehlt? Ein schlechtes Gewissen. Schuldgefühle. Höchstens zwischen den Zeilen werden sie gegenüber Esau angedeutet. Jakob scheint es nur darum zu gehen, möglichst gut aus der Geschichte rauszukommen – mit möglichst wenig Verlusten.

Und dann passiert, was Kapitel 33 berichtet: 400 Mann kommen in Sichtweite – an der Spitze: Esau. Esau – was mag das für ein Mensch gewesen sein. Brutal? Blutgierig? Geistig etwas zurückgeblieben, hat er sich doch zwei Mal von seinem Bruder Jakob übertölpeln lassen?! So jedenfalls hat ihn Thomas Mann gezeichnet in »Josef und seine Brüder«: Aber Mann unterschätzte Esau völlig: Jakob erwartet Gewalt, Totschlag, Mord. Esau kommt ihm entgegen. Friedlich. Freundlich. Liebevoll. Nichts von Hass. Kein Stochern in Schuldgefühlen. Jakob will Wiedergutmachung leisten. Esau lehnt ab, denn für ihn ist alles gut. Er hat seinem Bruder vergeben. Vielleicht schon vor Jahren. Und jetzt und hier hat er sich mit ihm versöhnt. Was für ein gereifter Mann, dass diese unglaubliche Verletzung, die ihm vor Jahrzehnten durch seinen Bruder zugefügt wurde – für die er seinen Bruder Jakob töten wollte –, jetzt keine Rolle mehr spielt. Er hat sie verarbeitet. Er hat das alles loslassen können. Was mag da passiert sein? Die Bibel schweigt hier. Vielleicht hatte Esau erkannt, dass dieser Bruderhass nur ein Energiefresser ist. Dass er ihn kaputt macht.

Esau hatte einseitig seinen Frieden mit Jakob gemacht – und zwar schon lange bevor sie sich getroffen haben. Er ist ein Vor-Bild für Menschen, die eine Schuldlast mit sich schleppen und bei denen das Gegenüber, auf den sich diese Last bezieht, nicht mehr da oder nicht gesprächsfähig ist. Esau zeigt: Eine einseitige Vergebung und Versöhnung sind möglich, eine schwere Last loszuwerden.

ACHIM KUHN

Gott, wir Christ/innen haben es eigentlich einfacher als Esau, zu Vergebung und Versöhnung zu kommen. Wegen Christus, durch den du uns bittest: Lasst euch versöhnen. Wir bitten dich: Lass uns zur Versöhnung fähig werden und bleiben.

Jakob bekommt Bedeutung

Mit wem kämpft Jakob?! In der hebräischen Original-Geschichte heißt es zunächst isch (Mann), dann malak (Engel), dann el (Gott). Wie ist das zu verstehen?

Die einleuchtendste Erklärung ist: Gott bekommt nach und nach ein Gesicht für Jakob. Anfangs meint er: Ich kämpfe mit einem Menschen; dann denkt er: mit einem Engel; und schließlich ist er überzeugt: Ich kämpfe mit Gott selbst. Kurz: Wir wohnen einem Prozess der Erkenntnis bei.

Und weil er mit Gott gekämpft und gesiegt hat, lässt er sich von ihm segnen; er anerkennt damit, dass der andere eigentlich viel größer und stärker ist. Dass er dessen Segen, dessen bleibende gute Zuwendung, braucht. Und er lässt es zu, dass sein Name geändert wird: von Jakob zu Israel. Statt Jakob, der »Fersenhalter« (1 Mose 25,26); oder – nach anderer Auffassung – statt Ja'akow: »(Gott) beschützt/beschütze«, bedeutet der neue Name: »der Gottesstreiter/Gotteskämpfer«. Jakob wird vom Beschützten zu einem Kämpfer für etwas – eine 180-Grad-Änderung!

Was meint diese Geschichte für uns heute?! Jakob macht eine grundlegende Erfahrung: Er ringt mit Gott. Er siegt. Aber es bleibt eine Narbe zurück. Das meint nicht: Lass dich bloß nicht auf Gott ein – und erst recht nicht auf Diskussionen mit ihm. Du wirst nur verletzt daraus hervorgehen. Sondern es ist gemeint: Wenn du eine grundlegende existenzielle (Gottes-)Erfahrung machen kannst, dann stelle dich ihr. Du wirst gereift, verändert daraus hervorgehen. So wie Jakob mit seinem neuen Namen und seiner damit bezeichneten großen Verantwortung. Aber alles hat seinen Preis; eine Reifung, eine existenzielle Erfahrung ist verbunden mit einer Narbe.

Trifft das immer zu?

ACHIM KUHN

Liebender Gott, hilf, wenn wir vor einer lebensbestimmenden existenziellen Erfahrung stehen, dass wir ihr, wenn möglich, nicht ausweichen; sondern dass wir uns ihr stellen. Damit ringen. Hilf dann, dass wir, wie Jakob, in ihr bestehen. Dass wir reifer als zuvor daraus hervorgehen – mit einer Lebensnarbe vielleicht. Aber vor allem: gesegnet. Vor allem das.

Familienaufstellung

Für Jakob gibt es kein Aufatmen. Unmittelbar nach der Segensnacht am Jabbok folgt seltsam übergangslos die Beschreibung des Aufeinandertreffens der Brüder Jakob und Esau. War im vorigen Kapitel noch aus Sicherheits- und Erhaltungsgründen die hälftige Aufteilung der Herden beschrieben, so können wir jetzt von diesem Plan nichts mehr erkennen. Man meint, hier die beiden Erzähltraditionen deutlich identifizieren zu können, die in der schriftlich festgehaltenen Überlieferung zu einem Strang zusammengefügt sind. Die Familienaufstellung folgt den Regeln des nomadischen Zugs. Der Eindruck drängt sich auf, er folge zugleich den Regeln einer Prozession. In der Abfolge eines solchen Zuges, von einem Weidegrund zum nächsten, hat sich bis heute kaum etwas geändert. Als Gast in einem syrischen Wüstenkloster konnte ich vom Fenster meiner Zelle draußen vor der Mauer einen solchen Zug beobachten.

Die Familienaufstellung zeigt uns noch einmal in komprimierter Form, welch komplizierte Familienverhältnisse im Clan herrschten. Analysieren wir die beschriebene, damals übliche polygame Ehe-Form mit heutigen Begriffsmustern, dann lassen sich bei genauem Hinschauen drei verschiedene Ehemodelle identifizieren. Die arrangierte Zwangs-Ehe zwischen Jakob und Lea; das Modell der »Leihmutterschaft« durch die Leibmägde Leas und Rahels; und die romantische Liebesehe zwischen Jakob und Rahel. In der Hierarchie des nomadischen Zugs stehen Rahel und ihr Sohn Josef an oberster Stelle.

Jakob gibt sich gegenüber Esau sehr unterwürfig. Im Angesicht der Streitmacht Esaus scheint es klüger, diesen mit großzügigen Geschenken milde und gnädig zu stimmen. Er weiß jedoch genau, dass ein Zusammenleben mit seinem Bruder auf demselben Land nicht möglich ist. Nicht allein, weil er befürchten musste, in alte Wirkmuster zurückzufallen, sondern vielmehr, weil er der Erbe des von Gott in der Nacht am Jabbok erneut bestätigten Segens ist und damit der rechtmäßige Erbe des verheißenen Landes.

KLAUS SCHWARZ

Guter Gott, Vater im Himmel, halte deine segnende Hand über mir und bewahre mich in deiner Liebe.

Wirkmächtige Träume

Josefs Träume stören die komplizierte Familienaufstellung empfindlich. »Träume sind Schäume«: Ein solches Sprichwort hätte zu jener Zeit keiner ernst genommen. Im Gegenteil – ein Traum galt als von Gott eingegebene Schau auf die künftige Wirklichkeit. Das galt, auch wenn die im Traum geschauten Bilder und Ereignisse oft nicht unmittelbar verständlich waren und sie deshalb der besonderen Ausdeutung bedurften. Visionen waren wirkmächtig, sobald sie ausgesprochen waren. Das ausgesprochene Wort entfaltete seine geheimnisvolle, magische Wirkung. Die konnte kaum mehr zurückgeholt oder gebrochen werden!

Josef nahm bereits von Geburt an eine besondere Stellung ein. Er war der sehnlichst erwartete Nachkömmling aus der Ehe Jakobs mit Rahel. Rahel und Josef standen deshalb an oberster Stelle der familiären Hierarchie. Jakob fügt ein weiteres Zeichen seiner Liebe hinzu. Er lässt für Josef einen bunten Rock anfertigen. Farbige Gewänder waren die kostbare Kleidung der Herrscher. Josef ist deshalb vor allen Brüdern sichtbar hervorgehoben. Damit war offenkundig, dass der väterliche, von Gott am Jabbok bestätigte Segen Isaaks, an allen älteren Brüdern vorbei bereits jetzt auf Josef übergegangen ist. Die Kleidung gehörte unmittelbar zur Person, mit allem, was damit an Begabungen verbunden war.

Die älteren Brüder nahmen dies nicht einfach demütig und ergeben hin. Ihr Neid wuchs ebenso schnell wie ihr Hass auf Josef. Ein Übriges mag dazu beigetragen haben, dass er dem Vater alle missgünstigen Reden der Brüder hinterbrachte. Die Träume Josefs kommen hinzu. Der Hass seiner Brüder wächst ins Unermessliche. Vordergründig können diese Träume zwar als unglaubliche Überhebung gedeutet werden. Selbst Josef blieb zu jener Zeit wohl noch die Einsicht verwehrt, dass Gott ihm darin eine besondere Rolle für den Erhalt des Volkes Israel zuweist. Durch alle noch folgenden dunklen Zeiten des Zweifels und der Erniedrigung hindurch wird er seinen Segen nicht von ihm und seinen Nachkommen nehmen.

KLAUS SCHWARZ

Guter Gott, Vater im Himmel, bewahre mich vor Hochmut und Überheblichkeit.

Höllenfahrt

»Höllenfahrt«, so überschreibt Thomas Mann sein Romanwerk »Josef und seine Brüder«. Das trifft genau, was Josef in diesem Abschnitt widerfahren wird. Sein Vater Jakob-Israel sendet Josef aus, um nach dem Wohlergehen seiner Brüder und der Herden zu schauen. Sie sollen das Vieh bei Sichem weiden. Dort war das Land, das Jakob nach seinem Zusammentreffen mit Esau gekauft hatte. Jakob wird mit seinem von Gott gegebenen neuen Namen Israel benannt. So wird deutlich, dass im Genesisbuch die Völkergeschichte als Familiengeschichte gezeigt wird. Gemeinsame Wurzeln der auf den Erzvater Abraham zurückgehenden familiären Abstammungsgeschichten verbinden die im übergreifenden Siedlungsgebiet genannten Völker.

Dass Josef die Brüder nicht gleich findet, weil sie weitergezogen waren, erhöht die Spannung. Der Mord-Plan der Brüder war längst beschlossen. Eifersucht und Hass trieben sie zum Äußersten! Josef sollte sterben. Sie dachten, nur so die von Josefs Träumen ausgehende magische Wirkkraft durchbrechen zu können. Allein Ruben, der Älteste, bewahrt noch einen Rest an Vernunft: Er trägt die Verantwortung gegenüber dem Vater und will keine Blutschuld auf sich laden.

Josef wird in eine Grube geworfen. Die Brüder berauben ihn seines feinen Gewandes, nehmen ihm damit seine Identität. Mit dem Blut eines Tieres beflecken sie die herrschaftliche Hülle Josefs. Seine Begabung, seine Stellung und die Macht seiner Visionen scheinen so für immer gebrochen zu sein. – »Höllenfahrt!«

Der Fortgang des Berichts ist etwas unübersichtlich. Waren es nun Ismaeliter oder Midianiter, die Josef den Brüdern abkauften? Erneut ist sichtbar, dass zwei Erzähltraditionen zu einem Strang zusammengefügt sind. Für den Fortgang der Geschichte ist allein bedeutsam, dass Josef nach Ägypten gebracht wird und dort dank seiner von Gott geschenkten, unauslöschlichen Begabung zum Überlebensgaranten seines Volkes wird. Gottes Plan führt durch alle menschlichen Abgründe hindurch.

KLAUS SCHWARZ

Guter Gott, Vater im Himmel, lass mich gewiss sein, dass deine Hand mich auch in den dunklen Stunden meines Lebens trägt.

Tod, wo ist dein Stachel?

Es war an einem strahlenden Tag, als ich mit einer alten Dame ins Gespräch kam. »Ach, wissen Sie«, sagte sie und versuchte ein Lächeln, »ich habe alle Familienangehörigen innerhalb kürzester Zeit verloren.« Wie Donnerschläge klangen die Stationen ihres Leidens: Tod des Ehemanns, der Eltern, der bildhübschen Tochter, alle dahingerafft durch aggressive Krankheiten. Alle hatte sie gepflegt und bis zum Tod begleitet. Nein, sie glaube nicht mehr an diesen Geist da oben, der ihr alles genommen habe.

Tiefes Durchatmen. Es verschlug mir die Sprache und meine Sprachlosigkeit beschämte mich. Ich weiß nicht, wie ich selbst mit einem derart heftigen Unglück umgehen würde. Gott krönt unser Leben mit Gnade und Barmherzigkeit, verheißt der Psalm. Kann das ein Trost für einen Menschen sein, der bei allem Schmerz der letzten Jahre nicht mehr sagen konnte: In Frieden leg ich mich nieder und schlafe? Warum konnte ein Hiob, dem auch alles genommen wurde, Gott die Treue halten? Wie ist so etwas möglich? Ist das nicht übermenschlich? Auch Hiob bäumt sich auf und stellt Gott zur Rede. Und auch er bekommt keine Antwort auf die Frage, wieso er dieses Unrecht erleiden muss.

Es gibt einen Weg, hin zu einem tiefen Vertrauen in und auf Gott. Das lehrt uns dieser Psalm. Scheinbar entgegen jeder weltlichen Vernunft hoffen wir auf den Herrn, spüren seinen Frieden und seine Sicherheit in unserem Leben. Diese Hoffnung gipfelt in den Worten des Kirchenvaters Ioannis Chrisostomos, die seit Jahrhunderten in der orthodoxen Osterliturgie zu hören ist: O Tod, wo ist dein Stachel? O Hölle, wo ist dein Sieg? (...) Christ ist erstanden und leer sind die Gräber.

IOANNA KRAVARIOTI-HAASS

Herr, hilf uns, denjenigen Menschen beistehen zu können, die trauern, damit wir sie nicht mit leeren Worten und Floskeln quälen. Gib uns die Kraft, für sie zu beten, dass sie wieder an dich glauben. Befreie sie durch deine Gnade. Lass dein Angesicht über uns leuchten.

Gott ist mit Josef

Josef ist zwar aus der Zisterne gerettet, aber es verschlägt ihn nach Ägypten, in eine für ihn fremde, ja »gottlose« Welt. Durch sein gewandtes Auftreten gewinnt er sehr bald das Herz des Potifar, des Obersten der Leibwache des Pharao. Dieser vertraut ihm alle seine Geschäfte an. Die Bibel sagt ausdrücklich: Hinter seinem Erfolg steht mehr als nur das »Glück der Tüchtigen«. Es ist JHWH, der Gott Israels, der ihm alles gelingen lässt, was er anfasst.

Josef ist nicht nur erfolgreich, sondern auch sehr attraktiv. Als die Frau des Potifar ihn verführen will, weigert er sich, mit ihr zu schlafen, weil das ein Vertrauensbruch gegenüber seinem Herrn und eine Missachtung der Gebote Gottes wäre. Doch sie lässt nicht locker. Bei einem weiteren Versuch, ihm nahezukommen, entreißt sie ihm sein Gewand. Ihrem Mann gegenüber behauptet sie, die Initiative sei von Josef ausgegangen und auf ihre Hilferufe hin sei er ohne sein Gewand geflüchtet. Wie beim Konflikt mit seinen Brüdern ist es das Motiv des Gewandes, das die Demütigung Josefs versinnbildlicht.

Auf den schnellen Aufstieg des Josef folgt sein plötzlicher tiefer Fall. Abermals wird er zum wehrlosen Opfer von Unrecht und Lüge. Er ist nun wieder ein Sklave, der noch dazu ins Gefängnis geworfen wird.

Als deutlicher Kontrast dazu ist der Satz zu verstehen, der sich wie ein roter Faden durch die Geschichte seiner Erniedrigung zieht: Der Gott Israels ist »mit Josef« (vgl. Gen 39,2). Er wirkt nicht nur im eigenen Land, sondern auch in der Fremde, ja auch im »gottlosen« Ägypten. Er hilft Josef, dem verleumdeten Sklaven, und zeigt damit, dass er auf der Seite der Opfer steht. Seine Verheißung gilt nicht nur dem Abraham, dem »Urgroßvater« des Josef, sondern auch ihm selbst: »Ich werde segnen, die dich segnen … Durch dich sollen alle Sippen der Erde Segen erlangen.« (Gen 12,2f)

PETER SEUL

Gott, du warst einst mit Josef. Auf ihm lag dein Segen und durch ihn wurden alle anderen gesegnet. Lass auch uns heute zum Segen für andere werden, damit sie durch uns den Weg zu dir finden.

Gottes Hand reicht bis ins Gefängnis

Josef landet zwar im Gefängnis. Aber wie im Hause des Potifar macht er auch hier wieder alles sehr gut. Er erringt schon bald das Vertrauen des Gefängnisdirektors und ihm wird immer mehr Verantwortung übertragen. Die Bibel begründet das ausdrücklich damit, dass Gott ihm auch an diesem gottverlassenen Ort nahe ist: Er lässt ihm alles gelingen – in der Aufsicht über seine Mitgefangenen, bei ihrer Versorgung und Verwahrung.

Gott aber schenkt ihm nicht nur die Gunst des Gefängnisdirektors, sondern auch die Gabe der Traumdeutung, die wir schon aus Kapitel 37 kennen. Unter den Gefangenen, die auf ihren Prozess warten, sind zwei Prominente aus dem Umfeld des Pharaos. Beide haben einen Traum, den sie selbst nicht verstehen und den ihnen niemand von den ägyptischen Traumspezialisten deuten kann. Das ist die große Chance für Josef – und für seinen Gott! Denn, so sagt er den beiden Mitgefangenen: »Ist nicht das Träumedeuten Sache Gottes?« (Gen 40,8) Dem Obermundschenk sagt er voraus, der Pharao werde ihn wieder in sein Amt einsetzen, dem Oberbäcker, dass der Pharao ihn aufhängen lassen wird. Josefs Voraussagen treten ein. Er erweist sich abermals als der von Gott Gesegnete.

Doch leider hilft ihm seine Fähigkeit der Traumdeutung (zunächst) nichts. Zwar hatte der Mundschenk ihm versprochen, er werde sich im Fall seiner Freilassung aus der Untersuchungshaft beim Pharao für ihn einsetzen. Aber als es ihm wieder gut ging, »dachte er nicht mehr an Josef und vergaß ihn« (Gen 40,23). »So ist eben das Leben«, könnte man sagen, oder »Undank ist der Welten Lohn« – nicht aber der Lohn Gottes! Denn er wird es im nächsten Kapitel doch noch so fügen, dass der undankbare, vergessliche Mundschenk sich an Josef erinnern muss und empfehlen wird, ihn aus dem Gefängnis zu holen.

PETER SEUL

Gott, Josef ist durch große Not gegangen und daran sogar gewachsen, denn du warst mit ihm. Gib uns die Gnade, deine Führung auch dann zu entdecken, wenn wir von Leid betroffen sind. Lass uns dahinter deine unbegreifliche Liebe entdecken.

Gott will Menschen durch Menschen retten

Die Fähigkeit, den Traum des ebenfalls inhaftierten Obermundschenks zu deuten, öffnet dem jungen Josef die Pforten des Gefängnisses. Denn der hohe Beamte erinnert sich gerade in dem Moment an ihn, als der Pharao selbst eines Traumdeuters bedarf. Josef versteht es dank der Hilfe Gottes, die Träume des Pharaos zu deuten, die sich dann für die Geschichte Ägyptens als äußerst wichtig erweisen sollen: Sieben fetten Jahren werden sieben magere folgen. Josef rät zur Vorratshaltung in den guten Jahren, um für die mageren Jahre gerüstet zu sein.

Nicht nur hier zeigt sich in der Bibel: Durch Träume lässt Gott sich in die Karten schauen. Er möchte mit den Menschen zusammen an einer guten Zukunft bauen. Daher gibt er ihnen die Weisungen, die sie brauchen, um sinnvoll handeln zu können. Er hilft und handelt durch Menschen. Er will Menschen durch Menschen retten.

Davon erzählt die folgende kleine Geschichte: Ein Mann wurde ins offene Meer geworfen. Retter in einem Boot kommen vorbei und wollen ihn mitnehmen. »Nein danke«, antwortet er, »Gott wird mich retten.« Nach einer Weile kommt ein weiteres Boot vorbei, und die Helfer rufen: »Steig ein!« »Nein, danke. Gott wird mich retten«, ist die Antwort. Schließlich kommt ein Hubschrauber. Die Besatzung sieht ihn im Scheinwerferlicht, er kann sich kaum noch über Wasser halten. »Nehmen Sie die Strickleiter«, ruft einer der Männer. »Nein, danke, Gott wird mich retten«, sind die letzten Worte des Mannes, denn kurze Zeit später ertrinkt er. Im Himmel beschwert er sich bei Gott: »Mein Leben lang habe ich treu an dich geglaubt. Warum hast du mich nicht gerettet?« Gott sieht ihn erstaunt an: »Ich habe dir zwei Boote und einen Hubschrauber geschickt. Worauf hast du gewartet?«

PETER SEUL

Gott, du willst unser Heil und unsere Rettung. Wir aber sind damit nicht zur Untätigkeit verdammt, sondern zum Mittun berufen. Wir bitten dich: Lass uns unsere Begabungen, die du einem jeden, einer jeden geschenkt hast, so einsetzen, dass sie dir und den Menschen dienen.

Klare Verhältnisse

Klare Verhältnisse sind – fast – immer gut. Ordnung im Kleinen und im Großen strukturiert die Welt verlässlich, nachvollziehbar und im besten Fall gerecht. Das Gleiche gilt für die Seele. Wer bin ich, wie bin ich der oder die geworden, der/die ich bin? Wenn ich mich kenne, so gut wie es möglich ist und im Laufe des Lebens vielleicht sogar immer besser – dann kann ich da sein für mich und für andere. Der Pharao in der Josefgeschichte ist ein Paradebeispiel für einen solch »ordentlichen« Menschen: Ich bin der Pharao und du bist Josef, ein Mann des Gottesgeistes. Ich herrsche und du bist mein erwählter Statthalter. Sei wie ich, aber bleib du selber. Dieser Pharao hat ein stabiles, reflektiertes und gleichzeitig demütiges Selbstbewusstsein. Freiheit und Sicherheit gehen bei ihm eine fruchtbare Liaison ein. Sein Vertrauen in sich wie in Josef ist offen, zugewandt, anerkennend. Es überzeugt mich zu sehen, wie viel Kreativität und Schaffenskraft diese Art des Selbstbezuges in der Beziehung zu einem anderen Menschen freisetzt. Konsequenterweise bleibt dieses Verhältnis nicht eines zwischen zweien. Der neue Name für Josef als »Offenbarer der Geheimnisse« öffnet es auf eine Dimension hin, die sowohl den Pharao als auch Josef übersteigt; er öffnet ihn auf Gott hin, auf das Leben als Großes und Ganzes. Die Sehnsucht nach einer glücklichen Zukunft, der Wunsch nach dem Mehr finden darin ihren hoffnungsvollen Ausdruck. Und so geschehen wahre Wunder.

AURELIA SPENDEL OP

Gott, ich sehne mich nach dem Mehr. Ich möchte mein Leben gestalten können, meinen Weg als die gehen dürfen, die ich bin und immer mehr werde. Ja, es muss auch für mich mehr als alles geben. Mein Leben und jedes Leben soll schlussendlich gut werden. Sende mir deinen Geist, damit er mich inspiriert. Stelle Menschen an meinen Weg, die mir helfen und denen ich helfen darf. Du selber bist das Leben, du schenkst Überfluss in großer Menge. Wenn die Zeit der Not kommt, will ich die Speicher meiner Zuversicht öffnen.

Sehen, was ist

Erst auf den zweiten Blick wird deutlich, wie oft in diesem Text vom Sehen die Rede ist. Anschauen und stumm bleiben, den Tatsachen ins Auge sehen und sich trotzdem vor ihnen verschließen. Nicht wagen, jemandem ins Gesicht zu sehen, den Blick zur Erde wenden aus Unterwürfigkeit oder vor Scham. Hinterhältig die Augen überall haben, Einblicke gewinnen wollen, die einem nicht zustehen. Zusehen, wie Menschen zugrunde gehen. Nicht hinsehen, um nicht sehen zu müssen, was offensichtlich ist. Vor aller Augen das Urteil gesprochen bekommen. Auch ein Traum, so wie der des Josef, ist ein Sehen, ein Hinter-die-Kulissen-Schauen. Erkennen mit allen Sinnen und mit dem Herzen kann nur der Mensch, der der Wahrheit nicht ausweicht, so schmerzlich sie auch ist. Wahrheit kommt unter seinen Augen ans Licht, muss nicht im Dunkeln verfaulen und so am Ende mehr Unheil anrichten, als dass sie zur Freiheit führe. Wenn wir in Wahrheit »ehrliche Leute« sind, wie die Brüder Josefs es von sich behaupten, Gott und einander unseren Hunger nach Gerechtigkeit und Frieden, nach Anerkennung und Teilhabe zeigen, gehen uns die Augen auf und über. Der Proviant für unsere Lebensreise wird uns immer wieder neu mitgegeben werden und den Preis, den wir einsetzten, um unser Leben zu erhalten, wird uns zurückerstattet. Gottes Brot ist kostenlos, ist reine Gnade. Wir müssen nur hinschauen. Vertrauen auf Erbarmen und Furcht vor unserer Schuld lassen unsere Augen aufgehen und wir sehen, wie groß unser Gott ist.

AURELIA SPENDEL OP

Siehe, sagt Gott, ich mache alles neu. Sehen ist gefährlich und dem Missbrauch ausgesetzt wie ein schutzloses Kind dem Gewalttäter. Mein Augenstern, sagen wir, wenn wir einander liebend anschauen, du Mitte meines Sehens und Erkennens. Gott, mache die Augen meines Herzens klar und rein. Gib mir die Weisheit, hellwach hinzuschauen, wenn Gefahr für Frieden und Gerechtigkeit droht und ein Auge zuzudrücken, wenn es dem Taumelnden hilft. Ja, ich will sehen, wie du alles neu und gut machst.

Zerrissen

Die tiefen Risse in der Familie des so bedeutsamen Patriarchen Jakob schmerzen beim Lesen und Meditieren dieses Textes. Sie erinnern an Familien in der Nähe und in der Ferne, die in ihren Beziehungen ebenfalls nur bruchstückhaft über die Runden kommen. Familien, die mit so viel Hoffnung begonnen haben, die anders leben wollten als die, in denen sie selber mehr Schmerz und mehr an Gleichgültigkeit erfahren haben, als ihre Kinderseele verkraften konnte. Sind dem Herzen dieses Vaters die Kinder der zweiten seiner Frauen näher als die der ersten, der aufgezwungenen, der ungeliebten? Hört er die Not seines Ältesten aus dessen Bericht heraus, wie er unter der lieblosen und diskriminierenden Behandlung als Bittsteller im Land der Reichen und Schönen leidet? Warum hat er kein Mitleid mit ihm? Wo der Keil der Bevorzugung der einen, einer nur notdürftigen und konfliktbeladenen Duldung der anderen immer tiefer in ein Beziehungsgeflecht getrieben wird, schreit die Not zum Himmel. Es ist die Not aller, niemand kann hier Sieger sein. Alle sind infiziert. Der kompromisslose, herausfordernde Auftrag des Josef ist für alle eine schwere Last. Wie herausfinden aus diesem Dilemma? Wie wieder zum Leben kommen? Vertrauen erlöst aus der Erstarrung. Einander das geben, was mir das Wertvollste ist – so öffnet sich die zugeschlagene Tür des Erbarmens. Die dunkle Macht von Misstrauen, Neid und mangelnder Herzenssolidarität verliert ihre Macht.

AURELIA SPENDEL OP

Ein Leben in liebloser Duldung ist kein schönes Leben. Mitansehen, erleben, erleiden, dass die anderen im Licht stehen und ich nicht, saugt die Kraft der Liebe aus den Knochen. Gott, das ist nicht gut und ist nicht gerecht. In dieses böse Spiel schreie ich meine Klage und meinen Widerstand, dass du sehen mögest, was hier geschieht. Du hast Liebe im Übermaß, du bist die Liebe. Gib sie her, lass sie strömen, wasche mit ihr ab, was verschmutzt und verklebt. Eile, Gott, es ist dringend, denn sonst geht Leben zu Grunde.

Die Vergebung der Anderen

Gott loben und danken, wenn das Leben Spaß macht, man strotzt vor Gesundheit und Lebenskraft – die Welt umarmend. Und plötzlich sind wir auf dem steinigen, schattigen Weg. Nichts Leichtes mehr, hier ein Schicksalsschlag, da ein Schmerz. Verzweiflung macht sich in uns breit. Unsere Gefühle finden wir in vielen der Psalmen: Inbrünstig wird um Gottes Beistand gebeten, oftmals auch um Vergebung. Hilflos und verzweifelt klingt die Stimme des Psalmisten. Wir wissen, wir können uns Gottes Barmherzigkeit durch nichts verdienen. Vielleicht sind wir einsichtig, demütig genug und bereit, Gott um Vergebung zu bitten. Aber wie jemandem vergeben, der Vertrauen auf grausame, selbstsüchtige Art gebrochen, mich hintergangen hat? In den Psalmen finden sich hierzu nur wenige Zeilen. Gott möge doch bitte die Feinde auf jede erdenkliche Art und Weise vernichten, heißt es viel zu oft. Aber Christus verankert in uns: Feinde zu lieben, nicht zu vernichten. Gott bitten, unsere Schuld zu vergeben, wie auch wir vergeben unseren Schuldigern (Mt 6,12). Zorn, Ärger, unsere Gefühle durchlaufen Phasen: Die »Trauerarbeit« muss her! Vergeben kann nur, wer stark ist, sagte einst Gandhi. Vergeben kann nur, wer durch Gott stark gemacht wurde, ergänzen wir Christen. Als orthodoxe Christin erlebe ich diese Stärkung im liturgischen Leben meiner Kirche. In den Mysterien der Beichte, der Krankensalbung, der Heiligen Eucharistie, die mir nicht als Belohnung für meine guten Taten, sondern zur Vergebung der Sünden und für das ewige Leben gewährt werden. Im Morgengottesdienst (»Orthros«) hören wir: Aber wie ein Vater sich seiner Kinder erbarmt, so erbarmt sich der HERR über alle, die ihn fürchten. Auf Gottes Barmherzigkeit und Gnade ist Verlass! Sie stärkt uns, damit wir unseren Willen erziehen können. Ich entscheide mich bewusst, den Anderen mit Liebe zu begegnen, auch mir meine eigenen Fehler und Schwächen zu verzeihen.

IOANNA KRAVARIOTI-HAASS

Gott, meine Seele lobt dich und bittet dich um deine stärkende Gnade für uns alle, damit wir dein Geschenk der Vergebung einander weiterreichen können.

»Der Mensch ist geboren, um gut zu sein.« Desmond Tutu

Mensch werden, wirklich Mensch werden, ist vielleicht die wichtigste Spur, auf die uns die Bibel setzt. Es gibt viele bemerkenswerte Beispiele, wie Gott den Raum und die Möglichkeit einem jeden Menschen eröffnet, z.B. neue Wege zu gehen und sich nicht an das Bisherige zu klammern; sie, anders als von anderen erwartet, zu gestalten und eben nicht vermeintlich bewährten Lebensmustern zu folgen.

Hierfür gibt es gute Gründe, etwa den, einzusehen, dass Zeit nicht die Wunden heilt, dass begangenes Unrecht nicht wirklich wieder gut gemacht, genauso wie eine tiefe Verletzung nicht ungeschehen gemacht werden kann. Gleichwohl muss man nicht dem verhaftet bleiben, wie es ist – mal mit Gründen eingesehen, mal durch Zufall gefügt, mal inständig erbeten, mal durch Umstände erzwungen. Es sind so viele Wege, wie Gott es in kleinen Schritten oder im großen Bogen der Geschichte wieder gut und menschlich werden lassen kann.

Hier ist der Hunger, zumal ein jahrelanger, der Treiber – der nicht nur heute durch klimaveränderte Lebensbedingungen Unzählige in die Flucht treibt, sondern auch schon damals dazu drängt, nichts unversucht zu lassen: sich selbst als Bürge, als Sicherheitsgarant anzubieten und wenn nötig, das eigene Leben zu verpfänden. Dieses Mal ganz anders als zuvor, als beabsichtigt war, den ungeliebten Bruder zu Geld zu machen. Jetzt soll alles dazu dienen, für die Familie einzustehen, das Ganze und damit auch die Zukunft im Auge zu behalten. Oder auch schweren Herzens die Zustimmung zu erteilen, »wenn es denn sein muss«, auch den liebsten Sohn mit auf die Reise zu lassen und den Schmerz und die Trauer, alleine zu sein, auf sich zu nehmen.

Es sind immer wieder viele kleine und große, spektakuläre und verborgene Schritte zur Menschwerdung, es braucht auch die Bereitschaft, sich zu ändern, sich zur Disposition zu stellen – alles in dem Wissen, dass es wirklich nur Schritte sind, nicht mehr und auch nicht weniger – eingebettet in die Bitte um göttliches Erbarmen.

HANS-JOACHIM ZOBEL

Treuer Gott, lass uns heute die Spuren entdecken, die du in unseren Alltags legst.

Was zusammengehört, wächst schrittweise wieder zusammen

Welch eine Begrüßung – Shalom ist beim Eintritt gegenwärtig. Es klingt beinahe wie der Engelsruf: »Fürchtet euch nicht, siehe ich verkündige euch große Freude.« Doch so einfach ist es nicht, dass der Schalter der Schuld- und Entfremdungsgeschichte umgelegt werden kann.

Berührende Szenen dieser Art kennen wir: Tränen fließen, wenn ein entführtes Kind nach 41 Jahren seine Mutter trifft; wenn sich Zwillinge nach jahrelanger Suche und nach Jahrzehnten getrennter Biografien in den Armen liegen.

Doch hier geht es zunächst kühl und distanziert zu, wenn sich der kleine und der große Bruder wiedersehen – und doch ist es anders, wenn der Jüngste und der noch unerkannte erste Mann im Staate Ägypten einander begegnen. Öffentlich weinen kann er nicht, so sehr ihm auch alles zu Herzen geht. Solange Josef herrschen will, muss er sich beherrschen – und muss sich noch, wie beim Beten angeraten, in sein Kämmerlein zurückziehen.

Das die Religions- und Kulturgeschichte durchziehende Paar von Konvivenz und Differenz wird uns sichtbar vor Augen geführt. Man kommt ins Nachdenken, was die Zeit damals von der heutigen unterscheidet: jede Einheit – hier Ägypter und Hebräer – je an ihrem Tisch – doch in einem Raum! Das gab es damals, und warum sollte es nicht auch heute gehen? In der Ökumene wird das Miteinander der verschiedenen christlichen Konfessionen, Denominationen und Traditionen zutreffend als versöhnte Verschiedenheit charakterisiert. Die Weltgemeinschaft ist es noch lange nicht. Es scheint noch vieler kleiner und großer Schritte zu bedürfen, dass daraus eine versöhnte Gemeinschaft wird, unter den Staaten und Völkern, unter den Religionen und bis hinein in die Familie. Und womöglich es ist so, dass, solange Herrschaft – hier repräsentiert durch Josef – ausgeübt wird, das versöhnte Leben nicht möglich ist und noch nicht zusammenwachsen kann, was zusammengehört.

HANS-JOACHIM ZOBEL

Gott unserer Väter und Mütter, was jetzt noch trennend ist, soll nicht so bleiben – in deinem Reich werden alle an einem Tisch sitzen. Lass uns von diesem Bild deiner Zukunft her unsere Gegenwart gestalten und mit Leben erfüllen.

Die Wahrheit wird euch freimachen

Die vergangene Zeit ist keine verschwundene Zeit, sondern angesammelte, habe ich einmal gelesen – oder: »Man kann ein Haus nicht erben, ohne die dazugehörenden Hypotheken.« Aus Gesprächen von Gefängnisseelsorgern mit Gefangenen erfährt man, wie wichtig, ja zukunftsentscheidend, der Blick in die eigene Tat- und Lebensgeschichte ist. Man kann sie nicht rückgängig machen. Das Angesammelte will aufgerufen werden – und vor Augen gestellt, sich zu fragen: Was ist passiert, was habe ich getan und wie habe ich mich nachträglich verhalten? Was hat mich belastet? Wie bin ich mit den Schuldgefühlen umgegangen – umgangen, verdrängt, langsam zugelassen? Welche Rolle habe ich gespielt, wo habe ich weggeschaut statt einzugreifen, geschwiegen statt tatkräftig zu helfen und mich dadurch womöglich selbst zu gefährden! Was treibt mich, mich immer wieder so und nicht anders zu verhalten?

Der lebensgeschichtliche Knoten der Verstrickungen – bei sich oder gemeinsam mit anderen – platzt, wenn aufrichtig zurückgeschaut wird, wenn ohne Rücksicht auf Ansehen und Vorteil gesagt wird: So wa(h)r es und so ist es. Einsicht heißt das Schlüsselwort – und ist der Anfang der Befreiung und der Beginn, der einen neuen Weg möglich macht, so auch hier. Die Wahrheit wird euch frei machen, lesen wir an anderer Stelle der Bibel.

Das stimmt für diese Erzählung sogar in doppelter Weise – denn auch Josef spielt ein trügerisches Spiel mit seinen Brüdern. Er tut so, als ob er wie ein Allmächtiger agieren könnte und merkt, wie schnell er an seine persönlichen Grenzen kommt. Es ist ein schönes Beispiel dafür, dass es immer wieder möglich ist, das Herz der Mächtigen zu erreichen, und wie befreiend es sein kann, ganz menschlich Empfindungen und Gefühle zu zeigen.

Wahrheit ist ein entscheidender Schritt für Versöhnung und die Wiederherstellung des Friedens, in der Familie genauso, wie im Umgang mit Geschichte und dem Zusammenleben der Völker.

HANS-JOACHIM ZOBEL

So bleibt nur zu bitten: »O komm du Geist der Wahrheit, und kehre bei uns ein, verbreite Licht und Klarheit, verbanne Trug und Schein.«

Überraschungen

Die Geschichte rund um Josef beginnt mit einer Grube und seinem Verkauf an eine durchziehende Karawane. Josef wird den Blicken seines Vaters und seiner Brüder entzogen. Jetzt erreicht sie einen Höhepunkt. Josef gibt sich seinen Brüdern zu erkennen. Dieser Moment gehört nur ihnen, es ist ein intimer Augenblick. Lang zurückgehaltene Gefühle lassen sich nicht mehr zügeln.

Erst Erschrecken, dann Küsse, Umarmungen, Geständnisse. Dramatisches Geschehen, die Lesenden werden mitgerissen. Aber es geschieht noch anderes Wichtiges. In seiner Rede an die Brüder gibt Josef sich nicht nur selbst zu erkennen, sondern er gibt ihnen auch eine neue Deutung des vergangenen Geschehens.

Ihr reuevolles Einsehen über ihr Verbrechen macht den Weg frei für eine neue Erzählung, ein neues Narrativ. Gott wendete ihre böse Tat und nutzte sie für seinen Plan, so versichert Josef ihnen. »Ich musste nach Ägypten kommen, damit ihr und alle, die zu euch gehören, jetzt vor der Hungersnot gerettet werden können. Ich habe euch durch meinen Aufstieg am Pharaonenthron den Boden bereitet!« Das erinnert an Bonhoeffer: »Ich glaube, dass Gott aus allem, auch aus dem Bösesten, Gutes entstehen lassen kann und will.« Vielleicht ist das ein wichtiger Bestandteil unseres Glaubens, dass wir die Perspektive, die Sichtweise ändern können und dürfen.

Es gilt, Gottes Blick mit in die Geschehnisse einzubinden. Dadurch werden andere Fäden sichtbar als die, in die wir uns so heillos verknäuelt haben. Das kann befreiend wirken und geht meist auch nicht ohne Gefühlsturbulenzen in uns einher, aber dieser neue rote Faden ist ein Teil von Gottes Segenswirken an uns Menschen. Wohlgemerkt, das ist kein Freibrief nach dem Motto »Gott wird es schon richten!«. Einsicht und Reue und Änderung sind schon wichtig. Aber diese Möglichkeiten gibt es immerhin, auch wenn wir das zuerst nicht sehen. Wir können aus dem Brunnen wieder herauskommen, an das Licht, an die frische Luft. Gott hat dafür Möglichkeiten. Vertrauen wir ihm unsere Lebensgeschichte, unser bisheriges Narrativ an?

DIRK PUDER

Öffne mir die Augen, Gott, damit ich mein Leben in deinem Licht erkennen kann.

Verknüpfungen

Manchmal kann ich mit Engelszungen reden, jede Menge Worte finden – ich dringe nicht durch. Das Herz meines Gegenübers bleibt kalt, er oder sie glaubt mir nicht. Aber ohne Worte geht es auch nicht. Die Brüder haben Glück bei ihrem Vater, sie können von Josef erzählen und dies auch handgreiflich unterfüttern. Denn erst als Jakob die Wagen sieht, das Getreide anfasst und durch die Finger rieseln lässt, wird sein Geist lebendig. Manchmal reichen die großen Worte alleine nicht, dann müssen sie in kleiner Münze mit meinem Leben verknüpft werden. Dann brauchen die großen Verheißungen Unterfütterung durch Lebensbelege. Gut, wenn es jemanden gibt, der das mit mir zusammen versucht. Wenn es gelingt, wacht die Hoffnung auf. Wie bei Jakob. Er macht wieder Pläne. Führt sie durch. Und Gott nutzt dieses Geschehen, um das Narrativ noch einmal zu erweitern. In einem Traum gibt er sich ihm zu erkennen, so wie sich Josef vorher den Brüdern zu erkennen gibt. Dann bereitet er ihn auf das Wiedersehen mit Josef vor, der jetzt bis zu seinem Sterben bei ihm bleiben wird. Aber mehr noch. »Fürchte dich nicht, nach Ägypten zu ziehen. Dort wirst du ein großes Volk werden.« Die Erzählung von Gottes Plan mit Jakob geht viel weiter als das Wiedersehen mit seinem lang vermissten Sohn. Denn auch das ist nur ein Mosaikstein, der nötig ist, Israel zu einem Volk werden zu lassen. Die späteren Leser und Leserinnen dieser aufgeschriebenen Geschichte werden langsam fragen: Ein großes Volk Israel in Ägypten – ob die da wohl auch wieder rauskommen? In der biblischen Komposition ist hier eine Nahtstelle zwischen dem mythischen Beginn Israels und dem historischen Verlauf. Gibt es in der Komposition meines Lebens auch Nahtstellen zwischen Gottes Worten und dem, was wirklich geschehen ist? Und wenn solche Nahtstellen für mich erkennbar werden, darf ich dann darauf hoffen, dass Gott sein Narrativ für mich auch erweitert? Vielleicht sogar Sterben und Tod mit umfasst und noch darüber hinaus geht? Ja, das glaube ich – und gewinne dadurch Lebensmut.

DIRK PUDER

Gott und Mensch zusammen, für uns Menschen ein Grund zu loben, für Gott ein Grund zu lieben.

Ausweitungen

Ein weiterer Höhepunkt. Die Begegnung des lange tot geglaubten Sohnes mit dem Vater. Wieder ein bewegender Moment. Wieder wird das Sterben thematisiert, ohne Verzweiflung und mit Seelenruhe. Und der Horizont weitet sich auch diesmal. Dank der Vermittlung von Josef lässt sich die ganze Gruppe im Lande Goschen nieder. Das ist weidereiches Grenzland am Nildelta. Sie werden deutlich als Viehhirten bezeichnet. Welche Rolle ausländische Viehhirten in der ägyptischen Agrar- und Ansiedlungspolitik spielten, ist historisch nicht ganz geklärt. Es ist aber auf jeden Fall für den Fortgang der Geschichte wichtig, denn hier werden grundlegende Ressourcen angelegt zur Bekämpfung der bevorstehenden Hungersnot. Es wird deutlich, dass Gottes Verheißungen nie an einem Punkt oder einem Sachverhalt in dieser Welt aufhören. Jeder erfüllte Moment bringt eine Horizonterweiterung mit sich. Wir dürfen diese erfüllten Momente genießen, uns an ihnen freuen, den Gefühlen dabei freien Lauf lassen. Aber irgendwann darf auch die Neugier wachsen, wie es denn wohl weitergeht mit Gottes Geschichte und mit uns. Noch ein anderer Aspekt ist beachtenswert: Jakob sendet seinen Sohn Juda voraus. Er ist schon länger Sprecher der Brüder und damit Vermittler zwischen Josef und Jakob, letztlich Vermittler zwischen dem Pharao und Israel. Dass für Gottes Geschichte mit Israel – und dann für uns – Vermittler erwählt werden und eine wichtige Rolle spielen, ist bedenkenswert. Wir als heutige Leserinnen und Leser dürfen blitzlichtartig an andere Vermittler denken, die für Jakob und Josef noch in weiter Zukunft liegen, beispielsweise an Moses, an David, an den Gottesknecht aus dem Jesajabuch und natürlich an den Davididen aus dem Stamme Juda: Jesus von Nazareth.

So verknüpft der Gott Abrahams, Isaaks und Jakobs seine Geschichte mit der Welt, mit der Geschichte seines Volkes und mit jedem einzelnen seiner Kinder – auch mit uns. So läuft Gottes Segen durch die Zeit bis ins Heute und darüber hinaus.

DIRK PUDER

Jesus, wann gibst du dich uns wieder zu erkennen? Wir sehnen uns nach deiner Umarmung.

Zurückbesinnen

Der Psalmist nimmt uns mit in sein ganz persönliches Glaubensleben. Sich zurückbesinnen auf Gottes große und kleine Taten. Wenn es mal wieder drunter und drüber geht, dann ist das oftmals das Einzige, was uns bleibt. Sich zurückzubesinnen an das, was Gott schon in einem Leben bewirkt hat; wie er gewirkt hat.

Gehen wir durch schwierige Situationen, so fühlen wir uns verlassen. Wir fragen uns: »Wo ist Gott gerade?« Wir strecken uns nach ihm aus und rufen zu ihm, aber bekommen scheinbar keine Antwort. Selten haben wir die Kraft, ihn zu fragen: »Gott, wo bist Du gerade?« und geduldig auf eine Antwort zu warten oder zu vertrauen. Stattdessen verlieren wir uns in Fragen und Gedanken wie der Psalmist und »unser Geist verzagt«. Die Situation scheint ausweglos und nicht bewältigbar. Dann ist es daran, sich neu vor Augen zu führen, ... dass für Gott nichts unmöglich ist, ... dass sein Weg »heilig« ist, ... dass Gott schon Größeres getan hat, ... dass Gott nie untätig ist ... und, dass Gott uns nie aus dem Blick verliert. Daraus gilt es, neue Kraft zu schöpfen und der Gegenwart mutig ins Auge zu blicken.

Wenn du dich das nächste Mal wie der Psalmist fühlst, der »so voll Unruhe [ist], dass [er] nicht reden kann«, dann probiere – bevor du betest – Folgendes: Schließe deine Augen. Entspanne deine Glieder. Lasse deine Atmung ruhig werden. Erinnere dich an eine Situation, in der du Gottes Wirken erfahren hast. Versuche, dich in die Situation hineinzufühlen und die Dankbarkeit nachzuempfinden, die du damals empfunden hast.

GABRIEL MICHAILIDIS

Allmächtiger Gott, du hast deine Stärke und deine Liebe schon so unzählige Male in meinem Leben bewiesen. Dennoch fällt es mir manchmal schwer, dich in schwierigen Situationen zu sehen. Öffne mir die Augen. Erinnere mich an deine großen und kleinen Taten und schenke mir Zuversicht für das zu Bewältigende. »Gott, dein Weg ist heilig.« Lass mich dies erkennen und meiner Gegenwart mit neuer Kraft entgegentreten.

Ägypten steht dir offen (47,6)

Wiedersehensfreude kann mit Erschütterungen verbunden sein, wenn die lange Trennung durch tragische Umstände verursacht war. So ist es bei Jakob, dem alten Mann, als er seinen totgeglaubten Sohn Josef endlich wiedersieht. Wie in einem Film läuft sein Leben vor seinem inneren Auge ab. Und es überwiegen die »bösen Tage«. Der Sohn, der »Mann des Gelingens« (Gen 39,2.3.21; 41,38), will die letzte Lebensphase seines Vaters so gestalten, dass er sie in Frieden und in Freiheit verbringen und satt an Leben sterben kann.

Doch ist Josef trotz all seiner Verfügungskompetenz auf den Pharao angewiesen, wenn er eine solch weitreichende Entscheidung treffen will, nämlich seine riesengroße Sippe im Land anzusiedeln. Also erwirkt er eine Audienz für seinen Vater beim Pharao. Wie begegnen sich zwei Menschen, die sich völlig fremd sind, jedoch in unterschiedlicher Beziehung zu dem einen Vermittler stehen? Und wenn dazu kommt, dass die Beziehung asymmetrisch ist, weil der eine geben und der andere nur empfangen kann?

Jakob verhehlt nicht, wie abhängig er ist. Doch er gibt, was er geben kann: Er segnet den Pharao. Diesen Segen beantwortet der Pharao konkret mit einem großzügigen Versprechen. »Ägypten steht dir offen.« Jakob kann mit seiner Familie als Schutzbürger, also im Status eines Fremden in Ägypten leben. In diesem Zusammenhang nennt er sein Lebensfazit: »… unglücklich (böse) waren meine Lebensjahre.« Es sind Jahre voll von Konflikten. Es scheint, als sei Jakob nicht nur fremd geblieben in den Ländern, in denen er gelebt hat, sondern auch fremd im eigenen Leben. Einzig darin liegt die Verheißung: Wenn das Böse und das Schlimme im Leben zu Wort kommen dürfen, müssen nicht Rache und Vergeltung das letzte Wort haben. So wird der Verletzte der Aufrechte, der segnet. So kann in gelingenden Beziehungen Leben neu gestaltet werden. Genau das unterstützt Josef. Solche Menschen braucht es.

PAUL DESELAERS

Da wir so viel Not und Unglück sehen – zeig uns Spuren der Verlässlichkeit, Gott, unter deinem Wort.

Letzter Wille als Segen

Es ist anders, ob einem das Leben geraubt wird oder ob man es abgeben kann. Dass der Erzvater Jakob nicht voller Enttäuschung sein Leben beendet, sondern noch erlebt, dass seine Sippe, das werdende Volk Israel, sehr zahlreich wird, ist wie eine versöhnende Korrektur zu seiner eigenen Lebenseinschätzung (47,9). Siebzehn Jahre lebt er in der Obhut seines Sohnes Josef – so lange wie Josef in seinem Haus wohnte. Die Zahl »17« ist die Zentralzahl von Jakobs Leben: 7 mal 7 mal 3 = 147 und 7 + 7 + 3 = 17. Als ob sein Leben sich nach einem geheimen Bauplan vollendet.

Josef ist nun der, der Jakobs letzten Willen erfüllen soll, kann und wird. Die Besonderheit liegt darin, dass Jakob »bei seinen Vorfahren liegen« und nicht in Ägypten begraben werden will. Dieser Wunsch lichtet die Todessicht auf. Isoliert im Leben und im Tod ist der, der dem Tod in die Hände gearbeitet und das Lebensgefüge gegen Gottes Plan unterminiert hat. In Gemeinschaft zu sein ist Ausweis dafür, dem Leben seine innere Richtigkeit und Validität – auch unter schwierigen Bedingungen – nach dem Willen Gottes gegeben zu haben.

Jakob bittet Josef um »Freundlichkeit und Zuverlässigkeit«. Denn er bittet ihn um etwas, was über die Pflicht des Sohnes, den Vater zu begraben, hinausgeht. Das ist so wichtig, dass er ihm einen Schwur abverlangt.

Hier zeigt sich, dass Ägypten für Israel Zuflucht, jedoch nicht Heimat ist, im Grunde auch für Josef. So findet auch die Josefserzählung ihr Ende erst mit der Bestattung Josefs im Land Israel. Doch zuvor wird feinsinnig an den Ährentraum (37,7) erinnert: Wie Jakob sich vor Josef (und vor Gott) verneigt (47,31), so verneigt sich Josef vor Jakob (48,12). Beziehung tritt an die Stelle von Macht, Gegenseitigkeit an die Stelle von Unterwerfung, Freundlichkeit und Zuverlässigkeit an die Stelle von Herrschaft und Gewalt. So kann letzter Wille zum Segen werden, der rein menschliche Träume erfüllt und korrigiert – unter den Augen des EINEN.

PAUL DESELAERS

Alle Tage geschieht es: Leben im Tod. Da gehören wir hin, zu dir, Gott.

Gott, der mich hütet, seit ich bin (Gen 48,15)

Wenn Menschen eine größere Hoffnung haben als sich selbst und im Namen eines größeren Anderen miteinander umgehen, hat der Segen seinen Ort gefunden. So ist es bei Jakob und Josef. In manchen Szenen und Motiven ist das Kapitel, wie Jakob seinen Sohn Josef in dessen Söhnen segnet, verwickelt. Doch es gibt den roten Faden »Segen«.

Jakob ist sterbenskrank, als er Josef mit seinen Söhnen zu sich bittet. Wann ist ein Mensch schutzbedürftiger, für Liebe empfänglicher und zugleich freigebiger als an der Todesgrenze? Jakob erzählt von seinem Leben. Er breitet einen Überlieferungszusammenhang aus, aus dem er schöpfen möchte und kann. Sein Quellgrund ist Gottes Treue: »Gott, der mich hütet, seit ich bin.« Als Jakob sich im tiefsten Dunkel seiner Wahrheitskrise (Gen 32) bewährt, erkennt er den, der die Wahrheit ist – und er bleibt am Leben, ja er kommt immer neu zu seiner Wahrheit, über viele Höhen und Tiefen hinweg. Daraus kann er jetzt weitergeben und segnet Josef und mit ihm dessen Söhne Efraim und Manasse.

Dieser Segen ist kommunikativ ausgetauschte Beziehung und Verheißung. Alles Zeitliche ist darin in seiner Vergänglichkeit dennoch ein großes Versprechen für mehr und schöpferisch Neues. Segnen ist Tun auf Zukunft hin. Der gegenseitige Respekt von Vater und Sohn in der Verneigung ist eine gemeinsame Anerkennung der Gaben Gottes und durchkreuzt so jede Herrschaft von Menschen über Menschen.

Segnen zeigt sich als ein Beziehungsgeschehen: Stets von dem Geheimnis ausgehend, das wir Gott nennen, ermöglicht es jenen Dialog der Liebe und der Freiheit, der wirkliche und wirksame Gegenseitigkeit und Verlässlichkeit einschließt. Darin eingewoben sind der Dank und die Freude darüber, dass dieser Gott so wohltuend anders ist als Menschen. Dieser Segen ist die Gegenwart göttlicher Zuwendung nicht nur im Gelingen, sondern auch im Scheitern. Und er soll sich fortsetzen über Generationen hin als Segensgeschichte.

PAUL DESELAERS

Gott, wir rühmen dich und danken dir, denn groß ist deine Herrlichkeit.

Ende und Anfang

Abschiede gehören zum Alltag. Auch bei Reisen, Schul- oder Berufswechsel, in privat-persönlichen Beziehungen. Es gibt Anregungen für jeden Anlass, und doch bleiben Abschiede etwas sehr Persönliches. Manche werden genau geplant, andere sind ganz spontan. Meist werden Leib und Seele dabei irgendwie berührt. Besonders beim Abschied aus dem Leben, für die Sterbenden und für die Angehörigen. Aussegnungen waren früher selbstverständlich. Anlass, noch einmal Gemeinschaft erfahrbar zu machen, im vertrauten Kreis, persönlich, auch geistlich. Geschützter Raum für Erinnerungen, Bangen und Hoffen, für Trauer und Trost. In den letzten Jahrzehnten ist vieles bei uns anders, lockerer geworden, auch in familiären, gesellschaftlichen und religiösen Bindungen. Abschiede werden mehr und mehr nach individuellen Vorstellungen gestaltet, geradezu patchwork-mäßig. Ist Ähnliches nicht auch früher gewesen? Jakobs und Josefs Lebenswege waren durchaus holperig, kurvenreich und gefährlich. Flucht, Armut, Leid, Schuld – und doch auch Hoffnung, Liebe, Gottvertrauen. Jakobs letzte Worte an seine Söhne sind eine Mischung aus Segen und Fluch, Erinnerung und Warnung – alles in allem eine gewachsene Mischung aus jahrhundertewährenden Überlieferungen. Die Söhne, die späteren Stämme, werden in bildreicher Sprache gesegnet. Juda werde sich zu einem besonderen Stamm entwickeln – die Juden werden für Kontinuität stehen – allen Bedrohungen und Gefahren zum Trotz. Wir Christen werden an Jesu Einzug in Jerusalem erinnert, an die Eselin mit ihrem Füllen. Die Segensworte Josefs weisen auf Gottes weibliche Seite hin, die Geborgenheit und die Speisung, die er uns reichlich gibt. So männerzentriert dieser biblische Text auch ist, Ganzheitlichkeit, Diversität, Geschlechtergerechtigkeit gehören inzwischen fest in unser Leben und ebenso in unsere Gottesbeziehung. Es lohnt sich, unseren Abschieden bewusst mehr Bedeutung zu schenken.

MARIA JEPSEN

Gott, lehre uns, einander wahrzunehmen, bis zum Ende des Lebens, und Frieden zu erbitten für die, von denen wir Abschied nehmen.

Letzte Worte und Taten

So unterschiedlich die Söhne Jakobs waren, gewaltbereit, friedfertig, skrupellos, großzügig, eins verband sie fest miteinander: der Glaube an ihren Gott, den Gott ihrer Familie. Dieser Glaube hat sie alle getragen. Auch die Erzmütter werden namentlich genannt. In Europa geht es nicht gerade harmonisch und friedlich zu. Wir haben nicht den einen christlichen Glauben, der uns alle trägt und bewegt. Stattdessen viele Religionsgemeinschaften und Staaten, die mehr oder weniger tolerant sind. Das einheitliche christliche Abendland hat es nie gegeben. Fluchtträume sind selten weiterführend. In unserer Unterschiedlichkeit leben wir als Glaubensgemeinschaften, als Nationen, Staaten, Gesellschaften, als Menschen hier und jetzt – und doch kann uns alle etwas verbinden: die europäischen Werte, die Menschenwürde und Respekt und Toleranz bedeuten und bewahrt werden müssen. Immer wieder neu. Das ist unser Erbe und unsere Zukunft, unsere Aufgabe. Die Verse über Jakobs Tod und seine Bestattung erstaunen. Nur von Josef ist da die Rede und von den ägyptischen Bräuchen. Die Brüder akzeptieren die fremden Trauerriten und bleiben doch ihren eigenen Glaubensgewohnheiten treu. Sie bestatten ihren Vater in der Höhle Machpela, in Kanaan. So wie Jakob es sich gewünscht hatte. Die Familientradition wurde befolgt, mit Offenheit für andere kulturelle Riten. Das Volk Israel hatte später schwere Krisen zu durchstehen, in Ägypten, in Babylon. Im gesamten Nahen Osten und in Europa, bis zur Schoah. Friedhöfe wurden und werden geschändet, Bestattungen verwehrt. Gott sei es geklagt! Wir sind gefordert, für Frieden und Gerechtigkeit einzutreten, an die Geschichten der Bibel zu erinnern und Europa eine gute, friedliche Zukunft zu wünschen. Sterben und Tod, Krisen und Kriege drängen uns, Konflikte bewusst wahrzunehmen und uns friedfertig um gute Lösungen zu bemühen.

MARIA JEPSEN

Gott, steh uns bei in allen persönlichen, gesellschaftlichen, politischen und religiösen Konflikten. Lehre uns bedenken, dass wir sterben müssen, auf dass wir klug werden und friedfertig.

Vergebung und Versöhnung

Versöhnung über den Gräbern – seit über 100 Jahren bemüht sich die Deutsche Kriegsgräberfürsorge darum. Bestattungsorte verlangen nach einer besonderen Würde. Menschen sollen auch im Tod geachtet, beachtet werden. Im biblischen Bild: nicht zum Fraß werden den Vögeln des Himmels oder den Tieren des Landes. Wir kennen die Mahnung zur Versöhnung über den Gräbern, zwischen Menschen unterschiedlicher Nationen, Kulturen, Religionen. Solche Dienste der Barmherzigkeit dürfen nicht aufhören. Über die Grenzen von Raum und Zeit hinweg dienen sie der Versöhnung und dem Frieden. Als der Erzvater Jakob starb, hatten seine Söhne Angst, dass Josef sich rächen würde, Angst vor schlimmem Unfrieden. Mit einer Lüge traten sie vor Josef, behaupteten, dass der Vater sie dazu veranlasst hätte. Zur Vergebung für immer. Ein Gelehrter sagte dazu später im Talmud: »Groß ist der Friede, denn sogar unsere Stammväter wichen von der Wahrheit ab, um den Frieden zwischen sich und Josef zu bewahren.« Der Tod ist ein Einschnitt, der unwiderrufliche Veränderung bringt – auf sehr unterschiedliche Art. Das kann sehr weh tun. Ist Ende und ist Anfang. Versöhnung vor dem Grab, Versöhnung über den Gräbern – aus der Hoffnung und dem Glauben an Geborgenheit bei Gott, an neue gute, friedliche Wege. Das ist möglich. »Ihr gedachtet es böse mit mir zu machen, aber Gott gedachte es gut zu machen« – antwortete Josef. Und im gesegneten Alter von 110 Jahren starb er. Später wurde er ins Land Kanaan getragen, in einem Sarg, einer Lade – da steht im Hebräischen für Sarg dasselbe Wort wie für die Bundeslade, in der die Steintafeln mit den 10 Geboten getragen wurden, vom Sinai bis ins Gelobte Land. Gottes Gegenwart in Worten und Menschen, im Leben und im Tod. Darauf dürfen wir hoffen. Daran können wir erinnern, uns und andere.

MARIA JEPSEN

Gott, steh uns bei. Wenn wir aufbrechen und abbrechen, unterwegs sind auf Reisen oder in Gedanken. Bleibe bei uns, wenn es dunkel wird, und lass dein Antlitz leuchten über uns und über deinen Geschöpfen.

Wann kommst du?

Was für ein Tugendbold! Ein wenig unheimlich ist er mir, dieser moralische Alleskönner. Ein lauteres Herz, nichts Böses im Sinn, die Untugend bringt er zum Schweigen, hat was gegen Hochmut, die »falschen Leute« setzt er vor die Tür, die »Frevler« bringt er zum Schweigen. Ziemlich selbstbewusst ist er, dieser allzeit gerechte Vollbringer vollkommener Werke. Ja: Unheimlich ist er mir. Und wäre er dem »echten« König David auch – denn der hatte es mit den vollkommenen Werken auch nicht so leicht. Schutzgelderpressung, Ehebruch, ein paar Neider aus dem Weg geräumt – David war kein leuchtendes Beispiel frommer Tugend.

Wer seine Geschichte kennt, muss diesen Psalm für Ironie halten, oder für ein Idealbild, das kein König und keine Normalsterbliche erreichen wird. Am Ideal der Vollkommenheit muss ein Mensch scheitern.

Ganz leise höre ich noch einen anderen Ton: Dass sich der Psalmsänger »an den rechten Weg« hält, das hat ein Ziel. »Wann kommst du zu mir?« In dieser Frage schwingt Sehnsucht, klingt der Wunsch an, mit Gott Gemeinschaft zu haben, Gott zu begegnen. Treibt er darum all den Aufwand, gibt er sich darum die Mühe, lauter, demütig und ein Streiter für den Herrn zu sein? Das müsste er nicht.

Am »echten« David, an dem, von dem die Hebräische Bibel so menschlich erzählt, ist abzulesen: Gott ist da, Gott ist dabei. Gott hat Anteil an diesem ganzen, verworrenen, so strahlenden wie verschatteten Menschenleben. Was David groß gemacht hat, so dass wir uns heute noch an ihn erinnern und ihm Psalmen in den Mund legen, das war nicht seine Tugendhaftigkeit und Integrität – das war die Treue Gottes, auf die sich David immer wieder besann.

Immer wieder hob er die Augen, schaute aus nach dem Gott, der längst bei ihm wohnte – darin kann er ein Vorbild sein.

THOMAS WEISS

Gott, an den Herausforderungen deiner Weisung, an den Ratschlägen deiner Gebote scheitere ich Mal um Mal. Gewiss werde ich kein vollkommener Christ mehr werden. Aber das erwartest du auch nicht. Du siehst mich an und möchtest nur, dass ich gelten lasse, wie nah du mir bist.

Berufungsgeschichten

»Berufung« ist ein großes Wort. Eine nicht zu leugnende Dramatik schwingt darin mit und eine enorme Tragweite klingt darin an. Neben dem Verspüren eines »inneren Rufes« kann Berufung aber noch andere Bedeutungen haben. So nennt man die Aufforderung zur Übernahme eines Lehrstuhls an einer Universität ebenfalls Berufung. Außerdem spricht man von »in Berufung gehen«, wenn man vor Gericht Rechtsmittel gegen ein Urteil einlegt.

All diese Facetten lassen den Begriff Berufung spannend werden, denn immer geht es um etwas von Bedeutung. So auch in der Berufungsgeschichte »der ersten Jünger«, wie es bei Matthäus heißt. Unspektakulär wird hierbei zunächst nur beschrieben, dass Jesus am See von Galiläa entlangging und zwei Fischer sah, die ihre Netze auswarfen. Nichts deutet auf ein Ereignis von besonderer Tragweite hin. Erst als Jesus sie auffordert: »Kommt her, folgt mir nach!«, kommt Bewegung ins Spiel. Dies ist der Moment der Entscheidung. Entweder geht es so weiter wie immer, oder alles wird sich ändern.

Entscheidungen sind dem Wortsinn nach immer etwas Heftiges. Etymologisch betrachtet bedeutet der Begriff so viel wie »aus der Schwertscheide ziehen« und damit »trennen«. Entscheidungen sind somit im übertragenen Sinne biografische Einschnitte, die eine Zäsur darstellen, so auch bei Simon und seinem Bruder Andreas. Sie entscheiden sich, Jesus nachzufolgen.

Doch wäre es eine zu große Engführung, Berufung nur im Hinblick auf religiöse Berufe verstanden zu wissen. Berufung ist nämlich keine rein fromme Sache, sondern spielt auf vielen Ebenen und an vielen Orten eine Rolle. So kann wohl jegliche Lebensentscheidung oder Berufswahl eine Berufung sein. Handwerker, Ärzte und Pflegende, aber auch Ehepartner und Eltern u.v.m. können sich berufen fühlen und berufen sein. An wen »der Ruf« ergeht, ist unterschiedlich. Entscheidend ist meine Antwort.

THOMAS STEPHAN

Guter Gott, hilf mir, meine Berufung zu finden und hilf mir, meine Berufung mit Leben zu füllen. Schenke mir hierfür Mut, Kraft und Durchhaltevermögen.

Nachfolge und die Frage, wer ich sein will

Wieviel »Klicks«, wieviel »Likes« hat etwas oder jemand bekommen und wie oft wurde etwas »geteilt«? Das sind die entscheidenden Fragen in einem digitalen Zeitalter. Karrieren werden damit gemacht oder zerstört. Sogenannte Influencer (= Menschen, die in sozialen Netzwerken sehr viele Menschen erreichen) leben von ihren Followern (= Personen, die bestimmten Inhalten, anderen Personen, Interessen oder Unternehmen folgen), denen sie ihre Meinung kundtun und dabei Werbung machen. Genauer gesagt leben sie von den Firmen, die über sie an deren Follower kommen wollen. Alles ein Riesengeschäft, Hauptsache die Zahlen stimmen und die Kasse klingelt.

Von Jesus heißt es heute bei Matthäus: »… sein Ruf verbreitete sich in ganz Syrien (…) Scharen von Menschen (…) folgten ihm.« Eine ungeahnte Erfolgsgeschichte, die immer weitere Kreise gezogen hat. Doch das Ziel der wachsenden Popularität war nicht Personenkult und wirtschaftlicher Erfolg, sondern die Heilung von Kranken. Finanziell hat sich sein Engagement also nicht gelohnt und seine Karriere endete oberflächlich betrachtet am Kreuz. Das Fazit muss daher lauten … Was meinen Sie?

Die Gefahr des digitalen Zeitalters besteht in der Oberflächlichkeit. Die äußere Verpackung und die nackten Zahlen müssen stimmen. Es muss gut aussehen und sich gut verkaufen. Was ist aber mit dem, was darunter liegt? Was ist mit den Inhalten? Was bleibt übrig, wenn wir an der Oberfläche kratzen?

Erfolg haben ist etwas Tolles, wer möchte das nicht. Gutes Ansehen und ein schönes Einkommen sind nicht verwerflich. Dennoch muss die Frage nach den Inhalten gestellt werden dürfen. Was wollen wir mit unserem Tun erreichen und wer soll davon profitieren? Wie sehr können wir hinter dem stehen, was wir anzubieten haben? Wären wir ein Follower unseres eigenen Auftritts?

THOMAS STEPHAN

Guter Gott, dir nachzufolgen ist nicht immer ganz leicht. Hilf uns, die richtigen Prioritäten im Leben zu setzen und so zu einem guten Vorbild für andere zu werden.

Bergpredigt oder Gardinenpredigt?

Der Begriff »Gardinenpredigt« ist das erste Mal für das Jahr 1743 verbrieft. Somit ist er seit ca. 280 Jahren eine bekannte Bezeichnung für eine Strafpredigt oder Standpauke, in deren Verlauf die Frau ihrem Ehemann hinter den Gardinen (= Bettvorhang) gehörig die Meinung gesagt hat. Wohl all diesen »Predigten« dürfte gemein sein, dass sie in Wortwahl und Ton nicht in allen Punkten »zitierungswürdig« vorgetragen worden sind.

Im Gegensatz dazu haben wir es im heutigen Abschnitt aus der Bergpredigt mit Weltliteratur zu tun, die bereits unzählige Male zitiert wurde. Anders als die Gardinenpredigt hat die Bergpredigt werbenden Charakter, getragen von einem liebevollen »Selig«, das einer Glücks- bzw. Heilszusage gleichkommt.

Der Ton macht die Musik, aber nicht nur. Auch die schönsten Worte können letztlich nur leere Hülsen bleiben, wenn eine praktische Übersetzung und Umsetzung ins Leben fehlt. So muss auch die Bergpredigt lebendig, konkret und erfahrbar werden, wenn sie nicht bloße Vertröstung sein will. Dementsprechend steht die (An-)Frage im Raum, wer denn die Armen, Trauernden, Gewaltlosen, Nach-Gerechtigkeit-Hungernden-und-Dürstenden, Barmherzigen, Reinen-Herzens, Friedensstiftenden, Verfolgten, Beschimpften, Verleumdeten sind und wie ihnen geholfen werden kann.

Die Bergpredigt hat viele Adressaten. Wie so oft verlässt Jesus damit den Mainstream der strahlenden Sieger, um Partei für die Seite der vermeintlichen Verlierer zu ergreifen. Ihm und seiner Lehre zu folgen heißt demnach nicht nur, Tacheles zu reden, sondern auch Tacheles zu leben. Raus aus der Kuschelecke, rein in das Gewühl der Alltagskämpfe. Das ist bestimmt kein Zuckerschlecken, aber notwendig. Und dafür kann manchmal eine Gardinenpredigt hilfreich sein, die aufrüttelt, wach macht und in Bewegung setzt.

THOMAS STEPHAN

Aus Worten müssen Taten folgen. Guter Gott, hilf mir tatkräftig zu werden, da wo ich gebraucht werde, da wo ich helfen kann.

Motiviert und engagiert

»Es seufzt, es stöhnt die Erde, es schwankt und wankt ihr Grund; was wir für sicher hielten, läuft längst schon nicht mehr rund«, heißt es in einem Lied von Eugen Eckert, und er fragt: »Woher soll Hoffnung kommen, woher ein Funke Licht?« Gibt es überhaupt Hoffnung für eine gute Zukunft unserer Erde? Kann sie künftig noch Lebensraum für ihre Geschöpfe sein? Für viele Arten ist sie es längst nicht mehr. In einer Dokumentation hörte ich kürzlich, dass gegenwärtig hundert Mal mehr Arten aussterben, als bei einer natürlichen evolutionsbedingten Rate zu erwarten wäre. Seit Menschen auf der Erde existieren, ging es der Natur noch nie so schlecht wie heute. Es stöhnt die Erde. Wir wissen um ihren maroden Zustand. Wir wissen, dass vieles menschengemacht ist. Für uns bebaut haben wir die Erde und haben sie dabei bis an die Grenze der Belastbarkeit gebracht. Sie zu schützen liegt aber auch in unserer Verantwortung. Seit über 40 Jahren, seit dem konziliaren Prozess, der 1983 in Vancouver seinen Anfang nahm, reden wir von der Bewahrung der Schöpfung. Wir reden und reden und tun so wenig. Unsere Lebensgrundlage droht zerstört zu werden. »Woher soll Hoffnung kommen, woher ein Funke Licht?« »Ihr seid das Licht«, sagt Jesus. »Ihr seid das Salz der Erde.« Als er das sagte, war Salz das Konservierungsmittel schlechthin. Es verhinderte die Fäulnis der Lebensmittel. Was für eine Herausforderung, Salz und Licht im 21. Jahrhundert zu sein. Was kann ich schon tun? Doch eigentlich nichts, oder? »Ihr seid für das Überleben der Welt unverzichtbar«, sagt Christus mit seinen Worten. »Euer Engagement, eure Botschaft ist wie Salz und Licht.« Das scheint mir zu viel Verantwortung vor Gott und der Welt. Ja, ich bin motiviert durch meinen Glauben und möchte auch engagiert sein, aber gleich konservierendes Salz, orientierendes Licht? Mit weniger gibt sich Jesus nicht zufrieden. Er legt alles in unsere Hände. Er traut uns zu, Salz und Licht zu sein. Sind wir es nicht, braucht es uns Christen nicht.

INGRID EBERT

Herr, ich möchte achtsamer mit deiner Schöpfung umgehen.

To kiss and make up

Gerade erst, am 6. Juli, gab es den internationalen Tag des Küssens, und in fünf Wochen, am 25. August, feiert man in den Vereinigten Staaten den Küsst-und-versöhnt-Euch-Tag. Ich bin darauf auch erst durch Recherche zum Thema Versöhnung gekommen und finde es lustig, dass es einen solchen Ehrentag gegen Streitfälle aller Art gibt. Aber ist das Thema nicht viel zu ernst? Und lassen sich zwischenmenschliche Konflikte so leicht lösen? Schön wäre es. Ein Kuss, eine Umarmung und alles ist wieder gut. Bei Kindern funktioniert das noch. Welche Mutter hat nicht schon zu ihren Kindern gesagt: »Nun vertragt euch mal wieder.« Oder: »Sag Entschuldigung!« Doch leider erleben die Kinder oft, dass es die Eltern selber nicht schaffen, als Versöhnte zu leben.

In Südafrika gibt es seit 1995 einen Tag der Versöhnung. Die UNO-Mitgliedsstaaten begehen im Mai Tage des Gedenkens und der Versöhnung. Und der älteste Versöhnungstag, den ich kenne, ist Jom Kippur, zugleich der höchste Feiertag der Juden. Versöhnung ist wichtig, wenn Leben gelingen soll. Versöhnung ist wichtiger als all unsere Bemühungen, Gott zu gefallen. Er will, dass wir in gesunden Beziehungen leben. Wir sollen einander nicht töten. To kiss and make up, das kann ein erster Schritt zum gelingenden Zusammenleben sein. Unversöhnlichkeit dagegen zerstört unser Miteinander empfindlich, denn das Töten des anderen beginnt im Kopf. Das Töten des anderen setzt sich mit Worten fort. Hate Speech, Mobbing, hasserfüllte E-Mails, ein Twitter-Hashtag, der gefürchtete Shitstorm. Das Töten mit Hilfe des Internets scheint alltäglich geworden zu sein. Da ist es nur noch ein kleiner Schritt vom Wort zur (Un-)Tat. Hier sind wir aufgerufen, eben nicht mitzumachen bei übler Nachrede, mit verächtlichen Kommentaren, mit kleinen Boshaftigkeiten und Sticheleien gegen den anderen.

INGRID EBERT

Jesus Christus, du hast uns mit Gott, dem Vater, versöhnt. Hilf uns, dass wir miteinander als Versöhnte leben. Manchmal fällt uns das schwer. Vergib uns in unserem Versagen.

Vom Ehe-Buch zum Ehebruch

Gottes Gebote sind gut. Sie sind stabile Basis eines gelingenden Lebens. Aber wir sind offenbar nicht gut genug. Wir schaffen es nicht, nach den guten Gesetzen gut zu leben. Wir lügen, wir neiden, wir töten, unsere Ehen zerbrechen. Auch, wenn wir das gar nicht wollen. Die Radikalität, die Jesus hier an den Tag legt, zeigt unser Unvermögen in großer Klarheit. Deshalb sollte keiner mit seinem Finger überlegen auf den anderen zeigen. Wir werden alle schuldig aneinander. Erst in Gedanken, dann in Worten und schließlich in Taten. Sind Gottes Gebote noch zeitgemäß? Das Reden von Ehebruch und Scheidung? Wir haben uns doch längst daran gewöhnt, dass Menschen, die einander Treue versprochen haben, eines Tages getrennte Wege gehen. Das ist Normalität unseres Alltags. In Deutschland halten zwar die meisten Ehen, bis der Tod sie scheidet. Aber auf drei Eheschließungen kommt eine Scheidung. Jährlich trifft das etwa 150000 Paare in unserem Land. Die meisten von ihnen waren über 26 Jahre miteinander verheiratet. Sie haben sich sicher bemüht. Und bestimmt starteten alle einmal mit den besten Absichten. Was ging da also schief? Jeder große Krach fängt klein an. Jeder Ehebruch beginnt in der Welt unserer Gedanken. Jedes endgültige Zerwürfnis hat eine lange Vorgeschichte. Bevor der Bruch nach außen hin sichtbar wird, bröckelt es längst in uns, in unseren Köpfen, in unseren Herzen. Und auch, wenn es viele um uns herum trifft, so ist doch jede Trennung für den Einzelnen ein sehr schmerzhaftes Erleben. Da ist etwas zu Bruch gegangen, was selten wieder heil wird. Das bleibt nicht folgenlos, nicht für das Paar, nicht für Freunde und Familie, nicht für die Gesellschaft. Ehe ist zerbrechlich. Beziehungen brauchen beständige Pflege. Ein gutes Miteinander gelingt nur in der Bereitschaft, sich aufeinander einzulassen, kompromissfähig zu sein und vergeben zu können. Täglich neu.

INGRID EBERT

Es ist ein Wagnis, sich aufeinander einzulassen. Es ist mitunter harte Arbeit. Aber du, Herr, zeigst uns, dass es gelingen kann.

Der Eine unter vielen

Na, das ist doch eine illustre Gesellschaft: lauter Götter – Göttinnen natürlich auch; einer davon: der Gott Israels. Bemerkenswert: Hier im Psalm ist er zuerst nur einer unter (vielen) anderen. Damit lassen die Verse einen Blick zu in die Frühzeit des Glaubens Israels, in der von der Einzigartigkeit Gottes noch nicht gleich die Rede war. Gott – einer unter anderen, Gott – verwechselbar, in Konkurrenz? Aber immerhin Richter der anderen!

Da spricht der Psalm allerdings nicht nur von der längst vergangenen, religiösen Vorzeit. Gott hat auch heute eine Menge Konkurrenz: in Verschwörungsmythen, Egoismen, selbstbezogener Gleichgültigkeit, in der Macht der Sozialen Medien, in nationalen Ideologien. Die und ihre Vertreter und Vertreterinnen haben bisweilen Götterstatus, sie werden nicht hinterfragt, beeinflussen Meinungen und Haltungen, in ihren Milieus und Blasen beanspruchen sie absolute Macht.

Da wird Gott mit seinem Anspruch auf »das ganze Herz, die ganze Seele und alle Kraft« in den Schatten gedrängt, da wird er einer unter vielen, verwechselbar mit allem, was sich großtut und Raum greift.

Verwechselbar? Nein, das doch nicht. Der Gott, den der Psalm besingt, hat eine eindeutige Perspektive: »Schafft Recht dem Armen, helft dem Elenden, errettet den Geringen!« Ihm geht es um Gerechtigkeit und Zuwendung zu denen, die Liebe, Hilfe, Aufmerksamkeit nötig haben. Er ist nicht einer unter vielen, sondern der Eine, dem es um die Menschen zu tun ist. Das unterscheidet ihn radikal von den anderen Möchtegern-Göttern und -Göttinnen: seine Menschlichkeit.

Und das unterscheidet uns von denen, die anderen Göttern folgen und ihre menschenverachtende Sprache sprechen, ihre unmenschlichen Taten tun: unsre Menschlichkeit, die er mit uns teilt, die er schützt und bewahrt, die uns für unsere Mitmenschen Nächste sein lässt.

THOMAS WEISS

Gott, der du menschlich bist, hilf mir zur Mit-Menschlichkeit, zum klaren Wort, zur eindeutigen Geste, zur hilfreichen Tat, wo immer Menschen gefährdet sind und missachtet werden. Gib mir den Mut zur Eindeutigkeit, auch wenn es etwas kostet.

Vom Schwören und der Wahrhaftigkeit

Stehen wir als Christen in einem ethischen Dilemma? Auch in unserer Lebenswelt schwören Menschen: vor Gericht, beim Militär, im Staatsdienst ... Steht das im Widerspruch zu dem, was Jesus über das Schwören sagt? Im Alten Testament ist das Schwören weit verbreitet. Gott selber schwört, er fordert den Eid und macht Vorgaben, wie ein Eid auszusehen hat und wie nicht. Zur Zeit Jesu gab es dann eine regelrechte Inflation. Es wurde bei allem und jedem geschworen. Und manchmal versuchte man sogar, mit bestimmten Schwurformeln die Wahrheit auszutricksen. Dagegen wendet sich Jesus. In der Bergpredigt geht es um den Menschen vor Gott und sein Heil. Jesus spricht zu seinen Jüngern vom kommenden Gottesreich und lädt Menschen ein, ihm nachzufolgen. Er legt die Gebote aus, aber es geht ihm nicht um einzelne Anweisungen, die zu erfüllen sind, sondern um das eigentliche Ziel, das dahintersteht. Jesus will den Weg einer größeren Gerechtigkeit in der Welt aufzeigen. Aus diesem Grund ist das Schwören an sich nicht das Übel. Vielmehr: Wer in der Nachfolge Jesu immer die Wahrheit spricht und mit seiner Rede nicht täuscht, für den wird ein Eid überflüssig werden. Er braucht keine zusätzliche Bestätigung. Unsere Worte sollen wahr, authentisch und zuverlässig sein, so dass wir sie nicht mit Schwüren untermauern müssen. Aber wir wissen auch, dass das bei uns selbst und in unserer Welt oft nicht so ist. Das Reich Gottes ist zwar mit Jesus angebrochen, aber noch nicht vollendet. Wir leben nach wie vor in einer gebrochenen Welt. Und so ist es eben auch kein ethisches Dilemma, dass ein Eid unter bestimmten Bedingungen nötig und hilfreich sein kann. Aber: Jesus ermutigt uns, bereits heute anzufangen und unsere Worte unter die Lupe zu nehmen. Schauen wir uns an, ob unser gesprochenes Ja bereits in der Tat ein Ja ist und unser Nein ein tatsächliches Nein.

BEATE STÖCKIGT

O komm, du Geist der Wahrheit, und kehre bei uns ein, verbreite Licht und Klarheit, verbanne Trug und Schein. Gieß aus dein heilig Feuer, rühr Herz und Lippen an, dass jeglicher getreuer den Herrn bekennen kann.

Ermutigung zum Frieden

Die alttestamentlichen Gebote waren schon ein gesellschaftlicher Fortschritt gegenüber den anderen Völkern in der antiken Welt.

»Auge um Auge« und »Zahn um Zahn« sollte das Maß der Vergeltung auf den dem Opfer zugefügten Schaden begrenzen und vor Blutrache schützen. Jesus aber sagt: Das reicht nicht! In der 5. und 6. seiner »Superthesen« (wie der jüdischer Religionswissenschaftler Pinchas Lapide sie nennt) fordert er gänzlichen Verzicht auf Vergeltung und eine Nächstenliebe, die auch den Feind einschließt. Die Worte Jesu scheinen dem, was wir tagtäglich in unserer Welt im Kleinen und Großen erleben, zu widersprechen. Der Ton ist in unserer Gesellschaft rauer geworden und wir leiden zunehmend unter Bildern von Hass und Gewalt, die über die Medien in unsere Wohnstuben kommen. Da klingen die Worte Jesu in unseren Ohren wie eine unrealistische Utopie. Sollte der ehemalige Bundeskanzler Helmut Schmidt vielleicht doch Recht gehabt haben, als er sagte, »mit der Bergpredigt sei keine Politik zu machen«? Die Menschen, die 1989 friedlich mit Kerzen und Gesängen gegen eine bewaffnete Staatsmacht demonstriert haben, haben gezeigt, dass das durchaus möglich ist – wenn auch selten genug. Der Vers 48 ist für mich der Schlüsselsatz nicht nur dieses Abschnittes, sondern der ganzen Bergpredigt. Es geht um unsere Teilhabe an Gottes Vollkommenheit. Sie können wir uns nicht durch das Einhalten einzelner Regeln »verdienen«, sondern sie ist uns schon in der Taufe geschenkt. Deshalb traut Jesus es uns zu, als Christen dem Kreislauf der Welt entgegen zu leben. Er verlässt sich darauf, dass wir die Spirale von Gewalt und Gegengewalt nicht hinnehmen, sondern immer wieder neu unterbrechen und unsere Nächstenliebe »entgrenzen«. Das ist eine große Ermutigung, sich für Frieden im Kleinen und Großen einzusetzen, auch dann, wenn alles dagegen zu sprechen scheint.

BEATE STÖCKIGT

Danke, Gott, dass wir deine Vollkommenheit vor Augen haben dürfen und du uns daran Anteil gegeben hast. Ermutige und befähige uns, dazu beizutragen, die Spiralen von Hass und Gewalt in unserem Alltag zu durchbrechen.

Im Reich Gottes wird nicht mehr gerechnet …

Tue Gutes und rede darüber. Fast täglich können wir in den Medien von solchen Taten sehen und lesen. Vertreter von Firmen oder wohlhabende Menschen werden bei der Überreichung eines Schecks gezeigt und die Medien berichten darüber. Man erweist sich als Wohltäter und macht sich damit einen Namen. »Sponsoring« und »Fundraising« heißt das heute. Und mal ehrlich: Manche sozialen Projekte könnten ohne diese Aktionen überhaupt nicht getan werden. Deshalb will ich das auch gar nicht schlechtreden. Oft ist es wichtig zu wissen, woher Unterstützung kommt und wohin sie geht. Außerdem können durch eine Öffentlichkeit andere ermutigt werden, Ähnliches zu tun. Das Sponsoren-System mag im Wirtschaftsleben gut funktionieren und hat auch da seine Berechtigung. Aber Ausdruck des Glaubens an den Gott, der ins Verborgene sieht, ist es nicht. Da setzt die Kritik Jesu an! Dreimal ist hier von »Almosen« die Rede. Der Wort-Ursprung von »Almosen« bedeutet im Griechischen »Barmherzigkeit« und »Erbarmen«. Dabei geht es nicht um ein frommes Selbstbewusstsein, das etwas gibt, um Gottes Wohlgefallen dafür zurückzuerhalten. Jesus geht es um ein Schenken ohne jede Berechnung als Ausdruck der Treue zur Gemeinschaft mit Gott, die selbst ein Geschenk an uns ist. Unser Leben und alles, was wir haben, ist nicht unser eigenes Verdienst, sondern Gabe Gottes. Und von diesen Gaben geben wir, damit Gottes gute Gaben gerecht verteilt werden. Öffentliche Anerkennung ist kurzlebig und abhängig von dem, was wir tun. Aber Gottes Anerkennung ist unabhängig von unserem Tun. Sie geschieht aus Gnade und umfasst unser ganzes Leben. Jesus geht es auch hier um das Reich Gottes, das mit ihm begonnen hat. Die Frage »Was bringt es?« wird da nicht mehr gestellt werden. Denn im Reich Gottes wird nicht mehr gerechnet und aufgerechnet. Jeder wird das bekommen, was er braucht.

BEATE STÖCKIGT

Gott, du kennst unser Herz und siehst unseren Sinn. Vergib, wo wir engherzig, knauserig und lobbesessen sind. Gib uns Vertrauen zu dir. Öffne unseren Blick, unsere Herzen und unsere Hände für Menschen in Not.

Weltumspannend

Vor 25 Jahren bekamen wir einen großen hölzernen Würfel mit verschiedenen Tischgebeten auf seinen sechs Seiten. Wenn unsere Enkelkinder in ihren Ferien bei uns im Haus waren, gehörte es zum Ritual, dass sie ein Tischgebet würfeln konnten. Das ist nun eine Weile her, die Enkel sind längst erwachsen; aber immer, wenn sie zu Besuch sind, bestehen sie darauf, bei den Mahlzeiten »ihr« Gebet auf dem Würfel zu suchen, das wir dann fröhlich miteinander sprechen. Ich erlebe diese Tradition als lebendige Gemeinschaft. So hat sich dieses Tischgebet auch bei den Familien unserer Kinder weiter fortgesetzt wie ein unsichtbares Band. Und bei meinem Mann und mir ist aus dem Familien-Mittagsgebet der morgendliche Beginn mit eigenen Gebetsgedanken entstanden. So ein unsichtbares Band empfinde ich auch bei dem gemeinsam gebeteten Vaterunser im sonntäglichen Gottesdienst.

Noch eindringlicher habe ich es erlebt, als viele von uns hilflos und ratlos waren während der grausamen kriegerischen Auseinandersetzungen um das Volk in der Ukraine. Spontan fanden wir uns als Gemeinde zu Friedensgebeten zusammen. Nach einem Psalm und dem gesungenen Kyrie eleison wurde das Vaterunser zur Mitte der Gebetsgemeinde.

Doch ein tiefes Erlebnis ist es, die Worte dieses mir so vertrauten Gebetes zusammen mit vielen Menschen in verschiedenen Sprachen zu beten. Es sind die gleichen Worte, und ich spüre einen Gleichklang, wenn wir miteinander Unser Vater sprechen. Alle bringen aus ihren verschiedenen Kulturen eigene Glaubenserfahrungen und Sehnsüchte mit in dem großen Stimmenchor. So habe ich es bei den Vollversammlungen des Lutherischen Weltbundes erlebt. Dann wird mir die Bedeutung der Worte klar: ein Gebet, das die Welt umspannt.

SIEGHILDE VON HOERSCHELMANN

Vater, wir danken dir für das ewige Leben und den Glauben, den du uns gegeben hast.

Nicht angeben

Es vergeht eigentlich kein Tag, an dem uns nicht das Fasten plakativ empfohlen wird als eine Vorsetzung eines Schönheitsideals, als Glücksgefühl und als vollkommenes Wohlbefinden, wenn wir nur dieses oder jenes Mittel einnehmen oder ein besonderes Training absolvieren. Fasten ist zu einem Modewort geworden, oft zu einer neuen Lebenseinstellung. Die Verse diese Abschnittes sind so aktuell, sie könnten heute geschrieben sein. Schon zu Jesu Zeiten haben Menschen mit ihrem Fasten geprahlt und sich besonders fromm dargestellt. Jesus beschreibt das sehr drastisch! Doch welche Bedeutung hat für mich das Fasten? Unsere Kirchen geben seit einigen Jahren besondere Anregungen für ein bewusstes Fasten heraus, als Fastenbriefe oder Kalender für die sieben Wochen vor Ostern, so dass wir diese Zeit neu erfahren können. Mir ist in den Passionswochen deutlich geworden, dass fasten nicht unbedingt verzichten bedeutet. Ich muss auch nicht anderen Leuten erklären, warum ich Liebgewordenes aufgebe und stolz auf diese Leistung bin. Wie verändere ich vielmehr eingefahrenes und liebgewordenes Verhalten hin zu mehr Offenheit? Wie wage ich neue Schritte, um mein tägliches Leben neu zu gestalten? Denn das ist ja mehr als ein äußerlicher Vorgang. Ich kann erfahren, dass ich beim Fasten ganz umfassend als Mensch neu oder anders werden kann an Leib und Seele. Dazu gehört Demut, das eigene Ich zurückzustellen und die Bereitschaft, auf andere zuzugehen und das Leben mit ihnen zu teilen. In diesem Sinne möchte ich beten:

SIEGHILDE VON HOERSCHELMANN

Herr, wir bitten dich, komm mit deiner Liebe in unsere Welt. Überwinde das Streben nach Macht und Geld und wende Hass und Feindschaft zum Frieden.

Hab und Gut

Je älter wir werden, desto mehr denken mein Mann und ich darüber nach, was wir von all den Dingen, die sich bei uns angesammelt haben, wirklich noch gebrauchen. Da sind die ererbten Möbel, das bessere Geschirr, das gute Silberbesteck. In den Regalen stehen Unmengen von Büchern, keines davon möchte ich missen. Und wie beruhigend ist die gut gefüllte Vorratskammer; man muss doch für schlechte Zeiten vorsorgen. Da lese ich den Satz in unserem Text: Wo dein Schatz ist, da ist dein Herz. Er ist so radikal und absolut und trifft mich sehr. Nehmen die vielen äußeren Sachen unsere Gedanken ein? Hindern sie uns an unserem Leben und Glauben und unserer Zwiesprache mit Gott?

In meine Überlegungen hinein überfallen uns wieder die entsetzlichen Geschehnisse in der Ukraine. Schrecken der Zerstörung und des Todes beherrschen unsere Nachrichten. Wieder lese ich Jesu Aussage: Wo dein Schatz ist, da ist dein Herz. Erinnert an meine eigene Flucht 1945, sehe ich die fliehenden Menschen vor mir, die alles verloren haben. Ihnen ist nichts geblieben, nur ihr Leben. Ihr Schatz ist ihr Leben und zugleich ihr Herz, so wie es auch bei uns war. Da braucht es keine großartigen Möbel und keine Silberlöffel.

Auch der Vergleich mit dem guten und lichten wie auch dem dunklen und bösen Auge macht mich nachdenklich. Besonders das Bild von dem bösen Auge, wenn ich es für mich übersetze, ist wie ein Spiegel. So oft vergleiche ich mich neidisch mit anderen, die es vermeintlich besser haben oder sich mehr leisten können. Ich bin so sehr mit mir beschäftigt, dass ich das Helle und Lichte nicht erkennen kann. Wie weit entferne ich mich immer von Gottes Begleitung. So kann ich nur darum bitten: Lass mein Auge hell und licht werden.

SIEGHILDE VON HOERSCHELMANN

Herr, erhelle unsere Herzen mit deinem Licht, damit nicht Neid, Angst und Not deine Wahrheit verhüllen, sondern wir auch in der Dunkelheit deine Herrlichkeit erkennen.

Nicht vergessen!

»Ein Glück, dass dein Kopf angewachsen ist, sonst würdest du den auch noch vergessen!« – schimpfte meine Mutter scherzhaft, wenn ich in der Turnhalle wieder ein Handtuch oder beim Einkauf die Butter vergessen hatte. Meine Mutter war sanftmütig, sie sah es mir nach. Dabei konnte ich ab und zu auch Dinge vergessen, die ins Geld gingen, die materiell oder ideell etwas wert waren: das Portemonnaie oder den Dankesbrief an die Oma. Da war's dann kein Scherz mehr.

Weniger vergesslich bin ich heute nicht – das macht das Alter; aber vielleicht etwas aufmerksamer. Denn es lohnt sich, nicht zu vergessen, sich zu erinnern, nochmal hinzuschauen, bevor ich die Tür schließe oder weitergehe. Der Psalm schilt die, die zu Gott gehören: »Aber sie vergaßen bald seine Werke ...« Besser, das nicht zu tun. Aber warum? Der erste Vers des Psalms liefert die sehr zugewandte Begründung: »Dankt Gott, denn er ist freundlich.« Wer sich erinnert, wer nicht vergisst, wer gar »Danke!« sagt, bemerkt vor allem dieses: Gottes Freundlichkeit. Wir haben einen Gott, der uns Freund ist, der lächelt, wenn er uns sieht, der die Hand reicht, der uns willkommen heißt, der an unserer Seite geht. Das soll ich nicht vergessen! Doch nicht, weil's Sünde oder Schande wäre, sondern damit ich nicht übersehe, was mir da Gutes getan wird. Die Augen auf – weil so hilfreich und ermutigend ist, was es da zu sehen gibt: den freundlichen Gott.

Ich glaube, weil er ein Freundlicher ist, ist Gott auch nicht beleidigt, wenn wir ihn einmal vergessen und unaufmerksam sind, aber er bedauert, dass wir dann unsere Lebenschancen nicht wahrnehmen, dass wir das Licht nicht sehen, die Wärme nicht spüren, die er in seiner Freundlichkeit hat für uns. Die wollen wir uns doch nicht entgehen lassen!

THOMAS WEISS

Hilf meinem Gedächtnis auf, mein Gott, damit ich wahrnehme, was gestern galt, was heute gilt, was sich in Zukunft nicht ändern wird: deine Freundlichkeit! Danke dafür ... und für deine Geduld.

Zwischen Börse und Tagesschau

Zur besten Zeit werden sie ausgestrahlt: die Zahlen der Finanzwelt. Direkt vor der Tagesschau. Dax-Kurse. Bewegungen in die eine oder andere Richtung. Erklärungen wie das mit dem zusammenhängt, was gleich in der Tagesschau berichtet wird.

Wenn die Welt ein Dorf wäre, das aus 100 Leuten besteht, dann würden momentan faktisch 50 Menschen (also die Hälfte) nur 1% des gesamten Reichtums dieses Dorfes besitzen. Einer würde alleine mehr als 45% des Reichtums besitzen. Neun Menschen müssten von weniger als 1,9 US-Dollar pro Tag leben. Keine so besonders gute Bilanz in Bezug auf die Gerechtigkeit. In den letzten drei Jahrzehnten hat sich zwar einiges verbessert, z.B. die Anzahl derer, die in extremer Armut leben. Aber auch 9% Arme sind noch zu viel.

Wie wäre es, wenn wir unseren Bibeltext kurz vor 20 Uhr zwischen den Börsennachrichten und der Tagesschau einblenden würden? Vielleicht so als Kurztext: »Niemand kann zwei Herren dienen. Ihr könnt nicht Gott dienen und dem Geld. Trachtet zuerst nach dem Reich Gottes und nach seiner Gerechtigkeit!« Könnte das die Gewichte von Aktien und Politik auf der einen Seite und Weltgeschehen auf der anderen Seite relativieren?

Jesus ermutigt uns in Sachen Geld und Besitz zur Leichtigkeit. Zur Sorglosigkeit. Entspannt einmal! Wie die Lilien auf dem Felde, die doch noch einmal deutlich schöner sind als das Gewand des (reichen) Salomo. Stellt das Geld hintenan und vertraut darauf, dass Gott dort wachsen lässt, wo Gerechtigkeit herrscht. – Ist das nicht geradezu fahrlässig? Jeder soll doch auch das verdienen, von dem er lebt. Ich will doch nicht anderen auf der Tasche liegen und einen gewissen Lebensstandard habe ich auch.

Aber auch das andere ist fahrlässig – das Weltdorf dem einen Reichen (und seinem Geld) zu überlassen! Vergessen wir nicht, dass die Welt Gott gehört und dass nicht der Reichtum von wenigen sein Ziel ist, sondern das Reich Gottes mit seiner Gerechtigkeit. Für 100 von 100 Menschen. Alle von Gott geliebt. Wäre das eine Botschaft zwischen Börse und Tagesschau?

ANNE OBERKAMPF

Jesus Christus, dein Reich komme. Mach uns zu Helfern der Gerechtigkeit.

Wenn sich die Schweine umwenden

Warum ist es gefühlt schlimmer, wenn die Streberin der Klasse einen groben Fehler macht? Warum kann ein Plagiatsvorwurf bei der Partei »Die Grünen« einen Wahlkampf verändern, obwohl der gleiche Vorwurf auch viele aus anderen Parteien getroffen hat? Warum stufen manche den Missbrauch von Kindern in der Kirche als schwerwiegender ein als den in einem Sportverein?

Es mag daran liegen, dass die Täter in unseren Beispielen selbst einer moralischen Instanz angehören. »Die Grünen« werden oft mit erhobenem Zeigefinger erlebt. Die Kirche hat den Ruf, bei jedem Menschen nur auf die sündige Seite zu starren. Und die Klassenstreberin hat vielleicht manches Mal die Augen gerollt, wenn ein Mitschüler eine falsche Antwort gegeben hat.

Wer selbst hohe Maßstäbe an andere anlegt und auf ihre kleinen blinden Flecke hinweist, sollte nicht vergessen, dass er auch selbst verwundbar ist. Immer dann nämlich, wenn ein großer blinder Fleck im Auge sichtbar wird. Demut ist also angesagt. Das Richten Gott überlassen. Vorsichtig sein. Mit Urteilen und Verurteilen. Mit dem erhobenen Zeigefinger.

Vielleicht schließt ja hier dieser bekannte Satz mit den Perlen vor die Säue an: Mein kleiner Fehler, den andere bemerken und »zertreten«, kann dazu führen, dass sich meine hohe Moral gegen mich selbst wendet, also »die Schweine sich umwenden und mich zerreißen«. Wer predigt, man solle nicht lügen und dann bei der Unwahrheit erwischt wird, könnte für den Rest des Lebens als unehrlich entlarvt sein und wird so von der Presse, der Politik und vielleicht auch Freunden zerrissen. Es geht also nicht mehr nur um die Lüge, sondern mein guter Ruf ist dahin – und das macht es dann doppelt schlimm. Da kann nur noch die Gnade retten – vor Menschen und auch vor Gott. »Richtet nicht, damit ihr nicht gerichtet werdet!«

ANNE OBERKAMPF

Großer Gott und Richter, bewahre mich davor, über andere zu richten, denn auch ich bin auf Gnade angewiesen.

Wer sucht, der findet!

Der neue Zahnarzt gab mir auf, beim nächsten Besuch meinen Zahnpass mitzubringen. So machte ich mich auf die Suche. Im Badschrank, wo ich ihn eigentlich vermutet hatte, war er nicht. Auch nicht an den zwei anderen Stellen, an denen ich unbedingt mit ihm gerechnet hatte. Durch den Umzug war alles etwas durcheinander gekommen. Beim Suchen fand ich allerdings die Kette, die ich schon länger vermisste, und ich entdeckte einige abgelaufene Arzneimittel. Auch mein Lieblingswaschlappen kam wieder zum Vorschein und ein 10-Pfennig-Stück. Mein Zahnarzt musste bei der Behandlung letztlich ohne den Pass auskommen. Aber so etwas erlebe ich häufiger: Ich suche – und finde ganz andere Dinge, nicht weniger interessant. Wie Saul, der seine Eselin suchte und ein Königreich fand. Auch nicht schlecht.

Auch beim Bitten ist mir das schon passiert. Als ich meine Kollegin bat, ob ich mit ihr im Auto zur Fortbildung fahren kann, schlug sie mir eine Bahnfahrt vor – was uns viel stressfreie, umweltschonende Zeit schenkte. Die Autofahrer standen alle im Stau. Bitten und was anderes Tolles bekommen.

Nicht immer habe ich genau das bekommen, was ich wollte. Nicht immer hat Gott genau die Tür geöffnet, die ich suchte. Der Traummann bleibt hinter einer anderen Tür verborgen und auch der Lottogewinn. Gott ist ja schließlich auch kein Wunscherfüllungsautomat. Aber es kam immer etwas Gutes heraus aus den anderen Türen, die Gott mir geöffnet hat. Vielleicht kommt es ja nicht immer auf das Ergebnis an, sondern darauf, zu bitten, zu suchen und anzuklopfen. Ganz und gar vertrauensvoll und in gespannter Erwartung darauf, dass Gott das Richtige gibt, meine Suche zum Ziel führt und die richtige Tür auftut.

Viel später habe ich dann den Zahnpass wiedergefunden. Das war, als ich etwas ganz anderes suchte. Dank sei Gott!

ANNE OBERKAMPF

Treuer Gott, hab Dank, dass ich mit meinen Bitten zu dir kommen darf. Und danke, dass du mir schenkst, was du für richtig hältst.

Jesu Bibel

»Das Gesetz und die Propheten«. Diese Formulierung finden wir bei Jesus öfter. So bezeichnet er seine Bibel. Bis heute nennt das Judentum seine Heilige Schrift den Tanach: Abkürzung für Tora (das Gesetz), Nevi'im (die Propheten) und Ketuvim (die Schriften). Jesu Bibel ist auch die Bibel der ersten christlichen Gemeinden. Sie kannten noch kein »Neues Testament«. Der älteste Teil des Neuen Testaments ist der 1. Thessalonicherbrief des Apostels Paulus, entstanden in den frühen Fünfzigerjahren. Immer wieder wird Jesus gefragt, was denn nun das Zentrum der Tora sei, was die Quintessenz. Jesu Antwort weist zunächst auf das allgemein Anerkannte hin, das »Schema Jisrael«, das »Höre Israel«: »Höre, Israel, der Herr, unser Gott, ist der Herr allein, und du sollst den Herrn, deinen Gott, lieben von ganzem Herzen, von ganzer Seele, von ganzem Gemüt und mit all deiner Kraft« (5 Mose 6,4–5; Mk 12,29). Daneben stellt er bekanntlich ein zweites Gebot: »Dies ist das höchste und erste Gebot. Das andere aber ist dem gleich: »Du sollst deinen Nächsten lieben wie dich selbst.« (Mt 22,38; 3 Mose 19,18) Hier nun reduziert er auch das noch einmal. Ein einziger Satz nur noch. Wir kennen das als Sprichwort nur in der Negation: »Was du nicht willst, dass man dir tu, das füg auch keinem andern zu.« Jesus wendet das ins Positive. Es geht um aktives Handeln, nicht nur um Vermeiden. Was das heißt, wird an der abschließenden Warnung Jesu deutlich. An ihren Früchten sollt ihr sie erkennen. Wir erkennen deutlich den »Wolf im Schafspelz« wieder. Der es bis ins Märchen vom Wolf und den sieben Geißlein geschafft hat. Die Schutzlosen und Wehrlosen gilt es zu schützen! Dafür ist die Tora ja da, das klagen die Propheten immer wieder ein. Und es gilt, diese Tora, das Gesetz und die Propheten, diesen Willen Gottes zu tun. Wer den nicht tut, den wird Jesus nicht gekannt haben.

HANS-MICHAEL WÜNSCH

So hilf uns, Herr, zum Glauben und halt uns fest dabei; lass nichts die Hoffnung rauben; die Liebe herzlich sei! Und wird der Tag erscheinen, da dich die Welt wird sehn, so lass uns als die Deinen zu deiner Rechten stehn.

Eine Gebrauchsanweisung

»Vom Hausbau« ist dieser Schluss der Bergpredigt fälschlicherweise überschrieben. So, wie die Abschnitte davor auch Überschriften haben. Als ob Jesus, der Zimmermannssohn, der Handwerker, ungebildeten Leuten das Einmaleins des Hausbaus erklären müsste. Nein, was er da sagt, das ist doch das Selbstverständliche, das Nächstliegende. Das, was alle tun. Und so werden die ihm Zuhörenden an dieser Stelle alle genickt haben. Ja, klar, ein Haus baut man auf ein festes Fundament und nicht auf Sand. Da stimmen alle zu. Entscheidend ist, ob sie dieses Wort als Gleichnis nachvollziehen. »Wer diese meine Rede hört und tut sie«, sagt Jesus. Das ist der Fels! Jesus gibt hier eine Gebrauchsanweisung für die ganze Bergpredigt, für alles, was er zuvor gesagt hat. Gerade eben hat er noch davon gesprochen, dass das das Maß dafür ist, ob er einen Menschen kennt oder nicht. Und wir erinnern uns, wie er gleich anfangs klar gesagt hat: »Ihr sollt nicht meinen, dass ich gekommen bin, das Gesetz und die Propheten aufzulösen, sondern zu erfüllen.« Und das verlangt er von denen, die auf ihn hören, auch. Hören und tun! Die Beschreibung des Unwetters hören wir in diesen Zeiten noch einmal ganz neu. Als nun ein Platzregen fiel und die Wasser kamen und die Winde wehten und stießen an das Haus. Und wir sehen die Bilder vor uns von den Fluten, die durch den Klimawandel verursacht werden und so große Zerstörung anrichten. Und wir erkennen, dass Jesus uns zur Umkehr aufruft, zum Tun des Willens Gottes. Und dazu gehört die liebende Bewahrung dieser Erde, der guten Schöpfung Gottes. Die rücksichtslose Ausbeutung, das ist der Sand, auf den wir seit nunmehr zwei Jahrhunderten bauten. Und jetzt sehen wir das deutlich vor uns: »Und sein Fall war groß.«

HANS-MICHAEL WÜNSCH

Du bist mein Fels, mein sichrer Hort, und Wunder sollen schauen, die sich auf dein wahrhaftig Wort verlassen und dir trauen. Du hast's gesagt, und darauf wagt mein Herz es froh und unverzagt und lässt sich gar nicht grauen.

Vom Berge herab

Als Mose »vom Berge herab« kam, fand er das Volk Israel, wie es um das goldene Kalb tanzte. Und Mose zerstörte voller Zorn die Gesetzestafeln, die er eben erst aus Gottes Hand erhalten hatte, sogleich wieder. Nun kehrt auch Jesus wieder zurück, vom Berge herab. Ist mit uns wieder auf Augenhöhe. Und wie er gerade noch gesagt hat, dass es gilt, seine Rede zu hören und zu tun, so sagt er auch jetzt: »Ich will's tun.« Er übt Gerechtigkeit. Er lässt die Barmherzigkeit Gottes auf Erden erfahrbar werden. Er macht sichtbar, was er andernorts sagt: Das Reich Gottes ist mitten unter euch. So macht er die Herrlichkeit Gottes unter den Menschen offenbar. Jesus hat keine Berührungsängste. Den er anfasst, der wird geheilt. Und wir lassen uns fragen: Lassen wir uns von ihm denn wirklich berühren? Unser Herz gar? Jüdische Menschen binden sich ein Kästchen um den linken Oberarm als Zeichen dafür, dass »diese Worte« ihrem Herzen nahe sind (5 Mose 6,8). Eine wunderbare symbolische Handlung, die etwas sichtbar macht von der Liebe, die Gottes Wort in uns auslösen will. Wir sollen es uns buchstäblich zu Herzen nehmen. Da wird die alte Verheißung lebendig, dass Gott seine Tora in unser Herz geben will und in unseren Sinn schreiben (Jer 31,33). Das sollte auch unsere Bitte sein, wenn wir Jesus begegnen wollen. Dass wir ihn fragen, ob er uns wirklich berühren will. Weil wir uns dann auch selbst fragen lassen müssen, ob wir denn wollen, dass er seine Hand nach uns ausstreckt. Und dann sagt: Geh hin und zeige dich! Lass nun also auch die Welt sehen, dass dich einer angerührt hat, dein Herz bewegt hat, dich verwandelt hat. Damit du zum Segen wirst für diese Welt.

HANS-MICHAEL WÜNSCH

Schaff in mir, Herr, den neuen Geist, der dir mit Lust Gehorsam leist' und nichts sonst, als was du willst, will; ach Herr, mit ihm mein Herz erfüll.

Wer steckt den Rahmen?

»Das muss im Rahmen bleiben!« Wenn die Eltern mit dieser Aufforderung kamen, waren Wertevorstellungen und Erziehungsziele formuliert. Diese begrenzten unseren Bewegungsradius und manchmal wurde mit deutlichem Kopfschütteln festgestellt: »Du bist aus dem Rahmen gefallen!« Unterschiedliche Sanktionen folgten.

Das Volk Israel ist im Laufe seiner biblischen Geschichte des Öfteren aus dem Rahmen gefallen. Die guten Gebote, als Lebensgebote geschenkt, verhallen wenig gehört.

Der »Erziehungsberechtigte des Volkes«, Gott, hat genug von diesem murrenden, unwilligen Volk. Doch wie jeder gute Vater, wie jede gute Mutter versucht er es wieder und wieder. Auch Fürsprecher für die ungehorsamen Kinder finden sich; Mose und Pinhar sind solche.

Aber manchmal wird der Bogen einfach überspannt. Dann ist es kein jugendliches Aufbegehren mehr, das sich ausprobiert. Dann sind es keine »kleinen Sünden«, die wieder ausgebügelt werden können. Jetzt geht es um Leben und Tod, um das Leben der eigenen Kinder. Das Volk wird schuldig, indem es die eigenen Söhne und Töchter den vermeintlich besseren Idealen opfert. Menschenopfer – Rückfall in archaische Zeit, als ob es den einen Gott und seinen Lebenssegen nicht gäbe.

Nun ist Gottes Zorn geweckt, schlimmer noch, seine »Kinder« sind ihm widerwärtig, er verabscheut sie, so schreibt es der Psalmendichter (V. 40). Was kann da noch helfen? Weitere Strafen etwa? Exil, Verbannung, Krankheit und Not? Oder Versprechen wie »Beim nächsten Mal wird alles anders!«?

Der Betende schenkt uns seine Sicht auf die Dinge. Vom Volk, von den Menschen, erwartet er keine wirkliche Umkehr. Er scheint ein Menschenkenner zu sein.

Doch bei Gott – bei Gott ist alles möglich, sogar Reue. Gott bereut seine dunklen Gedanken und holt seine Menschen wieder in seinen Lebensraum hinein. Er schenkt wieder einen Rahmen, der Zukunft eröffnet. Wie wunderbar und geheimnisvoll, dass Gott unsere menschlichen Rahmenvorstellungen sprengt. Halleluja!

CHRISTINE WOLF

Weit gesteckt ist mein Lebensraum. Und ich danke Gott dafür, dass er meine engen Grenzen nicht zu seinen macht.

Jesus lässt sich überzeugen

Der Hauptmann von Kapernaum ist eine der sympathischsten Gestalten, die uns im Neuen Testament begegnen. Wie er an Jesus herantritt, ganz empathisch mit Blick auf seinen Knecht bzw. Sohn, voller Vertrauen auf Jesu Heilungskraft, beharrlich gegenüber Jesu zögerlicher Reaktion (Ich soll kommen und ihn heilen?), entschieden festhaltend an seiner Überzeugung von Jesu vollmächtiger Autorität und dann auch noch voller Verständnis für die Grenzen von dessen Handlungsspielraum als gesetzestreuer Jude (Ich bin nicht wert, dass du unter mein Dach gehst) – das nimmt mich für diesen heidnischen römischen Militärangehörigen ein. Schon als Kind empfand ich eine große Sympathie für den Hauptmann von Kapernaum; er ist mir in gewisser Weise ein Vorbild für meinen Glauben geblieben.

Aber nun, als erwachsener Bibelleser entdecke ich noch eine weitere Dimension bei der Lektüre dieser Geschichte. Ausgelöst wird diese Entdeckung durch die Bemerkung des Erzählers, dass Jesus sich wunderte, als ihm der Hauptmann von seiner eigenen Erfahrung als (Unter-)Befehlshaber innerhalb der militärischen Hierarchie berichtet: Ich habe als Hauptmann Anteil an der höchsten Befehlsgewalt und bin damit mit der gleichen Autorität ausgestattet wie mein oberster Vorgesetzter. Ist es bei dir, Jesus, nicht auch so?

Jesus kann sich nur wundern, mit welcher Klarheit der Hauptmann seine, Jesu Stellung in der göttlichen Hierarchie erkannt hat. Er ist der Sohn, an dem der himmlische Vater Wohlgefallen hat, wie es die Stimme aus dem Himmel bei seiner Taufe laut ausgesprochen hat. Sollte er diese Stellung nicht beherzt einnehmen und nützen? Der Hauptmann legt es ihm nahe, und Jesus lässt sich überzeugen. Nicht nur den verlorenen Schafen des Hauses Israel gilt fortan sein Wirken, sondern auch den Nichtjuden, der ganzen Menschheit.

Das Zeugnis des Hauptmanns wird belohnt. Er darf erleben, dass sein Sohn gesund wird.

GÜNTER KNOLL

Lobt Gott, den Herrn, ihr Heiden all, lobt Gott von Herzensgrunde, preist ihn, ihr Völker allzumal, dankt ihm zu aller Stunde, dass er euch auch erwählet hat und mitgeteilet seine Gnad in Christus, seinem Sohne.

Jesus heilt und trägt unsre Krankheiten

In zwei kleinen Szenen stellt uns Matthäus das Heilungshandeln Jesu vor Augen. Es ist der zweite Bereich neben der Verkündigungsvollmacht, mit der Jesus von Gott ausgestattet ist. Jesus kann heilen, und er heilt. Die Schwiegermutter des Petrus kommt in den Genuss dieser Gotteskraft. Von Jesus berührt verlässt sie das Fieber, an dem sie gelitten hat. Und was ist die Folge? Nicht nur, dass sie aufsteht und wieder bei Kräften ist, nein, mehr noch: Sie dient Jesus, was heißen soll, sie tritt in seinen Dienst, sie schließt sich seiner Mission an. Seine Sendung ist fortan auch ihre Sendung. Als Nachfolgerinnen und Nachfolger Jesu haben auch wir einen Heilungsauftrag.

Die zweite Szene, die uns Matthäus schildert, spielt am Abend dieses ersten Tages nach seiner Bergpredigt. Wieder geht es um seine Heilungsvollmacht. Diesmal spielt die Austreibung von Dämonen die entscheidende Rolle. Nicht durch ein exorzisierendes Ritual, sondern schlicht und einfach durch sein Wort bannt Jesus die widergöttlichen Kräfte (in der Antike nannte man sie Dämonen), von denen die Menschen beherrscht werden, die man ihm bringt. Es muss ein bezwingendes Wort gewesen sein, das die dämonischen Kräfte zum Verstummen gebracht und ausgetrieben hat. Erstaunlich ist für mich, wie der Evangelist dieses Geschehen interpretiert. Er erinnert an eines der Gottesknechtslieder aus dem Prophetenbuch Jesaja. Dieser Gottesknecht wirkt nicht durch Aktivitäten, die er an anderen vornimmt, er wirkt vielmehr dadurch, dass er sich ganz passiv verhält; dass er an sich geschehen lässt und auf sich nimmt, was andere tragen und ertragen müssen: Schwachheit, Ohnmacht, Krankheit und in dem allem auch eigenes Verschulden. Ein solcher eigenartiger Gottesknecht, man kann auch übersetzen: ein solches Gotteskind, ein solcher Menschensohn ist Jesus, der durch die Kraft seiner Stellvertretung seinen göttlichen Auftrag erfüllt.

Können wir dem etwas abgewinnen? Vertritt Jesus damit auch mich?

GÜNTER KNOLL

Jesus Christus, du Heiland und Erlöser. Sprich du dein erlösendes Wort auch in meine Schwachheit und Krankheit hinein. Deine Kraft kommt in der Schwachheit zur Vollendung.

Jesus gibt keinen Dispens

Es kann ihm auch zu viel werden. Jesus ist kein Übermensch, sondern nach biblischem Zeugnis wahrer Mensch, der Mensch, an dem Gott sein Wohlgefallen hat. Er flieht vor der großen Menschenmenge, die ihn umringt. Er lässt sich ans andere, schwach besiedelte Ufer des Sees Gennesaret fahren. Da wird er aufgehalten. Hintereinander sind es zwei Männer. Zunächst ist es ein Schriftgelehrter, einer, der ihm offenbar wohlgesonnen ist, also keiner seiner theologischen Gegner wie so oft in den Evangelien. Der will in Jesu Nachfolge treten und erklärt ihm dazu ausdrücklich seine Bereitschaft. Jesu Reaktion auf diese Erklärung ist alles andere als Begeisterung. Zwar weist er den Schriftgelehrten nicht gerade förmlich zurück, aber er bremst seinen Enthusiasmus. Weißt du, was es bedeutet, mir nachzufolgen? Der Menschensohn, also ich, Jesus, habe kein bürgerliches Zuhause. Ich lebe auf dieser Welt gleichsam ungeborgen, wie ein Obdachloser. Selbst Füchse und Vögel haben es besser, sie haben wenigstens ihre Erdgruben oder ihre Nester. Ich bin und bleibe auf Barmherzigkeit angewiesen. Das will ich zeichenhaft leben und muss es leben als meine göttliche Bestimmung. Wie der Schriftgelehrte wohl reagiert hat? Wir erfahren es nicht.

Der Zweite, der Jesus aufhält, ist einer seiner Jünger, also einer, der bereits in Jesu Nachfolge steht und das Leben mit ihm grundsätzlich bejaht. Er stellt dem Meister keine Frage, er bittet ihn vielmehr um Dispens, um die Entbindung – zeitlich begrenzt nur – von dem Nachfolgegelübde, das er ihm gegenüber eingegangen ist. Der Grund für diese Bitte erscheint plausibel, Vater und Mutter sollen geehrt werden solange sie leben, und erst recht, wenn es um ihre Bestattung geht. Jesu kompromisslose Antwort ist unmissverständlich, ja geradezu brüsk: Folge mir nach und lass die Toten ihre Toten begraben. Kein Dispens!

Die Nachfolge Jesu zwingt zu Entscheidungen. Niemand kommt darum herum.

GÜNTER KNOLL

Jesus Christus, mein Herr und mein Gott! Gib mir Kraft von deiner Kraft und Geist von deinem Geist. Schenke mir Gemeinschaft täglich neu. Ohne dich kann ich nichts tun.

Gerettet

Genauso fühlt sich das Leben manchmal an: Wie von heftigen Stürmen geschüttelt, das eigene Boot droht zu kentern. Alles ist infrage gestellt. Ob es die großen weltweiten Krisen sind, die Kirchenkrise oder eigene Lebenskatastrophen – wir können alle in diesem Bild unterbringen.

Im heutigen Text befinden wir uns mit Jesus und seiner Jüngerschaft in einem Boot auf dem See Gennesaret. Durch seine geografische Lage – umgeben von Gebirgsketten und Bergen – konnten sich dort mächtige Fallwinde entwickeln, Stürme wie auf dem Meer. Und als Teil des afrikanischen Grabenbruchs können schwere Beben die Gegend heimsuchen. Die Fischer und Anwohner kannten diese Gefahren. Und doch erzählt unser Text mehr. Er stellt die Frage, wie Menschen durch Krisen kommen können, was ihnen darin Halt geben kann.

Das können wir an Jesus und seinen Jüngerinnen und Jüngern ablesen. Sie haben gerade großartige Erfahrungen gemacht: Viele Menschen haben der Bergpredigt Jesu gelauscht (Mt 5–7), sie folgen ihm seitdem nach, Heilungen geschehen (Mt 8,1 ff). Jesus steigt in ein Boot, seine Jünger folgen ihm nach. So fängt die heutige Erzählung an, schöner kann es eigentlich nicht sein: Nachfolge in trauter Gemeinschaft, Reich Gottes. Und dann das: ein riesiger Sturm auf dem See, das Boot mit Jesus und den Seinen mittendrin, den Naturgewalten ausgeliefert. Die Jünger schreien, Jesus schläft.

Scheint nicht auch Gott angesichts der großen Krisen zu schlafen? Möchten wir Gott nicht am liebsten wecken und rufen: Wach auf, komm, hilf uns? Rette uns, denn wir gehen zugrunde?

Jesus lässt sich wecken und fragt als erstes zurück: Warum habt ihr solche Angst, ihr Kleingläubigen? Er droht den Chaosgewalten Sturm und Chaoswasser, weist sie in ihre Grenzen. In Jesus ist die Schöpfermacht Gottes wirksam. Die Frage Jesu ist auch die Frage an uns: Lässt du dich von deinen Ängsten bestimmen? Oder vom Vertrauen in die Beziehung zu Menschen, in denen Gott wirksam am Werk ist?

BETTINA ELTROP

Gott ich vertraue dir, du bist meine Kraft in der Not. Zeig mir heute dein menschliches Gesicht.

Gerettet II?

In der Szene gestern wurde die Macht der Worte Jesu der Schöpfermacht des Gotteswortes in 1 Mose 1/Genesis 1 gleichgesetzt. Und wir wurden aufgerufen, groß zu glauben, dieser Wortmacht zu trauen.

Nun geht es um eine Chaosmacht, die Menschen besetzt und extrem einengen kann. Die Szene hat ihre Vorlage in Mk 5,1–20. Dort offenbart die dämonische Macht ihren Namen: »Legion« (Mk 5,9.15). Da die am See Gennesaret stationierte römische Legion X Fratensis einen Eber in ihrer Standarte trug, ist der Markus-Text als Erzählung von der Beseitigung der unterdrückerischen römischen Besatzungsmacht zu lesen: Der von der Legion besessene Mensch wird frei, die Schweinlegion ertrinkt im See.

Im Matthäusevangelium sind die historischen Bezüge zurückgefahren, die Erzählung wird allgemeiner: Es geht sogar um zwei besessene Menschen, die sich und ihrer Umwelt das Leben schwer machen. Sie hausen in Grabhöhlen vor der Stadt, die Straße zu ihr ist unpassierbar. Diesmal stellen die dämonischen Mächte Fragen an Jesus: Was haben wir mit dir zu schaffen? Willst du uns quälen? Jesus spricht nur kurz: Weg mit euch! – Und die Befreiung der beiden Besessenen geschieht.

Die Bibel ist das Buch, das vor allem und immer wieder vom rettenden Handeln Gottes an unfreien Menschen erzählt. Diese Befreiungserzählung beginnt am brennenden Dornbusch, dem Anfangspunkt für den Auszug, die Befreiung des ganzen Volkes Israel aus Ägypten. Viele andere Texte der Bibel reihen sich in diesen Erzählstrang ein. Unser heutiger Text will verdeutlichen, dass die befreiende Gottesmacht nicht auf Israel beschränkt ist, sondern auch in anderen Ländern/Völkern, hier der Dekapolis, im griechischen Zehnstädtebund wirkt. Doch können sich auch alle Menschen auf Befreiung einlassen? Die Menschen in der Dekapolis bestaunen Jesus zwar, aber sie bitten ihn auch zu gehen. Weil sie weiteren wirtschaftlichen Schaden befürchten? Ist Schweinefleisch wichtiger als freie/befreite Menschen?

BETTINA ELTROP

Gott, du willst, dass alle Menschen frei leben können. Der grenzenlosen Macht deines Wortes vertraue ich mich an.

Von der Macht guter Worte und schlechter Gedanken

Das lateinische Wort für Segnen, benedicere, heißt wörtlich übersetzt »Gutes sagen«. Seitdem durch Corona und die Missbrauchskrise das Leben in meiner katholischen Kirchengemeinde so sehr zurückgefahren ist, habe ich das Segnen wiederentdeckt. Schon meine Mutter hat gesegnet: uns Kinder und das Brot, bevor es angeschnitten wurde. Ich segne auch: früher meine kleinen Kinder, wenn sie zur Schule gingen. Dann gab es eine Pause. Heute segne ich sie wieder: meine erwachsenen Kinder, wenn sie vor einem großen Schritt in ihrem Leben stehen, meinen Mann vor seinem Arzttermin, Lebensmittel, Enkel und Raser im Straßenverkehr.

Oft schicke ich den Segen auch nur in Gedanken zu den Menschen, an die ich denke. Ja überhaupt, die Kraft der Gedanken: In der Coronapandemie erlebe ich, wie fein und spürsam wir Menschen aufeinander reagieren: Menschen gehen sich achtsam aus dem Weg, drehen sich um, wenn sie den Blick oder die Gedanken anderer auf sich ruhen fühlen. Auch Jesus hat diese feine Antenne. Er spürt, in seinen Lieblingsort Kafarnaum zurückgekehrt, die bösen Gedanken der Hüter des Wortes, als er einem gelähmten Menschen die befreiende Liebe Gottes zuspricht. Die Schriftgelehrten sagen zwar nichts – weil das, was Jesus sagt, eigentlich auch in Ordnung ist: »Deine Sünden sind dir vergeben« ist im Passiv formuliert und lässt Platz für den großen Vergebenden und Liebenden, Gott.

Also eigentlich alles kein Problem, wären da nicht die bösen Gedanken. Jesus setzt ihnen gute Fragen und gute und befreiende Worte entgegen. Steh auf, geh!

Mich berührt vor allem der Schluss dieser Erzählung: Die Menschen preisen Gott, der »solche Macht den Menschen gegeben hat«. Die Macht der guten Worte, die heilen, versöhnen, lieben und stärken können, möchte ich immer mehr erlernen. Diese Macht ist nicht Jesus vorbehalten, sie steht auch uns zur Verfügung.

BETTINA ELTROP

Jesus, du bist gekommen, um uns Menschen zu befreien. Erhelle mein Denken, Handeln und Sprechen, lass mich in der Liebe wachsen und immer mehr dir nachfolgen.

Endstation Sehnsucht

Etwas aus tiefstem Herzen wollen, etwas mit Inbrunst begehren, das meint wohl sehnen. Manchmal erfüllt es sich und ich finde, was ich sehne. Manchmal bleibt mein Sehnen aber ohne Antwort; dann bleibt die Sehn-sucht, die weiter und weiter ihrer Bestimmung auf die Spur kommen will.

König David hat es gut. Sein Sehnen hat einen Ort gefunden. Gott ist's, dem sein Sehnen gilt. Der angenommene Psalmendichter findet aussagekräftige Bilder dafür.

Gott zu sehnen und Gott zu finden, das bedeutet für ihn, in der Wüste auf die Oase mit dem frischen Wasser zu stoßen. Gott zu sehnen und Gott zu finden, das meint für ihn, dankbar und fröhlich Gottesdienste zu feiern, die Leib und Seele erfreuen. Gott zu sehnen und Gott zu finden, das schenkt ihm einen Lebensfreund, mehr noch, seinen Lebensretter. Dieser schützt und ist gütig, dieser unterstützt und ist Helfer in der Not.

Kein Wunder, dass David sich Tag und Nacht diesem Gott widmet, mit ihm lebt und liebt, mit ihm Schlachten kämpft und mit ihm Verluste beklagt. Gott ist seine »Endstation Sehnsucht«, er braucht keine weitere. Bei Gott erfüllt sich alles Sehnen. Bei ihm findet er Heimat und Halt. Und kann abladen, kann Gott hinlegen, was schwer ist, was beschwert und das Leben gefährdet. Sogar um Bestrafung und Untergang der Feinde kann er bitten. Ob er damit Erfolg hatte, wird in einer anderen Geschichte erzählt.

Leider bin ich nicht David. Wie steht es um mein Sehnen? Ist es die göttliche Geistkraft, die mich anzieht, inspiriert, antreibt? Habe ich bereits meine »Endstation Sehnsucht« gefunden? Wenn ich mich ehrlich betrachte, weiß ich mich weiterhin als Sehn-Suchende, manchmal sehr aufgehoben und bewahrt unter den Gottes-Flügeln, manchmal aber auch tapsend und blind zu anderen Sehnsuchtsorten unterwegs. Was mich beruhigt und berührt, ist immer wieder die Zusage, dass Gottes rechte Hand mich hält. Diese lässt mich nicht los, vor allem nicht an den dunklen Lebenstagen.

CHRISTINE WOLF

Manche Sehnsuchtsorte werden zu Begegnungsorten. Gut, dass du dort auf mich wartest, du treuer Gott.

Barmherzigkeit

Während ich diese Zeilen schreibe, stecken wir mitten in der vierten Welle der Corona-Pandemie. So frage ich mich unwillkürlich, ob Jesus heute bei den Querdenkern, ideologischen Impfgegnern und Verschwörungstheoretikern säße. Damals jedenfalls saß er bei den Menschen, die von der breiten Masse und vor allem den religiösen Kräften des jüdischen Volks links liegen gelassen wurden. Dabei hat er sich nicht angebiedert, sondern deutliche Worte gesagt. Beim Zöllner Matthäus genügte: »Folge mir nach!« Denn das bedeutete, dass Matthäus seinen Arbeitsplatz und damit das von Geld beherrschte Zollsystem verließ, das er als Angestellter doch nicht hätte ändern können. Anders die Situation bei Zachäus (Lk 19,1–10): Er war Zollpächter und konnte die Höhe der Gebühren selbst festsetzen. Doch auch er zog deutliche Konsequenzen und wollte den ungerecht erworbenen Mammon vierfach zurückgeben und die Hälfte seines Besitzes für Bedürftige spenden. Das war kein Opfer, sondern seine Antwort auf die erfahrene Barmherzigkeit Jesu.

Wer benötigt liebevolle Zuwendung? Für Jesus war das keine Frage: die, die sich als wertlos empfanden. Die, denen Gott unerreichbar fern schien. Die, die ohne Hoffnung waren, weil ihnen das Leben und leider auch die Vertreter des Glaubens diese genommen hatten. Wie der alttestamentliche Prophet Hosea rief Jesus dazu auf, barmherzig miteinander zu sein, weil nur dann Gottes Gebote ihren Sinn erfüllen können.

Christen sind Menschen, denen Jesus Christus ein neues Leben eröffnet hat. Sie leben von seiner Barmherzigkeit. Berührt von ihr lenkt er ihren Blick auf die Menschen, die heute ohne Hoffnung sind, denen Gott fremd ist, die sich nach Wertschätzung sehnen. So frage ich mich: Wem kann ich heute barmherzig begegnen, ihm sagen und zeigen, dass Gott ihm Gutes tun, Geborgenheit schenken, innere Heilung erfahren lassen will? Bei wem soll ich sitzen?

DIRK ZIMMER

Herr, weite mein Herz zur Barmherzigkeit. Schärfe meinen Blick für den, der sich nach dieser sehnt. Schenke mir hilfreiche Worte, in denen du ihm begegnen kannst.

Frömmigkeit

Glaube benötigt Rituale und geistliche Übungen. Zu den traditionellen Ausdrucksformen der Frömmigkeit gehören Gebet und Fasten. Zu beidem hatte Jesus inhaltlich schon im Zentrum der Bergpredigt wichtige Hinweise gegeben (Mt 6,1–18). In unserem Abschnitt nun wird von außen, von Gegnern, der Vorwurf an ihn herangetragen, dass seine Schülerinnen und Schüler nicht fasten. Jesu Antwort weist über die gestellte Frage nach dem Fasten hinaus.

In schweren Zeiten wurde und wird bis heute zum Fasten und Beten aufgerufen. Jesus lehnt das nicht ab. Doch Fasten soll nicht um seiner selbst willen geschehen. Es soll nicht zu einem pflichtgemäß durchgeführten Ritual verkommen. Vielmehr: Wer Grund zum Feiern hat, soll feiern. Die anderen Zeiten kommen von selbst. Dann kann der einzelne oder auch eine Gemeinschaft aus eigenem Antrieb fasten, als Ausdruck der Trauer. Oder um sich ganz auf das Wesentliche zu konzentrieren, um frei und offen für Begegnungen mit dem lebendigen Gott zu sein. Nicht als Pflicht, nicht aus Zwang, sondern freiwillig.

Ganz ähnlich sollen auch andere Formen der Frömmigkeit freiwillig und aus eigenem Antrieb ausgeübt werden. Druck und Zwang passen nicht zum Evangelium. Jesus Christus ermöglicht den Menschen, sich Gott ohne Scheu und Angst zuzuwenden. Er weckt die Sehnsucht nach der Berührung des Heiligen. Das von ihm ermöglichte Vertrauen zu Gott führt ins Gebet. Jesus hat das in seinem Leben praktiziert. Regelmäßig zog er sich zum Gebet zurück (Mk 1,35; Mt 14,23; Lk 9,18), suchte auch mit seiner Schülerschar die Stille und Abgeschiedenheit. Doch wenn es nötig war, stellte er sich entgegen seiner ursprünglichen Planung der Not der Menschen (Mk 6,31.34).

Was ist für mich heute dran? Das Leben feiern oder jemandem helfen? Oder vielleicht ein Gebetsspaziergang im sommerlichen Wald? Oder Meditation an einem ruhigen Ort? Oder ein Fastentag?

DIRK ZIMMER

Danke, Herr, dass du uns dazu befähigst, unseren eigenen geistlichen Atemrhythmus zu finden. Lass uns so auch an diesem Tag deinen belebenden Atem spüren.

Lebendigkeit

Zwei Frauen stehen im Mittelpunkt dieses Bibelabschnitts. Beide sind vom Leben abgeschnitten. Die eine, noch ein Kind, ist gerade verstorben. Die andere lebt schon seit zwölf Jahren mit einer Krankheit, die sie weitgehend von der Gemeinschaft und der Teilhabe insbesondere auch am religiösen Leben ausschloss. In den Zeiten des ersten Lockdowns habe ich in unserem Pflegeheim erlebt, wie schmerzhaft auch nur zwei oder drei Wochen Isolation für einen Menschen sind. Ein Betroffener sagte mir: »Ich fühle mich wie lebendig begraben.« So ähnlich muss sich auch diese Frau gefühlt haben. Doch wie der Vater des verstorbenen Mädchens, so traut auch sie Jesus zu, dass er neues Leben schenken kann. Beide gehen das Wagnis ein, sich Jesus mit ihrer Not anzuvertrauen. Der Vater ausdrücklich und öffentlich, die Frau wortlos und versteckt in einer Menschenmenge. Das gewagte Gebet des Vaters erfüllt Jesus wortwörtlich. Und auf die gewagte, verborgene Berührung der Frau reagiert Jesus mit ermutigendem Zuspruch, dass ihr Glaube sie gerettet habe. Ihr wurde, wie dem Mädchen, neues Leben geschenkt. Lebendigkeit. Und beide Frauen stehen für Jesu nachösterliche Gemeinde.

Auch in meinem Leben gab es Situationen, in denen mir meine Lebendigkeit verloren ging. Da tat es gut, dass ich mich mit meiner Not Jesus Christus anvertrauen konnte. Aus dieser biblischen Geschichte vernahm ich – und vernehme ich bis heute – die Zusage, dass er immer wieder neues Leben einhauchen kann. Die liebevoll von ihm ermöglichte Glaubensbeziehung zu Gott wirkt eine Lebendigkeit, der auch Beziehungskrisen, Krankheiten und schließlich der Tod nichts anhaben können.

Darauf möchte ich mich heute wieder neu besinnen. Ich will den Glauben wagen und diese Lebendigkeit neu erbitten.

DIRK ZIMMER

Herr, schenke mir erneut die lebendig machende Kraft des Glaubens für mein Leben. Für heute und für morgen. Und in meinem Tod.

Was traust du ihm zu?

So verschieden die Menschen sind, die der Evangelist uns hier vor Augen stellt, so verschieden sind auch ihre Reaktionen auf Jesu Handeln. Jeder aber, der ihm begegnet, muss eine Antwort geben auf die Frage: Was traue ich Jesus zu?

Da sind Pharisäer, die ihm nur das Schlechteste zutrauen. Da ist die Menge, die nicht recht weiß, was sie von ihm halten und wie sie ihn einordnen soll. Da ist der stumme Mann; bei ihm bleibt offen, ob es ihn zu Jesus zieht oder ob er nur seinen Freunden vertraut, die ihn zu ihm bringen. Diese Begleiter hingegen setzen ihre Hoffnung darauf, dass er dem armen stummen Mann helfen kann. Und dann sind da die beiden Blinden, voller Verzweiflung, wild entschlossen, zu Jesus vorzudringen. Sohn Davids nennen sie ihn, erkennen in ihm den ersehnten König und Messias, und damit blicken sie, denen das Augenlicht fehlt, tiefer als all die Sehenden um sie her. Auf seine Frage sagen sie klar: Ja, Herr, wir glauben, dass du uns sehend machen kannst. Sie trauen ihm viel zu, sehr viel, das Unmögliche. Und dieses Vertrauen lässt Jesus nicht ohne Antwort.

Wo stehe ich, und was traue ich Jesus zu? Auch wir müssen auf diese Frage eine Antwort geben, immer wieder neu, und müssen unsere Antwort ins Leben umsetzen. Das Wissen um die eigene Bedürftigkeit kann uns antreiben, Hilfe am rechten Ort zu suchen. Dieses Heilungswunder, das uns Matthäus berichtet, will uns Mut machen, nicht bei uns selbst stehen zu bleiben, der Resignation keinen Raum zu geben und alle Entschlossenheit zusammenzunehmen, um mit unseren Sorgen, Wünschen und Nöten zu dem zu gehen, der helfen kann. Beim Sohn Davids ist jeder und jede willkommen, für uns alle ist das Heil bereit.

KERSTIN LUBENOW

Ach, Herr, ich wähne mich sehend und bin doch oft blinder als diese beiden armen Blinden. Schwankend und klein ist mein Vertrauen. Ich bitte dich: Stärke meine Zuversicht in deine Fürsorge und Allmacht, damit ich voll Vertrauen zu dir komme und andere mitbringe, die deine Hilfe nötig haben.

Was ist dein Antrieb?

Gott wird seinem Volk einen wahren Hirten geben, so hat es schon der Prophet Hesekiel verheißen. Ein Hirte übt nicht Gewalt aus, sondern ist allein auf das Wohl seiner Herde bedacht. Der innere Antrieb des Guten Hirten ist seine Liebe zu den ihm Anvertrauten. So stark ist diese Liebe, dass es ihm durch Mark und Bein geht, wenn er ihre Not sieht. Dabei schaut er in die Tiefenschichten und erkennt ihre Orientierungslosigkeit und Gottesferne.

Der Auftrag, den Jesus seinen Jüngern gibt, entspricht dem, den er selbst von seinem Vater erhalten hat, nämlich das Wirken Gottes in dieser Welt zu verkündigen und sich den zerstörerischen Kräften entgegenzustellen. Überbringer von Heil und Heilung können sie nur sein, wenn ihre innere Motivation ebenfalls die Liebe ist. Dass Gottes friedensstiftende Liebe unter ihnen wirksam ist, zeigt die Namensliste der 12 Apostel: Matthäus und Simon Kananäus sind darunter, der Zöllner und der Zelot, also der Helfershelfer der römischen Besatzungsmacht und der Anhänger jener Gruppierung, die gegen Rom kämpft, notfalls auch mit Gewalt. In der Nähe Jesu können Gegensätze überwunden werden, die Menschen sonst entzweien.

Es ist auch heute für alle, die Jesus nachfolgen, ganz besonders für die, die Verantwortung in Gemeinden, Kirchen und Werken tragen, wichtig, sich selbst kritisch zu prüfen: Woraus schöpfe ich die Motivation für mein christliches Engagement? Geht es mir um die Menschen, die Christus mir anvertraut hat, oder prägen andere Beweggründe mein Tun? Wenn Christinnen und Christen unterschiedlicher Couleur es miteinander nicht mehr aushalten, wenn Zwietracht und Unfrieden zu Spaltung führen, dann kann das ein Zeichen dafür sein, dass Eitelkeit und Machtgelüste über das erbarmungsvolle und liebende Herz gesiegt haben.

KERSTIN LUBENOW

Ach, Herr, ich bin stolz auf mein Engagement und scheue mich, genauer hinzuschauen. Weil du mein guter Hirte bist und es dich meiner jammert, bitte ich dich, meine Motivation zu reinigen und mein Herz mit Liebe zu füllen.

Was bringst du mit?

Ohne Proviant und ohne Schutzkleidung, aber nicht mit leeren Händen gehen die Jünger in die Ortschaften Israels. Beauftragt von Jesus, überbringen sie die gute Nachricht, dass das Reich Gottes nahe herbeigekommen ist. Mit seiner Vollmacht können auch sie die lebensfeindlichen Kräfte besiegen. Und weil sie Heil und Heilung bringen, kommen sie nicht als Bittsteller und drängen sich nicht auf, sondern kehren da ein, wo man ihnen gerne die Türe öffnet. Nicht versteckt und verschämt, sondern mit ruhigem Selbstbewusstsein können sie sich mit Kost und Logis versorgen lassen. Sie haben einen Anspruch auf Versorgung, denn sie sind zunächst die Gebenden. Friedensbringer sind sie, und so gewinnt der alltägliche und allerorts verwandte Friedensgruß eine Tiefe und Fülle, die ihn zu einem unbeschreiblich kostbaren Geschenk macht. Den Segen dieses Geschenks erfährt allerdings nur der, der es auch annimmt.

Vielleicht ergeht es Ihnen ähnlich wie mir: Verunsichert stehe ich vor diesem Text, ist meine Lebenswirklichkeit doch so weit entfernt von dem radikalen Vertrauen und dem wirkmächtigen Handeln der Jünger. Doch in allen Unzulänglichkeiten gilt: Der dreieinige Gott ist heute derselbe wie damals, und noch immer ist der Auftrag, das Kommen des Reiches Gottes zu verkündigen. Eines aber wünsche ich mir: dass auch ich den Wohnungen und Orten, die ich betrete, Frieden mitbringe. Und dass mein Frieden auch einer ist, der der Liebe Jesu entspringt, heilsam ist und auf den hinweist, der der Herr des Friedens ist (2 Thess 3,16 a).

KERSTIN LUBENOW

O Herr, mach mich zu einem Werkzeug deines Friedens, dass ich Liebe übe, wo man sich hasst, dass ich verzeihe, wo man sich beleidigt, dass ich verbinde, da, wo Streit ist, dass ich die Wahrheit sage, wo der Irrtum herrscht, dass ich den Glauben bringe, wo der Zweifel drückt, dass ich die Hoffnung wecke, wo Verzweiflung quält, dass ich ein Licht anzünde, wo die Finsternis regiert, dass ich Freude mache, wo der Kummer wohnt.

»Kinder machen einem eh' alles nach ...«

Wie wahr! Wer Kinder im Aufwachsen begleitet und dazu noch ihre Eltern kennenlernt, stellt oft fest, dass sich Verhaltensmuster wiederholen. Gute wie schlechte. Um dann später Veränderungen anzustoßen, braucht es einen langen Atem und Frustrationsbereitschaft.

Asaf, der Psalmendichter, teilt die Einsicht. Obwohl er weiß, dass Äpfel nicht weit vom Stamm fallen, will er trotzdem seine Hoffnung in die nächsten Generationen setzen. Ihnen gilt seine Rede, seine Unterweisung.

Ansatzpunkt seiner Überzeugungsarbeit: Gottes Liebe zu seinen Menschen. Diese ist einmalig und unverwechselbar. Und diese ist zu sehen, zu erleben, zu fühlen und zu schmecken in den großartigen Taten und Wundern, die Gott seit Anbeginn seiner Liebesbeziehung zu seinem Volk schenkt. Ob Weggeleit durch geteiltes Meer, ob Feuer- und Wolkensäule, ob Wasser und Nahrung in den Wüstenzeiten, ob Brot, Fleisch und Herdfeuer auf Wanderschaft – nichts ist ihm zu viel. Wenn die Gotteskinder bitten, werden Wünsche erfüllt. Schließlich haben sie einen Bund – Gott und seine Menschen.

Und die besagten Gotteskinder: Halten sie sich an das Bündnis? Lassen sie sich inspirieren und machen sie etwa nach, was sie selbst erfahren haben? Schenken sie ihrerseits Freundlichkeit und Fürsorge?

Wir kennen bereits die Antwort. Keine Annahme ohne Ausnahme. Die Gotteskinder ahmen Gottes Menschenfreundlichkeit leider allzu oft nicht nach. Im Gegenteil. Ihre Antwort auf die Zuwendung ist Anspruch, Egoismus, Mehr-Wollen.

Hier zeigt sich die Aktualität des Psalms. Und es zeigt sich, dass gerade deswegen der lange Atem von großer Bedeutung ist. Wie Asaf vertraue ich darauf, dass wir wieder und wieder von Gottes Gnade und Barmherzigkeit sprechen sollen, dass wir weitererzählen, was uns trägt und Hoffnung gibt – auch gegen den gesellschaftlichen Trend. Die späteren Generationen sollen wieder etwas nachmachen können, was Leben ermöglicht. Und dann selbst einen langen Atem haben und wieder erzählen und wieder leben ...

CHRISTINE WOLF

Schenke uns den langen Atem, schenke uns Verstand, du liebender Gott.

Hochpreisnachfolge

Es kann sehr viel kosten, sich Jesus anzuschließen, ihm auf seinem Weg zu folgen. Das Leben nach dem zu gestalten und zu führen, was er vorgemacht hat, wozu er einlädt, kann lebensgefährlich sein. Das mögen wir in den vergangenen Jahrzehnten bei uns – und dabei denke ich an die Schweiz, Deutschland und Österreich – etwas aus den Augen verloren haben. Dabei weiß es die Generation noch gut, die den Krieg unter der Herrschaft der Nationalsozialisten miterlebt hat. Und in sehr vielen Ländern der Welt wissen und erleiden es die Christinnen und Christen ebenfalls.

Es ist eher eine Ausnahmesituation, wenn die Kirche, wenn die christliche Gemeinschaft einen hochangesehenen Platz in der Gesellschaft hat. Vom Zeugnis der Evangelien her ist so etwas wie das viel beschworene »christliche Abendland« ganz sicher nicht der Normalfall. Nun stellt sich mit guten Gründen die Frage, was davon noch übrig ist. Inzwischen sind bei uns die Zeiten schon wieder vorbei, in denen es beispielsweise einer beruflichen Karriere förderlich war, wenn im Lebenslauf die aktive Mitarbeit im Kirchenvorstand erwähnt wurde.

Doch die Kirche steht noch im Dorf. Mag sein, dass wir als fromme Menschen nicht mehr bewundert werden. Doch wir werden nicht gehasst, nicht verfolgt, nicht in die Enge getrieben. Wir haben noch viele Möglichkeiten und Freiheiten. Diese können und sollen wir nutzen, um kreativ mit all denen solidarisch zu sein, die jetzt wie Schafe unter Wölfen aufmerksam leben müssen, vorsichtig, klug und integer sein.

Und außerdem lehrt uns der heutige Abschnitt dies: Verfolgung gehört auch zu den Lebenslagen, auf die du dich eigentlich nicht vorbereiten kannst. Auch wenn du versuchst, dir auszumalen, wie es ist – wenn es dich trifft, wirst du dir unvorbereitet vorkommen. (Ähnlich verhält es sich übrigens mit der Trauer.) Versprochen ist uns jedoch, dass Gottes himmlische Energie uns zufließt, »des Vaters Geist«.

BENEDICT SCHUBERT

Deine Geistkraft, Ewiger, stärke alle, die bedrängt, verfolgt, vertrieben werden, weil ihr Glaube den Mächtigen nicht passt. Lass sie deine Nähe erfahren!

Angstfrei leben

In den Vertonungen des »Requiem« – Mozart, Verdi oder Berlioz – ist oft die Passage besonders eindrücklich, wo die Posaunen erschallen, um die Toten aufzuwecken für den »Dies Irae«, den »Tag des Zorngerichts«: Dann kommt alles ans Licht.

Für den Evangelisten Matthäus steht außer Frage, dass die Zeiten »apokalyptisch« sind: Es kommt zur großen Scheidung zwischen dem Licht und der Finsternis, zwischen Gut und Böse, zwischen Leben und Tod. Es wird nicht mehr lange dauern, und der Menschensohn wird kommen und richten.

Und weil das so ist, sollen wir uns nicht mehr an das anpassen, was ohnehin vergeht, was vor Gott nicht besteht. Wenn und weil alles ans Licht Gottes kommt, können wir schon jetzt alles, was ist, was wir denken und tun, was mit uns geschieht – alles können wir Gott hinhalten, Gottes Licht aussetzen.

Wir sollen Gott fürchten, Gott respektieren, nur Gott die Ehre geben. Sonst aber können wir ganz angstfrei leben und weder Tod noch Teufel fürchten, denn es ist Gott, der vom Anfang bis zum Ende über Leben und Sterben bestimmt. (Derjenige, der »Leib und Seele verderben kann«, ist notabene nicht der Teufel oder sonst eine gottfeindliche Macht!) Achtung: In unserer auf körperliche Gesundheit fixierten Zeit besteht die Gefahr, dass wir mit dem Leben (und Sterben) bloß das sichtbare, irdische Leben meinen. Das aber ist für Jesus nur ein Teil dessen, worauf es wirklich ankommt. Du kannst leben, aber trotzdem tot sein – und sterben, aber du lebst in Gott.

Gott kenne sogar die Anzahl unserer Haare und wisse um jedes Spatzenschicksal. Diese tröstliche Zusage bedeutet deshalb nicht, wir würden immer und jederzeit vor allem bewahrt, was wir als schlimm oder gar sinnlos erleben. Versprochen ist aber, dass Gott in allem zu uns steht und durch alles hindurch mit uns geht. Gott bekennt sich zu uns – also bekennen wir uns auch zu Gott.

BENEDICT SCHUBERT

Dein bin ich, ewige Liebe, in Zeit und Ewigkeit. Du umhüllst und begleitest mich; darauf verlasse ich mich. Deshalb überlasse ich mich dir. Ich weiß: Du willst Gutes für mich.

Gefährliche Klarheit

Zwei Beispiele kommen mir in den Sinn. Als erstes Sheila Cassidy. Als junge Ordensfrau und Ärztin lebte und arbeitete sie in den 1970er Jahren in Chile. Nach dem Staatsstreich gegen Allende versorgte sie einen von dessen verletzten Anhängern. Sie wurde an Pinochets Schergen verraten, verhaftet und so sehr gefoltert, dass sie Namen von Oppositionellen preisgab. Sie überlebte und konnte nach England zurückkehren, wo sie sich schließlich in der Hospiz-Bewegung (für Palliativpflege) engagierte.

Ich las ihr Buch »Ich habe den Mut zu glauben«, kurz nachdem wir in Angola angekommen waren. Zum ersten Mal lebte ich in einem Land mit einem Geheimdienst, den alle fürchteten. Ich musste lernen, wem und wann ich was sagen durfte und wo ich besser den Mund hielt. Beim Lesen von Sheila Cassidys Buch fragte ich mich, ob wir in eine vergleichbare Lage kämen, ob ich den Mut zum Widerstand haben würde und im schlimmen Fall die Kraft standzuhalten. Um das gleich hinzuzufügen: Nein, ich kam nie in eine vergleichbare Lage. Doch bis heute beschäftigt mich die Frage, ob ich in jenen Jahren glaubensmutig genug war.

Das zweite Beispiel ist Franz von Assisi. Mehrfach ist genussvoll die Szene erzählt worden, in der Franziskus sich auf dem Domplatz nackt auszieht und seinem Vater die Kleider zurückgibt, um auf diese drastische Weise klarzustellen, dass er auf eine Karriere als Tuchhändler, auf sein Erbe und seine Familie verzichtet: »Bis heute habe ich dich meinen Vater genannt auf dieser Erde; von nun an will ich sagen: Vater, der du bist im Himmel.«

Das scheint mir nach der Lektüre des heutigen Abschnitts (vermutlich der Bibel überhaupt) nicht mehr möglich: zu meinen, Jesus möchte die satte Torte unseres komfortablen Lebens mit etwas frommem Zuckerguss dekoriert haben. Das »Kreuz« bleibt das entscheidende Merkmal derer, die Jesus hören und ihm folgen – auch wenn es erleichternderweise nicht sein, sondern je unser Kreuz ist.

BENEDICT SCHUBERT

Jesus, wenn du rufst, lass mich hören und verstehen. Und gib mir den Mut zu folgen.

Der Lohn unserer Nachfolge

Am Ende der Aussendungsrede stärkt Jesus das Selbstbewusstsein der Jüngerinnen und Jünger: Wer sie aufnimmt, nimmt Christus selbst und damit Gott auf. Matthäus geht es hier nicht um den an anderer Stelle erwähnten Appell, gastfreundlich und barmherzig zu sein (vgl. Mt 25,40). Vielmehr werden die Apostel belohnt, weil sie Christus selbst zu den Menschen bringen. Mit der sechsmaligen Reihung des Wortes »aufnehmen« greift der Evangelist auf den Anfang der Aussendungsrede zurück (vgl. Mt 10,14) und betont, dass es nicht nur um das gastfreundliche Beherbergen geht, sondern um die Aufnahme der apostolischen Predigt.

Dies unterstreicht die Wahl der Begriffe »Prophet«, »Gerechter« und »Geringer«. Vermutlich spiegelt der Evangelist die damalige Situation seiner Gemeinden, in denen auf Gastfreundschaft angewiesene »Propheten« und »Gerechte« als Missionare umherzogen und dabei durchaus auch abgelehnt wurden. Die Aufnahme der »Geringen« ähnelt der Aufnahme der Kinder in Mk 9,37. Dort ist auch wenige Verse später die gleiche Formulierung des Reichens eines Bechers zu finden (vgl. Mk 9,41), die bei Matthäus in Vers 42 steht. Auch scheinbar kleine Zeichen der Zuwendung sind wichtig und wertschätzend.

Das Zeugnis für das Evangelium ist keine Leistung, sondern Gottes Handeln durch uns. Im Zusammenspiel mit der Gastfreundschaft wird deutlich, dass der versprochene Lohn nicht eingefordert werden kann. Unter dem Lohn versteht der Evangelist zuerst die lebendige Gemeinschaft mit Christus, die auch über den Tod hinaus andauern wird. Gleichwohl kommt dabei eine hohe Wertschätzung des Dienstes der Zeuginnen und Zeugen zum Ausdruck.

MARC WITZENBACHER

Andre traun auf ihre Kraft, auf ihr Glück und Ritterschaft, deine Christen traun auf dich, auf dich traun sie festiglich. Lass die werden nicht zuschand', bleib ihr Helfer und Beistand, sind sie dir doch all bekannt.

Der Adressat unserer Verzweiflung

Wie die Apostel die Worte Jesu umgesetzt haben, berichtet Matthäus, anders als Markus (vgl. Mk 6,7–13), nicht. Ihm geht es darum, den Auftrag Jesu für die Kirche deutlich zu machen. Dass er nun Johannes als Zweifelnden darstellt, greift vermutlich auch die Situation der Gemeinden auf, für die er schreibt. Johannes fragt ja nicht aus der Zuschauerperspektive, sondern als einer, der sein Leben für die Sache Gottes eingesetzt hat und dessen Lebenswerk nun gescheitert zu sein scheint. Eine Situation, in der sich viele Engagierte in den Gemeinden befinden. Wir mühen uns ab, aber es trifft nicht das ein, was wir erwartet und gepredigt haben.

Johannes hatte in Jesus den Messias gesehen, der »die Tenne fegt« (Mt 3,12) und der Schreckensherrschaft der Römer ein Ende setzen wird. Doch nichts von all dem trifft ein. Aber Johannes adressiert seine Frage an Jesus selbst. Die Frage, was es mit Gott auf sich hat, ist nur richtig gestellt, wenn sie sich an Gott selbst wendet: Wer bist du?

Die Antwort Jesu scheint enttäuschend. Jesus zielt darin nicht auf die Wunder, die er bewirkt, sondern auf die Barmherzigkeit Gottes, die sich den Geringsten und Ärmsten zuneigt. Es geht um Jesus als Person, an unserem Verhältnis zu ihm entscheidet es sich, wie wir unser Leben auf Gott ausrichten.

Darum bekräftigt Jesus, dass mit dem Auftreten des Johannes das Reich Gottes seinen Anfang nimmt, wie es die Schrift bezeugt. Taten können stets unterschiedlich gedeutet werden (V. 16–19). Mit Gewalt lässt sich das Reich Gottes nicht herbeizwingen (V. 12). Wer sich jedoch ganz auf Jesus einlässt, wird erkennen, dass in ihm die Liebe Gottes erschienen ist. Eine Liebe, die sich ganz nach unten neigt und von dort aus versöhnt und Neues bewirkt.

MARC WITZENBACHER

In dich hab ich gehoffet, Herr; hilf, dass ich nicht zuschanden werd noch ewiglich zum Spotte. Das bitt ich dich: Erhalte mich in deiner Treu, mein Gotte.

Die Gefahr unserer Gleichgültigkeit

Nach der Frage des Täufers zieht Matthäus nun eine Art Zwischenbilanz, die in die Gerichtsdrohung gegen die Hauptstätten des Wirkens Jesu übergeht. Die Stelle ist fast wörtlich auch bei Lukas zu finden (vgl. Lk 10,13–15), was für eine gemeinsame Quelle neben dem Markusevangelium spricht. Lukas baut den Weheruf über die Städte allerdings mehr als Trost für die abgewiesenen Jünger in die Aussendungsrede Jesu ein. Matthäus hingegen markiert einen weiteren Wendepunkt und Beleg für die notwendige Hinwendung Jesu zu den Heiden.

Chorazin, Betsaida und vor allem Kapernaum waren Städte, in denen Jesus Ablehnung und Widerstand erfuhr. Kapernaum bezeichnet Matthäus sogar als »Jesu Stadt« (vgl. Mt 9,15). Überall dort ist Jesu Predigt auf taube Ohren gestoßen, die Buße und Umkehr, die schon Johannes forderte (vgl. Mt 3,2), blieb aus. Wäre das in den als besonders sündhaft bekannten Städten Tyrus und Sidon (vgl. Jes 23; Ez 26–28) passiert, wären deren Bewohner wohl gleich in Sack und Asche gegangen, dem Zeichen der Bußtrauer.

Jesus beklagt die ablehnende Haltung in den Städten Galiläas mit einem Zitat aus dem Buch Jesaja (V. 23; vgl. Jes 14,13–15) und droht ihnen mit dem Gericht, bei denen es ihnen schlimmer ergehen wird als Sodom. Denn wenn in dieser als Inbegriff der Sündhaftigkeit bekannten Stadt das geschehen wäre, was die Zeitzeugen Jesu erlebten, wäre sie umgekehrt und die Stadt würde bis heute bestehen.

Die Androhungen Jesu verdeutlichen vor allem seinen Schmerz. Matthäus zeigt darin den leidenden Christus, dessen Liebesangebot ausgeschlagen wird (Adolf Schlatter). Der Evangelist ruft seine Leserinnen und Leser auf, ihre Gleichgültigkeit und Routine abzulegen und sich immer wieder neu für Jesus zu entscheiden.

MARC WITZENBACHER

Gott, der du reich bist an Erbarmen, reiß dein Erbarmen nicht von mir und führe durch den Tod mich Armen durch meines Heilands Tod zu dir; da bin ich ewig recht erfreut und rühme die Barmherzigkeit.

Ein Spiel von Sich-Erinnern und Vergessen

Unser Leben ist ein Spiel von Sich-Erinnern und Vergessen. Diese zwei Pole sind aber nicht gleichwertig. Denn wir erinnern uns nur an einen Bruchteil dessen, was wir erleben. Doch so sehr das Vergessen überwiegt, so sehr erscheint es als eine Kunst zu lernen, woran man sich erinnert und wie man dies tut. Das Problem des Volkes Israel in der Wüste, das Problem der Nachfahren im Königreich Israel – und natürlich die Gefahr, wovor auch die Zuhörerschaft (und die heutige Leserschaft) gewarnt wird – besteht darin, die erlösenden Taten Gottes zu vergessen. In der Erzählung, die als ein mashal (»Gleichnis« nach jüdischer Tradition) fungieren soll, als eine Geschichte, aus der man eine Lektion ziehen soll, geht es um die großartigen Taten, die Gott in Ägypten, in einem der ruhmreichsten Reiche der alten Geschichte, vollbracht hat, um sein Volk aus der Knechtschaft zu befreien. Durch diese Befreiung ist das Volk zum »Volk Gottes« geworden. Trotzdem kann man die befreienden Taten Gottes vergessen, d.h. so tun, als hätte es sie nie gegeben. Das Erzählen wie in diesem Psalm erfüllt die Funktion, das, was vergessen zu werden droht, in Erinnerung zu rufen, und es ist auch ein gutes Mittel, Lektionen zu erteilen. Deshalb erzählen wir Kindern Geschichten.

Auch Gott geht mit uns wie mit Kindern um. Deshalb macht er seine Barmherzigkeit nicht von unserer Fähigkeit abhängig, uns an seine großen Taten zu erinnern und daraus die richtigen Lektionen zu ziehen. Seine Barmherzigkeit ist größer als unsere Vergesslichkeit, auch größer als unsere Angst vor dem Tod, die uns zwar dazu bringen kann, gelegentlich bei ihm Zuflucht zu suchen, uns aber nicht von der Neigung, seine großen Taten an uns zu vergessen, befreien kann. Es ist nicht die Angst, die uns befreit, sondern Gottes Barmherzigkeit. Auf sie kann man sich verlassen und sie soll man in Erinnerung behalten.

ASSAAD ELIAS KATTAN

Guter Gott, sei uns barmherzig, wenn wir deine großen Taten vergessen und in Todesangst verfallen, denn deine Barmherzigkeit ist besser als das Leben.

Seelenruhe

»Ich bin gütig und von Herzen demütig.« Einem Menschen, der sich so beschreibt, mag ich mich anvertrauen. Zu ihm mag ich kommen, mit ihm mag ich gehen. Ein im Herzen demütiger Mensch hilft mir, das Leben mit all dem annehmen zu können, was es mit sich bringt. Gerade dann, wenn ich unter der Last zu zerbrechen drohe. Ein sanfter, gütiger Mensch ist ein Hort, wo ich Ruhe finde und erquickt werde. Zufriedenheit breitet sich in seiner Nähe aus, die mich nach und nach erfüllt und meinen Geist neu ausrichtet. Geborgenheit und Dankbarkeit machen mich stark genug, die kommenden Aufgaben zu meistern.

Seelenruhe
Seelenruhe bedarf der Erkenntnis; wir werden von ihr gefunden. Es sind Momente, in denen ich ganz in mir bleibe und zugleich nicht auf mich fokussiert bin. Es wächst ein Friede, eine Ruhe im Innersten, die nicht aus mir kommt, die nicht machbar und auch nicht festzuhalten ist. Seelenruhe gräbt sich tief in die Seele ein und bleibt in der Erinnerung verfügbar. Wenn Rastlosigkeit und Ärger über das erlittene Schicksal zu mächtig sind, bleibt sie im Verborgenen. Doch sie offenbart sich, wenn wir den Blick von uns weg auf den barmherzigen Gott richten und demütig im Herzen sind. Sie nimmt die Last nicht weg und das Joch nicht ab, aber sie hilft, all das auszuhalten und anzunehmen. Sie lehrt, sich an Gutem zu erfreuen und stellt das Erlebte in den Lebenshorizont des Himmels.

Seelenruhe
Seelenruhe findet und offenbart sich allen Menschen, die sich in die Nähe des sanftmütigen Gottessohnes begeben und sich darauf einlassen. Keiner kann oder muss sie sich verdienen. Sie wird uns zuteil, wenn uns die Kraft ausgeht, wenn wir nicht mehr wissen, wie es gehen kann, wenn wir der Hilfe bedürfen und uns öffnen für Gott.

BARBARA JANZ-SPAETH

Jesus Christus, sanft und demütig im Herzen, weist du uns den Weg. Im Vertrauen auf dich finden unsere Seelen Ruhe. In dir begegnen wir Gottes unendlicher Liebe. Die Last wird leicht und das Joch sanft.

Heiligung des Sabbats

Im Anfang vollendet der siebte Tag die Schöpfung Gottes. Es ist ein Tag der Ruhe, gesegnet und geheiligt und damit qualitativ unterschieden von den anderen Tagen. Er bildet die Brücke zu jedem kommenden ersten Tag. Die Schöpfung endet nicht, sie entwickelt sich weiter – aber dieser Tag des Innehaltens, des Nicht-Tätigseins verweist auf den Sinn, der ihr innewohnt. Die Ruhe ermöglicht allen Geschöpfen, Gottes Wirken in Raum und Zeit zu betrachten und sich daran zu freuen. Segen und Heil geht von diesem Tag aus. Die Barmherzigkeit Gottes ist spürbar und erfahrbar auf den Feldern, allerorten, weit über die Tempelmauern hinaus. Sie reicht weiter als jedes menschliche Vorstellungsvermögen. Am siebten Tag erinnern sich Menschen dieses Wundergeschehens und es geschehen kleine und große Wunder, weil Gott Wunder wirkt und der Mensch Gutes tut.

Heiligung des Sabbats: Wer trägt dafür Sorge? Braucht es dazu Regeln und welche tragen dazu bei, den Sinn des Sabbats zu entfalten? Der Mensch ist dem Schöpfungswerk zugeordnet. Er kann und muss damit umgehen; aber er kann nicht endgültig darüber verfügen und bestimmen. Wohl aber können wir uns als Geschöpfe vom Wirken Gottes bestimmen und über uns verfügen lassen. Wir können Gutes tun, die heilende Kraft Gottes erkennen und das Leben, das aus Gott kommt, am Leben erhalten.

In der ganzen Diskussion zwischen Jesus und den Pharisäern wird von dieser barmherzigen schöpferischen Kraft Gottes, in der Jesus Wunder wirkt, erzählt. Sie zu begreifen fällt schwer, weil sie unserer Macht entzogen ist, nicht unseren Regeln unterliegt und doch, im wahrsten Sinn des Wortes, mit Händen zu greifen ist. Im Vertrauen darauf werden Menschen und Geschöpfe handlungsfähig zum Guten. Deshalb ist die Heiligung des Sabbats eine Entscheidung für das Leben und gegen den Tod.

BARBARA JANZ-SPAETH

Gott, du hast den siebten Tag gesegnet und geheiligt. Die Ruhe dieses Tages lässt uns den Sinn der Schöpfung und unseres Handelns erkennen: dem Leben zu dienen mit deiner Kraft.

Geduld

Sind es die Stillen, die die Welt verändern? Sind es die Sanften, die Gerechtigkeit schaffen? Sind es die Gewaltlosen, die das Recht aufrichten? Sind es die Verborgenen, die Hoffnung bringen? Sind es die vom Geist Erfüllten, die das rechte Wort verkünden?

Unsere Welt bedarf der Prophetinnen und Propheten. Sie bedarf derer, die Gottes Wort an uns richten und uns zur Umkehr mahnen. Sie bedarf derer, die nicht verstummen, wenn sich Menschen abwenden oder gegen sie anschreien. Sie bedarf derer, die die Ideologie entlarven und vom Ideal unterscheiden. Wir bedürfen dieser Prophetinnen und Propheten, weil sie daran festhalten, dass niemand von der Barmherzigkeit und Gerechtigkeit Gottes ausgeschlossen werden darf. Wir bedürfen ihrer, weil sie uns an den Sinn unseres Daseins erinnern: Gutes zu tun. Wir bedürfen ihrer, damit wir unsere Hoffnung und unseren Glauben nicht verlieren. Sie stärken uns, geduldig, friedvoll, sanftmütig zu sein und zu bleiben. Es ist die Strategie Jesu, die sie uns im Umgang mit Andersdenkenden lehren und die so realitätsfern scheint. Manchmal möchte man einfach … streiten, schreien, siegen. Doch: aus dem Weg gehen und an seinem Weg festhalten. Aus dem Weg gehen und weiter das Recht verkünden. Aus dem Weg gehen und aufrichten. Aus dem Weg gehen und das Licht dort hintragen, wo Dunkelheit herrscht. Das ist der Weg der Nachfolgerinnen und Nachfolger Jesu. Er erfordert Geduld. Geduld, die weiter reicht als die eigene Lebenszeit. Geduld, die die Botschaft, die Hoffnung, glaubwürdig bezeugt. Geduld, die aushält und durch Höhen und Tiefen trägt. Diese Geduld entspringt einem anderen Geist, einer anderen Liebe, einer anderen Kraft. Diese Geduld bringt Neues, Unerwartetes zutage. Diese Geduld ist zukunftsfähig.

BARBARA JANZ-SPAETH

Gott, gib uns Geduld. Geduld, die an der Gerechtigkeit festhält, Geduld, die leise und sanfte Töne anschlägt, Geduld, die niemanden fallen lässt, Geduld, die an der Hoffnung festhält, Geduld, die Recht und Gerechtigkeit hervorbringt.

Verteufeln

Wer gegen den Heiligen Geist lästert, dem wird in alle Ewigkeit nicht vergeben – selten spricht Jesus eine so eindringliche Warnung aus. Im Hintergrund steht das Urteil seiner Gegner: Jesus steht mit dem Obersten der bösen Geister im Bund. Das ist harter Tobak. Dieser Vorwurf verlässt die Ebene der fairen Auseinandersetzung. Man kann über die richtige Schriftauslegung und das rechte Verhalten diskutieren und sagen: Ich sehe das nicht so wie du. Ich finde nicht richtig, was du tust. Da kann der andere argumentieren und zu überzeugen versuchen. Es ist ein Gespräch auf Augenhöhe möglich. Die Kraft der Argumente ist gefragt. Das Judentum kennt eine hohe Diskussionskultur zwischen Vertretern gegensätzlicher Auslegungen. Etwas anderes ist es zu sagen: Du bist auf der Seite des Bösen. Hier wird ein abschließendes Urteil gefällt. Dagegen hat der andere keine Chance mehr. Er ist abgestempelt. Er wird verteufelt.

Mit einem solchen Urteil erhebe ich mich über den anderen und maße mir etwas an, was nur Gott zusteht. Ich setze mich absolut. Ich bin aber ein Mensch mit begrenzter Sichtweise. Manches mag ich richtig sehen, und es ist gut, es zu vertreten. Aber immer ist meine Perspektive zugleich begrenzt, sie braucht die Ergänzung durch andere, die aus einem anderen Blickwinkel hinsehen. Gott allein sieht die Ganzheit. Nur ihm steht ein endgültiges Urteil zu. Wenn ich von diesem Grundsatz ausgehe, kann ich mit Hilfe der anderen – auch meiner Gegner – der Wahrheit näherkommen. Ich weiß dann, dass ich sie nicht allein und ganz besitze. Ich bin bereit, durch andere dazuzulernen und meinen Horizont erweitern zu lassen. Das ist ein gegenseitiger Umgang im Sinne Jesu und des Heiligen Geistes.

HELMUT GABEL

Gott, bewahre mich vor vorschnellen Urteilen und überheblichen Bewertungen. Lass mich genau hinsehen. Hilf mir, in dem Bewusstsein zu leben und zu handeln: Ich sehe nur einen Teil und brauche andere Sichtweisen, die meine ergänzen. Du allein kennst das Ganze. Dir allein steht es zu, zu urteilen und zu richten. Du allein bist Gott.

Meine Demut ist mein ganzer Stolz

Ein Mönch wird gelobt: »Sie sind so ein angenehmer Mensch. Sie stellen sich nicht in den Vordergrund. Sie prahlen nie mit Ihren Fähigkeiten, die Sie doch in reichem Maße haben. Sie stellen nie Ihre Leistungen heraus, die doch beachtlich sind.« Der Mönch antwortet mit hintergründigem Schmunzeln: »Jaja, meine Demut ist mein ganzer Stolz.«

Die augenzwinkernde, schelmische Antwort des Mönchs zeigt: Er kennt sich selber. Er weiß um die menschlichen Schwächen. Er durchschaut, was sich abspielt, wenn jemand an sich arbeitet: Er versucht seine Fehler auszulöschen – seinen Hochmut, seinen Wunsch, andere auszustechen, seine Tendenz, immer vorne dran stehen zu wollen. Es gelingt ihm auch. Aber unversehens zieht eine neue Art von Hochmut ein: Ich bin viel weiter als die anderen. Ich bin ein spiritueller Mensch, mehr als die anderen. Er fängt an, über andere hart zu urteilen. Er unterstellt sofort Egozentrik, Selbstgefälligkeit und Unreife, wenn jemand von seinen Fähigkeiten und Leistungen erzählt. Der Demütige ist unversehens zum Hochmütigen geworden!

Jesus spricht von Menschen, die ihr »inneres Haus« putzen und fegen. Weg mit allem Bösen, weg mit allem Hochmut, weg mit allem, was nicht im Sinne Gottes ist! Aber unversehens kommen sieben andere Geister, die schlimmer sind als der Ausgetriebene. Es gilt, auf der Hut zu sein vor neuen »Fallen«: etwa einem »geistlichen Hochmut«, der sich über andere erhebt, die noch nicht so weit gekommen sind, die die Demut noch nicht gelernt haben und ihr »inneres Haus« nicht so gut gepflegt haben. Nahestehende Menschen, die mir rückmelden, was sie bei mir wahrnehmen, können dabei helfen. Damit ich mich selber – wie jener Mönch – augenzwinkernd und humorvoll mit meinen menschlichen, allzu menschlichen Schwächen wahrnehmen und annehmen kann.

HELMUT GABEL

Schenke mir Entschiedenheit, an mir zu arbeiten – und bewahre mich zugleich davor, hart und stolz zu werden. Ich möchte lächeln können über die Schwächen der anderen – und über meine eigenen. So wie du verständnisvoll und liebevoll über mich lächelst.

Die neue Familie

So unterschiedlich Sekten sein mögen – sie gehen oft ähnlich vor: Menschen, die sich in einer Lebenskrise befinden, werden angesprochen und eingeladen. Wer arbeitslos ist, wessen Ehe zerbrochen ist oder wessen Partner gestorben ist, nimmt es dankbar an, aufgefangen zu werden. Gleichzeitig wird jedoch indoktriniert: Wir sind deine neue Familie, wir sind die Erwählten, nur wir sind gerettet, die anderen sind böse und auf ewig verloren. Der Kontakt zur Herkunftsfamilie und zu anderen bisherigen Bezugspersonen wird abgebrochen. Niemand hat mehr eine Chance, vor dieser »neuen Familie« zu warnen. Schließlich überschreibt man sein Eigentum der Gemeinschaft und wird so auch wirtschaftlich völlig von ihr abhängig. Die Falle ist zugeschnappt.

Ist es bei Jesus ähnlich? Er bietet ja auch eine neue Familie anstelle der alten an – eine Familie, deren Kennzeichen es ist, dass Gottes Wille getan wird. Doch hier gerät man nicht in die Unterdrückung. Zwei Dinge fallen auf: Jesus spricht im Blick auf seine Herkunftsfamilie von der Mutter und den Brüdern. Bei der neuen Familie, von der er redet, tauchen auch »Schwestern« auf. Hier werden auch Frauen wahrgenommen und gleichwertig einbezogen. Andererseits: Neben der »Mutter« wird kein »Vater« erwähnt. In der neuen Familie gibt es kein Patriarchat. Ein paar Kapitel später wird Jesus sagen: »Auch sollt ihr niemanden auf Erden euren Vater nennen; denn nur einer ist euer Vater, der im Himmel.« (Mt 23,9) Jesu neue Familie ist keine Sekte, kein Zwangssystem. Wer sich ihr anschließt, dessen Leben wird nicht enger, sondern weiter. Sie ist ein Raum der Freiheit, der Teilhabe aller an Entscheidungsprozessen und der Gleichwertigkeit von Mann und Frau. Zweitausend Jahre danach haben unsere Kirchen in dieser Richtung noch viel zu lernen!

HELMUT GABEL

Jesus, für dich sind wir nicht deine Arbeitskräfte. Wir sind deine Familie – deine Schwestern und Brüder, Töchter und Söhne des einen Vaters. Wir alle sind gleichwertig. Schenke uns einen aufrechten Gang und das Bewusstsein unserer Würde.

Rätselhafte Wege

Von rätselhaften, wechselvollen Wegen des Volkes Israel ist in diesem Psalm die Rede. Rätselhaft ist, dass das Volk Wege einschlägt, die wegführen von den Zusagen, Führungen und Weisungen Gottes. Aber ist es nicht auch rätselhaft, dass Gott darauf nicht allein mit Strafen reagiert, sondern mit Israel immer wieder neu anfängt? Gericht und Gnade liegen nahe beieinander. Gottes Handeln ist unergründlich. Er ist und bleibt der Herr. Das zeigt sich in seinem Strafen und in seinem Schweigen. Das zeigt sich aber auch in neuem Segen und in der Erfahrung neuer Nähe.

Das Ende der Menschenwege ist nicht das Ende der Wege Gottes. Hier wird deutlich, dass Gott eben kein Mensch ist und ganz anders als Menschen handelt. Diese Erfahrung kann ermutigen, unsere Rätsel und Sackgassen nicht als das Letzte anzusehen. Es bleibt Gottes Geheimnis, dass es Aufbrüche, Neuanfänge und Hoffnungen gibt, auch wenn Kinder andere Wege gehen als von den Eltern erhofft oder Partner oft rätselhafte Wege einschlagen, die Konflikte zur Folge haben. Auch zwischen Völkern und Staaten treten Situationen ein, die das Verhältnis zueinander auf rätselhafte Weise belasten. Nicht zuletzt in Kirchen und Gemeinden gibt es Entwicklungen, die belasten, irritieren und ratlos machen.

Wir könnten von dem Psalmisten lernen, dass Rätsel und Konflikte nicht einfach hingenommen werden. Sie können in aller Offenheit im Vertrauen darauf ausgesprochen werden, dass es für Gott nicht gleichgültig ist, wie wir miteinander und mit ihm umgehen. Er leidet mit als Herr und Bruder. Christus ist dafür der Garant. Ihm zu vertrauen, ist der Anfang aller Lösungen.

HEIMO LIEBL

Wir danken dir, Gott, dass du uns auf unseren oft rätselhaften Wegen nicht im Stich lässt. Du bist mit uns auf dem Weg und führst uns aus manchem Dickicht hinaus ins Weite. Wir danken dir für deine Liebe und Treue.

Neue Leben entdecken

Wie gut tut es mir, wenn jemand auf meine unausgesprochene Lage einfühlsam reagiert. Behutsam mit und ohne Worte. Es ist nicht so leicht, herauszulassen, was einen bewegt, doch Worte können befreien. Von klein auf lernen wir, mit Worten umzugehen. Mit schönen nichts zu sagen. Mit spitzen einander zu verletzen. Mit Buchstaben die Gerechtigkeit zu beugen. Mit kalten unsere wahren Interessen zu verschleiern. Auch belehren wir gern Dumme, obwohl wir selbst nicht viel schlauer sind. Statt Worte zur Klärung und Verständigung zu nutzen, verkehren wir sie ins Gegenteil.

Jesus sprach anders: auf Augenhöhe. Mit liebevollen Augen konnte er anderen begegnen. Zuhören, um zu verstehen. Hilfreich waren seine Nähe und sein Handeln. Sein Wort umarmte die Armen und beflügelte die Lahmen. Die Geschichten, die er erzählte, hatten Erfahrung und Botschaft: Gott ist wirklich und voller Liebe. Mitten im Leben steckt seine Kraft. Schau, wie Löwenzahn Beton durchbricht und ans Licht kommt. Mit liebevollen Augen sehen wir weiter. Im scheinbar Unbedeutenden schon das Geniale. Im vorliegenden Schmerz und Schrecken schon kommende Freude und Glück. Im gerade erst Angefangenen schon das Vollendete. Wer mit liebevollen Ohren die Welt hört, hört das Gras wachsen, zwischen den Schreien und Stummen die Gerechtigkeit brummen; zwischen den alten Liedern ein neues erklingen; statt Klagegesängen ertönt Festmusik.

Wer in Jesu Sinn handelt, verwandelt – bildlich gesprochen – scheinbare Brache in einen blühenden Garten, unfruchtbares Land in fruchtbringendes. Er eilt seiner Zeit voraus. Vertrauensvoll statt ängstlich. Realistisch, aber nicht ohne Vision und Traum. Das Reich Gottes wächst, kommt, ist schon da. Alle, die mit dem Herzen verstehen, entdecken, wie Gottes Friedenswelt in vielen Ecken schon im Ansatz da ist. Das halbvolle Glas ist nur halb leer. Neues Leben lässt sich entdecken.

HEINZ-GÜNTER BEUTLER-LOTZ

Danke, Jesus. Deine Worte beflügeln meine Gedanken. An dir möchte ich mich orientieren. Öffne mir die Augen, voller Liebe die Welt zu sehen und meinen Mitmenschen zu begegnen.

Überraschungen nicht ausgeschlossen

Vieles, was wir tun, ist aussichtsreich. Doch für Erfolg gibt es keine Garantie. Das erleben wir in jedem Beruf. Nicht immer zahlt sich unser Einsatz aus, manchmal stehen wir dumm da. Scheitern ist schmerzhaft. Und oft werden wir nach Zahlen bewertet. Schüler wie Arbeitnehmer, Gemeinden wie Betriebe. Gängig, aber nicht immer sinnig. Schließlich bin ich mehr als mein Körpergewicht. Buchhalter können der Welt alle Farbe und den Herzen das Leben rauben.

Jesus hatte einen anderen, einen visionären Blick auf das Leben. Obwohl seine Zeitgenossen nur Mundpropaganda kannten und zu Fuß unterwegs waren, kamen sie in Scharen zu ihm. Neugierig und mit großen Erwartungen. Von der Beseitigung der verhassten Römer und der doppelten Besteuerung träumten sie ebenso wie vom Ende der Schuldenfalle und aller anderen Katastrophen. Gott sollte in ihre aus den Fugen geratene Welt eingreifen und Jesus sollte helfen. Allerdings rief er nicht zum Aufstand auf, sondern erzählte alltägliche Geschichten, die zu Erzählungen über Gott und seine und ihre Beziehungen wurden. Gedanken statt Zahlen, Geschichten statt Gebrauchsanweisungen. Anregungen zu einem guten Leben.

Samenkörner, die in der Tüte bleiben, vergammeln. Nicht alles, was ein Bauer oder Gärtner aussät, geht wirklich auf. Da möchte man doch den ganzen Kram hinschmeißen. Was aufgeht aber, bringt erstaunlich viel Frucht. Nicht nur, wer mit Kindern und Jugendlichen arbeitet, kennt dieses Glück. Wenn uns Lust und Luft ausgehen, tun Jesu Geschichten gut. Wer mit seinen liebevollen Augen Menschen und Welt betrachtet, entdeckt im Aktuellen schon Neues. Im Kleinen schon das Großartige. Im Wenigen schon die Erfüllung. Nicht alles ist umsonst. Gott sorgt für die Richtung. Wo ein Samenkorn aufgeht und Frucht bringt, wird das Leben weitergetragen mit all seiner Genialität. Zukunft ist da. Machen wir es wie einst die Mönche. Beten und arbeiten wir und lassen uns überraschen.

HEINZ-GÜNTER BEUTLER-LOTZ

Danke, Gott. Manchmal zweifle ich an mir und den anderen. Du aber hältst die Welt zusammen. Schöpferisch und achtsam lass mich und andere in deinem Sinn wirken.

Durchhalten oder aufgeben?

Manchmal fragen wir uns das. Stimmt mein Blick auf die Dinge? Vier Augen sehen mehr. Gut beraten ist, wer sich mit anderen berät. Jesus war ein merkwürdiger Gesprächspartner, kein Schriftgelehrter, der mit Buchstaben kam, und kein Vorbeter, der Nummern ansagte. Er hörte zu und beobachtete. Gelegentlich erzählte er Geschichten aus dem Alltag und meinte ein neues Leben, einen liebevollen Gott und einen hilfreichen Lebensstil. Was er tat, hatte Hand und Fuß und eine weite Perspektive. Die erste Not wurde gewendet und der Vorgeschmack auf ein neues Leben stand plötzlich im Raum. Wo wir alles aus den Augen verlieren, sieht er Fäden und Wege. Wo wir am Ende unserer Weisheiten stehen, sieht er Alternativen. Das Reich Gottes kommt, es ist schon da.

Mitten unter dem Weizen wächst auch das tödliche Tollkorn. Gefährlich. Also Vorsicht. Aussortieren ist angesagt. So arbeitet der Bauer. Im Zusammenleben möchten wir das manchmal auch. Alle, die uns böse, fremd oder feind erscheinen, vernichten. Aber Tollköpfe sind keine Tollkörner. Mit Menschen müssen wir anders umgehen. Schwierig, wenn ihr eigenes Interesse auf Kosten anderer geht. Die Welt mag uns wie ein Tollhaus vorkommen, aber wir sind weder ihr Schöpfer noch ihr Richter

Unser Job heißt: bebauen und bewahren, bezeugen und handeln. Kümmerer sind wir, nicht Kanonenschläge. Hindernisse wollen kreativ überwunden und verwurschtelte Knoten entwirrt werden. Vielleicht gelingt es nicht immer, aber der Versuch ist es wert. Wo das Gute und Böse ist und wer auf welcher Seite steht, entscheidet am Ende Gott. Sein Atem ist zum Glück länger als unserer, und wenn uns die Puste ausgeht, lässt er uns aufatmen und greift uns unter die Arme. Vielleicht tritt er uns auch in den Hintern und pustet uns die Traurigkeit aus Hirn und Händen. Damit wir aufmerksam und einfühlsamer durch die Welt gehen. Leuchte, sagt Jesus, und würzt das Leben, mit dem, was ihr seid und habt. Mit Glaube, Liebe und Hoffnung.

HEINZ-GÜNTER BEUTLER-LOTZ

Danke, Heiliger Geist. Manchmal ist das Leben verworren. Deine Kraft schafft Verbindungen und Wege. Schenke mir langen Atem und Glaube, Liebe und Hoffnung.

Das Himmelreich – ein Ort für alle

Eigentlich hätte Jesus doch auch schlicht sagen können: Vertraut mir! Glaubt mir: Das Himmelreich wird kommen! Zwar ist es heute noch unscheinbar und ihr könnt es deswegen nicht erkennen, aber dennoch wird es kommen, wird groß und mächtig werden. Und indem es wächst und zunimmt, wird es in alles Bestehende hineinwirken und dessen Ausrichtung verändern. – Nein, so spricht er nicht; er sagt seine Botschaft in Gleichnissen. Denn allein darin erweist er sich als der, der in Psalm 78 im 1. Testament vorhergesagt und angekündigt ist: Der Messias spricht in Gleichnissen, wenn er das Verborgene der Welt ans Licht bringen wird. Zudem sagen die Bilder der Gleichnisse mehr als das, was auf den ersten Blick erkennbar ist. Wir lesen von dem Senfkorn als einem Baum, was er nun wahrlich nicht ist; er ist eine Staude. Aber ganz bewusst ist hier vom Baum die Rede, denn er ist das Bild für ein umfassendes Weltreich, und die Vögel sind die vielen Völker, die in diesem Baum, in diesem Weltreich in Ruhe und Frieden leben können. Also nicht nur: Habt Geduld, das Himmelreich wird kommen. Sondern Gottes Herrschaft wird die Weltreiche ablösen und alle Völker werden im Himmelreich ihren Platz haben. – Wirklich alle Völker? Da kommt das zweite Gleichnis ins Spiel: Das Bild scheint allen, auch denen, die noch nie in einer Backstube standen, verständlich zu sein: Ein wenig Sauerteig verändert Wesen und Geschmack des ganzen Teiges. Der Sauerteig wurde aber auch zu einem Bild für Unreinheit, während ungesäuerte Brote – wie sie im Tempel aufbewahrt wurden – für Reinheit stehen. Gerade diejenigen, die als unrein gelten, sind also ein wesentlicher Bestandteil des Himmelreiches. Deswegen – alle Völker werden im Himmelreich ihren Platz haben wie die Vögel im Baum.

CHRISTIAN RENOVANZ

Herr Jesus, wir danken dir für dein Wort, durch das du Licht in unser Dunkel bringst und uns das Verborgene erkennen lässt. Dein Reich komme, beten wir und dürfen darauf vertrauen, dass du es so werden lässt, und jeder Mensch und jedes Volk darin seinen Platz hat wie die Vögel in den Zweigen des Senfkorns.

Dynamik der Erkenntnis

Es klingt wie im Märchen: Ein vergrabener Schatz wird gefunden. Vermutlich schon vor langer Zeit wurde er in einem Acker vergraben – vielleicht aus Angst vor Dieben, vielleicht aus Angst vor Plünderungen durch Soldaten. Der Besitzer mag darüber verstorben sein und der Schatz geriet in Vergessenheit. Wie auch immer – jetzt wurde er von einem Taglöhner gefunden, der diesen Acker zu pflügen hatte. Bei ihm löst dieser Fund etwas aus: Weil er den Wert des Schatzes erkennt, verkauft er seinen ganzen Besitz, seine Existenzgrundlage, um dann diesen Acker und mit ihm diesen Schatz zu erwerben. Unwichtig, wie ein solches Handeln rechtlich zu bewerten ist, unwichtig auch die Frage nach der Moral. Wichtig ist allein, was das Auffinden dieses Schatzes bewirkt, welche Dynamik der Schatz freisetzt. In gleicher Weise wirkt auch Jesu Botschaft vom Himmelreich in seinem Wort und Handeln bei denen, die ihr Herz dafür öffnen. Dann verlieren alle Grundsätze, alle Normen, alles, was dem Leben seine Ausrichtung gegeben hat, ihre Bedeutung und ihr Gewicht; sie werden wertlos. Wertvoll und reich hingegen macht ein Leben nach den Grundsätzen Jesu. Die Entdeckung und Erkenntnis seiner Botschaft setzt etwas in Bewegung. Das Gleichnis vom Kaufmann und der Perle verdeutlicht das: Die ausgelöste Dynamik, die Bereitschaft und der Drang, Altes loszulassen und das Leben neu auszurichten, ist ein Wesenskern des Himmelreiches. Das Himmelreich wird hier nicht mit dem Schatz, der wertvollen Perle verglichen, sondern mit dem Kaufmann oder besser gesagt: mit seinem Handeln, das durch die Entdeckung der Perle ausgelöst wurde. – Die beiden Gleichnisse vermitteln so zwei Aspekte des Himmelreiches: Zum einen ist es wie ein wertvoller Schatz, der das Leben eines Menschen erfüllt und reich macht. Und zum anderen setzt diese Erkenntnis eine Dynamik frei: Der Mensch tut alles dafür, sein Leben danach auszurichten.

CHRISTIAN RENOVANZ

Herr Jesus, einen Platz in deinem Reich – danach sehne ich mich. Öffne du meine Augen und Ohren, öffne auch mein Herz, damit ich diesen Schatz erkenne und mein Leben danach ausrichte.

Heute entscheiden wir über die Zukunft

»Die Guten ins Töpfchen, die Schlechten ins Kröpfchen«, mit diesen Worten bittet Aschenputtel die Tauben um Mithilfe, Linsen zu lesen. Dieser Satz ist zum Sprichwort geworden, wenn es darum geht, Gutes und weniger Gutes voneinander zu trennen. Nach diesem Grundsatz verfahren auch die Fischer nach ihrem Fang, wenn sie die guten von den schlechten Fischen scheiden. Und schließlich werden auch die Menschen am Ende der Zeiten von den Engeln geschieden in Gerechte und Böse, solche also, die gegen Gottes Willen gelebt und gehandelt haben. Der wesentliche Unterschied zwischen den Fischen und den Menschen ist natürlich, dass jene nicht wissen, warum sie zu den guten oder zu den schlechten zählen. Wir Menschen hingegen haben in unserem Leben die Möglichkeit und die Freiheit zu entscheiden, ob wir ins Töpfchen oder ins Kröpfchen kommen werden. Jesus hat seinen Jüngern mit seinen Gleichnissen das Geheimnis um das Himmelreich gelüftet: So geht es zu im Himmelreich und das sind die Voraussetzungen für das Himmelreich. Er macht sie damit zu neuen Schriftkundigen, die Einblick in das Geheimnis des Himmelreiches erhalten haben. Weil das so wichtig ist, fragt er sie noch einmal, ob sie alles verstanden haben. Denn dieses Wissen ist wie ein Schatz, mit dem sie jetzt verantwortlich umgehen müssen. Sie haben die Wahlmöglichkeit, ob sie ihr Leben nach dem ausrichten wollen, was Jesus ihnen gesagt und vorgelebt hat. Mit dieser Wahlmöglichkeit im täglichen Leben ist allerdings auch eine Aufgabe verbunden: Nämlich wie ein Hausvater alle, die unter seinem Dach leben, Familie wie Personal, seinerzeit unterwiesen und angeleitet hat, so sollen auch die Jünger künftig anderen den Weg zum Himmelreich und seinem Schatz zeigen, damit auch diese die Wahlmöglichkeit erhalten, wohin die Engel sie dereinst tun werden – ins Töpfchen oder ins Kröpfchen. Diese Aufgabe gilt bis heute.

CHRISTIAN RENOVANZ

Herr Jesus, du hast uns dein Reich offenbart. Wir wissen, wie wir unser Leben ausrichten sollen. Doch manches Mal handeln wir falsch und gehen in die Irre. Führe du uns immer wieder zurück auf den Weg zu deinem Reich.

Wenn uns ein Licht aufgeht

Wie oft warten wir darauf, dass uns ein Licht aufgeht und wir erkennen, was schief gelaufen ist und wie es besser hätte laufen können!

Dem Beter des Psalms sind solche Erfahrungen nicht fremd. Er kennt schlechte Prognosen. Ihn treiben trostlose soziale Verhältnisse um. Mit den Zähnen knirschen bringt keine Lösungen. Wird er Auswege aus solchen Erfahrungen und Verhältnissen finden? Wann wird Licht in das Dunkel der Zeit fallen? Wann wird ein Licht aufgehen, um Lösungen zu finden, die weiterhelfen?

Der Beter erfährt, wie Furchtlosigkeit durch Furchtlosigkeit überwunden werden kann. Ihm geht ein Licht auf! Sein Blick fällt auf die Gebote Gottes; aus ihnen strahlt wie ein Licht das Vertrauen in die Nähe Gottes. Da geht ihm auf, wie gut es ist, sich an den Geboten zu orientieren. Gerechtigkeit und Segen wachsen aus dem, was von Gott geboten ist. Die Kraft dieses Segens erfahren gerade die Menschen, die unter Ungerechtigkeit, unter Machtlosigkeit und Armut leiden.

Das gilt bis heute. Sich um Menschen kümmern, die in Not sind, die unter Ungerechtigkeit, Hass und Verfolgung leiden, ist mehr als eine moralische Pflicht. Darin zeigt sich die Teilnahme an Gottes Handeln. Eine Zukunft öffnet sich, in der gerecht gehandelt wird, in der die Angst weicht und Segen wächst, in unseren Familien, im Berufsleben, im politischen und staatlichen Handeln und auch in unseren Kirchen. Ihre Türen öffnen sich, frische Luft weht herein und sie müssen sich nicht immer nur um sich selber drehen. Uns allen könnte ein Licht aufgehen.

HEIMO LIEBL

Gerechter Gott, wir danken dir, dass du uns nicht im Dunkeln sitzen lässt. Öffne unsere Herzen und Sinne, dass wir uns nicht abfinden, wenn Menschen im Dunkel von Ungerechtigkeiten, Not und Ohnmacht ihr Leben fristen müssen. Lass uns allen das Licht deiner Gegenwart aufgehen.

#unerwünscht

Wie wäre es, in ein fremdes Land zu reisen und einfach dazuzugehören? Selbstverständlich kann ich dann auch die Sprache sprechen, bin mit den Kulturen vertraut und lebe einfach mit den Menschen zusammen. Meine Herkunft wäre egal. Heimat ist dann da, wo Menschen respektiert werden.

Dazugehören, das ist für sehr viele Menschen in Deutschland ein Traum. Sie sind sogar hier geboren, sprechen die Sprache perfekt, beherrschen Dialekte, kennen die lokalen Kulturen, aber auch wenn sie dies alles können, sie fühlen sich dennoch nicht angenommen. Dazu kommt, dass sie viel von dem, was die Eltern an wunderbaren Traditionen haben, anderen schenken könnten. Aber hin- und hergerissen zwischen Familie, Kultur und der eigenen verwirrten Identität bleiben sie auf der Suche nach Heimat, obwohl sie eine haben.

Jesus kommt zurück in seine Heimat, in seine Vaterstadt Nazareth. Geboren in Israel, aufgewachsen und mit den lokalen Kulturen vertraut, wird er doch abgelehnt. Verächtliche Fragen werden gestellt: Was bildet der sich ein? Wieso meint er, über die Glaubenstraditionen etwas sagen zu können?

Die Menschen empören sich – damals wie heute. Sie ärgern sich über die scheinbar Fremden und erklären sie gern mal für unerwünscht. Fremdsein spüren lassen wegen anderer Herkunft oder wegen einer besonderen Vollmacht – Ablehnung schmerzt.

Jesus verhält sich still und kann keine Zeichen tun, so heißt es bei Matthäus. Eigentlich sollte auf allen Seiten Herzlichkeit sein. Wo Jesus sich beheimatet fühlt, wo andere mit ihm aufgewachsen sind, macht er öffentlich, dass dies nicht der Weg Gottes mit uns Menschen ist. Das enttäuschende und entlarvende Wort vom Propheten, der nichts gilt in seiner Heimat, macht die Runde. Die Ablehnung seiner Mitbürger behindert das messianische Tun Jesu – so soll es nicht sein. Und für uns alle gilt: Jeder Mensch ist wichtig und gehört dazu.

CHRISTIAN STALTER

Gott des Lebens, du hast uns Menschen nach deinem Abbild geschaffen, wohne du in unseren Träumen und stärke unsere Sehnsucht nach einem Miteinander, das Unterschiede ebenso aushält wie es Gemeinsamkeiten schätzt.

#abhängig

Johannes der Täufer ist abhängig vom König. Dennoch ist für ihn klar, die Affäre des Herodes mit Herodias, der Frau seines Bruders, widerspricht selbst dem damaligen Verhaltenskodex am Hof. Gegen die Beziehung des Königs mit Herodias muss er Einspruch erheben. Er begegnet Herodes auf Augenhöhe. Sein mutiges Wort tut das Übrige und er bekommt als Prophet die Abhängigkeit vom König zu spüren. Es wäre klug, diese nicht zu strapazieren. Johannes aber ist klüger. Er kann die Wahrheit nicht verbergen, er will sie dem Volk gegenüber aussprechen, auch wenn er Gefahr läuft, ins Gefängnis dafür zu kommen. Prophet ist Prophet, Abhängigkeit hin oder her.

Der König Herodes ist in ganz anderer Weise abhängig. Um der öffentlichen Schmähung aufgrund seines Fehlverhaltens zu entgehen, verurteilt er Johannes zum Schweigen, weil er eben die Macht dazu hat. Aber nicht nur das, er begibt sich auch in die Abhängigkeit von Herodias und verspricht ihr den Kopf von Johannes dem Täufer. Er entgeht damit allen Konsequenzen, auch einer angemessenen Strafe und stellt sich über alle. Ist er jetzt mächtiger als alle?

Ungleiche Beziehungen, auch Abhängigkeitsgefälle in den Arbeitsstrukturen, halten Menschen in ihrem Bann. Wie viel Leid war und ist damit verbunden, wie viel zerstörte Karrieren im Beruf und wie viele schlimme Verletzungen in privaten Beziehungen hängen daran.

Johannes zeigt Zivilcourage, er ist klüger, ist mächtiger: ansprechen, aussprechen, mitsprechen. Er weicht nicht zurück und lässt sich nicht den Mund verbieten. Mit Johannes dem Täufer ist klar, es geht nicht, dass Abhängigkeiten ausgenutzt werden. Johannes zeigt: Gottes Weg mit uns Menschen ist, Klage dagegen zu führen und das Unrecht öffentlich zu machen.

CHRISTIAN STALTER

Gott des Lebens, der du uns Menschen nach deinem Abbild geschaffen hast, schenke uns einen klaren Blick darauf, wo Missbrauch herrscht, und hilf uns, ein eindeutiges Bekenntnis dagegen und für das Leben zu sprechen.

#aufleben

Jesus ist erschöpft, weil er von dem brutalen Schicksal Johannes des Täufers hören muss und weil er erleben muss, dass er selbst massiv ausgegrenzt wird. Der Leidensweg und der Tod Johannes des Täufers spotten geradezu allen Wertvorstellungen. Wie auch Johannes, so wird er abgelehnt und er muss darüber hinaus erkennen, wie er selbst trotz Verbundenheit und Liebe zur Heimat dort keinen Platz geschenkt bekommt. Es gibt für ihn nach diesen enttäuschenden Erfahrungen nur den Rückzug.

Zunächst merkt er es nicht, aber ihm folgen Menschen, die ihn und seine enttäuschenden Erlebnisse verstehen. Da sind Menschen, denen kein Weg zu weit ist, um solidarisch zu sein. Als Jesus dies erkennt, schlägt sein Herz anders, kraftvoller als sonst. Nein, es ist ihm nicht mehr zu viel! Die Menschen sollen bleiben – das Wunder geschieht.

Vielleicht ist das das Wunder, dass menschliche Nähe und Wärme uns satt machen. Sicher, Matthäus erzählt von fünf Broten und zwei Fischen, dem Dankgebet und davon, dass am Ende bei den weit über fünftausend Menschen, die satt wurden, noch etwas übrig geblieben ist. Daneben nimmt sich dies andere Wunder, das von menschlicher Geborgenheit und Freude, von großer Herzlichkeit erzählt, die Kinder, Frauen und Männer Jesus schenken, nicht minder bemerkenswert aus.

Gottes Geschichte mit uns Menschen macht deutlich: Es sind großherzige Begegnungen, die uns satt machen, nicht das kleinkariert Berechnende. Genau das ist die notwendige Zäsur im Leben, die weiter führt: Die Fülle an Solidarität lässt leben. Mitleiden und der Zerstörung ein Ende bereiten, ermöglicht neues Leben. Dann, wenn Menschen teilen, beginnt das Leben.

CHRISTIAN STALTER

Gott des Lebens, der du uns Menschen nach deinem Vorbild geschaffen hast, bewahre unsere Hoffnung, dass mit dir und deiner Liebe das Leben gelingt. Gib uns Kraft, das Leiden der anderen zu sehen und mitzutragen, gib uns Mut, dem Leben Raum zu geben.

Unmöglich – zu schaffen

Sie kennen das sicher. Die Situation, in der Sie nicht mehr ein noch aus wissen.

Die Flucht in ein fremdes Land, weil ein machthungriger Mann die Welt nach seiner Pfeife tanzen lassen will. Die Angst vor der Prüfung oder einem Bewerbungsgespräch, die mich in einen Strudel zu ziehen scheint. Die brenzlige Situation im Straßenverkehr, bei der ich beinahe von einem abbiegenden LKW mit meinem Fahrrad überrollt worden wäre. Ein (stummer) Schrei. Ein Schreck. Eine Ohnmacht. Sie ist uns vertraut, die Situation, in der sich Petrus befindet.

Verlassen, nicht nur »von allen guten Geistern«, sondern von dem, an den wir unser Herz häng(t)en. Allein. Er braucht mal Zeit für sich, wie wir auch – zuweilen. Um in die Stille zu hören. Den Kopf frei zu bekommen. Zu beten – Zwiesprache mit dem, der mich schuf.

Wie gut ich dich verstehen kann, Jesus. Zu selten gelingt es mir, mich frei zu machen, die Stille aufzusuchen. Habe auch zuweilen Angst davor, weil dann die vielen unterdrückten Gedanken hochkommen, ich in ihnen unterzugehen meine. So wie Petrus. Dann möchte ich deiner gewiss sein. Dich rufen und kommen sehen. Selbst wenn ich erschräke und dich nicht sofort erkennte, wäre es mir lieber, dich an meiner Seite zu wissen. Im Wellengang des Lebens.

Dann getraute ich mich womöglich auch über das Meer dieser mich bedrängenden Erfahrungen zu gehen. Auf dein Wort wagte ich es. Sprich nur ein Wort – zu mir. Es müsste auch kein Befehl sein, eher eine Aufmunterung: »Ich bin doch bei dir! Wovor fürchtest du dich?«

Vielleicht bräche ich dann und wann auch verzagt ein, in den Tiefen meiner Ängste. Doch in der Gewissheit deiner Nähe käme ich durch den nötigen Auftrieb wieder heraus. Ich möchte auch gern auf dich schauen. Nach deinem Willen fragen. Heute beginne ich damit. Strecke deine Hand nach mir aus. Ich will sie ergreifen. Heute und jeden Tag meines Lebens. Es ist nicht »unmöglich zu schaffen«. Mit dir an meiner Seite kann ich über die Tiefen meiner Ängste gehen. Danke.

KRISTÓF BÁLINT

Dreieiniger G'TT, steh mir bei in den Stürmen meines Lebens. Du kennst sie und ihren Grund. Sei bei mir, damit ich über die Tiefen meiner Ängste gehen kann. An deiner Seite.

Wasch dir den Mund

Geht es Ihnen auch so wie mir? Am Beginn der Pandemie meinte ich, dass ich meine Hände noch nie richtig gewaschen habe. Erst jetzt erfuhr ich, worauf es dabei ankommt: auf Dauer, Intensität, richtige Handhaltung und -bewegung und vieles andere mehr. Wie doch eine vertraute Beschäftigung eine völlig andere Bedeutung und Intensität bekommen kann …

Ich weiß nicht, wie es Ihnen geht, aber die Argumente der Schriftgelehrten leuchten mir ein. Sie sind, wie wir jetzt wissen, überlebensdienlich. Das sind also keine Neunmalklugen. Sie sorgen sich um aller Gesundheit. Auf den ersten Blick.

Der zweite Blick geht tiefer. Hier geht es um ein rechtschaffenes frommes Leben. Daran liegt den Pharisäern. Daran liegt auch uns – so meine ich.

Sie machen sich fest an den Regeln. Regeln, die für alle gelten. Jesus konfrontiert sie und auch uns. Warum befolgst du nur die Regeln, die dir recht sind? Die du womöglich anderen vorhalten kannst. Ist das nicht Heuchelei? Wenn, dann schon alle – ungeschmälert und unverwässert. Das aber bedeutete für manche den Tod, wenn sie z.B. die Eltern nicht ehren. Und was heißt das überhaupt? Wird das aus den Buchstaben zweifelsfrei deutlich oder braucht das nicht immer die Übersetzung ins Hier und Jetzt?

Jesu Antwort macht mich perplex – die Pharisäer auch (bin ich womöglich einer von ihnen?). Es kommt darauf an, was aus unserem Mund kommt. Geist steht vor Leib. Worte vor Nahrung. »Wasch dir den Mund«, könnte es bildhaft werden, denn Worte können, schön gesetzt und wohlformuliert, dennoch schmutzig sein und beflecken. Den, den sie treffen, und immer auch den, der sie ausspricht.

Und beim Mund bleibt es nicht, denn die Lippen geben Worte frei, die von Herzen kommen. Das soll keine Mördergrube sein, kein dunkler Ort, sondern ein Ort voller liebender Wertschätzung für mich selbst und die anderen. Damit heute zu beginnen, ist ein lohnendes Ziel.

KRISTÓF BÁLINT

Heilige Geistkraft, wehe durch mein Leben und lüfte alles aus, was an dunklen und trüben Gedanken in ihm wohnt. Lass mich »gut sprechen«, nicht »schönreden«. Lass dein Lob auf meinen Lippen sein.

Die Bekehrung Jesu

Obzwar ich Geschrei nicht mag, ist es zuweilen unumgänglich. Ausdruck tiefer Verzweiflung. Wenn ein mir wichtiger Mensch stirbt. Ein anderer Mensch leidet und ich »mitleide« (übrigens die wörtliche Übersetzung von »sympathisch«). Mir Schmerzen den Sinn rauben und ich (manchmal ganz unbewusst) keine andere Ausdrucksform habe. Bei unseren Kindern und Enkeln sind wir nachsichtig, oft hilft schon meine »Heilepuste«, um den gröbsten Schmerz zu lindern und Tränen zu trocknen. Bei Erwachsenen tun wir uns schon schwerer mit dem Geschrei. Zuweilen haben wir Verständnis und werden von dem Geschrei angerührt (oder stimmen mit ein). Zuweilen widert es uns an, können wir es nicht nachfühlen. Vor allem dann, wenn wir es nicht für berechtigt halten oder für »Jammern auf hohem Niveau« oder »aus nichtigem Grund«.

Hier schreit eine Frau. Eine Ausländerin. Schon zwei Gründe für einen jüdischen Mann, sich nicht mit ihr zu befassen und rituell zu verunreinigen. Doch die Frau ist so von ihrer Sorge um ihre Tochter getrieben, dass sie das nicht zur Kenntnis nimmt. Das Geschrei wird zum Gebet, denn sie bittet und sie erwartet Hilfe. Egal wie sie aussieht. Das sind zwei wichtige Kriterien für Gebet: bitten, weil Hilfe erwartet wird. Sonst wendete sie sich nicht an Jesus.

Doch der tut nichts dergleichen. Ich bin nur zu meinem Volk gesandt. Blickrichtung klar. Adressaten auch. Sie gehört nicht dazu. Selbst eine unflätige Bemerkung aus Jesu Mund schreckt sie nicht ab.

Der Schmerz ist zu groß, als dass sie darüber nachdächte. Sie kehrt nicht resigniert um, sondern sie sorgt mit ihrer Beharrlichkeit dafür, dass sich Jesus bekehrt/umkehrt. Jesus weitet seinen Blick und öffnet damit den Blick für sein Handeln. Er ist nicht nur zu seinem Volk, sondern zu allem Volk gekommen. Zu denen, die glauben. Also zu Ihnen und mir. Die Frage ist jedoch, sind wir so beharrlich im Gebet für die und das, die und was uns wichtig sind/ist? Eine Frage für diesen Tag und für unser (Gebets)Leben.

KRISTÓF BÁLINT

Jesus, höre mein Gebet und kehre dich zu mir. Vernimm mein Stammeln und meine Klage. Ich vertraue mich dir an und weiß mich bei dir gut aufgehoben.

Ansteckender Glaube

Es wird immer seltener, dass sich Menschen zu ihrem Glauben äußern. Zu viele Fragen bleiben unbeantwortet, wenn die Rede auf Gott kommt. Der Glaube an Gott scheint im Schwinden zu sein. Andere strahlen Heiterkeit aus, wenn sie von Gott sprechen. Zweifel scheinen ihnen fremd zu sein. Lassen sich diese gegensätzlichen Eindrücke zusammenbringen? Im Psalm scheint das möglich zu sein.

Zweifel, Unruhe, Angst und die Suche nach Antworten auf Lebensfragen bis hin zu der Auseinandersetzung mit Todesnöten sind dem Beter des Psalms nicht fremd. Es ist nicht selbstverständlich, dass er in solchen Lebensfragen Halt und Trost findet. Er wagt es, sich auf Gott nicht nur in Schönwetterlagen einzulassen und ihm zu vertrauen. Und er gewinnt dabei. Er erfährt, auf Gott ist Verlass. Das kann er nicht für sich behalten; das muss er bekannt machen. Seine Freude über Gott steckt an. Sie ist auch so nachvollziehbar, denn der Beter ist sich dessen gewiss, dass er durch Gottes Ratschlag das Leben finden wird – und Gottes Wille ihn dem Tod nicht überlässt.

Sollten wir nicht auch mehr riskieren?! Sollten wir nicht auch mehr mit Gott rechnen und ihm vertrauen?! Als Zeuginnen und Zeugen dieses Gottes würden wir dann auch ansteckender wirken. Wir würden dann auch mehr Freude, Dank und Vertrauen ausstrahlen. Wir würden dann wieder erlöster aussehen. Es würde uns allen guttun, ohne dass Nöte und Zweifel verschwiegen werden müssen. Ein neu gewonnener Glaubensoptimismus würde uns Mut und Hoffnung machen, den Weg des Lebens mit Christus über den Tod hinaus zu gehen.

HEIMO LIEBL

Lebendiger Gott, wir danken dir, dass du mit uns den Weg des Lebens über den Tod hinaus gehen wirst. Lass uns in dieser Gewissheit unseren Alltag gestalten und die nicht vergessen, die sich mit diesem Vertrauen in deine Nähe hart tun. Lass uns mit unserer Freude über deine Führung ansteckend wirken.

Großartige Erfahrungen auf dem Lande

Was erzählt uns das Matthäusevangelium heute? Ich schreibe »Matthäusevangelium«. Wir wissen aus dem Text nicht, ob ein Verfasser namentlich bekannt war. Vielleicht war es der Zöllner Matthäus oder ein anderer. Vielleicht war es der Jünger Matthäus oder ein anderer, der die Autorität dieses Jüngers erhalten sollte. Aber sicher ist: Es gibt den Text dieses ersten Buches im Neuen Testament, allgemein »Matthäusevangelium« genannt! – Was also erzählt das Matthäusevangelium heute?

Gebrechliche werden zu Jesus begleitet und geleitet – von Verwandten und Freunden. Jesus heilt Gebrechen, verschafft den vom Schicksal Geschlagenen neue Möglichkeiten. Eine Supershow der Hilfe Gottes!

Und es gibt eine Steigerung: Die große Schar muss versorgt werden – zumindest mit Essen! Es ist unglaublich: Mit sieben Broten und ein paar Fischen werden 4000 Männer (plus eine nicht genannte Zahl von Frauen und Kindern) versorgt! Und noch reichlich Reste eingesammelt!

Eine wunderbare, wundersame Erfahrung! Und im Erzählen dieses Wunderbaren wird Gott gelobt!

Das Ganze findet in Galiläa statt, im Nordteil des Lebensraumes der Israeliten. Und nach der Speisung fährt Jesus nach Magadan, am nordwestlichen Ufer des Sees Gennesaret. Es sind also Nachrichten aus der Provinz, weit entfernt von Jerusalem. Nicht auf den Hochglanzbühnen weltlicher und kirchlicher Einrichtungen, nicht in Rom oder Konstantinopel oder Berlin, sondern auf dem Lande, im bescheidenen Rahmen. Das macht uns Mut, dass wir nachdenken, welche wunderbaren Geschichten wir in unserem Alltag erlebt haben mit Gott. Erzählen wir einander davon und loben so unseren Schöpfer! Gerne lese ich von Ihren Erfahrungen, und will dann auch darauf antworten – »so Gott will und wir leben«.

JOST HASSELHORN

Gott, du siehst meine Lahmheit und meine Lähmungen. Mache mich beweglich. Du kennst meine Schwächen und meine Blindheiten. Schenke mir neu, die Welt und meine Nachbarn wahr zu nehmen. Du willst nicht länger, dass ich verstumme und schweige. Lass mich Wege aus der Sprachlosigkeit finden.

Dummpulver gegessen?

Dümmlich geben sie sich, die Pharisäer und Schriftgelehrten. Sie fordern von Jesus ein »Zeichen vom Himmel«, als Beweis seiner Gottesbeauftragung. Er speist Tausende von Menschen und heilt Lahme, Verkrüppelte, Stumme und Blinde in großer Anzahl – wie kann das sein, wenn dieser Jesus nicht den geistlichen Anführern folgt?

Und Jesus hat gleich eine Antwort bereit – ich kenne seit Jahrzehnten die norddeutsche Fassung dieser Antwort: »Abendrot – gut Wetterbot. Morgenrot – geit Water in Schlot« (gibt Wasser in den Brunnen, lässt es also regnen!). »Das sind doch himmlische Zeichen, das Abendrot und das Morgenrot. Stellt euch also nicht dumm, fragt nicht nach einem Beweis, dass ich in Gottes Auftrag handle!«

Dumm sind die Jesusleute damals in Galiläa gewesen. Sie brauchen erst eine sehr deutliche Ansprache von Jesus, bis sie ihre Gedanken weg vom Praktischen lenken zu dem, was Jesus wirklich angesprochen hatte – die Wirkung der priesterlichen Lehren, die wie ein Sauerteig das gesamte Denken anstecken können.

Schauen wir zurück auf die ersten Verse Matthäus 15: »Warum übertreten deine Jünger die Vorschriften, die von den früheren Gesetzeslehrern überliefert worden sind? Warum waschen sie sich nicht die Hände vor dem Essen?« (V. 2) Mancherorts spricht man vom sprichwörtlichen Dummpulver, das man gegessen habe – tun wir einfach mal so, als kennen wir keinen Unterschied zwischen früheren Gesetzeslehrern und Gottes Wort!

Jesus aber gibt Contra: »Und warum übertretet ihr das Gebot Gottes euren überlieferten Vorschriften zuliebe?« Und er erklärt: »Ihr habt das Wort Gottes außer Kraft gesetzt, weil euch eure Überlieferungen wichtiger sind als die Gebote der Heiligen Schrift!« (V. 6)

JOST HASSELHORN

Vater im Himmel, durch dein heiliges Wort hast du uns gute Lebensregeln gegeben – danke dafür, dass wir dich über alle Dinge ehren sollen und können, und dass wir den Nächsten wie uns selber lieben dürfen. Hilf uns aber auch, zu erkennen, welche Regeln wichtig sind, und was nur aus unseren Traditionen erwachsen und unwichtig ist. Dass wir dein Lob mehren und nicht kleinlich und kleingläubig werden.

Gottes Wege enden besser

Das ging ihm gegen den Strich, dem Petrus! Und sicherlich empfinden viele von uns sich an seiner Seite: So etwas Schreckliches darf dem geliebten Jesus nicht passieren! Dass er in Jerusalem von den Ratsältesten, den führenden Priestern und den Gesetzeslehrern vieles erleiden muss, ja, dass er sogar getötet wird!

Leiden und Getötetwerden – das sind Reizworte für eine empfindliche Seele. Und Petrus ist wohl jemand mit einer empfindlichen Seele. Noch sind Jesus und seine Schülerschar in Galiläa, aber jetzt sind die Gedanken Jesu auf einen Ortswechsel ausgerichtet.

Petrus fühlt sich »angepiekst« und fährt auf, ohne wirklich zugehört zu haben. Es heißt in Vers 22: »Petrus nahm Jesus beiseite und fuhr ihn an!« Man hört diesem Bericht die Energie an, die Petrus aufbringt. Jesus kündigt an, was Gottes Plan mit ihm ist. Gottes Plan! Und Petrus macht lieber seine eigenen Pläne. Gottes Plan aber endet nicht damit, dass Jesus getötet wird. Er wird am dritten Tag nach der Ermordung wieder auferweckt!

Und Jesus durchschaut den Druck, den Petrus da aufbaut. »Geh weg! Hinter mich, an deinen Platz, du Satan!« Und »Deine Gedanken stammen nicht von Gott, sie sind typisch menschlich.«

Nun gut, das ist die Erzählung von damals. In manchem erkenne ich uns Christusleute wieder. Wie gerne soll »unser Herr Jesus« ferngehalten werden von allem, was erschreckt oder irritiert. Aber solche Meinungen sind oft einfach nur typisch menschlich. Was ist, wenn wir uns einlassen auf Gottes Pläne mit uns, ohne dass wir sie verstehen? Der Todesfall in der Familie? Die Arbeitslosigkeit? Die Coronapandemie? Der Krieg in der Ukraine? Und das in dem festen Wissen, dass Gott nicht den Schmerz und das Leiden möchte – dass seine Wege anders enden werden als so, wie wir es voraus berechnen und vorhersehen.

JOST HASSELHORN

Auf ihn will ich vertrauen in meiner schweren Zeit; es kann mich nicht gereuen, er wendet alles Leid. Ihm sei es heimgestellt; mein Leib, mein Seel, mein Leben sei Gott dem Herrn ergeben; er schaff's, wie's ihm gefällt!

Folge mir

Ich schreibe diese Zeilen zwölf Tage nach dem Angriff Russlands auf die Ukraine. Über Mannheim lügt ein wolkenloser Himmel Geschichten vom Frieden. Die Nachrichten brüllen KRIEG! Bilder von zerbombten Wohnhäusern, zerstörte Lebensmittelläden, Väter über den blutenden Körpern ihrer Kinder, Mütter laufen, Kinder an der Hand tagelang, bis sie zu Grenzen kommen. Eindringliche Bitten der ukrainischen Regierung. Abwägen im Westen. Waffen? Dürfen, können wir als Kirche überhaupt noch etwas sagen? Wenige sind es, die noch meinen, es sei möglich, sich diesen Krieg vom Leibe halten zu können. Dennoch, die Debatten enden nicht.

Jesus fordert die Seinen auf, den anderen Weg zu gehen: nah dran bleiben an dem, der leidet. Nachfolgen dahin, wo die Bedrohung wächst. Nicht die Welt gewinnen wollen wie der Aggressor. Sein Kreuz auf sich nehmen. Die Frage, die so lange nur akademisch war, drängt sich auf: Kann »sein Kreuz auf sich nehmen« auch bedeuten, aktiv in einen Konflikt einzugreifen? Mit welchen Mitteln? Und mit welchen Risiken? Dietrich Bonhoeffer sprach von der Ultima Ratio – was gilt in einer absoluten Ausnahmesituation? Tyrannenmord. Bonhoeffer spricht das Risiko aus. Wir werden schuldig in Situationen wie diesen: Wir werden schuldig, wenn wir schweigen und nicht handeln, und wir werden schuldig, wenn wir die Stimme erheben und handeln. Für den letzten Krieg in Europa war Deutschland verantwortlich. Millionen sind schuldig geworden durch den Versuch, sich eine weiße Weste zu bewahren oder einfach nur zu gehorchen. Andere durch den Versuch, mit Waffen zu einer Lösung zu gelangen. Entscheidend ist die Frage, ob wir unserer Verantwortung gerecht werden. Entscheidend ist, das Leiden nicht zu fürchten. »Folge mir« ist eine Aufforderung, die Angst hinter uns zu lassen. Es ist nicht egal, wie wir uns positionieren in Situationen wie diesen. Es ist nicht gleich-gültig.

ILKA SOBOTTKE

Gott, wir können Frieden nicht ohne dich und doch willst du, dass wir das tun: Frieden stiften. Ich will die Hilflosigkeit verlernen, neu nach Hoffnung suchen, nach Wegen jenseits der Gewalt. Sei du mit uns und geh mit uns Schritte auf dem Weg des Friedens.

Wie die Sonne

Lieblingstext! Das Gesicht leuchtet wie die Sonne! Selbst die Kleider leuchten. Jesus ist ganz eins mit dem Geist. Wer gerne auf Berge steigt, kennt dieses leuchtende Glück, das dich durchströmt. Vielleicht auch die tiefe Verbindung mit denen, die mit dir den Gipfel erklommen haben. Petrus geht es genauso und er sieht alles, was hier gut ist, erkennt den Moment der Vollkommenheit und wie so oft: Missverständnis. Hütten bauen. Die Zeit anhalten. Aber Jesus ist bereits auf einem anderen Weg. Sieht schon das Leid. Weiß um das Ende. Wer bei ihm bleiben will, kann eben nicht bei den Highlights stehen bleiben. Umso wichtiger die Verbindungsaufnahme, Jesus begegnet im Geist Moses und Elias. Beide verorten Jesus tief in der jüdischen Tradition. Er ist nicht alleine auf dem Weg. Alle, die vor ihm waren, gehen mit. Und, wer mit Jesus gehen will, kann und darf das Judentum nicht ignorieren. Im Judentum kann der Messias niemand anders sein als der leidende Gerechte. Der Menschensohn ist ein Jedermann, Jedefrau und zugleich Gottes Kind. Die göttliche Stimme erklingt direkt aus den Himmeln und spricht es aus: Dies ist mein lieber Sohn. Ich höre keine Stimme aus den Himmeln. Aber ich fühle mich angesprochen: Geliebtes Kind! In diesem Moment, der Jesus so heraushebt, geschieht also zugleich das andere, die Verbindung. Jesus ist und bleibt verbunden mit Gott dem Vater. Was am Beginn des Lukasevangeliums durch die Jungfrauengeburt bezeugt wird, bei Markus, Lukas und Matthäus in der Taufe wie ein Akt der Adoption zugesprochen wird, hier wird es bestätigt und laut ausgesprochen: Jesus ist Gottes Sohn. Eine Tauferinnerung. Eine neuerliche Zusage, auch jetzt auf diesem Weg gehörst du zu mir. Mein Kind. Gott bestätigt diese engste Beziehung. Auf dem Gipfel, vom Geist erleuchtet, sehen wir also einen Gottessohn, der Menschensohn ist. Er steigt herab, um Schmerz und Leid auf sich zu nehmen, um mitten in der dunklen Welt als ein Licht zu scheinen.

ILKA SOBOTTKE

Gott, die Momente des Glücks festhalten will ich und sehe doch Schmerz und Leid. Inmitten des dunkelsten Schmerzes will ich mich von dir erfüllen und erleuchten lassen.

Bei den Kleingläubigen

Ich denke an Karin, immer wieder ist sie zu Gast bei uns in der Kirche. Immer wieder war sie in der Psychiatrie. Da geht sie nicht mehr hin. Die geben ihr Medikamente. Dann ist es dumpf im Kopf und im ganzen Körper. Das will sie nicht mehr. Karin kennt ihre Dämonen. Sie bringen sie dazu, um sich zu schlagen. Wild. Beunruhigend, ja beängstigend. Sie schlägt sich selbst auf den Kopf. Ins Gesicht. Wenn andere dabei sind, kommen sie und sagen Bescheid. »Kann man der nicht helfen?« Ich kann es nicht. Ich sitze da und rede mit ihr. Oft ist sie ganz klar. Aber, nein. Gegen ihre Dämonen komme ich nicht an. Sie bleiben bei ihr. Sie kommt mit ihnen aus. Nicht, dass es ihr gut geht damit. Aber sie hat sich arrangiert. »Besser als Psychiatrie und der ganze Psychopharmakakram«, sagt sie. – Nehme ich Jesus ernst, muss ich konstatieren: Mein Glaube ist kleiner als ein Senfkorn. Ulrike erzählt von ihrer Kindheit in einer Gemeinde, in der Heilungen vollzogen wurden. Auch sie wurde krank an der Seele. Aber die Art zu heilen hat ihr Angst gemacht. So viel Druck, so viel Zwang. Sie musste sich sagen lassen: »Du glaubst offensichtlich nicht richtig, du glaubst nicht genug!« Sie ist geflüchtet. Jesu Worte beunruhigen – oder? Vielleicht kann ich annehmen, dass ich nicht mehr bin, als die engsten Freunde und Freundinnen Jesu es waren. Vielleicht kann ich auch mitnehmen, dass Gott mir immer mehr zutraut als ich selbst. Ich weiß und habe erlebt, dass Menschen heilen können, Schmerzen lindern durch das Auflegen der Hände. Nicht alle im Namen Gottes, aber manche. Ich bleibe bei den Kleingläubigen. Kann weder heilen noch Berge versetzen. Aber zuhören kann ich. Und aushalten. Den Schmerz, den Dämonen verursachen. Die Angst und die Bedrängnis, die manche Arten von Glauben verursachen. Vielleicht ist das nicht so wenig. Mit meinem Kleinglauben laufe ich weiter und vertraue dennoch darauf: Bei Gott ist nichts unmöglich.

ILKA SOBOTTKE

Gott, mit meinem kleinen Glauben vertraue ich mich dir an. Ich ahne, du siehst mehr in mir als ich selbst. Ich will dir vertrauen und mich mehr trauen, mir mehr zutrauen und mehr zumuten. Lass mich dabei nicht allein!

Wann hört das endlich auf?

Diese Auslegung schreibe ich Anfang 2022 nach fast zwei Jahren der Pandemie. Wie oft habe ich Menschen genau wie in diesem Psalm fragen hören: Wie lange noch? Wie lange noch müssen wir Angst haben und trauern um Menschen, die wir durch das Virus verloren haben? Wie lange noch müssen wir in den Kliniken und Impfzentren gegen den täglichen Tod von Hunderten ankämpfen? Wie lange noch müssen Infizierte mit den Folgen leben, die einen eigenen Krankheitsnamen haben, »Long Covid«? Wann gibt es wirksame Medikamente? Und wann wird das Leben endlich wieder, wie es vorher war?

Bei Psalm 79 steht ein anderes Geschehen im Hintergrund, denn er bezieht sich wohl auf die Zerstörung Jerusalems durch die Babylonier im Jahr 586 vor Christus. Das ist zur Zeit der Entstehung des Psalms sehr lange her. Doch die Erfahrung von Tod und Zerstörung, von Krieg und Bürgerkrieg, von den Toten, die nicht bestattet werden konnten, haben sich tief in das kollektive Gedächtnis eingebrannt. Die Sieger, die Nachbarn, setzen die Besiegten weiter herab, spotten über deren Glauben, über Gott. Da kommt der Wunsch nach Rache auf. Gott soll vielfache Rache üben an den anderen, den »Bösen«. Und Gott soll die eigenen Sünden vergeben, denn das Geschehen wurde als Strafe Gottes verstanden. Das ist alles sehr menschlich, aber dennoch nicht angemessen.

Wie ist das bei uns? Wo instrumentalisieren wir Gott? Mich erschütterte so manches Reden über die Pandemie in unseren Kirchengemeinden und im Internet. Corona als Strafe Gottes kam ebenso vor wie die Vorstellung, der Glaube könne vor einer Infektion schützen. Menschen haben einander Schuld gegeben, wo keine war. Sündenböcke wurden gesucht und gefunden. Die Wut über die Einschränkungen führte zu viel Gewalt und in Idar-Oberstein zum Mord an einem Studenten.

Wir können nur einstimmen in das Gebet in Vers 8: Komm bald, Gott, komme uns schnell entgegen mit deinem Erbarmen!

KAREN HINRICHS

Gott, komme mit deinem Geist, mit deiner Barmherzigkeit in unsere Familien, in die Gemeinden, in Dörfer und Städte! Sende allen Menschen Trost und Kraft, wir brauchen sie so dringend!

In der Schule

Jesus ist mit seinen Jüngern unterwegs Richtung Kapernaum. Aber auch bildlich gesprochen geht er mit jedem von ihnen einen Weg. Er begleitet sie in ihrer geistlichen Entwicklung und leitet sie – wie ein liebevoller Vater sein Kind – sorgsam und individuell an. Er tut das, weil er weiß, dass seine Zeit mit ihnen begrenzt ist. Er bereitet sie bewusst darauf vor, auch ohne ihn auszukommen. Ja, noch mehr. Die Jünger sollen einmal selbständig seine Mission weiterführen und als seine Botschafter wirken.

Darum nimmt Jesus jede Gelegenheit war, das alltägliche Geschehen als Lehrbeispiel zu nutzen und über lebensnahe Themen seine Botschaft anzubringen, seine neue Sichtweise aufzuzeigen und damit den Horizont seiner Begleiter zu weiten. Jesus hat den Jüngern dabei manche Knacknuss präsentiert und sie zum Nachdenken, manchmal zum Widerspruch gebracht. Doch wenn auch Ermutigung und sogar Begeisterung ihren Platz im Klassenzimmer hatten, hier und heute sind die Jünger einfach traurig, weil Jesus schon wieder von seinem Tod und seiner Auferstehung spricht. Sie sind noch nicht soweit, dass sie seine Hinweise verstehen können. Wir aber wissen, dass sie sich später an seine Worte erinnern und fähig sein werden, den Verlust ihres geliebten Lehrers zu verkraften.

Im heutigen Text ist es Petrus, der Jesus auf die ausstehende Tempelsteuer aufmerksam machen will und daraufhin eine Zusatzlektion erhält. Petrus ist das Paradebeispiel schlechthin für den erstaunlichen Lernprozess, den Menschen in Gottes Lebensschule machen können. Der einfache Fischer Simon wird zum Apostel und Gründer der ersten christlichen Gemeinde befähigt. Petrus ist kein Einzelfall. Jeder und jede, die sich mit Jesus auf den Weg macht, darf ebenso wunderbare Entwicklungen in seinem persönlichen Leben erwarten.

LEA HAFNER

Danke, guter Gott, dass ich bei dir in die Schule gehen darf. Ich vertraue darauf, dass du einen guten Plan für mein Leben hast und mich für deinen Dienst vorbereitest und befähigst.

Durchgefallen!

In meinem vierten Schuljahr – ich habe es nie mehr vergessen – belohnte unser Lehrer fehlerfreie und tadellos gestaltete Aufgaben mit einem »Gut«. Je mehr solcher Auszeichnungen gesammelt wurden, desto größer fiel am Ende des Quartals die Belohnung aus. Ich freute mich bereits auf eine Farbstiftschachtel oder ein schönes Schreibheft, als ich meine eben erledigte Aufgabe dem Lehrer zur Korrektur brachte. Ein »Gut« war mir sicher, davon war ich überzeugt. Doch der Lehrer bewertete meine Arbeit anders und meine trotzige Forderung auf die, meiner Ansicht nach, verdiente Belohnung, erzielte nur eine herbe Zurechtweisung vor der ganzen Klasse.

Nicht viel anders ergeht es den Jüngern. Sie sind bereits eine längere Wegstrecke mit Jesus gegangen und haben viel von ihm gelernt. Mittlerweile sind sie von der Wichtigkeit ihres Einsatzes überzeugt und mit Leidenschaft bei der Sache. Nun möchten sie einmal hören, ob solcher Eifer für eine gute Sache auch belohnt wird. Wenn nicht auf Erden, dann doch sicher im Himmel! Ob jeder für sich bereits überzeugt war, dass ihm die größte Ehre gebührt?

Jesus tadelt dieses ach so verständliche Verhalten nicht direkt, aber er stellt unmissverständlich klar, dass bei Gott die menschliche Rangordnung nicht gilt. An diesem praktischen Beispiel mit dem Kind in ihrer Mitte macht Jesus den Jüngern klar, dass sie noch viel zu lernen haben.

Ich bin dankbar über die Texte in der Bibel, die nicht nur über Gelungenes berichten, sondern auch Schwachpunkte und Versagen von Menschen aufzeigen. Solche Berichte helfen mir, mein eigenes Verhalten zu reflektieren. Auch ich habe viel zu lernen und die Lektionen sind manchmal echt hart.

LEA HAFNER

Danke, guter Gott, dass ich bei dir in die Schule gehen darf. Ich darf so, wie ich bin, zu dir kommen und du machst mich brauchbar für dich. Nie gibst du die Hoffnung für mich auf.

Höhere Ausbildung

Nachdem Jesus die Jünger mit einem praktischen Beispiel zum Thema Demut auf falsches Streben nach Größe hingewiesen hat, folgt die nächste Lektion. Es geht um den Wert, den jeder und jede vor Gott hat. Jesus ist nicht nur für Auserwählte und Besondere da. Nein, er hat alle Menschen im Blickfeld und erst recht diejenigen, die in dieser Welt verachtet und zur Seite gestellt sind. Jesus macht den Jüngern klar, was der Wille Gottes ist: Kein Mensch soll verloren gehen!

Es scheint, dass Jesus mit der Erzählung vom verlorenen Schaf den Jüngern aber nicht nur die generelle Verantwortung den schwachen und hilfsbedürftigen Mitmenschen gegenüber aufzeigen will, sondern noch einmal Bezug nimmt auf ihren eben gerügten ungesunden Ehrgeiz. Solches Denken hat weit größere Folgen, als auf den ersten Blick erkennbar ist. Wer Kleines geringachtet und sich selber in den Mittelpunkt oder sogar an die Spitze einer Größenskala stellt, steht den im Glauben schwachen oder am Anfang stehenden Schwestern und Brüdern vor dem Licht. Sie können sich nicht so entwickeln, wie es nötig wäre. Vielleicht werden sie so entmutigt, dass sie aufgeben oder – noch schlimmer – sie kopieren ihre menschlichen Vorbilder und beginnen selber nach Einfluss und Ansehen zu streben. Das sollen die Jünger erkennen und die Auswirkungen ihres Verhaltens begreifen.

Wie gut haben wir, als Nachfolgerinnen und Nachfolger in der heutigen Zeit, Jesus Christus zugehört? Wie ist es mit unserem Geltungsbedürfnis? Erkennen wir, wen wir möglicherweise am Wachstum im Glauben hindern? Gut zu wissen, dass wir einen geduldigen und barmherzigen Lehrmeister haben. Da schadet es auch nicht, einmal eine Klasse zu wiederholen, damit wir den Lernstoff bewältigen.

LEA HAFNER

Danke guter Gott, dass ich bei dir in die Schule gehen darf. Ich freue mich über alles, das ich bereits gelernt habe. Aber ich bin auch bereit, da anzusetzen, wo es bei mir einer Korrektur bedarf. Danke, dass du alle meine Lernschritte segnest.

Konflikte lösen

Es ist eine tiefe Sehnsucht der christlichen Gemeinde, »ein Herz und eine Seele« zu sein (vgl. Apg 4,32). Leider sieht die Realität oftmals völlig anders aus: Neid und Missgunst, Eifersucht und Auseinandersetzungen scheinen manchmal übermächtig zu sein. Dabei muss man nicht auf die kirchenpolitische Weltbühne schauen, denn schon vor Ort – im Kleinen – ist das Zusammenleben und -arbeiten nicht immer Harmonie pur und manchmal sehr mühsam. Es ist immer wieder spürbar, dass Kirche keine Gemeinschaft von perfekten und »heiligen« Menschen ist. Sie ist fehlbar und immer reformbedürftig. Jesus, der ganz bei uns Menschen ist, blickt mit realistischen Augen auf die Frauen und Männer, die ihm nachfolgen. Im heutigen Abschnitt gibt er ihnen und uns drei Wegweisungen an die Hand, mit zwischenmenschlichen Konflikten umzugehen. Obwohl Matthäus seinen Blick ausschließlich auf die christliche Gemeinde richtet, der er als Ganze das »Binden und Lösen« zuspricht, und nicht nur den Vorsteherinnen und Vorstehern, ist die geschwisterliche Aussprache wegweisend für gelingendes Leben in jeder Gemeinschaft. Die grundlegendste Form ist das Gespräch unter »Vier Augen«, die Matthäus dann weiter ausweitet, falls diese nicht zum gewünschten Ergebnis führt. Das ist eine ganz praktische Hilfe für das private und öffentliche Umgehen mit Spannungen in Familie, Partnerschaft und Freundeskreis, im Beruf und in vielen weiteren Bereichen unseres Lebens. Tröstend ist, dass gerade auch in scheinbar ausweglosen Situationen uns die Gegenwart Gottes zugesagt wird. Vielleicht ist es gut und hilfreich, eine Aussprache mit einem gemeinsamen Gebet zu eröffnen, um sich Gottes Nähe bewusst zu werden und sich der Zusage Jesu zu erinnern: »Wo zwei oder drei in meinem Namen versammelt sind, da bin ich mitten unter ihnen.«

ALEXANDER WISCHNIEWSKI

Guter Gott, sei uns besonders nahe, wenn wir in unserem Leben Konfliktsituationen bestehen müssen. Schenke uns das richtige Wort zur richtigen Zeit und lass uns unser Gegenüber mit deinen liebenden Augen anschauen.

Vergeben und vergessen

Es kann einem fast etwas schwindelig werden beim Lesen des Zahlenspiels am Anfang unseres Evangeliumtextes. Siebenmal? Siebzigmal? Siebzigmal siebenmal! Sieben ist eine heilige Zahl, die Zahl der Fülle und der Vollkommenheit. Bis zu siebenmal vergeben ist in dieser Symbolik schon viel mehr als das eine Mal, das normalerweise im Umgang miteinander üblich ist. Petrus ist also bereit, das übliche Pensum deutlich zu steigern. Doch Jesus setzt dem Ganzen noch eins drauf: Siebzigmal siebenmal, das ist 490-mal! Da wird es einem wirklich schwindelig! Jesus fordert von seinen Jüngerinnen und Jüngern eine nahezu unbegrenzte Bereitschaft zur Vergebung. Diese fast unvorstellbare Forderung, die Jesus stellt, versucht er im »Gleichnis vom unbarmherzigen Knecht« zu erläutern und verständlich zu machen. Auf den ersten Blick klingt auch dieses Gleichnis ziemlich unrealistisch, denn ein Knecht war sicher nicht in der Lage, eine so unerhört große Menge Geld zu besitzen. Diese Geschichte liegt also jenseits jeder Vorstellungskraft, der Beginn ebenso wie das Ende. Der Knecht muss schon eine ziemliche Ewigkeit von seinen Peinigern misshandelt werden, um die große Schuldenmenge bezahlen zu können. Mit dieser Wucht der Worte versucht Jesus die Seinen aufzurütteln und ihnen und uns heute ans Herz zu legen, welch große Bedeutung für Gott die Vergebung hat und welchen Stellenwert sie in unserem Leben haben sollte. Denn wir alle leben in der Liebe und Barmherzigkeit des einen Gottes. Vergebung und Liebe zu schenken, ist jede Mühe wert, im Kleinen – bei mir selbst angefangen – und im Großen. Leider hören wir manchmal von Menschen, die nicht vergeben – auch wenn sie selbst großzügige Vergebung erfahren haben. Dazu lesen wir hier die Warnung: Solches Verhalten führt auch sie ins Verderben. Denn Gott will Vergebung – Barmherzigkeit ganz.

ALEXANDER WISCHNIEWSKI

Menschenfreundlicher Gott, hilf mir, denen zu vergeben, die es nicht gut mit mir meinen, und lass mich erkennen, dass du sie auch als deine Kinder liebst.

Fassbar – unfassbar

Geschichten von Liebesbeziehungen, Partnerschaften und Ehen füllen ganze Bücherregale, werden in Liedern besungen und in Filmen erzählt – mehr oder weniger realistisch. Auf den Boden der Tatsachen bringt uns Matthäus mit der Schilderung eines Rechtsstreites über die Ehe, mit dem die Gelehrten versuchen, Jesus aufs Glatteis zu führen. In unsere Zeit scheint dieser Text nicht zu passen und schon gar nicht die strenge Ansichten Jesu über die Ehe. Das Gesagte klingt für die meisten von uns unmodern und überholt, vor allem, weil Matthäus nur vom Ehebruch der Frauen als möglichem Scheidungsgrund spricht. Die Beteiligten an dieser Episode sind Kinder ihrer Zeit und haben mit den heutigen Lebensumständen und der Vielfalt der Beziehungen so gut wie nichts gemeinsam. Es muss auch die Frage gestellt werden, ob Jesus bei seinen Ausführungen an Liebe und Zuneigung gedacht hat, die heute wesentliche Elemente jeder Ehe und Partnerschaft sind? Es ist doch ein Erfolg menschlichen Miteinanders, dass z.B. Zwangsehen, die Verheiratung Minderjähriger der Heirat aus Liebe Platz gemacht hat, und das Wohl der Partnerin oder des Partners im Vordergrund steht. Darüber lässt sich, auch im ökumenischen Kontext, viel diskutieren. Über die Frage des Zölibates, den Matthäus scheinbar bewirbt, ist die Meinung ebenfalls kontrovers. Matthäus propagiert kein Zölibat, sondern bezieht es auf die, die ohne Schuld geschieden sind. Die Bibelübersetzungen unterscheiden sich an dieser Stelle: »Eunuchen« im Urtext übersetzt Luther mit »Verschnittenen« und die Einheitsübersetzung umschreibt nur. Der Textabschnitt befremdet und trotzdem stehen ihm gelingende Lebenskonzepte aller Art gegenüber, die heute möglich sind. Liebe lässt sich nicht durch Gesetze definieren und schon gar nicht leben, sie ist und bleibt ein göttliches Wunder: »Wer es erfassen kann, der erfasse es.«

ALEXANDER WISCHNIEWSKI

Wunderbarer Gott, in deiner Hand liegt es, wen wir lieben. Segne alle, die allein oder gemeinschaftlich durch dieses Leben gehen.

Ein Lied der Befreiung

Im jüdischen Festkalender hat dieser Psalm einen festen Platz an Pessach und wird auch sonst oft gebetet. Er gehört zu den Hallel-Psalmen 113 bis 118. Er besingt den Auszug Israels aus Ägypten, als sei die Vergangenheit Gegenwart. Die Erinnerungen an verschiedene Wunder – die Rettung am Schilfmeer, der Durchzug durch den Jordan – verschmelzen mit dem Staunen über die Macht Gottes in der Gegenwart. Sogar die Naturgewalten werden in diesem Lied der Befreiung als weniger mächtig angesehen als der befreiende Gott: Berge und Hügel hüpfen herum wie junge Lämmer (V. 6). Aus totem Gestein werden Wasserbäche und Quellen (V. 8).

Eine überströmende Freude und Dankbarkeit spüren wir in diesem Lied. Nur zu gern möchten wir einstimmen. Doch ist es nicht ein Lied, das unseren jüdischen Geschwistern gehört? Die Frage stellt sich für den ganzen Psalter. Sie steht im Hintergrund bei der Frage nach dem Verhältnis zwischen dem Bund Gottes mit Israel und dem neuen Bund, der durch Jesus Christus gestiftet wurde.

In aller Kürze lässt sich sagen: Christenmenschen glauben, dass sie als Heiden aus Gnade mithineingenommen sind in die bleibende Erwählung des Gottesvolkes Israel. So dichtete schon im 16. Jahrhundert Joachim Sartorius in einem Lied, das in vielen Gesangbüchern steht: »Lobt Gott den Herrn, ihr Heiden all (…) dass er euch auch erwählet hat und mitgeteilet seine Gnad durch Christus, seinem Sohne« (EG 293,1). Das »auch« ist wichtig! In Demut und mit tiefer Dankbarkeit dürfen wir die Psalmen mitbeten, auch die, welche von Gottes Geschichte mit Israel sprechen. Psalmen, die von Befreiung aus Unterdrückung und Bewahrung in Wüstennot erzählen. Dankgebete über Gottes Gnade, die stärker ist als die Naturgewalten. Lieder, die von einer unbändigen Hoffnung singen, die Berge versetzt und Leben spendet.

Halleluja! Denn bei dir, Gott, ist die Quelle des Lebens und in deinem Lichte sehen wir das Licht (Ps 36,10)!

KAREN HINRICHS

Wir bitten dich, befreiender Gott, geh mit uns durch unsere Wüstenzeiten, wie eine Wolke am Tag und ein Feuerschein bei Nacht.

Die Segnung der Kinder

Nach den Worten zur Ehe folgt die Segnung der Kinder. Jesus soll die kleinen Kinder, die zu ihm gebracht werden, nicht nur berühren, sondern ihnen die Hände auflegen und für sie beten. Die Jünger reagieren unwirsch und wollen die Belästigung durch Kleinkinder abwehren. Doch Jesus widerspricht: »Lasst die Kinder zu mir kommen und hindert sie nicht.« Er heißt sie willkommen und begründet seine Einladung mit der Zusage, dass den Kindern das Himmelreich gehört. Jesus vermeidet das Aussprechen des Gottesnamens, indem er wie auch sonst im Matthäusevangelium nicht vom Reich Gottes redet, sondern vom Himmelreich. Da in der Person Jesu das Himmelreich nahe herbeigekommen ist (4,17), will er gerade den kleinen Kindern diese Botschaft spürbar nahebringen. Deshalb versinnbildlicht er seine Worte durch einen Kontaktgestus, indem er ihnen die Hände auf den Kopf legt. Matthäus lässt das Wort Segnen weg (vgl. Mk 10,16), betont aber zweimal das Auflegen der Hände und ergänzt den Fürbittewunsch für die Kinder. Die Kindersegnung ist hier noch kein fester Ritus, sondern eine einmalige prophetische Zeichenhandlung, mit der Jesus sein Wort über die kleinen Kinder veranschaulicht. Zur Abfassungszeit des Matthäusevangeliums hat man daraus geschlossen, dass die Kinder, wenn ihnen das Reich Gottes gehört, selbstverständlich auch in den Gottesdiensten der Gemeinde ihren Platz haben müssen. Nun fällt auf, dass Matthäus zweimal die Handauflegung hervorhebt, die im frühen Christentum nach der Taufe vollzogen wurde (Apg 8,17; 19,6; Hebr 6,2). Später wurde die Erzählung zur Legitimation der Kindertaufe herangezogen, da, wenn ein ganzes Haus getauft wurde, Kinder eingeschlossen waren (Apg 16,15; 18,8; Kol 3,18–4,1). Als sich in der Alten Kirche die Säuglingstaufe durchsetzte, wurde die Geschichte von der Segnung der Kinder als Schriftlesung bei der Taufe kleiner Kinder gebräuchlich. Bis heute verdeutlichen wir damit Jesu besondere Wertschätzung der Kinder, die uns zu besonderer Achtsamkeit und Liebe ruft.

ULRICH HECKEL

Liebster Jesu, wir sind hier, deinem Worte nachzuleben; dieses Kindlein kommt zu dir, weil du den Befehl gegeben, dass man sie zu dir hinführe, denn das Himmelreich ist ihre.

Haben oder Lieben: der reiche Jüngling

Der Dialog kreist ums Haben. Am Anfang will der junge Mann das ewige Leben »haben«. Am Ende geht es immer noch ums Haben: »denn er hatte viele Güter«. Die Anrede »guter Lehrer« (Mk 10,17) formuliert Matthäus um zur Frage: »Was soll ich Gutes tun?« Aber statt sich in ein Gespräch »über das Gute« verwickeln zu lassen, entgegnet Jesus: »Gut ist nur der Eine.« Dann verweist er auf das Halten der Gebote als Weg zum ewigen Leben, wie es sich für einen frommen Juden aus der Schrift ergibt (Lev 18,5; Dtn 30,15–20). Auf die Rückfrage »Welche?« zitiert Jesus einige aus den Zehn Geboten zum Töten, Ehebrechen, Stehlen, Falsch-Zeugnis-Geben und Ehren der Eltern. Matthäus ergänzt noch: »Und: Du sollst deinen Nächsten lieben wie dich selbst.« Das Vollkommen-Sein erinnert an den Schlusssatz zur Feindesliebe in der Bergpredigt: »Darum sollt ihr vollkommen sein, wie euer himmlischer Vater vollkommen ist«. (5,48) Mit dem Guten und Vollkommenen sind daher nicht abstrakte ethische Güter und Werte gemeint, sondern die Nächstenliebe als das wichtigste Gebot der Schrift (22,34–40). Jesus spitzt dieses adressatenbezogen zu: Der reiche Mann (nur Matthäus nennt ihn Jüngling) soll sein Hab und Gut verkaufen und den Armen geben. Dabei geht es nicht um das Ideal eines totalen Besitzverzichts, sondern um die Armenfürsorge als Konkretion der Nächstenliebe. Die Frage nach dem ewigen Leben beantwortet Jesus, indem er an die Aufforderung aus der Bergpredigt erinnert, sich Schätze im Himmel zu sammeln, die weder Motten fressen noch Diebe stehlen können (6,20). Aber auf diesen Ruf zur Nachfolge kann sich der junge Mann nicht ungeteilten Herzens einlassen. Er geht betrübt davon, weil sein Herz an seinem Hab und Gut hängt. Daher ist es für einen reichen Menschen bisweilen schwerer ins Reich Gottes einzugehen. Den Jüngern dämmert: Das könnte auch für sie gelten – ja für sehr viele Menschen. Gegen solche Ausweglosigkeit hilft der Trost Jesu: Bei Gott ist kein Ding unmöglich.

ULRICH HECKEL

Wer dieser Erde Güter hat und sieht die Brüder leiden und macht die Hungrigen nicht satt, lässt Nackende nicht kleiden, der ist ein Feind der ersten Pflicht und hat die Liebe Gottes nicht.

Was uns zuteilwird: der Lohn der Nachfolge

Dass der reiche junge Mann an seinem Besitz hängt, veranlasst Petrus, an die Berufung der Jünger zu erinnern, die alles verlassen haben. Parallel zur Frage des jungen Mannes ergänzt Matthäus im Mund des Petrus die Frage: »Was wird uns zuteil?« Jesus antwortet mit dem Bild von der Wiedergeburt, einer abermaligen, neuerlichen Geburt, d.h. der Verheißung einer Neuschöpfung, der umfassenden Erneuerung der Welt, wenn ein neuer Himmel und eine neue Erde kommen werden (Offb 21,1–5). Sie wird geschehen, wenn der Menschensohn erscheinen wird, d.h. am Ende der Zeiten bei der Wiederkunft Jesu. Der Thron der Herrlichkeit ist der Thron Gottes, auf dem der Menschensohn rechts neben ihm sitzen und Gericht halten wird (26,64). Um diesen einen Thron Gottes stehen zwölf weitere Throne als Symbol für die zwölf Stämme Israels. Indem die Jünger auf diesen zwölf Thronen sitzend zugegen sind, verkörpern sie das endzeitliche Israel, das sich um den göttlichen Thron versammeln und im Lichtglanz seiner Herrlichkeit sonnen wird. Die Verheißung dieser Herrlichkeit bei Gott relativiert irdische Bindungen in der Familie, an Hab und Gut, Haus und Hof. Wer sich auf den Ruf Jesu einlässt, vermag loszulassen. Doch nicht die Askese wird idealisiert, sondern die Bindung an Jesus stark gemacht, die Zugehörigkeit zu Christus, die Taufe auf seinen Namen, der Zusammenhalt als Schwestern und Brüder des Sohnes Gottes, der von Gott herkommt, sein Reich bringt und zu ihm hinführt. Darum heißt Nachfolge nicht nur verzichten, sondern vor allem empfangen und gewinnen: Hundertfach ist keine Mengenangabe, sondern umschreibt die unermessliche Fülle, den ganzen Reichtum, den zu erben das Reich Gottes mit sich bringt. Der Schlusssatz von den Ersten und Letzten ist nicht nur eine Warnung an solche, die in Gesellschaft und Kirche vorne dran sind, sondern erst recht für alle, die sonst benachteiligt werden, eine großartige Verheißung.

ULRICH HECKEL

Drum auch, Jesu, du alleine sollst mein Ein und Alles sein; prüf, erfahre, wie ich's meine, tilge allen Heuchelschein.

»Den Vergleich hat der Teufel geschaffen«

An diesen Satz eines Kollegen musste ich beim Lesen der Geschichte denken. Die Arbeiter werden morgens eingestellt. Der Lohn wird vereinbart. Sie kennen die Bedingungen und sind damit einverstanden. Erst als am Abend bei der Lohnauszahlung die, die nur eine Stunde gearbeitet haben, den vereinbarten Betrag bekommen und ihre Hoffnung auf einen erhöhten Lohn nicht erfüllt wird, murren sie: gleicher Lohn für gleiche Leistung. Alles andere ist total ungerecht. Die einen schuften den ganzen Tag in der größten Hitze. Die anderen sind den Mühen der Arbeit nur eine Stunde ausgesetzt. Und am Ende des Tages: »Du hast sie uns gleichgestellt.« Das ist ungerecht. Der Hausherr in der Geschichte hält sich an den vereinbarten Lohn. Er handelt nicht unrecht. Der Neid, der »scheele« Blick entsteht erst im Vergleich mit den anderen. »Siehst du darum scheel drein, weil ich so gütig bin?« Der Neid kommt durch den Vergleich. Jesus lädt mit der Geschichte zu einem anderen Blick auf die Welt ein. Er lädt ein zu einer neuen Sicht auf das Leben und Zusammenleben von uns Menschen. Nach unseren Maßstäben ist es ungerecht, wenn gleiche Arbeit nicht mit gleichem Lohn verbunden ist. Es ist ungerecht, dass Frauen in unserer Gesellschaft ca. 50 Tage länger arbeiten müssen, um bei gleicher Arbeit den gleichen Lohn wie ihre männlichen Kollegen zu erhalten. Jesus sagt mit der Geschichte, dass es im Reich Gottes anders zugeht. Alle Menschen sind gleich lebenswürdig. Menschliche Fähigkeiten und Begabungen sind zwar unterschiedlich. Aber alle Menschen haben das gleiche Recht zu leben. Jesus lenkt unseren Blick auf eine Welt, in der die Güte zu ihrem Recht kommt – Güte, die allen Menschen zu Gute kommt. »Siehst du darum scheel drein, weil ich so gütig bin?« Statt »scheel«, neidvoll, mit schiefem Blick auf die anderen zu schauen, denen Gutes widerfährt, sollen wir uns mit ihnen freuen. Der offene Blick in ihre freudigen Gesichter soll uns selbst froh und fröhlich machen. Auch wir leben ja aus der Güte Gottes.

BÄRBEL KOCH-BAISCH

Wir leben aus deiner Güte, Gott. Lass uns uns neidlos daran freuen, wenn andere haben, was sie zum Leben brauchen.

Wirklich menschliche Größe

Es ist schwer auszuhalten, wenn wir nicht wissen, was kommt. Wenn wir nicht planen können und das Gefühl haben, alles gleitet uns aus den Händen. Mit diesem Gefühl sind Jesus und seine Freunde auf dem Weg nach Jerusalem. Sie wissen, es wird Schwierigkeiten geben. Sie haben von den Plänen gehört, dass er ausgeschaltet werden soll. In dieser Situation nimmt Jesus ihnen nicht die Angst. Im Gegenteil. Jesus malt noch aus, was auf ihn zukommen wird. Das ist eine Schreckensnachricht.

In dieser Situation will die Mutter von Jakobus und Johannes für ihre beiden Söhne einen sicheren Platz finden. Sie sollen eine Position bekommen, die sie wieder mächtig macht: die besten Plätze im Himmel. Dann kann kommen, was will. Die beiden sind auf der sicheren Seite.

Wenn wir ehrlich sind, ist uns dieses Denken gar nicht so fremd. Wenn Angst und Sorge das Leben fraglich und unberechenbar machen, dann suchen wir etwas, wo und wie wir die Kontrolle behalten können. Wir suchen einen Ort, an dem wir uns aufgehoben und geborgen fühlen. Wo wir die Fäden unseres Lebens wieder selbst in die Hand bekommen und wieder selbstbestimmt agieren können. Jesus stellt sich diesem Wunsch entgegen, der nur an den eigenen Vorteil denkt und nur das eigene Wohl im Blick hat. Es geht nicht darum, sich möglichst gut durchzusetzen nach dem Motto: Hauptsache, ich bin auf der sicheren Seite. Jesus stellt dem Machtstreben das Dienen gegenüber. Es kommt nicht darauf an, möglichst viele Menschen unter sich zu haben. Wir sollen füreinander da sein.

Groß sind nicht die, die sich die besten Plätze sichern. Groß sind die, die andere im Blick haben. Die darauf verzichten, nur sich selbst wichtig zu nehmen. Die ihre Fähigkeiten für andere einsetzen und fragen, was der oder die andere braucht. Die ihr Leben daran ausrichten und tun, was den anderen zum Leben hilft und sie aufrichtet. Das ist wirklich menschliche Größe.

BÄRBEL KOCH-BAISCH

Lass die Wurzel unsres Handelns Liebe sein, senke sie in unser Wesen tief hinein. Herr, lass alles, alles hier auf Erden Liebe, Liebe werden! Herr, lass alles, alles, hier auf Erden Liebe, Liebe werden!

Licht sehen, Licht sein

»Das sieht ja ein Blinder« – sagen wir manchmal, wenn etwas offenkundig vor Augen liegt und die Menschen es doch nicht sehen. Das könnte für die beiden Blinden zutreffen, die am Wegrand nahe der Stadt Jericho sitzen. Durch ihr Leiden und ihr Ausgegrenzt-Sein sind sie sensibel geworden für die Gegenwart Gottes. In Jesus spüren die Blinden die Gegenwart Gottes: »Ach Herr, du Sohn Davids, erbarme dich unser!« Das können die, die mit Jesus ziehen, nicht verstehen. Sie werden unwillig und fahren die Blinden an. Wer am Rand sitzt, hat nichts zu sagen, soll gefälligst schweigen. Die Blinden lassen sich nicht zum Schweigen bringen. Wer Gottes Gegenwart spürt, muss reden: »Ach Herr, du Sohn Davids!« Jesus fragt nach ihrem Anliegen. Er lässt sie selbst formulieren, was sie sich wünschen. Indem Jesus sie nach ihrem Bedürfnis fragt, nimmt er sie wahr als eigenständige Personen. Er macht sie nicht zu Objekten einer guten Tat. Sie haben die Freiheit zu sagen, was sie sich wünschen. »Was wollt ihr, dass ich für euch tun soll?« Manchmal kommen wir erst durch die Frage darauf, was uns fehlt. Die Blinden wissen, was sie sich wünschen, was ihre Sehnsucht ist: »Herr, dass unsere Augen aufgetan werden.« »Und es jammerte Jesus ...« – das ist wirklich menschliche Größe, wenn jemand sich anrühren und berühren lässt vom Elend der Menschen. Wenn Menschen in ihrer Not gesehen werden; Angesehene sind, wahrgenommen als eigenständige Person mit Wünschen und Hoffnungen. »Und sogleich wurden sie wieder sehend, und sie folgten ihm nach.« Wenn jemand danach fragt, was die Sehnsucht unseres Lebens ist, dann können uns die Augen aufgehen. Im Rückblick merken wir, wo wir blind waren. Und wir erkennen unseren Weg und folgen ihm.

Anlässlich der Amtseinführung des amerikanischen Präsidenten Joe Biden trägt Amanda Gorman ein vielbeachtetes Gedicht vor. Sie endet mit den Worten: »Denn es gibt immer Licht, wenn wir nur mutig genug sind, es zu sehen, wenn wir nur mutig genug sind, es zu sein.«

BÄRBEL KOCH-BAISCH

**Licht, das in die Welt gekommen, Sonne voller Glanz und Pracht,
Morgenstern, aus Gott entglommen, treib hinweg die alte Nacht;
zieh in deinen Wunderschein bald die ganze Welt hinein.**

Der Atem des Lebens

Können wir einstimmen in dieses Loblied? So, als gäbe es keine Klimakatastrophe, kein Aussterben von Arten? Können wir Erntedank feiern und dabei Gott loben und die Schönheit der Erde besingen? Ich will mich einlassen auf die poetische Sprache, den dankbaren Ton. Und trotzdem nicht den Verstand ausschalten, der auch eine Gabe Gottes ist. In diesem Psalm werden Licht, Himmel, Erde, Meer, Berge, Quellen und verschiedene Tiere beschrieben. Schließlich der Mensch, der wie in einem paradiesischen Urzustand Pflanzen anbaut und genug Brot, Wein und Öl zu haben scheint. Dann geht es um die Bäume, um Sonne und Mond, das Meer und das Gewimmel darin. Das Lied singt von der Vielfalt und Schönheit der Schöpfung und von der Weisheit Gottes. Der Atem Gottes, man kann auch übersetzen: Gottes Geist – schafft neues Leben. Gottes Geist ist der Atem des Lebens und erneuert die Erde (V. 29–30).

Eine Theologie der Schöpfung – ist das noch zeitgemäß? Schon vor 40 Jahren wurden in der Ökumenischen Bewegung Frieden, Gerechtigkeit und Bewahrung der Schöpfung als zusammenhängende globale Herausforderungen erkannt. Und doch ist so Vieles weiter zerstört worden. Die Klimaveränderungen und die Eingriffe in die Natur haben schreckliche Folgen wie Dürre, Hunger und Überflutungen. Spätestens jetzt begreifen wir, dass wir Menschen der Schöpfung nicht als die großen Bewahrer gegenüberstehen, sondern dass wir mit allen anderen Lebewesen zusammengehören. Wir sind Mitgeschöpfe und damit gefährdet wie die gesamte Natur. Was kann da helfen? Die Transformationsforschung untersucht, wie ökologische und soziale Veränderungen gelingen können, damit die nächsten Generationen gut leben können. Der christliche Glaube und die Theologie haben etwas Entscheidendes beizutragen. Sie wissen von einer lebensspendenden Kraft, die Gott schenkt. Möge Gottes Geist unser Denken erneuern und unser Tun und Lassen immer neu inspirieren, damit wir dem Leben dienen.

KAREN HINRICHS

Gott, sende deinen Geist. Mach uns demütig und lass uns begreifen, dass wir ein Teil und nicht die Krone der Schöpfung sind. Mach uns mutig, damit wir umkehren und entschlossener handeln.

ER kommt!

Die Geschichte von Jesu Einzug in Jerusalem gehört zu den wirkmächtigsten Erzählungen der Bibel. Auch für mich persönlich, insofern der einzige Tischschmuck, der mich seit vielen Jahren begleitet, ein kleiner Esel ist, handgeschnitzt aus Olivenholz. Bei jedem Umzug bekommt er seinen Platz auf dem Tisch in Büro oder Arbeitszimmer neu zugewiesen. Der Christusträger. Lass mich dein Füllen sein, Jesus, denke ich, wenn mein Blick im Gespräch oder in der Stille auf ihn fällt. Zieh hier ein, in diese Wirklichkeit. Diese Bitte schwingt mit, wenn wir die Erzählung von Matthäus 21 auf unser Leben wirken lassen.

Mit all den Fragen, die ja schon in der Geschichte selbst anklingen. Wer ist dieser, der da kommt? Der Sohn Davids, also jener in jüdischer Tradition Verheißene, mit dem ein Reich des Friedens verbunden ist, auch politisch, Frieden mitten in dieser Welt. Wir sehnen uns danach. Deshalb die lauten Rufe: Hosianna – Herr, hilf. Ein Prophet, rufen die anderen, einer, der aus der Vollmacht dessen, der nicht von dieser Welt ist, ins Gewissen der Welt hinein redet. Wir brauchen das, immer wieder. Die Widersprüche ihm gegenüber sind vorprogrammiert, gehören schon zu seiner Geschichte, als er da auf dem Esel einzieht. Ja, der Esel selbst ist Teil des Widerspruchs: ein König, ja, aber anders als gedacht und als die Welt die Herrschenden kennt. Gewaltlos, zurückgenommen, friedlich. In den Händeleien der Welt eine Eselei. In der Sehnsucht des Herzens die Mitte aller Hoffnung.

Jesus reitet auf zwei Eseln ein. Das hat oft genug die Gehirne der Auslegenden angestrengt, wie wir uns das vorstellen sollen. Ich muss das nicht auflösen. Aber ich kann feststellen, dass die Geschichte, die hier erzählt wird, so wirkmächtig ist, dass es die einzige ist, die im Kirchenjahr zweimal im Gottesdienst verlesen wird. Am Sonntag Palmarum, eine Woche vor Ostern. Und am ersten Adventssonntag. Christliche Existenz heißt leben aus der Erwartung, dass er kommt. Dass er wieder und wieder einzieht. Was wir glauben, liegt vor uns. Deshalb endet die Bibel auch mit diesen Worten: Komm, Herr, komm.

CHRISTIAN STÄBLEIN

Du, unser Gott, komm auch in mein Leben.

Aufräumen!

Es hat etwas von Ja und Nein. Zwei Geschichten werden uns heute erzählt. Jesus heilt im Tempel, oh ja. Und vorher schmeißt er die Händler aus dem Tempel. Er wirft ihre Tische um. Nein. Doch! Die Szene hat etwas Handfestes, nicht gerade gewaltlos. Mancher Ausleger in der Geschichte ist darauf verfallen, hier einen Widerspruch gegenüber den Geboten aus der Bergpredigt im fünften Kapitel des Evangeliums zu sehen. Nun, die Ebenen scheinen mir doch sehr verschieden. Richtig ist allerdings: Das Nein, das in der Vertreibung der Händler aus dem Tempel steckt, zeigt, dass zu Jesu Lehre von der Menschenfreundlichkeit Gottes nicht nur freundliche Jas zu allem und jedem gehören. Das Evangelium ist eine bestimmte Botschaft, keine beliebige. Vor allem: Es lebt davon, dass es nicht instrumentalisiert wird, dass kein Geschäft daraus wird. Die Versuchung, aus der Beziehung zu Gott einen Handel zu machen, ist aus der Geschichte des Glaubens nur zu vertraut. Ich gebe dir, Gott, dann gibst du mir? Ich kenne aus meinem eigenen Reden mit Gott die Anfechtung, so ins Geschäft kommen zu wollen, nur zu gut. Jesus erinnert daran, dass Gottes Liebe so nicht läuft. Man kriegt sie auf diese Weise zwar nicht kaputt, aber unkenntlich kann sie werden. Tempelreinigung ist deshalb ein guter Begriff für das, was erzählt wird. Reinigung ist eine Urgeste des Glaubens: Buße. Und Umkehr. Als erstes zu denen, die uns brauchen. So wie Jesus in dieser Geschichte. Menschen, die Jesus wieder in die Mitte holt. Oh ja.

Wer so klar Ja und Nein zu sagen weiß, bringt Leben in die Bude. Bekommt dafür schnell Ärger. Das 21. Kapitel des Matthäusevangeliums ist durchzogen von dieser Spannung. Im Kloster Loccum bei Hannover ist ein eindrückliches Wandbild von der Händlervertreibung zu besichtigen. Jesus, lebensgroß, zornig, im roten Gewand. Aus dem Bild laufen die Menschen, die zur Zeit der Entstehung des Bildes in Loccum wohnten, Ende 19. Jahrhundert. Gleich auf dem Nachbargemälde trifft man sie wieder, wie sie Umstehende bei der Heilung eines Lahmen sind. Gehört zusammen.

CHRISTIAN STÄBLEIN

Du, unser Gott, bring auch unser Leben zurecht.

Früchte!

Glaube kann Berge versetzen. Der zweite Teil des Abschnitts ist vertrauter, vor allem bekömmlicher, bis in die kleine Anekdote hinein, dass ein frommer Gast aus fernem Lande bei der Fahrt durch Norddeutschland zur Gastgeberin sagt: Oh, hier haben die Menschen wohl einen sehr starken Glauben. Die Gastgeberin verdutzt: Wieso? Antwort: Alle Berge schon versetzt. – Der erste Teil des Abschnitts ist nicht leicht zu verdauen. Jesus verflucht einen Feigenbaum. In der Auslegungstradition hat sich eine Deutung eingegraben, die wir heute nur als antijüdisch bezeichnen können, selbst wenn sie für die matthäische Gemeinde zutreffend sein mag. In dieser Tradition gilt der Feigenbaum als Symbol für Israel oder für die jüdische Religion. Fruchtlos und furchtbar auch, das immer zu wiederholen, was historisch nur als innerjüdische Abgrenzung der christusgläubigen Gemeinden gegenüber ihrer Herkunft begriffen werden kann. Guten Sinn bekommt die Geschichte vom verfluchten Baum, wenn wir sie für uns gelten lassen: Religion oder Glaube, ja Kirchen werden dann leer, wenn sie hübsch dastehen, aber keine Früchte tragen. Eine Kirche etwa, die sich nur noch um sich selbst dreht, sollte Jesu Wort fürchten. Was für die Gemeinschaft gilt, gilt auch individuell. Gut dastehen wird hohl, wenn es eine ausschließlich narzisstische Ausrichtung hat. Der Fluch Jesu wäre dann das Sichtbarmachen einer elementaren Lebenserfahrung: Ohne Nutzen für andere wird eigenes Darstellen »verflucht« leer. Womit wir beim zweiten Teil des Abschnitts sind: Vertrauen heißt das Gegenmodell zur narzisstischen Selbstumdrehung. Vertrauen ist jener Zuspruch, der aus dem Kreisen um mich selbst befreit. Vertrauen ist das Wort, das wir in der Regel einsetzen sollten, wenn in der Bibel von Glauben die Rede ist. Vertrauen entwaffnet, entlarvt, ja versetzt sogar Berge. Berge von Schuld, von Vorwürfen, von Missgunst oder Ausgrenzung. Seien Sie daran erinnert bei einer nächsten Fahrt durch (norddeutsche) Tiefebenen und einem leicht schmunzelnden Erinnern der obigen Anekdote. Ob Jesus nicht auch manchmal geschmunzelt hat?!

CHRISTIAN STÄBLEIN

Du, unser Gott, stärke mein Vertrauen.

Offene Frage

Vollmachten braucht es immer mal wieder im Alltag. Fix geschrieben, im Kleinen für jemanden, der mein Arztrezept von der Praxis oder ein Dokument vom Einwohnermeldeamt abholt. Die Vorsorgevollmacht ist da schon eine Nummer größer, notariell erstellt für den Fall, dass ich selbst nicht mehr imstande sein sollte, den eigenen Willen mitzuteilen.

»Eine durch einseitiges Rechtsgeschäft begründete Vertretungsmacht«, so wird der Begriff »Vollmacht« definiert. Eigentlich doch eine sehr berechtigte Frage, die Jesus hier im Text gestellt bekommt: Wer hat dir die Vertretungsmacht, die Autorität verliehen, mit der du tust, was du tust? Man hört den kritischen Unterton der Frage. Manchmal ist das ja auch nötig, damit alle Beteiligten wissen, womit und mit wem sie es zu tun haben. Jesu Antwort ist bemerkenswert: Es kommt ihm nicht in den Sinn, irgendetwas wie einen Trumpf auszuspielen, die Autorität Gottes als mögliche Antwort für sich in Anspruch zu nehmen. Wie wohltuend und sympathisch, wenn Debatten nicht dadurch beendet werden, dass jemand meint, eine höhere und nahezu nicht zu hinterfragende Autorität müsste für die eigene Position behauptet werden, um diese sakrosankt erscheinen zu lassen!

Jesus entgeht dem Dilemma, dass eine Ja-Nein-Antwort, eine Schwarz-Weiß-Reaktion, gegen ihn ausgelegt werden könnte. Er fragt zurück. Er fragt genauer und entlarvt damit die Absicht der Fragenden. Wollten sie überhaupt eine Diskussion auf Augenhöhe? Oder war es nicht doch die Absicht, den Wanderprediger Jesus bloßzustellen?

Die Frage bleibt offen – so wie das Leben, das eben auch nicht aus Ja und Nein, aus Schwarz und Weiß besteht. Sondern aus zahlreichen Graustufen dazwischen – und herrlich bunten Farben dazu!

CHRISTINA-MARIA BAMMEL

Gott, hilf uns, die richtigen Fragen zu stellen. Lehre uns in der Kunst der Gegenfrage, wo nötig. Lehre uns, an der Seite derer zu stehen, die mit Fragen in die Ecke getrieben werden. Befreie uns von der Last, ständig die sein zu wollen, die Recht haben.

Reden und Tun

Was meint ihr? Auf eine offene Frage, die ja in vielen Lebenslagen ein tatsächliches Gespräch auf gute Weise ermöglichen kann, folgt hier eine einfache Geschichte, ein Gleichnis von zwei Söhnen. Beide Söhne werden da vom Vater um Einsatz im Weinberg gebeten. Der erste Sohn sagt zuerst nein. Dann tut es ihm leid. Später sagt er ja. Der zweite Sohn sagt sofort »ja, ja«. Aber nichts passiert. Vorsicht also vor zu schnellem »Ja, ja«, das sich schwer halten lässt? Es geht Jesus um noch mehr als das. Der zweite Sohn klingt zwar ein bisschen nach »Aufschieberitis«, nach einem fast schon substanzlosen Versprechen. Es ist sogar etwas merkwürdig, dass die Geschichte nicht erzählt, ob es dem zweiten Sohn vielleicht später auch so ging, dass er seine Position nochmal überdacht hat. In den Bibelzeilen steht nichts dazu. Die Zuhörenden und Jesus sind sich jedenfalls einig: Der erste Sohn hat den Willen des Vaters schließlich auf beeindruckende Weise erfüllt, auch wenn er eine zweite Denk-Kurve brauchte. Der Umweg war in diesem Fall wohl nötig. Menschen, die ihre Glaubensgeschichte als Lebensgeschichte erzählen, kennen das. Jesus hat viel übrig für alle Menschen auf den Denk-Kurven und auf den Umwegen, für alle, die zwischendrin noch einmal neu beginnen müssen, weil sie sich geirrt oder verrannt haben. Selig sind alle, denen beim zweiten und dritten Versuch das Licht aufgeht, auf dass sie neu die Spur finden, auf der sie Gott finden möchte.

CHRISTINA-MARIA BAMMEL

Gott, Quelle der wahren Worte, ich bitte dich um Mut zu Worten, die sich bewähren, weil sie wahr sind, auf die sich andere Menschen verlassen können. Ich bitte dich um Segen, mein Reden und mein Handeln immer wieder neu aufeinander abzustimmen.

Aufgepasst!

Eine Erzählung mit einer Auslegungsgeschichte, die uns noch heute den Atem verschlägt. Skandalös, dass in dem »Volk« aus Vers 43 wie selbstverständlich Christinnen und Christen gesehen wurden. Und in denen, von denen Gottes Reich genommen werden soll, Jüdinnen und Juden. Diejenigen, denen Christinnen und Christen ihren Glauben überhaupt erst verdanken.

Moment! Im Gleichnis selbst lesen wir gar nichts von Juden. Und von Christen erst recht nicht. Wir lesen von Pächtern, die die ihnen übergebene Verantwortung sträflich missbrauchen. Von einem wohl etwas zu vertrauensseligen Weinbergbesitzer, der seine Mitarbeiter und letztlich seinen eigenen Sohn in den Tod schickt. Sozialkritik der damaligen Zeit im Hintergrund.

Was nicht überliefert ist: Wie der Weinbergbesitzer am Ende reagiert hat. Vers 41 vermutet nur: ein böses Ende. Vielleicht hat er ja etwas ganz anderes getan, als »den Bösen ein böses Ende (zu) bereiten«, wie es Martin Luther übersetzt? Vielleicht ist er den Pächtern ja trotz ihrer tödlichen Missetaten in Liebe begegnet, hat sie ihre Schuld erkennen lassen und Versöhnung anstatt Vernichtung gebracht?

Dies ist die Hoffnung für uns als Christinnen und Christen angesichts der großen Schuld, die 2000 Jahre Christentum gegenüber Jüdinnen und Juden auf sich geladen hat. Nicht, dass Jüdinnen und Juden Christus annehmen, wie es pseudochristliche Hybris viel zu lange verlangt hat. Sondern, dass der durch Jesus verkündigte Gott Israels, der Gott der Versöhnung anstatt der Vernichtung, uns annimmt. Damit wir Schuld erkennen, Verantwortung tragen und aus Gottes Angebot der Versöhnung leben können.

CHRISTINA-MARIA BAMMEL

Gott, lass uns niemals wieder vergessen, wen du zu deinem Volk erwählt und welchen wunderbaren, festen Bund du mit ihm geschlossen hast. Hab Dank für die gemeinsame Hoffnung auf das Kommen deines Reiches, die Juden und Christen verbindet. Hilf uns, gemeinsam den Weg in deinen Schalom zu finden.

Es soll dir wohl gehen, du sollst es gut haben

Der längste Psalm der Bibel beginnt mit einem Versprechen und dieses Versprechen ist gut für diesen Tag. Jeder Mensch, der heute diesen Bibelabschnitt liest, kann sich in diesen Psalmversen zu Hause fühlen, sich wohlfühlen, gewappnet für einen unberechenbaren Alltag.

Aber stimmt das auch? Ist das Versprechen nicht zu groß, nimmt hier nicht doch jemand den Mund zu voll: Es soll dir gut gehen, wenn du dich an Gottes Weisungen hältst? Ich kenne Leute, denen geht es schlecht, obwohl sie sich an Gottes Weisungen halten. Ich kenne Leute, denen geht es blendend, obwohl sie sich kein bisschen an diese Gebote halten und durchaus zu den Spöttern gehören.

Ja, es stimmt, ich werde heute und in der kommenden Woche viel erleben, was mir vor Augen führt, wie sehr die Welt, die mich umgibt, in Unordnung geraten ist. Mein Alltag hat eine Menge Chaos und unliebsame Überraschungen. Manchmal schwimme ich, schaukele, laviere ich mich durch. Kein gutes Gefühl!

Und da frage ich mich, ob das nicht doch stimmt: dass ich es gut haben werde, wenn ich mich nicht treiben lasse, sondern mich immer wieder zurückversichere an dem, was »dein Wort lehrt«.

Eine wohltuende Ordnung taucht auf, die mich orientiert, mir Halt gibt.

Ich werde einen Tag erleben können, auf den ich dankbar zurückschauen werde, weil mitten im Chaos meine Aufmerksamkeit dem galt, was denn nun das Gebot der Stunde ist, und da nehme ich gerne die 10 Gebote. Ich werde dankbar sein, weil ich keinem Menschen die Show, die Zeit oder was sonst noch gestohlen habe, weil ich nicht neidisch auf den anderen blicken musste, weil ich Beziehungen zwischen Menschen pflege und wertschätzen kann, weil ich niemanden runtermachen musste oder auf Kosten eines anderen leben musste.

Weil ich frei davon sein kann, kann es mir doch wohlgehen.

MICHAEL SCHÄFER

Barmherziger Gott, bring mir bei, wie ich aufmerksam sein kann für die Klarheit deiner Gebote, damit ich nicht im Wind treibe. Ich danke dir für die Ruhe im Chaos, die deine Ordnung schenkt.

Zu Gast beim König

»Seine Majestät bittet zum Festmahl aus Anlass der Hochzeit ihres Sohnes.« Wie kann man die Einladung eines Königs ignorieren? Ehrt sie einen nicht? Und wenn nicht, macht diese einen nicht neugierig? Der König ist entsetzt. Die Tische sind voll mit Köstlichkeiten, die eingeladenen Gäste kommen aber nicht. Dann, so beschließt der König, sollen alle, die auf der Straße sind, kommen, nicht nur die »erlesene«, die »feine« Gesellschaft, die sich als nicht würdig erwiesen hat. Was für eine Großzügigkeit!

Wir leben nicht mehr in einer Zeit, in der unsere Kinder mit Königen und Prinzessinnen ins Bett gebracht werden oder uns durch solche Lektüren eine fabelhafte Welt zugesprochen wird. Nein, keiner glaubt mehr an Könige und märchenhafte Festmahle.

Ich glaube an Gott und an seine Zuwendung. Zu seiner Einladung muss ich alles Irdische beiseitelegen (nicht vernachlässigen!) und von ganzem Herzen, mit ganzer Seele und mit meinem ganzen Denken (vgl. Mt 22,37) »ja« sagen. Er öffnet sich mir, und ich öffne mich ihm; und dadurch öffne ich mich auch den anderen Menschen, die das Gleiche getan haben und tun. Er ist unser Gastgeber – wir sind seine Mahlgemeinschaft.

Der König lädt ein, alle sollen kommen. Doch nicht alle werden bis zum Ende bleiben. Auf die richtige Bekleidung wird streng geachtet. In jener Zeit der Könige und der Prinzessinnen achtete man auf festliche Garderobe, die eigens dafür angefertigt werden musste. Auch heute ist für eine Teilnahme an einer Veranstaltung eine entsprechende Garderobe erforderlich. Mit befleckten und zerknitterten Straßenkleidern laufen wir Gefahr, trotz Einladung vom König selbst ausgeschlossen, hinausgeworfen zu werden.

Um zur Mahlgemeinschaft Gottes zu gehören, reicht nicht die Einladung – dies wäre zu schicksalhaft. Und es reicht nicht, dieser Einladung unvorbereitet Folge zu leisten – dies wäre zu abwertend sowohl gegenüber unserem Gastgeber wie auch gegenüber den anderen Gästen. Es bedarf eines »Ja«, das mit entsprechender Vorbereitung, mit entsprechender Haltung begleitet, »bekleidet« werden soll.

KONSTANTINOS VLIAGKOFTIS

Dein Brautgemach sehe ich, mein Heiland, schon geschmückt, Kleidung aber besitz' ich nicht, um dieses zu betreten. Erleuchte mir das Gewand der Seele, Lebensspender, und errette mich!

Ehre, wem Ehre gebührt

»Ihr Heuchler, warum versucht ihr mich?« War diese Reaktion nicht genug, sodass die Pharisäer und die Herodianer Jesus in Ruhe ließen? Musste Er ihnen noch eine kluge Antwort geben? Offensichtlich ja.

Ihre Frage war, ob es recht sei, dem Kaiser Steuern zu zahlen. Was wäre denn so fragwürdig? Steuern sind Geldleistungen, um Einnahmen zu erzielen, mit denen der Staat seine öffentlichen Aufgaben bewältigen kann. Auch in der Zeit Jesu mussten etwa die Staatsdiener besoldet und öffentliche Bauprojekte finanziert werden. Nein, die Frage hat einen anderen Sinn: Sollten die Juden wirklich dem römischen Kaiser, dem Fremdherrscher Steuern zahlen? Verständlicherweise ist jede Antwort falsch. Das bloße »ja« würde bedeuten, Jesus billige die Unterwerfung seiner Landsleute. Ein »nein« würde die Deutung nahelegen, Er rufe zum Widerstand auf.

Jesus überrascht sie mit einer anderen Antwort, die einen tieferen Sinn hat: »Gebt dem Kaiser, was des Kaisers ist, und Gott, was Gottes ist.« Der Kaiser ist somit nur die weltliche Gewalt. Diese hat bestimmte Aufgaben, die durch die Steuerabgaben der Bürgerschaft (damals: der Untertanen) erfüllt werden müssen.

Der Kaiser ist aber kein Gott, obgleich er auf einem Denar abgebildet wird, dort, wo früher die Münzen mit Bildern heidnischer Götter versehen wurden. So wurde der Münzherr praktisch als »gottgleich« erachtet, da er als solcher auch verehrt wurde. Mit dem zweiten Teil seines Aphorismus löst Jesus jeden Verdacht auf, die Unterwerfung unter den Kaiser zu billigen. Und gleichzeitig setzt er eine Prämisse unseres Glaubens fest: Ehre und Anbetung gebühren nur Gott – wohlbemerkt im Singular: dem einen Gott.

Ob der zweite Teil seines Aphorismus eine Anspielung auf die Tempelsteuer war, jene Steuer, die zum Unterhalt des öffentlichen Kultes am Jerusalemer Tempel diente, welche auch Jesus selbst gezahlt hat (Mt 17,24–27) und welche mit Drachmen und nicht mit Denaren beglichen wurde, wird uns nicht gesagt. Nach Seiner Antwort staunten die Fragensteller, ließen Ihn stehen und gingen weg.

KONSTANTINOS VLIAGKOFTIS

Dir gebührt die Ehre, Herr, unser Gott, und dir senden wir den Lobpreis empor, dem Vater und dem Sohn und dem Heiligen Geist.

Leben ohne Ende

Wie Markus und Lukas beschreibt auch Matthäus die Begegnung der Sadduzäer mit Christus in pointierter Weise. Es ist weder die erste noch die einzige Begebenheit, bei der Vertreter einer einflussreichen religiösen Gruppierung Jesus in provokativer Weise herausfordern. Vor dem Hintergrund, dass sie selbst die Auferstehung in Frage stellen, ziehen sie den Fall der Schwagerehe heran und führen ihn ad absurdum. In diesem sonderbaren Szenario wird das Leben nach dem Tod mit dem hiesigen Leben gleichgesetzt. Es wird wie nach einem Cut der Filmregie unter der Überschrift »Fortsetzung folgt …« ganz regulär im gewohnten Stil weitergeführt und zugleich ins Lächerliche gezogen.

Christus lehnt diese Theorie ebenso deutlich ab, wie er die Auferstehung und ihre Bedeutung für den Menschen ins richtige Licht rückt. Für ihn ist die Auferstehung und das ewige Leben nicht einfach das Ergebnis einer intellektuellen Reflexion, sondern sie gründet auf der lebendigen Erfahrung der Gemeinschaft mit Gott. Während der Mensch täglich an seine Grenzen stößt und vielfach vor den Herausforderungen des Lebens in Ohnmacht fällt, reicht Gott ihm seine helfende Hand. Dieser »Handschlag« kann eine Verbindung sein, die es dem Menschen ermöglicht, gestärkt, mit anderen Augen durchs Leben zu gehen und über den irdischen Nichtigkeiten zu stehen. Die Verbindung mit Gott verleiht dem Leben eine andere höherwertige Qualität, die durch eine innere Kraft befreiend wirkt auf die irdischen und allzu menschlichen Begrenzungen, die die Schubladen dieser Welt durchbricht und deswegen auch das Volk entsetzt (Mt 23,33). Sie überwindet auch die Grenzen des Todes. Wer in Gemeinschaft mit dem lebendigen Gott ist, bei dem nicht nur die Quelle des Lebens (Ps 36,10), sondern der das Leben selbst ist (Joh 11,25), steht in der unbegrenzten Nachfolge Abrahams, Isaaks und Jakobs. Er hat Anteil am Leben ohne Ende.

MARINA KIROUDI

In deinem Licht, Jesus Christus, sehen wir das Licht des unsterblichen Vaters und lobpreisen dich.

Wir gehören zusammen

Diesmal ist es ein Schriftgelehrter aus den Reihen der Pharisäer, der Jesus aufs Neue auf die Probe stellt. Von Markus wissen wir, dass diese Provokation des Schriftgelehrten schließlich in einem Sinneswandel und gewissermaßen in seiner Bekehrung mündet (Mk 12,28–34). Matthäus führt diesen Ausgang des Gespräches nicht an. Er konzentriert sich auf das Wort, das diesen Wandel herbeigeführt hat. Es handelt sich um das Wort Gottes, so wie er es den Menschen in seinen Geboten offenbart hat.

Das erste und zweite Gebot bergen die Essenz des Glaubens in sich. Besondere Aufmerksamkeit gebührt der Art und Weise der Liebe, die Gott und dem Nächsten entgegenzubringen ist. In beiden Fällen handelt es sich um eine den ganzen Menschen, sein ganzes Sein, umfassende Liebe. Das Gebot, den Nächsten zu lieben wie sich selbst, wird nicht selten so gedeutet, dass die Selbstliebe das Maß für die Nächstenliebe sei; das hieße, je mehr ich mich liebe, desto mehr liebe ich meinen Nächsten. Im Gebot liegt allerdings eine ganz andere tiefgreifende Dimension. Es ist eher der Ruf, meinen Nächsten als Teil meiner eigenen Natur zu lieben. Leidet mein Nächster, so leide ich mit ihm. Mein Leib und meine Seele spüren seinen Schmerz, der auch mein Schmerz ist. Freut sich mein Nächster, so zerspringt auch mein Herz vor Freude. Du und ich, wir gehören zusammen.

Auch die Frage nach der Identität Christi fällt nicht zufällig. Christus als Herr ist Gott selbst und als Sohn Davids trägt er die ganze menschliche Natur in sich; er ist das menschgewordene Wort Gottes. Gott hat in Christus die ganze Menschheit angenommen und ihr Leid geheilt. Auch unsere Beziehung zu Christus und ihre Intensität verändert uns und wirkt sich auf unser Umfeld aus. Lieben wir Christus aus ganzem Herzen und geben wir uns ihm ganz hin, so entfaltet sich die Kraft seiner Güte in unserem Leben und in unserem Umfeld.

MARINA KIROUDI

Ich will dich lieben, Herr, meine Hoffnung. Dein reiches Erbarmen will ich kundtun.

Rolle und Status

Jeder Mensch übernimmt in seinem Leben unterschiedliche Rollen – durch Ausübung eines Berufs, durch den Familien- und Freundeskreis, durch die Gestaltung der Freizeit. Rollen, die wir übernehmen, werden sowohl von den Erwartungen anderer Menschen als auch durch unsere eigenen Vorstellungen von und Ansprüchen an uns selbst in einer bestimmten Rolle geprägt. Manche Rollen verbindet man mit einem gewissen Status und einer gewissen Autorität.

Es kann aber auch passieren, dass die Rollenerwartungen sich verselbständigen: Der Status wird zum Selbstzweck. Wenn der Mensch aber sich selbst in einer Rolle verliert, sich nur noch um das Äußere – um seinen Status – kümmert, kann das den Weg zum Wesentlichen versperren. Das gilt dann nicht nur für diesen Menschen, sondern auch für andere, für die dieser Mensch eine Autorität besitzt. Der biblische Text zeigt, dass ein kritischer Umgang mit Rollen und Statussymbolen in einer Glaubensgemeinschaft nicht obsolet ist. Christus schafft die Rollen und Rollenerwartungen nicht ab, sondern macht deutlich, dass diese das Wesen der Taten nicht ersetzen können. Sie dürfen nicht das Wesentliche verschleiern oder es in den Hintergrund rücken.

Der Glaube erfordert keine Rollenübernahme, kein Rollenspiel. Gott nimmt uns nicht in einer bestimmten Rolle wahr – wie auch immer diese in den Augen anderer attraktiv sein mag. In Beziehung zu Gott können wir uns nicht über eine Rolle oder unseren Status definieren. Wir treten vor Gott so, wie wir sind, mit unseren Taten und Gedanken, mit unserem ganzen Herzen und als diejenigen, die auf das Heil angewiesen sind. Ist das ein gutes Gefühl? Wahrscheinlich nicht ganz, da es in einem ein Gefühl der Entlarvung auslösen kann. Der Mensch kann sich nicht hinter einem Status und einer Rolle verstecken. Doch Gott mitten im Herzen zu begegnen kann auch ein gutes Gefühl geben: Der Mensch ist grenzenlos mehr als seine Rolle(n) und sein Status.

YAUHENIYA DANILOVICH

Schaffe in mir, Gott, ein reines Herz und gib mir einen neuen, beständigen Geist.

Auf der Suche nach Balance

Zahlreiche Momente unseres Alltags sind durch kleine Dinge und Rituale bestimmt – mit dem Wecker aufstehen, duschen, Kaffee zum Frühstück kochen, die To-do-Liste durchgehen ... Diese ritualisierten Momente sind zum Teil Gewohnheiten, zum Teil geben sie unserem Alltag eine Stabilität und Struktur. Während wir diesen Gewohnheiten nachgehen, denken wir über sie nicht viel nach. Manchmal aber erfreuen wir uns sogar an einigen von ihnen, da sie auch ein kleiner Teil unseres Lebens sind.

Wie wäre es aber, wenn diese kleinen Dinge des Alltags zu übermächtig werden? Wenn wir uns nur noch darüber Gedanken machen müssten, wie wir unseren Kaffee morgens trinken wollen oder welche Zahnpasta für uns die richtige ist? Wenn diese kleinen Dinge uns auf einmal von etwas Größerem ablenken, wenn das Wichtigere in den Hintergrund rückt?

In unserem Leben brauchen wir große Ziele und langfristige Perspektiven, auf die wir unser Leben ausrichten. Doch ist das Erreichen großer Ziele ohne kleine Schritte nicht möglich. Wir sind auf beides angewiesen. Unser Leben ist bestimmt durch die Überwindung solcher Widersprüche in sich, solcher Ambivalenzen – und bleiben diese letzten Endes nicht doch unüberwindbar? Zwar scheint uns manchmal das Entweder-Oder einfacher und sicherer zu sein. Doch gerade dann brauchen wir einen Mittelweg, sehnen uns nach der Balance.

In unserem Glaubensleben sehnen wir uns öfter nach mehr Balance. Für viele scheint das kirchliche Leben überfüllt von unverständlichen und alltagsfernen Ritualen und Kleinigkeiten zu sein, die das Wichtige, das Wesentliche – »das Recht, die Barmherzigkeit und den Glauben« verschleiern (Mt 23,23). Jesus prangert dieses Verschleiern, diese Dysbalance an. Weniger wichtige Dinge müssen und können nicht immer durch das Wichtige ersetzt werden. Wie wäre es damit, wenn das Wichtige für uns zur Orientierungshilfe wird, an dem alles andere in seiner Bedeutung gemessen werden kann? So sagt Christus: »Doch dies sollte man tun und jenes nicht lassen.« (Mt 23, 23)

YAUHENIYA DANILOVICH

Herr Jesus Christus, Sohn Gottes, erbarme dich meiner!

Was würde Jesus dazu sagen?

Als Student lebte ich in Berlin in einer Zwei-Männer-Theologen-WG. Über das Spülbecken hatten wir einen Aufkleber drapiert. Darauf war zu lesen: »Was würde Jesus dazu sagen?« Martin Niemöllers Frage, die ihn sein Leben lang begleitete, lasen wir nun über unserem schmutzigen Geschirr. Wir fanden das lustig.

Wie wäre es aber, wenn ich diese Frage wie eine Aufmerksamkeitsübung wirklich in den ganz gewöhnlichen Alltag integrieren würde? Warum sollte ich nicht überall und von ganzem Herzen danach suchen, was denn jetzt in diesem Moment dran ist? Ich brauche eine Hilfestellung nicht nur bei den großen Entscheidungen, die mir schwerfallen. Auch bei der kleinen Aufschieberitis, die mir das Leben schwer macht, brauche ich den Impuls, den Hinweis für einen guten, gangbaren Weg. Es könnte doch ganz hilfreich sein, wenn ich immer wieder in Gedanken mit Jesus rede und mir Antwort auf meine Fragen suche.

Die Weisung, von der der Psalm spricht, ist die Tora: keine Frage. Für uns aber, so denke ich, ist es ein guter Weg, die Weisung, die Tora, bei Jesus zu suchen: Er ist in seinem Handeln, seiner Lehre, in seiner Liebe zu allen Menschen die Halacha, die Wegweisung für uns Christenmenschen durch unseren Alltag hindurch. Denn Jesus ist unser Weg zum Gott Israels, er führt uns als Gäste zu ihm.

So denke ich an seine Weisung, die er mir als Weltenrichter sagt, damit ich verstehe, wie er mir alltäglich begegnet: »Was ihr einem der Geringsten getan habt, das habt ihr mir getan.«

Ich weiß nicht so recht, wo meine Ruhepausen sind, meine Kraftpausen und lerne von ihm, die Ruhe zu suchen. Ich lerne von ihm, dass ich nur dann für andere da sein kann, wenn ich auch bei mir sein kann.

Das Schild über dem Spülbecken war also doch gut platziert. Manchmal ist einfach Spülen, Putzen und Waschen meditatives Zur-Ruhe-Kommen und äußerer Ausdruck für das, was ich auch innerlich brauche.

MICHAEL SCHÄFER

Barmherziger Gott, lehre mich, ruhiger zu werden und mir Zeit zu nehmen für die Frage, was du denn von mir willst, wie du mich heute gebrauchen kannst. Danke, dass ich in deinen Augen brauchbar bin.

Einführung zum Jakobusbrief auf Seite 407ff

Glaube ist ein Abenteuer

Jakobus kommt ohne große Umstände gleich zum Wesentlichen. Knapp sind die Förmlichkeiten. Absender, Empfänger, ein kurzer Gruß.

Dann legt er das Thema auf den Tisch. Glaube ist nichts für Feiglinge. Glaube ist ein Abenteuer. Wer glaubt, erlebt Krisen. Immer wieder neu muss sich zeigen, ob der Glaube trägt, ob er sich im Alltag bewährt. Glaube ist nichts Statisches, das man ein für alle Mal hat. Glaube muss wachsen und reifen. Glaube hat ein Ziel. Jakobus beschreibt es in strahlenden Farben – als makellosen Sieg, als heilsame Vollendung.

Wenn das Ziel klar ist, dann versteht es sich von selbst, auch über die Hindernisse auf dem Weg zu diesem Ziel zu reden. Jakobus führt zwei wesentliche Hindernisse an. Ausführlich redet er über das mangelnde Vertrauen zu Gott. Mit dem Bild der vom starken Wind aufgepeitschten Wellen auf dem Meer führt er eindrücklich vor Augen, wie bedrohlich Zweifel sein kann. Im Zweifel verliert man die Orientierung. Im Zweifel weiß man nicht mehr, was richtig ist, was zählt, wo es hingeht. Alles steht in Frage.

Jakobus ermahnt, sich in solchen Situationen im Gebet an Gott zu wenden und ihn darum zu bitten, den Zweifel durch seine Weisheit zu überwinden.

Als zweites Hindernis nennt Jakobus den Reichtum. Wer viel besitzt, der steht in der Gefahr zu glauben, dass man sich mit Geld alles kaufen kann. So kann das Vertrauen auf die finanziellen Möglichkeiten das Vertrauen auf Gott ersetzen.

Diese beiden Hindernisse sind zu unseren Zeiten hochaktuell. Zwar ist der Zweifel die Schwester des Glaubens, doch ist er ernst zu nehmen und nicht als Kehrseite des Glaubens zu verharmlosen, weil er vereinsamt und orientierungslos macht. Und der Besitz, der Wohlstand? Er garantiert unsere Komfortzone. Das Abenteuer des Glaubens findet aber nicht auf dem Sofa statt! Gott ruft uns heraus ins Wagnis.

CHRISTOF WEISS-SCHAUTT

Ihn, ihn lass tun und walten, er ist ein weiser Fürst und wird sich so verhalten, dass du dich wundern wirst, wenn er, wie ihm gebühret, mit wunderbarem Rat das Werk hinausgeführet, das dich bekümmert hat.

Macht euch nichts vor!

Wie kommt das Böse in die Welt? Eine Frage, die in der Bibel auf unterschiedliche Weise beantwortet wird. Jakobus hat eine Antwort, die den Menschen ganz in die Verantwortung nimmt. Gott hat mit der Sünde nichts zu tun.

Mit einem biologischen Bild erläutert Jakobus das Entstehen und die Folgen der Sünde. Mit dem Bösen ist es genauso wie mit dem Leben. Das Böse wird genauso empfangen, geboren und am Ende führt es zum Tod. Zwar mag es zu Beginn einen Reiz von außen geben, eine Versuchung oder Verlockung, doch die Sünde entsteht durch die Reaktion des Gereizten auf diesen Reiz von außen. Mit diesem Bild macht Jakobus unmissverständlich klar, dass die Verantwortung für die Sünde nicht bei anderen liegt, sondern immer bei uns selbst.

Gott ist für Jakobus über das Böse erhaben. Er ist das All-Gute. Nichts Böses ist an ihm. Er ist und bleibt wie er ist. Gott hat uns als gute Menschen, als seine Ebenbilder geschaffen, als Kinder seines Willens. Aber auch als freie Geschöpfe, die zur verantwortlichen Tat fähig sind.

Es ist also nicht Gott (und auch nicht der Teufel oder das Böse), der uns in Versuchung bzw. Anfechtung führt. Auch nicht dadurch, dass er das Böse zulässt, um den Glauben der Menschen zu prüfen. Wir sind es selbst, die auf Abwege kommen. Wir können niemandem die Schuld dafür geben. Wenn wir etwas anderes behaupteten, würden wir uns selbst täuschen. Das Böse kommt durch die Menschen in die Welt. Das ist radikale menschliche Verantwortung. Wir sind verantwortlich für unser Tun, für das schlechte und auch für das gute.

Diese Sicht auf das Böse rückt manches zurecht. Fragen, die uns vertraut sind, müssen neu gestellt werden. Wenn wir mit der Sichtweise des Jakobus ernst machen, können wir beispielsweise nicht mehr fragen: »Warum lässt Gott das zu?«, sondern müssen stattdessen fragen: »Warum lassen Menschen das zu? Warum lassen wir das zu?«

CHRISTOF WEISS-SCHAUTT

Der Herr ist gut und teilt sich willig mit; sein Wesen ist ein Brunnen guter Gaben. Er geht uns nach und fragt bei jedem Schritt, ob wir nicht was von ihm zu bitten haben. Wo ist ein Herr, der so mit seinen Knechten tut? Der Herr ist gut.

Tätige Antwort

Noch einmal greift Jakobus den Zusammenhang von den Reizen, auf die wir Menschen reagieren, auf. Am Beispiel des Zorns macht er deutlich, wie schnell das Böse in der Welt ist. Doch wir sind unseren Begierden nicht ausgeliefert. Als Christinnen und Christen haben wir eine Handlungsalternative, mit der wir in guter Weise auf Reize antworten können.

Der erste Schritt ist es, erst einmal innezuhalten und ins Hören zu kommen. Nicht sofort reagieren, nicht sofort reden, sondern das Handlungsmuster bewusst unterbrechen, wenn einem der Kragen platzen will. Wie das gehen kann? Wie bei den Wüstenvätern und -müttern? Diese hatten für verschiedene Versuchungen ein jeweils passendes Bibelwort parat, das sie dann in ihrem Herzen bewegten. Heute gibt es Menschen, die sich fragen: »Was würde Jesus jetzt tun?« Zwei Weisen, dem Wort Raum zu geben, es wirksam werden zu lassen und nicht wie gewohnt zu reagieren, sondern seine Begierden zu kontrollieren.

Aber beim Hören auf Gottes Wort soll und kann es nach Jakobus nicht bleiben. Das Wort, das geholfen hat, von einer problematischen Reaktion Abstand zu nehmen, will auch eine angemessene, eine gute, eine dem Willen Gottes entsprechende Antwort bewirken. Erst dieser notwendige zweite Schritt führt in die Freiheit der Kinder Gottes und lässt in den Seligkeitsraum Gottes eintreten, in dem das Wort Richtschnur des Handelns ist. Die antwortende Tat ist für Jakobus der sichtbare und maßgebliche Ausdruck des christlichen Glaubens. Glaube ist nicht nur etwas zum Wohl des Einzelnen, etwas das hilft, mit auch dunklen Gefühlen umzugehen. Wenn wir uns tätig dem Bedürftigen, dem Nächsten zuwenden, werden wir Mensch, so wie wir von Gott gedacht sind. Frömmigkeit ohne die antwortende Tat, so sieht es Jakobus, ist leer. Mir kommt in diesem Zusammenhang Dietrich Bonhoeffer in den Sinn, der sagte: »Nur wer für die Juden schreit, darf gregorianisch singen.«

CHRISTOF WEISS-SCHAUTT

Treib unsern Willen, dein Wort zu erfüllen; hilf uns gehorsam wirken deine Werke; und wo wir schwach sind, da gib du uns Stärke. Lobet den Herren!

Die Regeln der Welt und des Himmels

Ich fühle mich von Jakobus ertappt, wenn ich lese: »Urteilt nicht nach dem Ansehen einer Person.« Wie oft habe ich schon Menschen auf den ersten Blick, nach dem Aussehen und nach Oberflächlichkeiten beurteilt und sie in eine von mir eigens festgelegte Schublade einsortiert. Dabei habe ich mich nicht selten geirrt und musste meine Meinung später beschämt revidieren. Ich bin nicht frei von Vorurteilen, so gerne ich es auch wäre. Und unser Alltag und die Welt um uns herum macht es uns auch nicht leichter. Influencer/innen in den Sozialen Medien gaukeln uns eine schöne Welt vor: Wer schön ist, ist reich und beliebt. Die Reichen und Schönen regieren und beeinflussen diese Welt, die Armen und Benachteiligten haben das Nachsehen. Das sind die Regeln dieser Welt.

Die Regeln des Himmels sind anders. Gott und seine Liebe und Barmherzigkeit stehen im Mittelpunkt. »Liebe deinen Nächsten wie dich selbst«, zitiert Jakobus Jesu Worte (Mk 12,31). Diese goldene Regel ist ein königliches Gebot, an dem wir uns orientieren sollen. Eine Anleitung zum Leben und Handeln. Eine Hilfe für ein gutes Miteinander. Nächstenliebe heißt: die anderen mit ihren Fehlern und auch guten Seiten zu sehen. Und üben, sie anzunehmen. Gar nicht so einfach. Die Quelle dafür liegt in der Liebe Gottes zu uns, zu mir. Wenn ich verstanden habe, dass Gott mich liebt und mich annimmt, so wie ich bin, mit all meinen Fehlern und Schwächen, kann ich auch leichter »ja« zu mir selbst sagen. Und das ist die Voraussetzung dafür, dass ich auch andere Menschen lieben und akzeptieren kann, so wie sie sind. Mit so einer inneren Einstellung und Freiheit kann ich die Liebe Gottes in die Welt tragen. Dann spielt es keine Rolle mehr, ob meine Nächste reich oder arm, angesehen oder bedeutungslos ist. Und das Beste daran ist – die Quelle dieser Liebe ist unendlich.

MAGDALENA SMETANA

Ach Gott, wenn ich es mal wieder nicht schaffe, die anderen zu lieben, hilf mir, sie wenigstens nicht zu verurteilen, ihnen nicht zu schaden. Schenke mir barmherzige Augen und ein liebendes Herz.

Nach dem Vorbild Jesu leben

Als kleines Mädchen habe ich sehr früh herausgefunden, womit ich meine Mutter glücklich machen kann. Am Sonntag nach dem gemeinsamen Essen gönnte sie sich immer eine kleine Mittagspause, bevor sie sich an den Abwasch machte. Ich wartete, bis sie sich hingelegt hatte, und währenddessen habe ich »heimlich« die Teller gespült, getrocknet und die Küche aufgeräumt. Ich wusste, sie wird sich freuen. Ich sah das in ihren leuchtenden Augen. Sie kam, lächelte, nahm mich in den Arm und drückte mich an sich. Es war für mich ein besonderer Augenblick. Niemals hätte es funktioniert, wenn sie mir im Vorfeld diese Aufgabe erteilt hätte. Dann hätte ich – vermutlich nur widerwillig – einen Befehl ausgeführt. Das Ergebnis wäre gleich, die Motivation war aber eine andere.

Werde ich von Gott gerechtfertigt und geliebt, weil ich Gutes tue oder gelingt es mir, Gutes zu tun, weil die Liebe Gottes mich schon verändert hat? Der Apostel Paulus schreibt im Römerbrief: Keine noch so gute Tat kann mich retten, wenn ich nicht an Jesus glaube (Röm 3,28). Jakobus scheint genau das Gegenteil zu behaupten. Wenn ich keine guten Werke vorweisen kann, taugt der Glaube nichts (V. 17). Und nun? Was sollen wir tun? Wie sollen wir leben? Was ist richtig und was ist falsch? Diese Frage hat seit Jahrhunderten Christinnen und Christen bewegt. Solche scheinbar widersprüchlichen Aussagen haben in der Vergangenheit zu Verunsicherung und Streit, sogar zur Kirchenspaltung geführt. Nach meinem Verständnis haben sowohl Paulus als auch Jakobus recht. Ja, sie ergänzen sich sogar. Bei beiden spielt der Glaube an Jesus Christus und seine befreiende Botschaft eine zentrale Rolle. Nur wenn ich vom ganzen Herzen glauben kann, dass ich Gottes geliebtes Kind bin, kann ich befreit von Zwängen leben und mich von Jesu Vorbild anstecken lassen, Gutes zu tun. Dann muss ich nämlich nicht, sondern dann möchte ich.

MAGDALENA SMETANA

Danke Gott, dass du mich liebst, egal, wie es in mir gerade aussieht. Entfache in mir immer wieder neu deine Liebe, damit ich mein Umfeld anstecken kann.

Damit Worte zum Segen werden

Worte gehören mir, solange ich sie nicht ausspreche. Sie sind mein Eigentum und sie sind in meiner Verantwortung. Sobald sie draußen sind, habe ich keinen Einfluss mehr darauf, was mit ihnen geschieht. Worte haben große Macht, sie können verletzen und Schlimmes anrichten. Sie können »einen ganzen Wald in Brand setzen« (V. 5). Sie können aber auch Gutes, Sinnvolles und dem Leben Zugewandtes verursachen. Sie können eine Atmosphäre schaffen, in der sich Menschen sicher fühlen. Worte sollten deshalb immer sorgfältig bedacht werden. So schreibt der tschechische Theologe und Pädagoge Johann Amos Comenius in seinem Buch »Praxis Pietatis«.

Es ist eine einmalige Fähigkeit des Menschen, Worte zu formulieren und zu sprechen. »Im Anfang war das Wort, und das Wort war bei Gott, und Gott war das Wort. Dasselbe war im Anfang bei Gott. Alle Dinge sind durch dasselbe gemacht« (Joh 1,1–3). Dass alles auf diesem Wort gründet, davon ist Comenius zutiefst überzeugt. Deshalb soll die Sprache ein Medium der Wahrheit und des Segens sein. Ein »medium salutis«. Eine Grundlage für Menschenverständigung.

Das »mediale Projekt« des großen Pädagogen ist utopisch und herausfordernd. Jakobus ist in seinem Brief ein bisschen gnädiger, wenn er schreibt: »Wir alle machen ja immer wieder Fehler. Wer nie ein verkehrtes Wort sagt, der ist wirklich als Mensch vollkommen« (V. 2) und: »Aber kein Mensch kann die Zunge bändigen. Sie ist ein rastloses Übel voll tödlichen Gifts.« (V. 8) Jakobus hat Verständnis dafür, dass wir es nicht schaffen, alles immer richtig zu machen und immer nur die richtigen Worte zu wählen. Aber er weist uns darauf hin!

Es ist schwer, immer gute und wahre und wohlwollende Worte zu sprechen. Ich möchte diese Mahnung ernst nehmen und versuchen, nach Comenius die Worte als Gottes Geschenk und Gottes Medium zu verstehen und achtsam mit ihnen umzugehen. Und ich bete fürs Gelingen.

MAGDALENA SMETANA

Gott, manchmal sage ich Dinge, die ich nicht so meine, und verletze damit andere Menschen. Hilf mir, meine Worte sorgsam zu wählen, damit sie für mich und für andere zum Segen werden.

Stolz und Demut

Wer sind die Stolzen? Sind es die, die sich selbst für das Gesetz halten? Ich glaube ja. Und es sind auch die, die ihre Art, die Gebote zu halten, für die einzig richtige halten. Die sich selbst Gesetz sind, die verlangen, dass die anderen sich an ihnen messen müssen. Und wenn ich da mal genau hinfühle, merke ich, wie sehr ich diesen Stolzen auf den Leim gehe, weil ich den Wettkampf, das Vergleichen annehme und dagegenhalte oder mich unterbuttern lasse und dann auch verletzt fühle.

Was, wenn ich mich dem verweigere?

Das Gegenteil von Hochmut oder Stolz ist Demut. Dag Hammarskjöld gibt Orientierung. Demut, so sagt er sinngemäß, heißt, sich nicht zu vergleichen. Die einen, so lese ich im Psalm, urteilen über mich, reden gegen mich, aber ich kann der Knecht, die Magd Gottes sein, und das heißt: Ich kann der Mensch sein, der sich einzuordnen weiß, der nur Gott über sich anerkennt. Mit dem, was er mir aufträgt, versuche ich Schritt zu halten. Ich möchte verstehen, was denn Gott von mir will. Das meint wohl der Psalm mit: »Dein Knecht sinnt nach über deine Gebote.« Ich möchte nicht perfekt sein, aber die Lebendigkeit der Gebote, die will ich aufnehmen.

Der Psalm gibt mir für heute mit, dass ich unabhängig bin von denen, die über mich urteilen, die mich einordnen wollen, die mich unterordnen wollen. Meine Freiheit liegt genau hier. Ich frage nicht nach diesen Urteilen, ich frage danach, welchen Rat mir die Gebote für meinen Weg heute geben. »Was du willst, dass es die Leute für dich tun, das tue ihnen auch.« Diese Weisung Gottes aus dem Mund Jesu, begleitet mich. Ich verlange nicht die Einhaltung von anderen, aber von mir. Und wenn ich selbst mal zu stolz werde, dann ist das Gebot ja auch eine hilfreiche Wegweisung für mich. Auch vom Stolz frei zu werden, ist eine Freude.

MICHAEL SCHÄFER

Gnädiger Gott, begleite mich heute in die Freiheit. Hilf mir, unabhängig zu werden von der Meinung und den Urteilen anderer und bewahre mich davor, dass ich über andere urteile und sie einordne und bedränge.

Richtig streiten

Jakobus redet Klartext: »Sieht so ein Leben aus, das von der Liebe Gottes erfüllt ist? Statt Sanftmut und Weisheit, Neid und Streit? Lügen und sich selbst rühmen, statt barmherzig zu sein?«

Der Cantus firmus, das durchgehende Thema, seiner engagierten Rede ist auch hier wie im gesamten Brief: »Euer Glaube ist tot, wenn nicht gespürt wird, erfahrbar ist, dass die Liebe Gottes, sein Friede und seine Weisheit in euch ist – bis hin zum guten Wandel!« Der alte Streit zwischen Glaube und Werk, hier wird er dramatisch inszeniert. Mit Leidenschaft!

In der Wochenzeitung »Die Zeit« gibt es im Jahr 2021 eine Rubrik »Streit«. Hier werden gegensätzliche Positionen einander gegenübergestellt – so sachlich als möglich! Der gegensätzlichen Positionen gibt es viele in dem zweiten Corona-Jahr und im Wahljahr 2021. In den Medien und im Internet wird engagiert diskutiert und heftig gestritten. Menschen greifen sich an und werten sich ab. Zu Fragen des Impfens, der Impfpflicht. Des Baus von Windrädern, der Nachhaltigkeit von Atomenergie und vieles mehr.

Auch unsere Kirche kommt nicht ungeschoren davon. Sie sei zu leise, sie schweige angesichts der existentiellen Herausforderungen der Pandemie und schaffe sich selbst ab. Sie sei zu wenig diakonisch, für andere ist sie zu sehr diakonisch und zu wenig spirituell. Sie müsse sich der Impfgegner/innen annehmen, fordern die einen, die anderen: Sie soll sich fürs Impfen einsetzen.

Ob das noch Themen sein werden im Herbst 2023? Mich erschöpft dieses Streiten. Vor allem die Art und Weise, wie gestritten wird. Zu häufig respektlos und abwertend.

Bei Jakobus, in seiner engagierten Streitschrift, lese ich, dass aus Meinungsunterschieden »gute Früchte« wachsen können: wenn sie »lauter, friedfertig und gütig« ausgetragen werden. Ja, gerne so streiten und argumentieren!

BÄRBEL SCHÄFER

Vergib, Gott, wenn ich streite und andere verletze. Vergib, wenn ich zu laut bin, zu selbstgerecht. Vergib, wenn ich schweige, selbst wenn ich sehe, dass Unrecht geschieht. Deine Weisheit hilft mir, das rechte Maß zu finden.

Besser mit Geist

Aus Meinungsunterschieden können »gute Früchte« wachsen, lese ich bei Jakobus in seiner engagierten Streitschrift: Wenn sie »lauter, friedfertig und gütig« ausgetragen werden. Davon sind die Adressaten und Adressatinnen dieser Schrift aber weit entfernt, wie wir den heutigen Zeilen entnehmen. Jakobus nimmt wieder kein Blatt vor den Mund, er zeichnet Winkelzüge des alltäglichen Kleinkrieges in gewohnt engagierter Art! Er nennt dieses Verhalten auch nicht nur Streit, sondern Kampf – eine Eskalationsstufe weiter.

Auch im Jahr 2021 eskaliert das Streiten in der deutschen Gesellschaft. Ich erinnerte gestern daran. Das zweite Corona-Jahr bewegt die Gemüter, als ich diese Texte verfasse, und auch das Wahljahr hat heftige Debatten ausgelöst, von der Europa- und Weltpolitik ganz zu schweigen.

Vom Streit zum Kampf: Bei Protestmärschen kommt es immer häufiger zu Gewalt. Das Polizeiaufgebot wird erhöht. Beschimpfungen und Morddrohungen, ja Morde! – gerichtet an Menschen des öffentlichen Lebens, im DarkNet und auf der Straße.

Lässt Gott das kalt? Schaut er zu und lässt uns einfach gewähren? Gleichgültig oder hilflos? Ein kleiner, ein Halb-Satz im heutigen Abschnitt lässt mich denken: Nein! Denn: »Gott wacht mit Eifer über den Geist, den er hat in uns wohnen lassen ...«

Ganz am Anfang – weit muss unsere Erinnerung zurück – ganz am Anfang haucht Gott dem Erdling seinen Atem ein, seinen Geist. So wurde der Erdling Mensch. »Und es war gut!«

Darüber wacht Gott mit Eifer. Er ist nicht gleichgültig, er bringt sich und diesen guten Geist immer wieder ins Spiel, in das oft so böse Spiel. In das schlimme Treiben. Dafür braucht er so einen leidenschaftlichen Briefeschreiber wie Jakobus. Dafür braucht er bekannte und unbekannte Menschen der jüdisch-christlichen Tradition, die sich für Frieden, Gerechtigkeit und Bewahrung der Schöpfung einsetzen, nach wie vor, mit langem Atem.

Vielleicht braucht er gerade Sie, die Sie diese Sätze lesen!

BÄRBEL SCHÄFER

Lass nicht nach, Gott, mit Eifer über den guten Geist zu wachen, den du in uns Menschen hast wohnen lassen. Sei erfinderisch und zeige uns, wie wir ihn leben können!

Mehr als Rauch

Hinter dem Streiten und Kämpfen entdecke ich die uralte Frage der Menschheit: Wie will ich leben? Was ist mein Plan? Was kann ich gestalten, was sind meine Träume und Visionen? Sie wissen, welche Träume und Wünsche in Ihnen liegen. Sie wissen, ob es Sie anregt und motiviert. Sie spüren aber auch manchen Schmerz – wie Unerfülltes eben schmerzen kann.

Sehr seelsorglich geht Jakobus mit diesen Lebensträumen nicht um. Er wischt sie vom Tisch. »Euer Leben? – Ein Rauch, der eine kleine Zeit bleibt und dann verschwindet.« Und er verweist mit einer klaren Geste auf Gott, Urheber und Bewahrer des Lebens.

»Wenn der Herr will, werden wir leben und dies oder das tun.« Bin ich eine Marionette Gottes? Ist mein Leben nicht mehr als ein Rauch? Wie vorherbestimmt ist mein Leben und wie frei bin ich in meinen Entscheidungen?

Ich, und mit mir viele Menschen, haben lernen müssen in den Jahren 2020 und 2021, wie rasch die eigenen Pläne sich in Luft auflösen. Erfreuliche Dinge des Alltags, wie gegenseitige Besuche und Reisen, wurden einem aus der Hand geschlagen. Aber auch geplante Operationen fanden nicht statt. Familien wurden getrennt, alte Menschen isoliert. Wer wollte das? Niemand – aber es ging in den meisten Fällen nicht anders. Heftig wurde um angemessene Lösungen diskutiert und gerungen und dennoch, trotz eines immensen Einsatzes vieler Menschen: Die Einsamkeit nahm zu und die Verletzlichkeit des eigenen Lebens stand klar im Raum. Wie wird das diskutiert werden im Herbst 2023?

Mehr als »Rauch, der eine kleine Zeit bleibt und dann verschwindet« will ich sein und fordere das auch ein für Sie!

Hätte Gott seinen guten Geist uns denn eingehaucht? Würde Gott uns liebevoll anschauen, sein Angesicht über jeden und jede erheben – jeden Morgen und jeden Abend neu –, wenn er unser kleines, verletzliches und begrenztes Leben nicht unendlich liebt? Hätte er mit seinem Sohn sein Gesicht gezeigt und sein Plädoyer für Menschlichkeit – wenn ihm diese Welt nicht am Herzen läge?

BÄRBEL SCHÄFER

Leben – wunderbar und verwundbar! So ist es, und so will ich leben lernen. Jeden Tag neu!

Mein Beitrag zum Reichtum

»Vom Ausgeben wird man nicht reich!« So hörte ich es in meiner Kindheit immer. Die Reichen hier geben aus: Sie schlemmen und prassen. Sie werden reich durch Ausbeutung anderer. Die Reichen werden keine andauernde Freude an ihrem Reichtum haben. Reichtum, der auf Unrecht gründet, hat keinen Bestand. Er wird nicht über den Moment hinaus genutzt werden können. Das möchte ich gerne glauben, auch wenn mancher mit Ausbeutung ganz gut verdient. Doch diese Ausbeutung gelingt ihnen nur, weil andere sie lassen. Das war zu Zeiten des Jakobusbriefes so, das ist noch heute so. Und da komme ich dann ins Spiel, die Nichtreiche. Ich möchte mich nicht zurücklehnen und diesen Gerichtsruf als ausgleichende Gerechtigkeit für andere ansehen. Ich lasse mich mahnen zur Überlegung, wie und wo ich beitrage zur Unterdrückung und Ausbeutung. Ich freue mich doch über Schnäppcheneinkäufe. Ich möchte auch gerne möglichst preiswert in Urlaub fahren, günstig wohnen und nicht immer Nein sagen müssen, wenn mein Kind einen Wunsch hat. Es ist bequem, alle möglichen Waren per Mausklick zu bestellen und versandkostenfrei liefern zu lassen. Überlege ich da jedes Mal, ob Ausbeutung im Spiel ist? Kann ich alle Herstellungswege wirklich nachvollziehen – und will ich das? Manchmal möchte ich einfach schlemmen und (im Rahmen meiner Möglichkeiten) prassen und das Leben genießen. Und mir nicht vermiesen mit Gedankenkonstrukten und der entmutigenden Erkenntnis, welches kleine Rädchen ich im Getriebe der Globalisierung bin. Doch genau damit muss ich lernen umzugehen – mit meinem Nichtvermögen und Angewiesensein; mit meinem vielleicht richtigen Einschätzen des Anderen und meiner gleichzeitigen Fehleinschätzung meines Beitrags an den Möglichkeiten des Anderen – und mit meinen Möglichkeiten, die ein Anfang von Veränderung sein können. Wie gut, dass ich dabei von Gott gnädig begleitet werde!

NICOLE BECHER

Großer Gott, gib mir Einsicht in meine Verantwortlichkeiten, Zuversicht in meine Lebens- und Handlungsmöglichkeiten und Mut zu Veränderungen.

Geduld, nur Geduld – oder Vertrauen?

Geduldiges Warten – worauf? Wenn ich wüsste, »alles wird gut«, dann würde ich das mit der Geduld ja vielleicht schaffen. Aber so? Vielleicht ist es vielmehr Unsicherheit als Ungeduld, die mich unwirsch werden lässt. Dann lasse ich meine Unsicherheit am anderen aus: achte auf jede Kleinigkeit, behafte ihn für jede einmal gemachte Aussage, rechne alles auf. Das lässt die Ungewissheit nicht verschwinden und verkürzt nicht die Zeit, bis herauskommt, ob »es« gut kommt. Aber ich habe das Gefühl, die Zeit, mein Leben im Griff zu haben. Und je mehr ich mich bemühe, alles im Griff zu haben, umso enger muss ich alles um mich herum regeln. Ich schaffe mir Verlässlichkeit durchs Festlegen: Entscheidungen müssen unhinterfragbar sein, Meinungen können sich nicht ändern, Urteile werden gefällt. Was böse ist, wird festgelegt; was gut ist, muss gut bleiben. Indem ich mir ein eigenes Sicherheitsgerüst baue aus Regeln und Urteilen, schaffe ich mir vermeintliche Sicherheit – und merke nicht, dass ich mich immer mehr vom Leben abschneide. Vom Leben mit seinen Erfahrungen und Entdeckungen, mit seinen Überraschungen und Glücksmomenten. Ich darf lernen: Leben im Hier und Jetzt ist nur möglich, wenn ich mich mit voller Überzeugung einsetze für die Möglichkeiten des Moments. Ich darf Erfahrungen aus der Vergangenheit überdenken, ich darf Unsicherheiten zulassen. Was zählt, ist das Einlassen auf das, was mich jetzt überzeugt. Ich bedenke Tag um Tag und bleibe dabei wach für das, was um mich herum geschieht. Ich stehe zu meinen Unsicherheiten und übe mich immer wieder neu darin, mit Gott durchs Leben zu gehen. Ob ich dadurch geduldiger bin? Es spielt keine Rolle, da ich nicht warten muss, ob es gut wird, sondern im Vertrauen auf Gottes Begleitung das lebe, was jetzt ist.

NICOLE BECHER

Gnädiger Gott, im Vertrauen auf deine Begleitung möchte ich mich den Herausforderungen des Lebens stellen. Gib mir den Mut, meine Sicht aufs Leben zu verändern. Gib mir die Weisheit, die Grenzen meiner Möglichkeiten anzuerkennen und doch nicht zu eng zu ziehen. Gib mir Hoffnung für das Leben.

Gebet verändert

Bestellung ans Universum – davon spricht Jakobus nicht. Es geht nicht ums Wünschen, schon gar nicht ums Bestellen. Dabei wird suggeriert, dass mit der richtigen Technik und Einstellung alles gelingt und eintrifft. Jakobus fordert auf zum Gebet. Und zwar zum Gebet des Glaubens. Solches Gebet weiß nicht, was wird. Aber es weiß, dass Gott hört und begleitet – in was immer hinein. »Der Herr wird ihn aufrichten«, so schreibt Jakobus. An Gott glaubend durchs Leben zu gehen heißt nicht, alles gelingt. Es heißt nicht, ich bin immer erfolgreich, und mein Glauben lässt sich nicht an einer Belohnungsskala ablesen. Auch glaubend gerate ich in Leid und Krankheit. Auch glaubend verstehe ich mein Leben nicht immer und erlebe, dass Wünsche und Vorstellungen nicht wahr werden. Aber glaubend weiß ich, dass ich damit nicht alleine bin. Ich bin in eine Gemeinschaft gestellt, in der ich meine Fragen, mein Leid und meine Klagen äußern darf. Ich sollte keine Angst haben vor den Reaktionen, weil alle wissen, wie das Leben ist. Keine Vorwürfe, dass ich zu wenig geglaubt habe, dass ich sicher etwas falsch gemacht habe, dass ich nur ein wenig mehr glauben müsse und dann würde alles gut. Ich bin gestellt in eine Gemeinschaft von Wissenden und Fragenden, von Lobenden und Klagenden, von Starken und Schwachen. Diese Gemeinschaft wird verändert durch das Gebet jeder einzelnen Person, die in ihr betet. Das Gebet verändert den Menschen, der betet und die Menschen, die mitbeten. So wird es möglich, auch im Bekennen eigener Ohnmacht Vertrauen zu zeigen. Es wird möglich, einen Schritt weiter zu gehen auf dem Lebensweg.

NICOLE BECHER

Gott des Lebens, ich darf darauf vertrauen, dass du mein Leben siehst und begleitest – in Freude und Traurigkeit, in Hoffnung und Sorge. Lass mich jeden Schritt im Leben bewusst mit dir machen, damit wir gemeinsam das Leben mit seinen Herausforderungen angehen können.

Die Schöpfung: Spiegel der Herrlichkeit Gottes

Schöpfungsmythen ziehen sich quer durch die Menschheitsgeschichte: von den Sumerern über die Babylonier hin zu den Israeliten des ersten Bundes, deren religiös-theologische Vorstellung in den beiden Schöpfungsberichten der Genesis Niederschlag findet.

Vielfach wurde der biblische Bericht in Gegensatz zu den naturwissenschaftlichen Erkenntnissen gesetzt und die Kirche selbst tat sich jahrhundertlang mit den Forschungsergebnissen eines Galileo Galilei, Giordano Bruno und anderer schwer. Doch geht es nicht um die Frage, welcher »Wahrheit« der Vorzug zu geben wäre, stehen doch Glaube und Vernunft nicht im Widerspruch, sondern ergänzen sich. Doch bis diese Einsicht reifte, sollten Jahrhunderte ins Land gehen. Die Genesis gewährt uns folglich keinen Einblick in den Regiebericht Gottes, vielmehr bekundet sie, dass über und hinter der über Jahrmillionen gewordenen Schöpfung jener waltet, den die Israeliten hoheitsvoll »Adonai« nennen, dessen Namen sie aus Ehrfurcht nicht auszusprechen wagen und der für sie die Erstursache aller Ursachen, der Erstbeweger jeglicher Bewegung, darstellt.

Diese Überzeugung ist tief in die Welt der Psalmen und ihrer Beter vorgedrungen, wovon auch Psalm 19 zeugt. Was der Mensch der Frühzeit und Antike am Firmament bewunderte, was er von den Kräften und Mächten der Natur wahrnahm, das war ihm Grund zu einem nie endenden Lobpreis des Allmächtigen, das zeugte von der Herrlichkeit des Schöpfers und überzeugte die Menschen, dass im Hintergrund ein GOTT walten muss, dem die Schöpfung ihre Ordnung und ihren Glanz verdankt. Er, so der fromme Jude, hat dies alles geschaffen – nicht die Natur ersetzend, wohl aber sie leitend, bewegend und bis zum heutigen Tage gestaltend, ist doch die Schöpfung nach der Christen Überzeugung noch nicht an ihr Ende gekommen, sondern im Prozess.

In diesen Lobpreis stimmen Christen aller Konfessionen ein, wenn sie mit dem Psalmisten bekennen: »Die Himmel künden die Herrlichkeit GOTTES, vom Werk seiner Hände kündet das Firmament.« (V. 2)

BERNHARD KIRCHGESSNER

Sei gepriesen, o HERR, für das Wunderwerk der Schöpfung. Sei bedankt für all das, was unser Herz erfreut.

Einführung zum Buch Ijob auf Seite 372 ff

Am Wendepunkt

Ijob. Wie aus heiterem Himmel wird der fromme Mann aus dem Lande Uz von schlimmen Schicksalsschlägen getroffen. Hervorgerufen durch eine Abmachung im Himmel. Unverkennbar hat Goethe sich daran angelehnt, als er seine Tragödie »Faust« mit dem »Prolog im Himmel« verknüpfte. Trotz der inhaltlichen Unterschiede stößt das folgenschwere Gespräch zwischen Gott und Satan in beiden Tragödien die Tür zu einer Geschichte auf, die sich fortwährend ereignet. Hier wie da entfaltet der Erzählstoff universelle Dynamik. Im »Faust« steht der Prolog am Anfang. Das ist in der Ijobsgeschichte anders. Dort wartet er zwischen den Versen, hält sich zurück, bis der Leser den Protagonisten kennengelernt hat. Und so kommt es, dass uns Ijob, noch bevor wir zu Mitwissern des Himmelsprologs werden, bereits am Herzen liegt. Denn wir hatten mitangesehen, wie er sich früh am Morgen auf den Weg gemacht hatte, um Brandopfer aufzurichten und Gott einen Platz in den Herzstuben der Söhne zu sichern. Wir sahen, dass er das »allezeit« tat, so als währte es bis an unseren Tag. Längst konnte uns Ijob nicht mehr egal sein, als der Text uns nötigte, vorauszusehen, dass es sein Leben herumreißen wird. So dringlich wir Einhalt gebieten wollten, wir könnten nichts tun. Die Dinge nehmen ihren Lauf. Alles wird aus den Fugen geraten. Ohnmächtig sind wir. So ohne Macht wie Ijob selbst. Und so dicht beieinander jetzt. – Näher heran aber hätte der Text uns wohl kaum führen können. Die ungeheure Spannung, die er zwischen Prologhandlung und Ijobserzählung aufbaut, erzeugt die glutheißen Fragen, die zeitlos mit unserem Leben verschmolzen sind. Entlang des Widerscheins verschafft diese uralte Geschichte ihnen den Raum, in dem sie ausgesprochen bleiben. Unablässig werden sie ausgerufen, herausgeschleudert, geschrien, geflüstert. Die Fragen nach Gott und dem Leiden.

ANGELIKA LEONHARDI

Ich ruf zu dir, Herr Jesu Christ, ich bitt, erhör mein Klagen; verleih mir Gnad zu dieser Frist, lass mich doch nicht verzagen. Den rechten Glauben, Herr, ich mein, den wollest du mir geben, dir zu leben, meim Nächsten nütz zu sein, dein Wort zu halten eben.

Im Sturm

Wer könnte sich ernsthaft vorstellen, in einem solchen Inferno das große Gotteslob anzustimmen? Denn was bleibt einem Menschen, wenn ihm alle seine Söhne und Töchter genommen sind? Dazu sein gesamter Besitz, seine Habe? Es entspricht nicht unserer Erfahrung, dass Menschen unermessliches Leid durch ein Gotteslob beantworten. Erst recht nicht, wenn das Leben sie in eine Kaskade des Horrors wirft. Gott scheint dann ferner denn je zu sein. Die Heiligen, die Märtyrer, die unter jeder nur denkbaren Pein ihren Glauben bezeugen, können wir nur bewundern. Wir sind nicht so. Wir halten das nicht aus. Und Ijob? Ijob ist auch nicht so. Er ist nicht der große Heilige des Alten Testamens. Er ist der große Leidende. »O du Windrose der Qualen! Von Urzeitstürmen in immer andere Richtungen der Unwetter gerissen; noch dein Süden heißt Einsamkeit. Wo du stehst, ist der Nabel der Schmerzen«, so zeichnet ihn Nelly Sachs im Gedicht »Hiob«. Gott ist ins Dunkle gefallen, vom Grund zum Abgrund geworden. – Hiob aber hat sich über die Tage seines erfüllten Lebens in das Festhalten eingeübt. Das Beharren auf Gott hat ihn durchs Leben getragen. Weisheit im Glauben hat ihm das zugespielt. Er weiß, dass er dem absoluten Nichts anheimfiele, gäbe er zu allem Unglück seinen Gott auf. Alles kann man ihm nehmen, niemals aber seinen Gott. Der wird ihm bleiben, solange er an ihm festhält. Wem auch sollte er die aufflammenden Klagen vor die Füße werfen, wenn nicht ihm, mit dem er sein Lebtag verbunden war? Deshalb lässt er nicht los. Verwegen hält er seine Gewissheit gegen den Sturm. Der verdunkelte Gott ist jetzt seine einzige Bestätigung. Nur im Beharren auf ihn gibt es Ijob, gibt es Gott. Sie sind einander zu Garanten geworden: »Der HERR hat's gegeben, der HERR hat's genommen; der Name des HERRN sei gelobt!«

ANGELIKA LEONHARDI

Ich bitt noch mehr, o Herre Gott – du kannst es mir wohl geben –, dass ich nicht wieder werd zu Spott; die Hoffnung gib daneben; voraus, wenn ich muss hier davon, dass ich dir mög vertrauen und nicht bauen auf all mein eigen Tun, sonst wird's mich ewig reuen.

In der Asche

»Hältst du noch fest an deiner Frömmigkeit?« – Wessen Frage ist das eigentlich? Denn selbst wenn sie der Text Ijobs Frau in den Mund legt, war sie doch längst aufgekommen. Satan hatte sie aufgeworfen. Unter der Hand war sie dann auch zu Gottes Frage geworden. »Es ist seinesgleichen nicht auf Erden, fromm und rechtschaffen, gottesfürchtig und meidet das Böse«, so hatte er Ijob beschrieben. Aber das sollte jetzt unter Beweis gestellt werden. Durch eine Abmachung, an der er Anteil hatte. – Gott im Komplott mit dem Satan? Darf das so aufgeschrieben werden? Der Verfasser fragt nicht danach. Was er zu erzählen hat, kann er nur sagen, wenn er den Text, so wie er ist, riskiert. Zweimal entrollt er die Prologszene wie ein Hintergrundbild, das aus zeitlosem Irgendwann und ortlosem Überall in der Welt hängt. Ein Urtext, vor dem sich die Schicksalsgeschichte des leidenden Individuums abzeichnet. Das Leben ist aus der Ordnung gefallen. Der Zusammenhang von Vergehen und Strafe ist außer Kraft. Nicht einmal Gnade vor Recht gilt noch. Tief ist der fromme Knecht Gottes gefallen. Er sitzt in der Asche seines Lebens. »Fluche Gott und stirb!«, das scheint sich jetzt nahezulegen. Absurd, gar verrückt muss den Mitmenschen sein trotziges Beharren auf Gott erscheinen. »Hältst du noch fest an deiner Frömmigkeit?« Ijob aber spannt seinen Glauben über den Abgrund. Rebellieren wird er gegen diesen Gott, sich auflehnen und verzweifeln. Zweifeln aber wird er zu keiner Zeit an ihm. Das nimmt ihn vor sich selbst in Schutz. So wie die Freunde, die ihm der Text zur Seite gerufen hat. Sie setzen sich zu ihm, auf die Erde. Mit Herzen und Augen sehen sie, dass sein »Schmerz sehr groß« ist. Sie weinen und halten ihn fest in einem langen, tröstlichen Schweigen.

ANGELIKA LEONHARDI

Ich lieg im Streit und widerstreb, hilf, o Herr Christ, dem Schwachen; an deiner Gnad allein ich kleb, du kannst mich stärker machen. Kommt nun Anfechtung her, so wehr, dass sie mich nicht umstoße; du kannst machen, dass mir's nicht bringt Gefähr. Ich weiß, du wirst's nicht lassen.

Ijobs tiefer Fall

Es war ein Erdbeben im Indischen Ozean, das am 26. Dezember 2004 einen gewaltigen Tsunami auslöste. 230000 Menschen starben. Der Schock saß tief, auch bei Menschen, die Tausende Kilometer entfernt wohnten. In unserer Kirche dachten wir an die Geschwister in unseren indonesischen Partnerkirchen. Allein in Indonesien waren 165000 Menschen ums Leben gekommen. Wir mussten handeln. Für die Opfer der Katastrophe wurde gesammelt. Wir mussten miteinander reden: »Wie kann Gott das zulassen?« Schuldzuweisungen an Menschen gingen angesichts der Naturkatastrophe ins Leere. Das ist doch nicht in Ordnung. Das ist doch keine gute Schöpfung! Heftige theologische Debatten prägten die Tage.

Dann kam ein für die Kirchenpartnerschaft zuständiger Kollege von seiner ersten Indonesienreise nach der Flut zurück. Das Entsetzen über die Not der Menschen war ihm ins Gesicht geschrieben. Umso verwunderlicher war für uns Daheimgebliebene seine Botschaft: »Die Frage: ›Wie kann Gott das zulassen?‹ habe ich kein einziges Mal gehört.« Gott war ihnen auf andere Weise nah. Jetzt, da ihnen der Boden buchstäblich unter den Füßen weggespült worden war, waren sie dankbar für den Halt, den ihnen ihr Glaube gab. Er war das, was ihnen geblieben war.

Wenn ein Mensch wie Ijob, der jeden Tag in höchster Verbundenheit mit Gott lebt, von ihm enttäuscht wird, fällt er in umso tiefere Verzweiflung. Er hat nicht nur sein Hab und Gut, sogar seine Kinder und seine Gesundheit verloren, sondern auch noch seinen inneren Halt. Das ist ein tiefer Fall. Am liebsten würde er nie gelebt haben. Ihn kann man nicht trösten mit den Worten: »Das Schöne, was du erlebt hast, kann dir niemand mehr nehmen.« Das wunderbare Leben, das er führen konnte, klammerte er ein und setzte ein Minus davor. Undankbar und unverschämt ist das. Aber er hält an Gott fest, nicht mit Bitten, schon gar nicht mit Dank, sondern mit Fluchen und Klagen. Offenbar hält Gott auch das aus.

HANS-WILHELM FRICKE-HEIN

Gott, wenn wir fallen, halte du uns fest. Wenn wir weder bitten noch danken können, verschließe dich nicht vor unseren finsteren Gedanken.

Trostloser Trost

Prüfungen versetzten mich regelmäßig in Angst und Schrecken. Es war vor einer Zwischenprüfung, als ich mal wieder meine Umgebung mit meinen Ängsten beschäftigte. Das fassungslose Gesicht meines Vaters ist mir noch in Erinnerung: »Aber du studierst doch Theologie!« Was er mir damit sagen wollte, war mir klar: »Gerade du müsstest doch mit Gottvertrauen und Zuversicht in die Prüfung gehen.« Aber es half mir nicht. Ijobs Freund Elifas wagt es kaum zu sagen, aber hat nicht Ijob selbst so vielen Menschen Trost gespendet? Er kennt doch die Tiefen menschlichen Daseins. Da kann er doch nicht zusammenbrechen, wenn es ihn selbst trifft. Doch, er kann! Trost kann man anderen geben, aber nicht sich selbst. Dieser Hinweis des Freundes ist keine Hilfe und schon gar kein Trost. Im Gegenteil muss man den Eindruck gewinnen, dass er alles noch schlimmer macht, denn er ist ganz davon überzeugt, dass die Unschuldigen und Gerechten belohnt werden. Nur diejenigen, die Schlechtes säen, werden auch Schlechtes ernten. Das ist ja gerade die Lebensweisheit, die Ijob zur Verzweiflung bringt. Was hat er denn getan, dass es ihm so schlecht gehen muss? Auch Ijob war bis jetzt ja immer davon überzeugt, dass Gott die Gerechten belohnt und nur die Ungerechten bestraft. Sein Freund treibt den Gedanken noch weiter, indem er von seinem Traum erzählt. Gott ist doch noch nicht einmal mit seinen Himmelswesen, seinen Engeln, zufrieden! Wie könnte er es da mit seinen Menschen sein? Elifas wirft seinem Freund keine Ungerechtigkeit vor. Er unterstellt ihm auch kein Versagen. Deshalb steckt in diesen hart klingenden Worten eine Ermutigung zur Zuversicht im Leid. Weil Gott den Gerechten nicht im Stich lässt, kann er mit Ijob, seinem Gerechten, noch nicht am Ende sein. Es gibt ein Sprichwort, das mal diesem, mal jenem zugesprochen wird: »Am Ende wird alles gut. Und wenn es nicht gut ist, ist es noch nicht das Ende!« Elifas bringt diesen Gedanken auf seine Weise zum Ausdruck und ermutigt zur Zuversicht.

HANS-WILHELM FRICKE-HEIN

Gott, am Ende meinst du es gut mit uns. Um deinen Halt bitten wir dich jetzt.

Vom falschen Klang richtiger Worte

»Da haben Sie sich aber einen schweren Beruf ausgesucht«, sagte der Freund der Notfallseelsorgerin. »Ich wüsste nicht, was ich da sagen sollte, wenn jemand gestorben ist.« Viele Menschen meinen, dass gute Christinnen und Christen auch in solch bodenlosen Situationen immer die richtigen Worte auf der Zunge hätten oder zumindest haben müssten. Aber man sollte nicht immer sprechen. Selbst die richtigsten Worte klingen in solchen Momenten oft falsch. Alles, was Elifas seinem Freund Ijob sagt und rät, ist richtig. Es wird nichts nützen, wenn er sich an Engel wendet. Es wird auch nicht helfen, wenn er sich an klug wirkende Menschen wendet. Ihre Antwort ist flüchtig wie der Wind und wie sie selbst. Er würde sich an Ijobs Stelle an Gott wenden und seine Sache vor ihn bringen. Weiß Elifas wirklich, an welcher Stelle sein Freund Ijob steht? Natürlich ist Gott die einzig richtige Adresse. Deshalb lobt Elifas seine Taten in den höchsten Tönen. Wie Maria in ihrem Lobgesang (Lk 1) den Herrn besingt, der die Mächtigen vom Thron stößt und die Niedrigen erhebt, so stimmt der Freund hier geradezu einen hymnischen Ton an. Und er weiß, dass Gott zwar verletzen mag, aber er verbindet auch. Er beharrt darauf, dass Gott es am Ende gut mit Ijob meinen wird. Das Gottvertrauen von Elifas können wir hier nur bewundern. Man ahnt, dass er Recht hat. Die Treue Gottes ist einfach nicht zu bezweifeln. Und so mahnt er den verzweifelten Ijob. »Schau hin, hör zu, merk dir das, was ich sage!« Es ist gerade so, als wollte er Ijob an den Ohren ziehen. Aber seine Worte gehen ins Leere. Schlimmer noch, denn er ist nicht an Ijobs Stelle. Was ihm, Elifas, Gewissheit gibt, stößt Ijob nur noch tiefer in die Verzweiflung. Elifas hat alles richtig gesagt. Er hat kein falsches Wort über Gott gesagt. Aber in Ijobs Ohren klingen seine Worte falsch. Es scheint mir, dass Gott für Ijob gerade auf rätselhafte Weise schweigt. Wie können wir da reden?

HANS-WILHELM FRICKE-HEIN

Gott, gib uns die Freiheit zu schweigen, wo wir meinen, reden zu müssen. Hilf uns, die Not unserer Mitmenschen auszuhalten.

Letzte Worte

»Mein Gott, mein Gott – warum hast du mich verlassen?« Mitten im Herbst katapultiert mich dieser Vers, dieser Aufschrei hin zum Karfreitag. Alles, was an jenem Tag in Jerusalem mit Jesus passiert, scheint dem Drehbuch von Psalm 22 zu folgen: Wie Jesu Kleider verteilt werden, dass das beste Stück verlost wird, das gaffende Volk, der ganze Spott, die durchbohrten Hände und Füße – all das sind Motive aus Psalm 22.

Jesus durchlebt und durchleidet am Karfreitag Psalm 22. Und alles gipfelt in diesem Schrei: »Eli, Eli« – Mein Gott, mein Gott. Warum hast du mich verlassen!?

Letzte Worte sind das. Auf letzte Worte antwortet man nicht mit schnellem Trost, nicht mit Beschwichtigen, nicht durch Ablenken. Wer das kann – und es ist schwer –, der bleibt da. Bleibt an der Seite dessen, der da schreit und schluchzt oder stöhnt.

Jesus hat erfahren müssen, dass die meisten seiner Freunde nicht geblieben sind. Hat erfahren müssen, dass der Leidende in seinem Leid einsam ist.

Wie gehen wir mit Schmerz und Leid um? Halten wir das aus? Oder suchen wir schnell nach Erklärungen, Begründungen – »Du bist doch selbst schuld!« Oder wiegeln wir ab – »Reiß dich zusammen, anderen geht es doch genauso!« Oder vertrösten wir – »Das geht vorbei, die Zeit heilt alle Wunden!«

Das ist die bittere Erfahrung von leidenden Menschen über die Jahrtausende hinweg: Sie finden kein menschliches Gegenüber. Der Psalm findet dafür ein starkes Bild: Ich bin umringt von wilden Bestien, aber verlassen von allen Menschen. In höchster Not dieser Aufschrei: »Mein Gott, mein Gott, warum hast du mich verlassen« – denn einer ist noch da, den ich anschreien kann in höchster Not: Gott. In aller Verlassenheit – er ist da, bleibt das »Du« meines Betens, hält auch die bittere Klage aus.

UTE SAUERBREY

Mein Gott, mein Gott, warum sind Menschen so verlassen – in Kummer, in Schmerz, in Angst? Mein Gott, mein Gott, warum schreien immer noch so viele Menschen in höchster Not? Mein Gott, mein Gott, daran will ich mich klammern: Dass du hinhörst, wo wir uns die Ohren zuhalten. Dass du hinsiehst, wo wir unseren Blick abwenden. Dass du dableibst, wo alle anderen fliehen. Gott, unser Gott, verlass uns nicht.

Freundschaft in der Not

Viele kennen das Sprichwort: Freunde in der Not gehen tausend auf ein Lot (Englisch: a friend in need is a friend indeed). Das mag banal erscheinen, gewinnt in der digitalen Welt aber besondere Aktualität. Mancher verfügt in den sozialen Netzwerken über zahlreiche Follower bzw. Freunde, hat aber in der analogen Welt kaum zwischenmenschliche Kontakte. Echte, tiefe Freundschaft bewährt sich aber gerade vor Ort in der Krise, wenn Beistand und konkrete Hilfe benötigt werden. Und hier scheidet sich schnell die Spreu vom Weizen.

Auf eine harte Probe wird auch das Verhältnis von Ijob zu seinen Freunden gestellt. Unser Text ist der Beginn seiner Antwort auf die erste Rede seines Freundes Elifas (Ijob 4,1–5,27). Mit aufrüttelnden Worten, die auch Beispiele aus der Tierwelt einbeziehen (V. 5), beschreibt der Klagende seine trostlose Situation. Ijob ersehnt angesichts seines verzweifelten Zustandes den Tod, ja er erbittet ihn sogar von Gott (V. 8 f). Dieser »Gnadenstoß Gottes [,] wäre ein Zeugnis für seine Barmherzigkeit« (H. Groß, Ijob, Würzburg 1986 [NEB. AT 13] 30). Den Glauben an Gott will Ijob aber trotz seines Leids nicht verleugnen (V. 10). Von seinen Freunden dagegen ist er enttäuscht. Sie sollen ihm Fehler in seiner Klage nachweisen (V. 24) und sich ihm, dem verzweifelt Klagenden, mit Empathie zuwenden (V. 28).

Gerade in existentieller Not, etwa angesichts einer unheilbaren Krankheit oder des Zerbrechens des eigenen Lebensentwurfes, ist echte Freundschaft besonders wichtig. Oft wird man hier allein gelassen oder mit Vorwürfen überhäuft. Das ist auch bei Ijob so. Gerade dann kann deutlich werden, dass die Bindung an Gott, den Schöpfer, über allen menschlichen Beziehungen steht.

JOSEF RIST

Wer nicht liebt, hat Gott nicht erkannt; denn Gott ist Liebe. Darin offenbarte sich die Liebe Gottes unter uns, dass Gott seinen einzigen Sohn in die Welt gesandt hat, damit wir durch ihn leben.

Ich mag nicht mehr (Ijob 7,16)

Aktive Sterbehilfe und assistierter Suizid werden aktuell kontrovers diskutiert. In einer alternden Gesellschaft hat das Sterben in Würde eine zentrale Bedeutung. Immer mehr Menschen geraten in Umstände, in denen ihnen das Leben als quälende Last und der Tod als Alternative erscheint.

In einer solchen Situation treffen wir im Lesetext Ijob an. Er beklagt zunächst allgemein die Kürze (Bild der Wolke: V. 9) und Perspektivlosigkeit (Chiffre Unterwelt: V. 9) des Lebens. Ab V. 11 wendet sich der Verzweifelte mit seinen Vorwürfen – »nun hochstilisiert« (H. Groß, Ijob, Würzburg 1986 [NEB. AT 13] 34) – direkt an Gott, der aber nicht namentlich genannt wird. Dieser ist der Verursacher des Elends. Gott blickt permanent auf Ijob, quält und ängstigt ihn dadurch und verfolgt ihn sogar bis in seine Träume (V. 14). Deshalb gibt es für den Verzweifelten nur einen Ausweg, den Tod: »Ich mag nicht mehr, ich will nicht ewig leben« (V. 16). Gott soll, so schließt die Textstelle, den Klagenden, der ja nicht weiß, warum Gott ihm so übel mitspielt (V. 20), nicht weiter mit seinen Nachstellungen belästigen (V. 19). Letztlich bleibt Ijob aber auch jetzt noch mit Gott verbunden. Nur so ist zu verstehen, dass er ihn abschließend bittet, ihm in seiner Barmherzigkeit seine Schuld zu vergeben (V. 21).

Der Text beschreibt eine scheinbar ausweglose Situation, in der auch bei Gott keine Hilfe mehr zu finden ist. Alles, inklusive des eigenen Lebens, erscheint nutz- und sinnlos. Und doch bleibt bei aller Verzweiflung noch ein Funken Hoffnung. Wenn einer das Los wenden kann, so ist es Gott. Christ sein bedeutet stets ein Hoffender zu sein, gerade in den Extremsituationen des Lebens.

JOSEF RIST

HERR, was ist der Mensch, dass du ihn wahrnimmst, des Menschen Kind, dass du es beachtest? Der Mensch gleicht einem Hauch, seine Tage sind wie ein flüchtiger Schatten.

Ein Gott nur für die Gerechten?

Immer wieder gab es Anläufe, das Reich Gottes bereits auf Erden konkret umzusetzen. Wie angenehm und vor allem von Gott legitimiert – so der dahinter stehende Gedanke – wäre es doch, in einer solch exklusiven Gemeinschaft, die die persönliche Erwählung durch Gott bereits vorwegnimmt und sichtbar macht, zu leben.

Die erste Gegenrede Bildads in unserem Lesetext maßt sich ein konkretes Wissen um den Willen Gottes und sein Handeln an. Bildad trägt die »bekannte eindimensionale Vergeltungslehre, die auf dem für den Menschen einsehbaren Tat-Ergehens-Zusammenhang gründet« (H. Groß, Ijob, Würzburg 1986 [NEB. AT 13] 35), vor. Die Heilszusage Gottes (vgl. Dtn 28,1–7) gilt exklusiv nur für die Gerechten, jene, die Gottes Gebote befolgen (vgl. V. 5–7). Verfehlungen werden vom gerechten Gott unbarmherzig bestraft (V. 3 f). Das Elend, in dem sich Ijob befindet, ist eine direkte Folge seiner eigenen Taten (V. 6). So wird sein prekäres Schicksal für alle verständlich erklärt. Der Verweis auf die Heilsgeschichte (V. 8) und verschiedene Bilder (Schilfrohr, Gras, Spinnennetz: V. 11 f, 14) illustrieren die in V. 20 wiederholte Grundaussage: Gott steht auf der Seite des schuldlosen Gerechten und beschützt ihn.

Die Haltung Bildads ist auch uns, wenn wir ehrlich sind, nicht so fremd. In seiner Schrift »Über den Gottesstaat« erinnert der Kirchenvater Augustinus daran, dass das Reich Gottes eine überzeitliche Größe ist. Gesellschaft und Kirche können keine exklusiven Gemeinschaften nur von Gerechten sein. Alle Versuche, dies dennoch umzusetzen, sind deshalb über kurz oder lang stets gescheitert.

JOSEF RIST

Meine Gedanken sind nicht eure Gedanken und eure Wege sind nicht meine Wege – Spruch des HERRN. So hoch der Himmel über der Erde ist, so hoch erhaben sind meine Wege über eure Wege und meine Gedanken über eure Gedanken.

Wer den Schaden hat ...

Armer Hiob! Ihn hat schweres Unglück getroffen und dann das: Statt Trost erntet er Vorwürfe. Bildad meint es sicher gut, als er Hiob Gottes Gerechtigkeit vor Augen hält. Dem stimmt Hiob in seiner Antwort auch zu – aber anstatt in Ehrfurcht zu schweigen (wie Bildad vielleicht erwartet hat), wird Hiob erst recht laut. Er bleibt dabei, dass er sich keiner Schuld bewusst ist. Er will sich nicht einreden lassen, er selbst hätte (wodurch auch immer) sein Unglück verschuldet.

Mag ja alles sein, dass Gott fehlerlos und gerecht ist. Aber bei ihm, Hiob, hat Gott seinen Zorn und seine Macht ausgeschüttet, ohne dass Hiob ihn gereizt hätte. Da es aber keine Instanz gibt, die zwischen ihm und Gott vermitteln kann, ist Hiob seiner Ansicht nach dem machtlos ausgeliefert. Er kann ja nicht einmal Gott seine Klage entgegenschleudern, weil dieser so groß ist. So meint Hiob.

Und ich kann ihn sehr gut verstehen! Er sieht Gottes Macht und fühlt dessen starke Hand – aber leider scheinbar nicht zu seinen Gunsten, sondern schwer auf ihm lasten. Das kennen wir aus manchen Lebenssituationen möglicherweise auch. Dann wünschen wir vielleicht ebenfalls nichts sehnlicher, als dass Gott uns einfach in Ruhe lässt. Wie kann er da wieder rauskommen?

Und wie kann ich anderen Menschen helfen, wenn sie in ähnlicher Lage festzustecken scheinen? Denn ich kann auch Bildad nachfühlen. Er meint es sicher gut und will Hiob gerne helfen. Ich vermute, er fühlt sich nach Hiobs Erwiderung erst mal ziemlich hilflos. Auch das ist ja eine Erfahrung im Umgang mit Menschen im Leid: Wir fühlen uns verflixt hilflos, wenn sie uns mit ihren Emotionen überschütten.

Und leider ist nur zu oft die Reaktion der Umgebung darauf eine Distanzierung. Denn es ist schwer auszuhalten, wenn Menschen leiden oder trauern. Wir haben Angst, etwas Falsches zu sagen oder an eigene Ängste erinnert zu werden. Doch Leidende dann zu meiden, ist genau das, was am meisten schadet – ihnen und uns.

CLAUDIA KOLTER

Herr, mein Gott, es ist so unendlich schwer, Leiden auszuhalten. Hilf mir, nicht vor meinem eigenen oder fremden Leid wegzulaufen!

Schlimmer geht immer

Armer Hiob! Man könnte meinen, er säße auf der Anklagebank und hätte etwas verbrochen. Zofars Worte müssen wie Peitschenhiebe auf ihn wirken. Ihm geht es schlecht und er sehnt sich nach Verständnis und Trost. Stattdessen bekommt er Vorwürfe erst von Bildad, noch massiver von Zofar. Nach dem ersten Erschrecken über diese harten Worte kann ich Zofar irgendwie verstehen: Er hat sich viel Zeit genommen, um seinem Freund beizustehen, und zusammen mit den anderen sieben Tage und sieben Nächte bei Hiob im Staub verbracht. Er hat gehört, wie sie Hiob zugesprochen haben. Er sieht, wie Hiob vermeintlich störrisch auf seiner Rechtfertigung beharrt. Und jetzt, so scheint es mir, platzt ihm ganz menschlich der Kragen. Ich stelle mir vor, wie er Hiob schütteln möchte und ihm gerne Vernunft beibrächte, damit er aus seinem Gedankenkarussell aussteigen kann.

Ist es nicht manchmal so, dass wir uns in schwierigen Lebenslagen gedanklich im Kreise drehen und immer wieder zu denselben Interpretationen kommen? Wir schaffen es dann oft nicht, auch mal andere Aspekte zu sehen, geschweige denn zu bedenken. Wie hilfreich kann es dann sein, wenn wir liebe Menschen haben, die uns dann ganz wörtlich auch mal auf andere Gedanken bringen. Warum hat Zofar hier damit keinen Erfolg, wie wir morgen sehen werden?

Er bleibt dabei, dass Hiob in irgendeiner Weise schuldig geworden sein muss und ihn deshalb dieses Unglück getroffen hat. Er kann sich nicht vorstellen, dass es eine andere Ursache für diese Schicksalsschläge geben könnte. Und genau darin sehe ich das Problem. Auch ich meine manchmal zu wissen, warum diesem oder jenem Menschen eine bestimmte Sache widerfahren ist. Damit erhebe ich mich freilich über meinen Mitmenschen. Ich habe jedoch nicht in alles Einblick und bin nicht allwissend. Ich kann Überlegungen anstellen und vielleicht nachfragen. Trotzdem steht es mir nicht zu, ein Urteil zu fällen oder den Leidtragenden gar noch zu beschimpfen.

CLAUDIA KOLTER

Herr, hilf mir, meine Zunge zu zügeln. Hilf mir, meine Mitmenschen geduldig zu begleiten und sie nicht zu verurteilen.

Nicht mit mir!

Hiob reicht es. Er geht zur Gegenwehr über und schlägt seinerseits gegen seine Freunde aus. Es ist absolut nachvollziehbar, dass er sich nicht auch noch für diese unverdienten Schicksalsschläge verurteilen und verachten lassen will. Ebenso ist verständlich, dass er sich wohl gekränkt, verletzt und enttäuscht von den Worten seiner Freunde fühlt. Menschlich ist zudem, dass er in seiner schwierigen Lebensphase empfindlich und auf dem Beziehungsohr sehr hellhörig ist.

Aber ist es nicht ein wenig ungerecht, dass er seinen Freunden nun mit gleicher Münze heimzahlt? Schließlich haben sie schon viel Zeit und Mühe in ihre Hilfeleistung gesteckt. Anstelle von Dankbarkeit schleudert er ihnen nun ein »Was glaubt ihr eigentlich, wer ihr seid?« entgegen. Wie reagiere ich, wenn ein leidender Mensch auf mein ehrliches Hilfsangebot mit Abwehr reagiert? Fühle ich mich dann als Person zurückgewiesen? Oder kann ich das als Ausdruck seiner momentanen Ausnahmesituation sehen und mich innerlich distanzieren? Kann ich mitfühlen ohne mitzuleiden?

Zurück zu Hiob: Scheinbar dreht er sich im Kreis und bleibt bei seiner Rechtfertigung. Doch in Wirklichkeit zeigt sich bei ihm, dass er – ebenso wie wir oft in Krisensituationen – sich in einer Spiralbewegung befindet. Das Gefühl ist dann erst mal, sich im Kreis zu drehen; und doch entfernt er sich vom Ausgangspunkt.

In unserem Text zeigt sich das für mich darin, dass er anfängt, sich an Gott zu wenden. Noch zögernd und wie vorher an seine Freunde gerichtet und doch bereitet er sich mit der Verwendung des »du« auf den Dialog mit Gott vor. Das sehe ich als wichtigen Schritt in eine neue Phase an. Denn er hört damit auf, sich ausschließlich in seinem Selbstmitleid zu suhlen, und richtet stattdessen den Blick auf jemanden außerhalb von sich selbst: auf Gott. Zwar ist er noch voller Klage und Anklage und auch Rechtfertigung und das darf auch sein. Wir dürfen vor Gott klagen! Immerhin ist es ein erster großer Schritt heraus aus der Tiefe.

CLAUDIA KOLTER

Herr, in tiefer Not schrei ich zu dir!

Gerade jetzt glaube ich an dich

Nun also die Fortsetzung: Psalm 22, zweite Hälfte. Nach dem großen Aufschrei – »Mein Gott, mein Gott, warum hast du mich verlassen?« – kommen auf einmal Sätze voll Vertrauen und Zuversicht. Was ist passiert? In den Auslegungen liest man häufig: Zwischen den beiden Hälften dieses Psalms liegt ein Ereignis, zum Beispiel die Genesung des Schwerkranken oder die Zusage eines Priesters an den verzweifelten Beter. Aber der Psalm erzählt uns davon nichts. Im Gegenteil: Gottes Antwort erfolgt mitten in der Not: »Er hat nicht verachtet noch verschmäht das Elend des Armen« (V. 25). Gott war da, mitten im Leid. Das ist der Grund für die Zuversicht, die das Ende von Psalm 22 bestimmt.

Psalm 22 war deshalb immer wieder das Lied derer, die Gewalt und Unrecht erleiden mussten. Weil dieser Psalm die Gewissheit atmet: Gewalt und Unrecht sind nicht gottgewollt. Die Täter mögen die Oberhand haben, aber sie sind nicht im Recht.

Der jiddische Schriftsteller Zvi Kolitz hat 1946 die Erzählung »Jossel Rakowers Wendung zu Gott« niedergeschrieben. Darin schreibt die Titelfigur in den Ruinen des Warschauer Ghettos, den sicheren Tod vor Augen, einen langen Brief. Dieser Brief ist Gebet, Anklage, Aufschrei in einem. Und er ist wie eine lange Auslegung des 22. Psalms. Jossel lässt in seinem unaussprechlichen Leid nicht von Gott ab. Gerade jetzt glaubt er so fest an Gott wie nie zuvor. Wenn du nicht mein Gott bist – wessen Gott bist du dann, fragt er. Etwa der Gott der Mörder? Nein. Jossel ist sicher: In den wehrlosen Menschen leuchtet das Licht Gottes, ist seine Güte lebendig.

UTE SAUERBREY

Ja, Gott, daran will ich mich festhalten: dass du mich siehst, wenn ich allein bin. Dass du mich hörst, wenn ich rufe. Dass du da bist, wo keiner mehr zu mir hält. Darum will ich zu dir rufen, bis mir die Puste ausgeht, und Lieder singen von deiner Gerechtigkeit, die diese Welt hell machen wird.

Ein Glaube mit Durchhaltevermögen

Wie lautet die Hiobs-Botschaft heute, frage ich mich. Was kann ich für meinen Glauben lernen?

Es gibt Situationen, da bleibe ich mit meinem Glauben allein, ohne ermutigende Erfahrung mit Gott, ohne eine Gemeinschaft, die mich trägt. Aber dennoch hat mein Glaube Durchhaltevermögen.

Ich bewundere diesen Ausnahmeglauben in einem Ausnahmeschicksal. Er hält an Gott fest, obwohl Gott ihm nur Kontra gibt. Dagegen verlaufen mein Leben und Glauben in beschaulicheren Bahnen. Da ist es eine leichte Übung, im Gottesdienst Gottes Liebe zu feiern. Aber wie steht es, wenn ich Gott und Liebe nicht mehr zusammenbringe? Ich habe gebetet, doch es ist schlimmer geworden. Ich habe Gott vertraut, aber ich bin auf die Nase gefallen. Wo finde ich Menschen, die mich verstehen? Ihre Ratschläge empfinde ich wie Schläge. Wo bleibst du, Gott?

Was geschieht mit meinem Glauben an Gottes Segen, wenn ich mit dem schieren Gegenteil konfrontiert werde, mit Angst, Verlust und Unheil? Mir fällt Julie Hausmann ein und die Liedzeile aus ihrem Kirchenlied »So nimm denn meine Hände«: »Wenn ich auch gleich nichts fühle / von deiner Macht, / du führst mich doch zum Ziele/auch durch die Nacht«. Sprachlich mag das veraltet sein. Aber ihr Durchhaltevermögen spricht mich an. Auch sie glaubt gegen alle Erfahrung und hält fest an Gott, auch wenn sie oder die Welt verloren ginge.

Die Hiobs-Botschaft verlockt mich, dasselbe zu wagen und gegen Gott an Gott zu glauben. Ich halte tapfer dagegen: Und doch werde ich diesen Gott sehen. Trotz allem, was dagegenspricht, werde ich erleben, wie Gott sich als Erlöser und Anwalt auf meine und unsere Seite stellt. Ich hole tief Luft und glaube sogar über den Tod hinaus.

Wir formulieren vielleicht bescheidener: Ich gebe die Hoffnung nicht auf. Gott meint es doch gut mit dieser Welt und mit uns. Diesen Glauben lasse ich mir nicht rauben.

HANSFRIEDER ZUMKEHR

Gott, ich suche dich und kann dich nicht finden. Ich brauche deine Nähe, aber du lässt mich allein. Gott, ich halte dich dennoch fest. Ich gebe dich trotz allem nicht auf. Ich weiß, dass meine Sehnsucht erfüllt wird und ich am Ende aller Wege deine Liebe erfahre.

Ein Glaube, der sich nicht verrechnen lässt

Wie lautet die Hiobs-Botschaft heute, frage ich mich. Was lerne ich für meinen Glauben?

So wie Hiob möchte ich mich gerne hinstellen vor Gott, aufrecht und ohne mich klein zu machen.

Nicht wie gewöhnlich als wandelndes Defizit im Glauben oder meiner Lebensweise. Nimm die Zehn Gebote: Ich habe versagt. Nimm die Bergpredigt: Ich bin schuldig geworden. Stimmt das so absolut? Sind wir ehrlich, wenn wir uns demütigen? Ich will mein Leben auch einmal in gutem Licht sehen. Ich versuche, mit der Schöpfung verantwortungsvoll umzugehen. Ich engagiere mich sozial, soweit ich die Möglichkeit habe. Ich versuche, glaubwürdig zu leben. Und streckenweise bin ich vorbildlich für andere.

Aber diese Hiobs-Botschaft enthält eine Herausforderung: Glauben und Leben sind deckungsgleich, ja, aber Gott geht im Verlauf der weiteren Geschichte nicht im Geringsten darauf ein. Ich muss begreifen, dass ich meinen Glauben oder meinen Einsatz, etwa in der Gemeinde, nicht verrechnen kann. Es folgt daraus nicht automatisch ein leichteres oder »verschonteres« Leben.

Lebe weiter glaubwürdig, du motivierst andere und tust Sinnvolles. Aber du kannst damit Gott nicht bestimmen und dein Schicksal beeinflussen. Du kannst keine himmlischen Boni erwerben. Das müssen wir akzeptieren. Es ist mühsam, eine Antwort zu finden, wenn jemand klagt: Womit habe ich das verdient?

Ich werde deshalb nicht anders leben. Ich freue mich an dem, was glückt, aber der Glaube kann sich nicht darauf beziehen. Gott ist unsere Lebensweise nicht egal. Aber Gott nimmt sich in seiner Freiheit heraus, uns auf andere Weise zu begegnen als auf der Basis von Prämie oder Abmahnung. Wie, das ist die Hiobs-Botschaft von morgen.

HANSFRIEDER ZUMKEHR

Gott, ich versuche, verantwortlich vor meinen Mitmenschen und dir zu leben. Ich komme zu dir und bringe mich mit, mit allem, was mir gelingt und worauf ich stolz bin. Es ist dein Segen. Ich verdanke es dir. Es tut mir gut, so zu dir zu kommen. Das genügt mir. Mehr will ich nicht erwarten.

Ein Glaube, der seine Grenzen erkennt

Wie lautet die Hiobs-Botschaft heute, frage ich mich. Was lerne ich für meinen Glauben?

Ich kann Gott keinen roten Teppich auslegen, weder mit meinem Glauben noch mit meinem Leben.

Die Beziehung zu Gott ist nicht statisch. Sie geht nicht auf in Ritualen oder einer geprägten Spiritualität. Gott begegnet uns nicht wie erwartet. Gott fügt sich nicht in meine Gottesvorstellung ein. Ich stelle mir Gott vor – ob als weißer Mann oder schwarze Frau, sei dahingestellt, aber immer wie eine mir offen zugewandte Person, die mich wertschätzt und durch ihr Lob motiviert.

Doch Gott reagiert überraschend: Wer bist du eigentlich? Gott rückt die Verhältnisse zurecht. Wir legen die Orte der Gottesbegegnung fest: vielleicht im Gottesdienst oder, wenn wir uns mit der Bibel beschäftigen, in bestimmten Situationen oder Stimmungen. Aber dann passiert nichts. Gott geht nicht auf unsere Vorstellungen und Erwartungen ein. Gottes souveräne Freiheit ist wie ein Graben, den ich mit meinen Möglichkeiten nicht überbrücken kann.

Doch das ist nur die halbe Hiobs-Botschaft. Die ganze lautet: Gott lässt mich dennoch nicht ohne Antwort. Der Kontakt bricht nie ab. Gott richtet das Wort an mich. Damit ist noch keine Lebensfrage beantwortet und keine Herzensbitte erhört. Die Krankheit verschwindet nicht. Der Job bleibt wacklig. Gott geht nicht auf meine Vorstellungen ein. Gott geht auf mich selbst ein. Gott bleibt mir gegenüber frei und unabhängig. Aber ich habe Gottes Wort. Und die Hiobs-Botschaften gehen weiter.

HANSFRIEDER ZUMKEHR

Gott, du bist Gott. Ich erfahre, dass du nicht meiner Vorstellung entsprichst. Du zeigst dich anders als gedacht, fremder als geglaubt, nicht so, wie erwartet. Das ist manchmal enttäuschend. Wie soll ich mich an dich halten? Wie kann ich dir vertrauen? Doch dann begegnest du mir. Ich kann hören, was du sprichst. Ich habe dein Wort. Darauf verlasse ich mich.

In meinem Teil

Die sich bis Ijob 41,26 erstreckende zweite Rede Gottes aus dem Sturm greift den drängenden Vorwurf Hiobs auf, Gott habe die Erde den Frevlern und Schurken überlassen (vgl. Ij 9,22–24), mehr noch: Gott selbst sei ein Frevler, nehme sein Retter- und Richteramt nicht wahr, versäume es, der Gerechtigkeit zu ihrem Recht zu verhelfen.

Der so Herausgeforderte verweist auf Behemot und Leviathan, Ersterer steht fürs Nilpferd, der Zweite fürs Krokodil. Beide werden ebenso ausführlich wie lebendig beschrieben und vor Augen gestellt. Dabei wird deutlich, dass die beiden mehr sind als gewaltige, starke, den Menschen gefährliche Tiere. Sie stehen vielmehr für die bedrohlichen, lebensfeindlichen Chaosmächte. Zugleich werden sie als Gottes Geschöpfe vorgestellt, dem sie ihre Gestalt und Stärke verdanken.

Wenn Hiob nicht in der Lage ist, sie zu bändigen, ja mit ihnen zu spielen – wie sollte er dann Recht und Gerechtigkeit aufrichten? Wie denen Einhalt gebieten, die das Recht mit den Füßen treten, sich skrupellos über Gottes gute Ordnung hinwegsetzen?

Die gleichsam rhetorischen Fragen, die dem Gott in den Mund gelegt werden, der die ganze Welt in seinen Händen hält – diese Fragen zielen nicht darauf, Hiob als Tölpel dastehen zu lassen.

Ich lese sie als Versuch, Rollenklarheit herzustellen – und so den Menschen von göttlichen Aufgaben zu entlasten. Als Mensch kann ich in meinem Teil dazu beitragen, die Schöpfung zu bewahren, für Gerechtigkeit einzutreten und für meine nahen ebenso wie für meine fernen Nächsten. In meinem Teil kann ich den Frieden suchen und ihm nachjagen.

In allem darf und kann ich mich an einer im Namen Rabbi Tarfons überlieferten Einsicht orientieren: »Nicht liegt es an dir, das Werk zu vollenden, aber du bist auch nicht frei, von ihm abzulassen.« (Abot 2,21)

ERNST MICHAEL DÖRRFUSS

Hilf du mir, in allem mächtiger Gott, meinen Ort zu finden in deiner Schöpfung. Richte mich aus, dass ich in meinem Teil das tue, was not ist.

Es wird regiert

Hiobs – nach 40,1–5 – zweite Antwort auf die Herausforderungsrede(n) Gottes kehrt dessen Fragen um. In Ijob 38,3 und 40,7 wurde Gott die Wendung »Ich will dich fragen, lehre mich« in den Mund gelegt. Jetzt leitet Hiob sein Vorhaben mit denselben Worten ein (V. 4).

Anders als in 40,1–5 lässt Hiob seinen Gesprächspartner jetzt wissen, dass er seinen Standpunkt geändert hat. Hiob hat begriffen: Menschliches Denken und Begreifen vermag Gott nicht zu fassen. Nicht zu fassen ist der, der diese Welt allein erhalten und bewahren kann, mehr noch: sie erhalten und bewahren will. Nicht zu begreifen ist dieser Gott, der unsere Welt mit all ihren Unvollkommenheiten, Brüchen und Dunkelheiten »regiert«.

Hiobs Wissen und Erkennen bleibt Stückwerk – er ist darauf angewiesen, mehr in Erfahrung zu bringen. Hiob bleibt in einem guten Sinn neugierig. Auch nachdem sich sein in Ijob 19,25 ff formulierter Wunsch erfüllt hat, der Herzenswunsch, Gott zu schauen, will er weiter belehrt werden, will Dinge in Erfahrung bringen, »erkennen«, Wissen sammeln.

Der letzte Vers des Abschnitts ist von seinem hebräischen Wortlaut her nicht eindeutig. Geläufig war lange ein Verständnis, demzufolge Hiob sich »schuldig spricht und in Staub und Asche Buße tut«. Übersetzen lässt sich gut begründet aber auch im Sinn von »Ich bereue meine zuvor geäußerten Worte – und bin getröstet, so wie ich hier in Staub und Asche sitze«.

Wer dieser Leseweise folgt, stellt fest: An Hiobs in 2,8 beschriebener Lage hat sich äußerlich nichts geändert. Aber der in Staub und Asche sitzende Hiob hat in der Auseinandersetzung und Begegnung mit Gott eine Perspektive gewonnen. Eine Perspektive, die den Blick über seine eigene Situation hinaus lenkt.

Hiob beschönigt seine Lage nicht, aber er geht in ihr nicht auf. Er kann wieder neu Vertrauen wachsen lassen. Vertrauen in den Gott, der ihm als der begegnet, der nicht nur diese Welt in seinen Händen hält, sondern sich gerade auch dem zeigt, dessen Leben zerbrochen scheint, unvollkommen, dunkel.

ERNST MICHAEL DÖRRFUSS

Herr, dir in die Hände sei Anfang und Ende, sei alles gelegt.

Und wenn es nicht gut ist, ist es nicht das Ende

In den letzten Versen des Buches Hiob wird die am Ende von Kapitel 2 durch den Redeteil unterbrochene Rahmenerzählung fortgesetzt.

Zunächst wird vom Zorn Gottes über die drei Freunde Hiobs erzählt. Der entbrannte angesichts des Versuchs der Freunde, in ihren an Hiob gerichteten Reden Gott auszurechnen, ihn festzulegen. Und ihn so von der verzweifelten Anklage Hiobs freizusprechen, er übe seine Macht nicht angemessen aus, lasse seine Gerechtigkeit nicht zu ihrem Recht kommen.

Dass Hiobs Fürbitte, sein Vor-Gott-für-die-Freunde-Einstehen, die Rettung der Freunde möglich werden lässt, kann auch heutige Leserinnen und Leser dazu anstiften, die Welt ins Gebet zu nehmen.

In Entsprechung zur Reihe der katastrophalen Unglücke, die Gott über Hiob hereinbrechen ließ, wird jetzt erzählt, wie Gott Hiobs Geschick wendet, wie Hiobs Wohlstand wiederhergestellt, ja vermehrt wird. Hiobs Frage nach dem »Warum?« seines Leids ist damit nicht beantwortet. Sie bleibt auch am Ende des Hiobbuches offen.

Bemerkenswert ist, dass die Töchter nicht nur bedeutungsvolle Namen – Turteltaube, Zimtblüte und Salbhörnchen – erhalten, sondern zu vollwertigen Erbinnen eingesetzt werden.

Am Ende der Geschichte Hiobs wird von seinem Tod erzählt. Auch das Leben des ins Recht gesetzten und mit materiellen Reichtum gesegneten Hiob kommt an sein Ende. Das spricht bei allen wunderhaften Zügen der letzten Verse des Hiobbuches für den Realismus der Bibel. Die ist eben kein Märchenbuch, sondern erzählt ganz nüchtern-wirklichkeitsnah von Menschen, die geboren werden und sterben, lachen und weinen, danken und klagen, die mit Gott rechten, zu ihm halten, an ihm verzweifeln, sich von Gott getrennt und von Gott getragen wissen.

So wird die Bibel zum »Buch der Bücher«, so wird sie Hilfe zum Leben mit und vor dem lebendigen Gott.

ERNST MICHAEL DÖRRFUSS

Bleibe du bei mir Gott, an jedem Morgen, über jeden Tag hinweg und durch meine Nächte hindurch. Schenke du, dass ich an Leib und Seele behütet und bewahrt bleibe.

Schnelle Hilfe auf Knopfdruck, bitte!

Die Eisenhower-Matrix ist aus der Schule des Zeitmanagements ein hilfreiches Instrument zur Unterscheidung zwischen »dringenden« und »wichtigen« Aufgaben. Der Vorzug wird dabei den wichtigen Aufgaben gegeben, die mit genug Zeit versehen, nachhaltiger sind als das, was sofort und schnell-schnell noch mal eben – eben dringend – erledigt werden muss. Was für das Leben im Beruf und Alltag hilfreich ist, passt ganz und gar nicht in die Situation des Psalmbeters. Sein Stoßseufzer zu Gott setzt auf das Eingreifen Gottes. Jetzt. Sofort. So schlimm ist die Situation, dass alles auf dem Spiel steht. Schnelle Hilfe auf Knopfdruck ist angesagt. Vielleicht ist der Beter sterbenskrank. Oder etwas anderes macht ihm schwer zu schaffen. Irgendein Unglück. Er sucht Zuflucht bei Gott; Gott wird helfen – Gott muss es. Das wird erwartet.

Mit etwas Abstand zur unmittelbaren Notsituation erkennen wir, wie der Beter Gottes Hilfe im gewissen Sinne vorwegnimmt. Diese Vorwegnahme ist deswegen möglich, weil Gott sich schon zu früherer Zeit mit seiner Hilfe als Retter in der Not erwiesen hat. Mindestens aber ist es in Gottesdienst oder Seelsorge in Aussicht gestellt worden. Darauf pocht der Beter mit seinem Hilfeschrei. Er weiß sich bei Gott und in Gott geborgen.

Die Unmittelbarkeit des Gebetes spricht auch heute noch an. In einer notvollen Situation kann man sich diese Worte leihen und zu eigen machen, als eigenes Gebet zu Gott. Auch in unserem Leben fällt die Entscheidung über die Wirklichkeit der Macht Gottes und seiner Hilfe und Kraft mitten in diesem Leben. Vielleicht nehmen wir Anstoß an Gedanken und Worten, die der Beter über damalige Feinde hegt – und doch kennen wir das auch, dass wir Menschen, die uns Böses wollen, nicht gerade gern um uns haben. So manche Verwünschung hat eine ähnliche Zielrichtung. Legen wir sie beiseite und setzen unsere Zuversicht in Gott. Gott schreitet ein und hilft uns in der konkreten Notsituation, in der wir unsere Stoßseufzer vor Gott bringen.

MARKUS NIETZKE

Hilf du mir, lebendiger Gott, so ist mir geholfen.

Einführung zum Judasbrief auf Seite 411 f

Festhalten an Gottes Erbarmen

Der Judasbrief ist der kleinste im Neuen Testament, es gibt nur ein Kapitel mit 25 Versen. Der Autor nennt sich Judas, Bruder des Herrenbruders Johannes. Damit kann er mit der Autorität der apostolischen Zeit sich zu Konflikten äußern, die in der Zwischenzeit die Gemeinde verwirren. Es haben sich Menschen eingeschlichen, die Jesus Christus verleugnen. Sie missbrauchen die Gnade Gottes mit zügellosem Leben und richten so Konflikte und Spaltungen an.

Für den Briefschreiber sind solche Erfahrungen Zeichen des bevorstehenden Gerichtes und nicht außergewöhnlich. An Beispielen der jüdischen Geschichte macht er deutlich, wie verfehltes Leben und Gottesgericht zusammenhängen: das Murren des Volkes bei der Wüstenwanderung, der Aufstand der Engel, die sich irdischen Frauen zuwenden (1 Mose 6,1–4), und das Schicksal von Sodom und Gomorrha (1 Mose 19). Die Auseinandersetzung zwischen dem Erzengel Michael und dem Satan (Dan 12,1), die Geschichten über Kain, Bileam und Korah sowie Henochs Weissagung bezeugen das Kommen des Gottesgerichts.

Wildes und ausschweifendes Leben stört auch heute das Zusammenleben der Menschen. Verschwendung der von Gott geschenkten Lebensgrundlagen wie Wasser, Luft und Erde führen zu immer schlimmeren Überlebenskrisen. Es breiten sich apokalyptische Ängste aus.

Was die frühe Christenheit als unmittelbare Naherwartung verstand, müssen wir heute anders deuten. Streitigkeiten gibt es unter uns wie schon in der alten Kirche. Wir brauchen denen, die wir auf Abwegen vermuten, nicht mit Gottes Gericht zu drohen. Das Ende der Welt können wir nicht berechnen und mit Daten vorhersagen. Aber von Judas ist zu lernen, was seinen festen Glauben ausmachte: festhalten an Gottes Erbarmen und vertrauen auf Frieden und Liebe. Das ist die apostolische Botschaft, die ist auch heute dran.

MANFRED KOCK

Ewiger Gott, wir vertrauen deiner Botschaft. Halte uns auch in heutigen Konflikten bei der Sache Jesu.

Sich der Zweifelnden erbarmen

Erneut wird erinnert an die Mahnungen der Apostel vor Spaltungen in der Gemeinde. Spötter werben für Gottlosigkeit. Das sind Kennzeichen der »letzten Zeit«. Die frühe Christenheit und auch die jüdischen Zeitgenossen rechneten mit der Naherwartung der Wiederkunft Jesu.

Das unmittelbare Weltende trat nicht ein. Auch Jesus selbst hatte gewarnt vor Berechnungen der Wiederkunft. Aber die Botschaft des Judasbriefes ist hilfreich, weil sie auf die Barmherzigkeit Gottes vertraut. Sie ist auch im letzten Gericht das Kennzeichen Gottes. Darin ist Judas uns heute hilfreich. Er beschreibt, wie wir auch heute mit abweichenden Gruppen umgehen sollen: »Erbarmt euch derer, die zweifeln.« Wir sollen gegründet bleiben im apostolischen Glauben und für die Einheit beten. Vor allem sollen wir in der Liebe bleiben. Die Liebe ist die eigentliche Mitte der Gemeinde. Hätte die Christenheit sich immer daran orientiert, hätte sie Vielfalt als Reichtum erlebt. Der Menschheit wären Inquisition und Glaubenskriege erspart geblieben.

Glaube und Liebe sind lebendig, wenn sie auch Zweifelnde und im Glauben unsicher Gewordene aushalten. Die können in der Gemeinschaft gehalten und, wenn sie sich schon abgewendet haben, auch wiedergewonnen werden. Dabei hilft auch die Erkenntnis, dass in vielen Lebensläufen Phasen des Zweifelns erlebt werden. Denn »hinter« der Wirklichkeit, die wir messen und zählen können, ist die Welt der Barmherzigkeit Gottes. Die Begegnung mit ihr lässt uns Ja sagen zum Leben. Wir können uns an die Seite derer stellen, die gegen die Todesmächte unserer Zeit sind.

Der Judasbrief schließt mit einem Lobpreis. Im Gotteslob sprechen die Betenden und die ganze Gemeinde aus, was die erlebte Situation in den Hintergrund rückt und über die gerade erlebte Lage hinausweist. Judas jubelt über Gott, der in Jesus Christus vor aller Zeit und jetzt und in Ewigkeit die Welt in Händen hält.

MANFRED KOCK

Ewiger Gott, stehe uns bei in Unsicherheit und Zweifeln. Lass uns einstimmen in den Lobpreis deiner ewigen Barmherzigkeit.

Wer beharrt bis ans Ende, wird selig

Der Abschnitt ist im Zusammenhang der jüdischen Apokalypse zu lesen. Die Ansage der Zerstörung des Tempels nimmt die Kultkritik von Jeremia und Micha auf. Die Vorzeichen des Endes sind Kriege, Hungersnöte, Erdbeben – es wird hier nicht ein Stein auf dem andern bleiben, der nicht zerbrochen wird. Die ersten Christengemeinden rechneten mit der unmittelbaren Wiederkunft Christi. Jesus nimmt das auf und sagt: Seht zu und erschreckt nicht. Denn das muss so geschehen; aber es ist noch nicht das Ende da. Das alles aber ist der Anfang der Wehen.

Auf was lassen wir uns ein? Unsere Weltzeit hat apokalyptische Strukturen. Die aufgeklärte Vernunft hat ihren alten Optimismus verloren. Düstere Prognosen sind normales Geschäft des Verstandes geworden. Die Natur rächt sich für unseren Umgang mit ihr.

Die Schreckensbilder der Apokalypsen durchziehen die Geschichten der Menschheit, ausgebeutet werden die Bilder von religiösen Spekulanten. – Aber die Geschichte läuft auf ihr Ziel hin. Wir können nicht an all diesen Erscheinungen ablesen, wann das Ende kommt. Gottes Zukunft liegt jenseits aller Erscheinungen. Und genau darin spiegelt sich der Trost der Hoffnung, wenn am Ende die Tränen abgewischt werden.

Unsere Welterfahrungen spiegeln die Höllen unserer Welt; die Ängste in uns gebären die Monstren unserer Träume. Diese wiederum zeugen die Taten der Bosheit, an denen die Welt leidet. Sartres Satz »Die Hölle, das sind die anderen« ist gültig bis auf diesen Tag, wenn unsere abgründige Ohnmacht uns lähmt angesichts der Bosheit, die von Menschen ausgebrütet wird. Und auch wir sind die Anderen für die Anderen, wenn wir ihnen das Leben schwer machen. Aber es gilt auch die Umkehr: Wir sind die Nächsten der Anderen, wo wir denen, die unter die Räuber fallen, zu Samaritern werden. Zwischen Jerusalem und Jericho ist der Weg der Barmherzigkeit.

MANFRED KOCK

Gott, du Vater Jesu Christi, lass uns das von dir versprochene Ziel im Auge behalten und nimm uns auf in dein Reich.

Falsche Propheten

In der Altstadt von Jerusalem kann man bisweilen dem Propheten Jeremia oder Johannes dem Täufer begegnen. Natürlich nicht den Originalen, sondern Pilgern, die eine Psychose verbindet: das sogenannte Jerusalem-Syndrom. Wer davon betroffen ist, identifiziert sich völlig mit einer Gestalt aus der Bibel. Eingehüllt in weite Fantasiegewänder mutieren manche auf einmal zu lautstarken Predigern und über-emotionalisierten öffentlichen Betern an den heiligen Stätten. Bei den meisten flaut diese plötzliche Wahnvorstellung nach einigen Tagen aber wieder ab. Diese »falschen Propheten« sind harmlos, niemand nimmt ihre Predigten und Weltuntergangsprophezeiungen ernst, sie gehören einfach zum bunten Bild der heilig-unheiligen Stadt Jerusalem.

Andere sind alles andere als das. Immer wieder treten Menschen mit irrwitzigen Behauptungen auf und schaffen es, andere in ihren Bann zu ziehen und auf falsche Fährten zu bringen. Wortgewaltige Klimawandel-Leugner oder einflussreiche Pandemie- und Impfgegner gehören dazu. Ihre »Ratschläge« sind gefährlich und haben in der Corona-Pandemie manchen Leichtgläubigen das Leben gekostet. Je bekannter und medial einflussreicher eine solche Person ist, desto mehr Anhänger folgen ihr und übernehmen verblendet-fasziniert ihre Positionen. Der Vater des Tennis-Stars und Impfgegners Novak Djokovic ging gar so weit, seinen Sohn mit Jesus zu vergleichen. Falsche Propheten gab es schon zur Zeit Jesu. Eindringlich warnte er vor ihnen. Ihm fiel es nicht schwer, sie zu erkennen und zu entlarven. Doch wie unterscheidet man heute die guten Orientierungsgeber von den irreführenden? Der heilige Ignatius von Loyala empfiehlt eine Methode, die er »Unterscheidung der Geister« nannte und die bis heute hilft, Verstand und Gefühl zu verbinden und richtige Wege zu erkennen. Alles, was Angst und Furcht auslöst, ist sicher nicht »vom guten Geist«. Das Gegenteil sicher. »An ihren Früchten also werdet ihr sie erkennen«, heißt es im 7. Kapitel des Evangelisten Matthäus.

STEPHAN WAHL

Ewiger Gott, sende uns deinen Geist und gib uns die Kraft zu unterscheiden, was wahr und falsch ist, was in die Irre führt und was uns den Weg zu dir ebnet.

Keine Marionetten

Das Drama wird erst in sehr ferner Zukunft stattfinden. Aller Wahrscheinlichkeit nach werden wir heutigen Menschen das Verfinstern der Sonne und das Ende des Mondlichtes nicht mehr erleben. Den Berechnungen einiger Astronomen entsprechend wird die Sonne wohl erst in 5 Milliarden Jahren erlöschen und sich in den Jahrmillionen vorher gewaltig ausdehnen und Leben auf der Erde unmöglich machen. Dieser Perspektive können wir also gelassen entgegensehen. Sie braucht uns keine aktuellen Sorgen zu bereiten. Allerdings haben wir Menschen es in der Hand, das Ende der Welt etwas schneller zu gestalten, wenn wir, im Missbrauch unserer Freiheit, der Sonne ihr spätes Zerstörungswerk vorher abnehmen. Stichwort »Klimawandel« oder »Missbrauch der Atomkraft«. Gott hat uns die Welt in die Hände gegeben, nur sieht es leider manchmal so aus, als sei sie uns in die Hände gefallen. Mittlerweile sind wir real in der Lage, uns apokalyptische Szenerien nicht nur vorstellen zu können, sondern sie auch menschengemacht schreckliche Wirklichkeit werden zu lassen. Das Damoklesschwert haben wir selbst über unsere Häupter gehängt, allerdings haben wir auch die Möglichkeit, es wieder wegzupacken und die selbst geschaffenen Gefahren zu entschärfen. Gott hat uns als schönstes und gefährlichstes Geschenk die Freiheit gegeben, unser Leben zu gestalten und der Idee, die er von jedem Einzelnen hat, ähnlich zu werden. Es ist nicht alles seit Ewigkeit vorausbestimmt und geht unaufhaltsam seinen Gang. Wir sind keine Marionetten in den Händen eines alles bestimmenden Gottes. Wir haben Einfluss auf das Wie unserer Welt. Gott wird seine und unsere Welt einst vollenden – wie auch immer – die Bilder der Bibel erzählen farbig und symbolkräftig davon. Wir sollten es IHM auch überlassen, vor dem tausend Jahre sind »... wie der Tag, der gestern vergangen ist«. (Ps 90,4) Jetzt ist unsere Zeit. Tag für Tag.

STEPHAN WAHL

Ewiger Gott, du bist der Anfang und das Ende der Welt. Schenke uns den Mut und die Kraft, deine Welt zu erhalten und zu gestalten, bis du selbst sie am Ende aller Zeiten vollendest.

Weiterspielen

Der Südostturm meines Trierer Heimatdomes trägt über der Uhr die Inschrift »Nescitis qua hora dominus veniet« (Ihr wisst nicht, zu welcher Stunde der Herr kommen wird), frei nach Matthäus 24. Die Kombination mit der Kirchturmuhr unterstreicht die Mahnung, die jeden Besucher des Domes daran erinnern soll, dass irgendwann unausweichlich der Tag kommen wird, an dem wir, positiv gesprochen, dem Herrn begegnen werden. Was jedoch, weniger gewünscht, bedeutet, dass unser Leben irgendwann ein Ende haben wird. Ob es ein plötzlicher Tod sein wird oder eine Erlösung nach langer Krankheit – wir wissen es nicht. Wir Christen glauben aber daran, dass der Tod nicht das letzte Wort behalten wird und Gott uns dann mit einer Wirklichkeit umfängt, die all unser menschliches Begreifen übersteigt. Wie das aussehen wird, bleibt Gottes letzte und endgültige Überraschung. Also warum sich fürchten bei dieser guten Perspektive? Meine Großmutter hat in ihrer rheinischen Art öfter lächelnd bemerkt, dass die Menschen wohl »in den Himmel wollen, aber keiner will sterben!«. Der Tod wird verdrängt, jedenfalls versuchen es viele, so gut sie es können. Die Schrift auf dem Trierer Turm mahnt unversteckt und öffentlich die ganze Stadt. Vielleicht ist Mahnung das falsche Wort, eher ein Rat, sein Leben so zu gestalten, dass man gelassen jeden Tag als den ersten und als den möglicherweise letzten verbringt. Das wird nur wenigen ganz gelingen, so wie dem jungen Aloisius von Gonzaga. Eine Geschichte erzählt, dass er und seine Freunde bei einem Spiel unvermittelt gefragt wurden, was sie tun würden, wenn gleich die Welt untergehen würde. Die meisten erwiderten erschreckt, was sie dann alles noch regeln müssten, wo sie sich verstecken würden, was sie alles noch beichten müssen. Nur Aloisius, der spätere Heilige, blieb völlig ruhig. Seine Antwort: »Ich würde weiterspielen.«

STEPHAN WAHL

Ewiger Gott, wir wissen nicht, was uns erwartet, wir wissen nicht, wann wir jubeln und wann wir weinen werden. Behüte uns, was immer auch kommen mag. Bleibe bei uns alle Zeit, die uns gegeben ist. Bis in Ewigkeit.

Wenn-Dann-Sonst-Funktionen

Wenn der Herr die Gefangenen erlösen wird … Ja, was dann? Eine Wenn-Dann-Frage. Sie wird mit Bildworten beantwortet: ein Mund voller Lachen, eine Zunge, die nicht aufhört, positiv zu reden. Und weiter: ein Wadi, das plötzlich Wasser führt, und ein mühsam bearbeiteter Acker, auf dem eine Ernte in Fülle eingefahren wird.

Was verstehen wir heute unter Gottes Eingreifen? Oft ist es der Schutz vor Gefahr, das Entkommen aus einem Unglück, Gesundheit nach Krankheit oder – so erleben es vielleicht Schülerinnen und Schüler im Ausbildungsstress – das Bestehen einer Prüfung.

Die Wenn-Dann-Sonst-Funktion wird von Menschen, die im Marketing und ähnlichen Bereichen mit Zahlen am Computer arbeiten, genutzt. Um zu einer bestimmten Lösung zu kommen, wird eine Abfrage erstellt. Sowie eine oder mehrere Bedingungen erfüllt sind – man nutzt da die Formel »wahr« oder »falsch« –, wird ein entsprechendes Ergebnis erzielt. Manchmal wird noch ein »Sonst« ergänzt. Ob dieser rein mathematische Zugang uns den Psalm erschließen hilft? Durchaus: Eine Voraus-Bedingung für dieses Pilgerlied ist die Antwort auf die Frage: Wo ist eigentlich Gott? Die Betenden sind überzeugt: Gott handelt. Daran kann man ihn erkennen. Er führt sein auserwähltes Volk zurück ins verheißene Land, zurück nach Jerusalem, zum Zion. Es ist wie ein Nach-Hause-Kommen, was Gott möglich macht. Gottes sichtbares, wunderbares Tun ruft das Staunen und die Anerkennung von anderen Menschen aus allen Völkern hervor. Diese Verheißung ist das Fundament, auf dem dieses Gebet und Lied ruht. Vielleicht trägt es etwas aus, wenn wir die Wenn-Dann-Sonst-Funktion zum besseren Verständnis mit einem »Sobald« austauschen: Sobald Gott Menschen in einer besonderen Not heraushilft, bricht aus ihnen Jubel hervor. Da kann man dann nur staunen.

MARKUS NIETZKE

Du greifst auf ungewöhnliche Weise bis heute in das Geschick deiner Leute, große und kleine, junge und alte Menschen, ja, ganze Völker ein, guter Gott. Wir danken dir. Wir kommen aus dem Staunen nicht heraus.

Andere Zeiten – andere Versuchungen

Jesus bereitet seine Nachfolgerinnen und Nachfolger auf die Zeit seiner Abwesenheit vor. Mit einer Geschichte erklärt er, was ihre Aufgabe sein wird und was ihnen dabei zu schaffen machen kann. Die Aufgabe ist so unspektakulär wie essentiell, nämlich anvertrauten Mitmenschen Speise geben zur rechten Zeit. An dieser Aufgabe hat sich für uns Christinnen und Christen bis heute nichts geändert. Sie ist nötig in allen Häusern, Familien, Beziehungen, Kirchen und Gemeinschaften. Nahrung zur rechten Zeit, körperlich und seelisch.

Doch die Herausforderung, treu diese Aufgabe zu erfüllen, liegt heute anders. Ist es für den Diener in der Geschichte schwierig, die lange Abwesenheit seines Herrn auszuhalten und sich nicht zu Raufereien und Trinkgelagen hinreißen zu lassen, so ist es heute für einen christlich Dienenden schwierig auszuhalten, dass Nahrung geben zur rechten Zeit kein Alleinstellungsmerkmal christlicher Gemeinschaft mehr ist. Die Sorge um Leib und Seele teilen sich Christen mit anderen engagierten Menschen. Wo früher vor allem Christen diakonisch tätig waren und damit hoch im Ansehen standen, erfüllen heute private und staatliche Institutionen diese Aufgaben gut und ausreichend. Die Versuchung ist groß, um jeden Preis um Aufmerksamkeit und Ansehen zu kämpfen. Heute klug und einsichtig der übertragenen Aufgabe nachzugehen, bedeutet anzuerkennen, dass auch andere diese Aufgabe ernst und engagiert wahrnehmen. Es bedeutet, sich darüber zu freuen, wo immer Menschen an Seele und Leib satt werden, auch in anderen Häusern. Heute treu und glaubwürdig die Aufgabe zu erfüllen, heißt das Essentielle und Unspektakuläre zu tun, zu lachen mit den Fröhlichen, zu weinen mit den Traurigen, um Vergebung zu bitten, Vergebung zu gewähren, Gott zu loben und zu danken, immer wieder neu zur rechten Zeit. Glücklichsein und Segen ist jenen verheißen, die solches tun.

ANDREA BRUNNER-WYSS

Gott, gib uns heute das Nötige für den Tag. Bewahre unser Vertrauen, dass du segnest, was wir täglich in deinem Dienst tun.

Vorwort und Abspann: ein »Dann«

Es gibt Menschen, die das Ende in Büchern kennen wollen, bevor sie das ganze Buch gelesen haben. Sie wollen von Anfang an wissen, wer am Ende auf der richtigen Seite steht, wer gewinnt, wer böse oder wer gut ist. Sie lesen vom Ende her und machen sich vom Ende her mit der richtigen Protagonistin vertraut, mit der Guten, mit der Gewinnerin. Weil im Verlauf einer Erzählung jemand zu Beginn böse dargestellt werden kann, der sich am Schluss als gut erweist, und umgekehrt jemand sich als böse erweisen kann, der zu Beginn gut dargestellt worden ist.

Im heutigen Bibeltext ist die Einteilung von Anfang bis zum Ende klar, wer zu spät ist, wer rechtzeitig ist, bei wem das Ankunftsritual gelingt, wer dabei scheitert, wer draußen, wer drinnen ist.

Doch wie bei einem Film gibt es hier einen Vor- und einen Abspann, die die Geschichte einrahmen und wie ein Grundton mitlaufen. Mit dem ersten Wort »dann« ist bereits klar, dass es um etwas Zukünftiges geht. Und am Ende wird klar, dass wir nicht wissen können, an welchem Tag oder in welcher Stunde dieses »Dann« zum »Jetzt« wird. Bis dahin bleibt die Gegenwart. In dieser Gegenwart ist weder über uns noch andere das endgültige Urteil gefällt. Trotzdem stehen wir bis heute in der Versuchung, schon in der Gegenwart endgültige Einteilungen vorwegzunehmen. Wir meinen zu wissen, wie es sein wird, wer erkannt wird und wer nicht, wer drinnen sein wird und wer draußen bleibt, wer es richtig macht und wer falsch, endgültig. Doch das Einzige, das wir wissen, ist, dass Christus irgendwann kommt.

Heute wissen wir nicht, wer sich als töricht oder als klug erweisen wird, wer drinnen oder draußen sein wird. Damit müssen wir klarkommen. Bis dann hoffen wir trotzdem und bitten, dass wir in keiner Hinsicht bloßgestellt werden (Phil 1,20).

ANDREA BRUNNER-WYSS

Gott, hilf uns auszuhalten, dass wir einteilen und eingeteilt werden. Deine Tür ist offen. Erhöre unsere Bitte, dass wir in keiner Weise bloßgestellt werden.

Momente erkennen

Man möchte den dritten Diener schütteln. Wie kommt es nur, dass er so negativ von seinem Herrn spricht? Man liest Verbitterung und Trotz zwischen den Zeilen: »Da hast du das Deine.«

Hat er nicht auch wie die anderen zwei Diener eine riesengroße Geldgabe erhalten: nämlich ein Talent, das etwa so viel wert war, wie damals ein durchschnittlicher Arbeiter in zwanzig Jahren verdiente? Allen dreien wurde eine unvorstellbar große Gabe in ihre Hände gelegt. Was ist geschehen, dass jener nun im Geber, der ihm so viel anvertraut hat, einen Menschen erkennen will, der erntet, wo er nicht gesät hat?

Von außen ist es einfach zu sehen, dass der dritte Diener etwas verpasst hat, so wie es oft auch einfach ist zu sehen, wenn Menschen zwar viele Gaben zur Verfügung haben und doch unzufrieden und resigniert dem Leben und Gott gegenüberstehen. Gar nicht einfach ist es, wenn man selber Teil der Geschichte ist. Man wünscht sich zwar, ebenso wach wie die zwei ersten Diener zu reagieren und Momente, die Möglichkeiten enthalten, zu erkennen und sofort zu nutzen. Momente, in denen einem etwas übergeben wird, zusammen mit der Kraft, etwas daraus zu machen. Man wünscht es sich für sich selbst und es fällt schwer, im Rückblick einzugestehen, solche Momente verpasst zu haben. Eher sucht man bei anderen die Schuld, dass man nicht mit Gewinn gehandelt hat. Aus Abwarten, Überlegen und Zögern wurde Brach-liegen-Lassen und am Ende Unzufriedenheit und ungerechtfertigte Anklage.

Durch Jesus Christus erkannten Menschen, dass Gott etwas in ihnen in Bewegung setzt. Durch ihn wurden sie ermutigt, in diese Bewegung einzustimmen. Christus braucht Menschen, die offene Augen für Gottesgaben haben. In ihrer Nähe wachsen anderen Flügel. Das liegt weniger an dem, was sie sagen oder tun, als daran, wofür sie aufmerksam sind. Sie nehmen wahr, wo Gott in Menschen wirkt und dabei ist, Großes zu schenken. So lassen Menschen das Anvertraute nicht brach liegen, sondern setzen es mit Freude und Kraft ein.

ANDREA BRUNNER-WYSS

Gott, mach mich wach für dein Wirken und für deine Gaben, bei mir und anderen.

Es wird erst noch ans Licht kommen

Die letzte Rede Jesu vor der Passionsgeschichte stellt der Leserschaft das Weltgericht am Ende der Zeit vor Augen: Der auf dem königlichen Richterstuhl Platz nimmt (= Dan 7,13f), wird die Menschen – nach Ez 34,17–22 – in zwei Gruppen einteilen. Bei seiner Urteilsfindung wird er den aus Jes 58,6ff; Tob 1,16ff bekannten Maßstab anlegen: Liebevolle Unterstützung der Ärmsten, denen das Existenzminimum (Nahrung, Wasser, Kleidung, Obdach) abgeht, und Zuwendung zu denen, die in ihrer Krankheit oder im Gefängnis vereinsamen – beides gehört zum Kern alttestamentlich-jüdischer Ethik. Der Vollzug des Gerichtsbeschlusses, der zweigeteilte Ausgang der Menschheitsgeschichte, entspricht einer jüdisch-pharisäischen, auf Dan 12,2 beruhenden Überzeugung: Die Kaltherzigen, die kein Erbarmen kannten, gehen zur ewigen Strafe, die Gerechten zum ewigen Leben.

Doch es ist nicht das eigentliche Ziel des Stückes, die »Werke der Barmherzigkeit« mit dem Zuckerbrot des »Ewigen Lebens« und der Peitsche der »ewigen Strafe« einzuschärfen. Vor allem darum geht es: Wo wir Jesus mit keinem Gedanken im Sinn hatten, weil wir in ungeteilter Aufmerksamkeit jenem Menschen zugewandt waren, der uns mit seiner Not anblickte, und wäre es ein Mensch bar jeder Attraktivität gewesen, wo wir Liebe, ohne nach Himmels Lohn zu schielen, als etwas Selbstverständliches, aus unserem Wesen Fließendes praktizierten – gerade da sind wir Jesus und ist Jesus uns ganz nahe gewesen. Das Jüngste Gericht erst wird aufdecken, wo das der Fall war und wo nicht.

Tröstlich, zu wissen, dass auf dem Richterthron jener Menschensohn sitzen wird, der in seinem irdischen Leben mit allem bekannt wurde, was Menschen auf rechte und was sie auf schiefe Bahn bringt, und der selber Gottes Barmherzigkeit als das Herz aller Dinge gelebt hat. Ihm wird auch nicht verborgen sein, welche Ursachen und welche Vorgeschichte es hatte, wenn wir die Liebe verweigerten oder verletzten.

WERNER GRIMM

Barmherziger Gott, hilf uns, dass wir nicht wegschauen, nicht weglaufen, wenn uns Menschen ihre Armut und Einsamkeit zeigen. Halte uns in den Bahnen deiner Liebe.

Einführung zum Buch Jesaja auf Seite 387ff

Adventus Domini – Drama in fünf Akten

6. Jh. v. Chr.: Bei den nach Babylon deportierten »oberen Zehntausend« Judas macht sich Depression breit. Auch die in Juda Verbliebenen hoffen nicht mehr, ihre 589 v. Chr. weggeführten Verwandten wiederzusehen.

Da projiziert einer der Judäer, was er kommen sieht, auf einen »Bildschirm« vor dem inneren Auge seiner Landsleute mit vier »Kameraschwenks«:

1) Ein Generalbefehl Gottes an seine Engel gibt den Anstoß: »Tröstet, tröstet mein Volk«, der Strafe ist genug (V. 1–2).

2) Eine Stimme vom Himmel ruft eine Arbeiterkolonne auf, in der Wüste einen Weg freizuräumen, auf dem JHWH die Exilierten nach Hause führen und dabei aller Welt in seiner Herrlichkeit erscheinen kann (V. 3–5).

3) Eine zweite Stimme zielt direkt auf den, der in den Himmel hineinhorcht. Sie überwindet seine Klage und beruft ihn zum Propheten einer guten Nachricht (V. 6–8).

4) Gleich bestellt der Berufene »Freudenbot/innen«, damit die Nachricht wie ein Lauffeuer noch in die letzten Winkel dringe (V. 9).

5) Er sagt, dass der gute Hirte im Kommen ist, fürsorglich auf die individuellen Bedürfnisse der Schutzbefohlenen achtend (V. 10–11).

In der Heimkehr judäischer Exilanten nach Jerusalem 538 v. Chr. (Esr 1–2) wird diese Vision wahr, dann wieder in der Zeitwende, von der Lukas erzählt: Gottes Generalbefehl spiegelt sich im Lobgesang der Engel (Lk 2,13f). Die beiden »Stimmen« von Jes 40,3.6 übernehmen in der Jesusgeschichte Joh, der in der Wüste ruft (Lk 3,3–4), sowie Jesus selbst als Freudenbote (Lk 3,22; 4,43). Jesus wiederum bestellt »Evangelisten« als Multiplikatoren, das Evangelium an alle Orte hinauszutragen (Lk 9,1–6; 10,1). Dessen Kerninhalt bildet Lk 15,3–7 ab: Der gute Hirte gibt kein einziges Schaf verloren.

Und wir? Können wir in den Turbulenzen der Weltgeschichte Gottes Kommen wahrnehmen? Und uns in einer der Rollen des Dramas einfädeln? Als Getröstete, die ihrerseits etwas vom Trost des Himmels weiterleiten?

WERNER GRIMM

Du König der Welt, zeige uns, welche Rolle in deinem Weltabenteuer du uns zugedacht hast.

Schöpfungsgewissheit

»Weißt du, wie viel Sternlein stehen ...« – wunderbar schlicht ist in diesem Lied Schöpfungsgewissheit in Reime gefasst. Zahllose Mütter und Väter haben es mit ihren Kindern gesungen und sich hineinziehen lassen in sein Gottvertrauen. Bild und Text des Liedes nehmen Jes 40,26 auf, den zentralen Vers eines großartigen Schöpfungsgedichts.

Dieser Prophet betätigt sich als Seelsorger an seinen nach Babylon verschleppten Landsleuten. Eingeschüchtert sind sie, ausgeliefert den Willkürakten ihrer Herren, und kaum hat sich deren Griff ein wenig gelockert, da taucht am Horizont furchterregend der persische Welteroberer auf. Gegenüber solchen Gewalten empfinden sie sich als Spielball der Großmächte. Der Prophet lenkt den Blick auf den Schöpfer von Himmel, Erde und Meer und die wahren Größenverhältnisse. Ein Staubkörnchen, ein Wimpernschlag in der Weltgeschichte sind die Machthaber der Großreiche dagegen. Sich diese Relation immer wieder vor Augen zu führen, sollte schon einige Angst von der Seele nehmen.

Doch will die Klage nicht verstummen und der Prophet erkundigt sich nach den tieferen Gründen der Resignation. Er fragt seine Landsleute behutsam, warum sie so klagen, wie sie klagen (vgl. 1 Sam 1,7). Der Seelsorger schiebt eine zweite Frage gleich nach: »Ist es denn nicht so ...?« (vgl. 1 Sam 1,8) Das an dieser Stelle stehende hebräische *halo* bietet behutsam eine hellere Sicht auf die Lage an. Der Prophet hebt in Israels Psalmen verwahrtes, jetzt aber verschüttetes Wissen wieder ins Bewusstsein. Die Gewissheit nämlich, dass der Schöpfer des Universums da ist und dass die auf ihn Harrenden an eine nie versiegende Kraftquelle angeschlossen sind – an dieselbe Kraft, mit der Gott die Welt erschuf und in der ganzen Erdgeschichte bis zum heutigen Tag wirkt. Die ihnen versprochene täglich neue Kraft dürfen wir uns »ein-bilden« im Sinn-Bild des Adlers, der alle Erdenschwere überwindet.

WERNER GRIMM

Mein Schöpfer, kaputt von den vielen Tagesaufgaben, bitte ich dich: Ach, gib mir doch über Nacht wieder die Energien für den Tag – und schenke ein Quäntchen deiner Schöpferkraft allen Erschöpften dieser Erde.

Was nun? Appell, Selbstaussage, Beziehungsebene oder Sachaussage?

In der Beratung wird manchmal als Diagnose-Werkzeug zur Aufklärung eines zerrüttenden Vorgangs von vier Ebenen der Kommunikation ausgegangen: eine Selbstaussage (Was sagt die Person über sich?), eine Sachaussage (Worüber wird gesprochen?), ein Appell (Was will jemand anders von mir?) und ein Beziehungsaspekt (Wie stehen wir zueinander?).

Eins ist in Psalm 117 leicht zu entdecken: »Lobet den Herrn!« Ein Appell, ganz klar. Die Begründung wird nachgeliefert: Die Gnade und Wahrheit Gottes steht über allem Leben und – über »uns«. Wer wird angesprochen? »Heiden« und »Völker«, die nicht oder doch im »uns« einbezogen sind? Sind wir heute mit gemeint? Ja. Weil Gott, als höchster Gott, Gutes an seinem Volk Israel tut und getan hat. Alle Welt ist ihm unterworfen. Heute werden wir gebeten, Gott dafür zu loben, dass er die Geschichte des Glaubens mit Abraham auf wunderbare Weise beginnt, sein Volk aus Ägypten und später aus dem Exil in Babylon führt und es durch die Zeiten begleitet. Und nicht nur sie. Um solch ein Loben anzustimmen, muss die Beziehungsebene klar sein. Die angesprochenen Völker müssten Gott Respekt zollen. Er ist der Herrscher aller Welt. An Israel wird das deutlich. An seinem auserwählten Volk. Wo die Beziehung zu Israel und seinem Gott stimmt, fällt es leicht, einzustimmen in den Lobpreis für das Handeln Gottes. Dass Gott neue Anfänge in Jesus Christus möglich macht, bezeugt das Evangelium. Das tangiert die dritte Ebene: Der oder die, die diese freundlich ausgesprochene Einladung Gott zu loben ausspricht, weiß sich von Gott auf wunderbare Weise behütet, bewahrt und geführt. Eine Selbstaussage: Gott hilft mir konkret – durch Jesus Christus. Womit wir bei der Sachaussage sind: Gottes Gnade in ihm lenkt, führt, weist mir und uns den Weg.

MARKUS NIETZKE

Du Gott Israels und unser Gott: Ich anerkenne dankbar dein freundliches und zugewandtes Handeln an deinem auserwählten Volk Israel über Jahrhunderte hinweg und durch Jesus Christus an uns. Dir gebührt Ehre und Lob.

Fürchte dich nicht!

Der persische Großkönig Kyrus dringt unaufhaltsam von Osten her vor. 539 v. Chr. hatte er den letzten babylonischen König Nabonid besiegt und auch Syrien und Palästina unter seine Herrschaft gebracht. Die Perser behandelten die von ihnen unterworfenen Völker bedeutend toleranter als alle Vorgängerreiche und erlaubten den exilierten Israeliten schließlich sogar die Rückkehr nach Juda und den Wiederaufbau des Tempels. Es wird deutlich: Gott waltet in der Geschichte – sie ist Teil seiner Heilsgeschichte und ein konkreter Ort seines Führungsanspruches.

In dem Jesaja-Text finden sich zwei Heilsorakel, eines an den »Knecht« (V. 8–13) und eines an den »Wurm« Israel (V. 14–16), die durch eine Heilsankündigung abgeschlossen werden (V. 17–20). Die Bezeichnung »Knecht« ist dabei zuallererst ein Ehrentitel, er zielt auf die besondere Erwählung Israels durch JHWH. Gott, der HERR, bleibt treu, auch wenn sein Volk ihm untreu wird. Diese Treue zieht sich durch die gesamte Geschichte des Gottesvolkes: JHWH steht zu seinen Verheißungen – und das ändert sich auch nicht. Seine Treue bleibt bestehen bei Abraham, bei Jakob bis hin zum persischen König Kyrus, den er »aus fernem Land« ruft »für seinen Plan« (Jes 46,11). Israel sieht sich angesichts dieser Treue einer wichtigen Aufforderung gegenüber: Fürchte dich nicht! (V. 10.13) – eine Aufforderung, die sich im zweiten Heilsorakel (V. 14–16) wiederholt. Wir sind mit diesem Wort – »Fürchte dich nicht!« – erinnert an Abraham (Gen 15,1), an Hagar (Gen 21,17), an Isaak (Gen 26,24), an Jakob (Gen 46,3), an Josua (Jos 1,9), an Elija (2 Kön 1,15), an Zacharias (Lk 1,13), an Josef (Mt 1,20), an Maria (Lk 1,30) und an die vielen Male, wenn wir diese Worte aus Jesu Mund hören (z.B. Lk 5,10; 8,50; 12,32). Wie der Synagogenvorsteher Jaïrus können auch wir »heute seine Stimme hören« (Hebr 3,7): »Fürchte dich nicht! Glaube nur!« (Mk 5,36) Nicht an der Freude und Hoffnung, der Trauer und Angst der konkreten Geschichte vorbei, sondern in sie hinein sagt Gott diese Worte – auch an uns, heute, in diesem Advent.

MARKUS-LIBORIUS HERMANN

Fürchte dich nicht, denn ich bin mit dir; hab keine Angst, denn ich bin dein Gott!

Der Gottesknecht

Auftritt Gottesknecht. Beim Propheten Jesaja finden sich vier sogenannte Gottesknechtslieder (42,1–4; 49,1–6; 50,4–9; 52,13–53,12). All diese Texte handeln von einem Knecht JHWHs, der eine sehr bestimmte Aufgabe im Heilsplan Gottes hat. Er hat sowohl eine Aufgabe gegenüber Israel als auch gegenüber den Völkern, denen er ein Licht sein soll. Und er nimmt diese Aufgabe trotz aller Schwierigkeiten an. In diesem ersten Lied redet Gott zum Knecht, der nicht als blind, taub und mutlos beschrieben wird (vgl. Jes 42,18–25), sondern als lernwillig gegenüber JHWH. Der Abschnitt selbst ist zweigeteilt. V. 1–4 sprechen in der dritten, V. 5–8 in der zweiten Person vom Gottesknecht (vermutlich eine Erweiterung des ursprünglichen Liedes). In V. 1–4 ist Israel/Jakob (41,8) mit dem Knecht gemeint, konkret das Gottesvolk im Exil als Träger prophetischer und königlicher Gaben. Dieser Knecht fördert das Recht, womit die Gottesherrschaft gemeint ist – also das Wirken JHWHs in der Welt und die Durchsetzungen seines Heilswillens in der Geschichte. V. 5–8 beziehen sich vermutlich eher auf Kyrus. Er ist derjenige, der die geknechteten Völker, darunter die im Exil lebenden Israeliten, wieder in die Freiheit führt. Daher trägt er ehrenvolle Bezeichnungen – wird von Gott zum »Bund mit dem Volk« und zum »Licht der Nationen« (V. 6) gemacht, um »Gefangene aus dem Kerker zu holen und die im Dunkel sitzen, aus der Haft« (V. 7). Wie so viele alttestamentliche Texte hat auch dieses erste Gottesknechtslied seine Auswirkungen bis ins Neue Testament. Dort wird der erste Abschnitt als Beleg der Erfüllung der Schrift im heilenden Handeln Jesu aufgegriffen (vgl. Mt 12,15–21). Jesus selbst beginnt sein öffentliches Wirken nach dem Markusevangelium mit den Worten: »Die Zeit ist erfüllt, das Reich Gottes ist nahe. Kehrt um und glaubt an das Evangelium!« (Mk 1,15) In Jesus selbst erfüllt sich für uns die Gottesherrschaft, das »Reich Gottes« – er »bringt den Nationen das Recht« – ein für alle Mal.

MARKUS-LIBORIUS HERMANN

Vater unser im Himmel, geheiligt werde dein Name. Dein Reich komme. Dein Wille geschehe, wie im Himmel so auf Erden.

Weil ich dich liebe

Wieder einmal also eine Beistandserklärung JHWHs. Aber warum? Warum ist Gott so treu? Warum rettet er sein Volk immer wieder aus der Gefahr und jeder Not? Die Antwort ist schlicht: Er liebt es. Er hat es erschaffen, geformt und beim Namen gerufen (V. 1), er ist bei ihm, wenn es auf gefährlichen Wegen unterwegs ist, durch Ströme und durch Feuer (V. 2). Israel ist in seinen Augen »teuer und wertvoll« (V. 4). »Teuer und wertvoll« – wer ist mir so »teuer und wertvoll«, dass ich alles für ihn, für sie geben würde? Wem will ich zurufen »Fürchte dich nicht!«, wem stehe ich in allen Nöten bei, in reißenden Strömen und wenn er »durch's Feuer geht« – ohne mich zurückzuziehen, ohne Rücksicht auf eigene Verluste?

Gott ist in der Radikalität seiner Liebe manchmal eine Überforderung. Wie kann man einem Gott, der trotz aller Fehler, trotz aller Blindheit und Verstocktheit der Menschen treu bleibt, und letzten Endes in Jesus Christus nicht nur etwas, sondern sich selbst gibt, ja ausliefert, wie kann man einem solchen Gott gerecht werden? Man kann erahnen, wie diese Frage – »Wie bekomme ich einen gnädigen Gott? Wie werde ich vor Gott gerecht?« – auch Martin Luther um den Schlaf brachte. Ihm war klar, dass alle seine guten Werke letztlich nicht ausreichen würden, um Gott gnädig zu stimmen und er erkannte schließlich, dass der Mensch allein aus Gnade und allein aus Glauben von Gott gerecht, also frei gesprochen, wird, befreit von der eigenen Schuld. Diese Einsicht ist »gut katholisch« und wurde so auch im Jahr 1999 in der »Gemeinsamen Erklärung zur Rechtfertigungslehre« zentral: »Gemeinsam bekennen wir: Allein aus Gnade im Glauben an die Heilstat Christi, nicht aufgrund unseres Verdienstes, werden wir von Gott angenommen und empfangen den Heiligen Geist, der unsere Herzen erneuert und uns befähigt und aufruft zu guten Werken.« Allein aus Gnade, weil Gott uns liebt, weil wir ihm teuer und wertvoll sind. Eine Erfahrung, die Israel immer und immer wieder macht. Wann haben Sie dies zuletzt erfahren?

MARKUS-LIBORIUS HERMANN

So spricht Gott, der HERR: »Du bist in meinen Augen teuer und wertvoll und ich liebe dich.«

Aussage gegen Aussage

»Ihr seid meine Zeugen.« Das klingt geradezu nach einer Gerichtsverhandlung. Wir kennen das: Neben dem Richter, der Anklagevertretung und der Verteidigung spielen dabei Zeugen eine wichtige Rolle.

Für einen Moment stellt sich der Prophet Jesaja die Situation seines Volkes offenbar wie eine Art Prozess vor. Zur Verhandlung steht die Frage: Wer hat Recht? Die, die irgendwelche selbstgemachten Götter anbeten? Oder die, die ihr Vertrauen schlicht auf den einen und lebendigen Gott setzen? Es ist exakt der Konflikt, den das Volk Israel in der babylonischen Gefangenschaft Tag für Tag erlebt: Gott oder die Götzen? Hier steht Aussage gegen Aussage.

Jetzt greift Gott selbst in die Verhandlung ein: »Ihr seid meine Zeugen.« Zeugen sind ja Menschen, die in der Lage sind, über das, was sie selbst erlebt haben, Auskunft zu geben. In der Tat: Israel hat Gottes einzigartige Gegenwart, sein helfendes und heilendes Eingreifen mehr als einmal erlebt. Das kann also bezeugt werden. Zeugen sind aber nicht nur in der Lage, sondern auch dazu verpflichtet, Auskunft zu geben. Genau das mutet Gott nun seinen Menschen zu: Bezeugt auch in der Fremde, dass »ich der Herr bin und außer mir kein Heiland ist«.

Die Fremde, in der sich der Glaube heute befindet, ist gewiss eine andere als damals in Babylon. Aber es ist auch eine Fremde. An die Stelle der selbstgeschnitzten Götzenbilder von ehedem sind inzwischen andere Götter, andere Mächte, andere Wichtigkeiten getreten: Geltungsdrang, Einfluss, Ansehen, Beliebtheit, Erfolg, Karriere, Konsum, Schönheit, dauernde Jugendlichkeit, um nur einige zu nennen. All das, »woran du« – mit Luther zu sprechen – »dein Herz hängst«.

Hier Zeuge des lebendigen Gottes zu sein, bleibt die grundlegende Verpflichtung des Glaubens. Und damit Anwalt für eine andere Welt, die möglich ist. »Ihr seid meine Zeugen.« Wer wollte sich diesem Ruf entziehen?

OKKO HERLYN

Herr, lass uns deine Zeugen sein. Menschen, die deine Gegenwart bekunden. In Wort und Tat. Auch heute.

Womit ich nicht gerechnet habe

»Ich will ein Neues schaffen.« Majestätisch wie der helle Ton einer Bachtrompete erhebt sich Gottes Verheißung über seinem geschundenen Volk. Wie viele Jahre währt nun schon die grausame Verbannung. Man kann nur ahnen, was es mit den »Riegeln eures Gefängnisses« auf sich hat. Jetzt aber soll es anders werden. Das Trauma »Babel« soll endgültig der Vergangenheit angehören: »Gedenkt nicht an das Frühere und achtet nicht auf das Vorige!« Es ist genug gelitten worden. Alle Aufmerksamkeit soll nun einer besseren Zukunft gelten.

In eindrucksvollen Bildern beschreibt der Prophet das »Neue«, das Gott schaffen will. Da wird mitten durchs Meer ein Weg gebahnt. Da werden militärische Großaufgebote zum Erliegen gebracht. Da quillt in der Wüste mit einem Mal Wasser auf. Das nicht mehr für möglich Gehaltene – bei Gott wird es möglich.

»Achtet nicht auf das Vorige!« Gewiss ist es sinnvoll, sich immer einmal wieder an Vergangenes zu erinnern. Etwa an die Geschichte des eigenen Volkes oder auch an die des eigenen Lebens. Aber die Vergangenheit kann einen auch gefangen halten, kann auch zum »Riegel« werden, kann auch den Blick für das, was heute und morgen möglich ist, verstellen. Einmal erlittene Verletzungen an Leib und Seele können auf Dauer auch lähmen, krank oder gar lebensunfähig machen.

»Ich will ein Neues schaffen.« Das bringt einen anderen, hellen Ton in die dunkle Grundstimmung. Einen Ton, der uns von woanders her zukommt. Ja, wir müssen es uns manchmal kräftig sagen lassen, dass bei Gott ganz andere Dinge möglich sind, als uns unsere Vergangenheit diktiert. Und genau darauf könnte ich doch heute einmal besonders achten: Wo begegnet mir »Neues«, Unverhofftes, Befreiendes? Etwas, womit ich beim Frühstück noch gar nicht gerechnet habe. Vielleicht braucht es meinerseits einfach nur eine neue Aufmerksamkeit. Jener helle Ton steht ja nach wie vor im Raum.

OKKO HERLYN

Gütiger Gott! Du weißt, was wir alles an Vergangenem mit uns herumschleppen. Öffne uns den Blick für Neues, für Anderes. Für dich.

Alles andere als Schall und Rauch

»Name ist Schall und Rauch«, heißt es in Goethes Faust. Von wegen. Es gab Zeiten, in denen waren Namen geradezu ein pädagogisches Programm. So sollte eben eine »Friederike« später einmal möglichst »friedensreich« sein und ein »Gottlieb« … na, man ahnt es schon. Heutzutage scheinen Namen eher unter dem Gesichtspunkt unbedingter Originalität gewählt zu werden. Auch das eine Botschaft, wenn man so will.

In biblischen Zeiten sagten die Namen durchaus etwas über ihren Träger aus. So bedeutet etwa »Abraham« so viel wie »Vater der vielen«. Wer die dazugehörige Geschichte kennt, weiß warum. Dass seine Frau auf den Namen »Sara« hörte, was »Herrscherin« bedeutet, mag ein besonderes Licht auf die Beziehung der beiden werfen. Lassen wir das.

Auffallend, dass Jesaja sein Volk gleich mit mehreren Namen bedenkt. Zwei davon sind uns vertraut: »Jakob« und »Israel«. Ursprünglich handelt es sich dabei um ein und dieselbe Person. Aus »Jakob«, dem »Hinterlistigen« (Gen 27,36), wird nach heftigem Ringen mit Gott »Israel«, der »Gottesstreiter« (Gen 32,29). Es ist der Beginn einer bewegungsreichen Geschichte. Daran erinnert der Prophet mit diesen Namen. Und nun sprudelt es geradezu aus ihm heraus: neue Namen, Phantasienamen. Was einem halt so einfällt, wenn man jemanden besonders gern hat. Die neuen Namen, die Jesaja seinem Volk gibt, bergen jeweils eine Botschaft für sich: »Jeschurun« (d. h. »der Redliche«) oder »Ich bin des Herrn« oder »Dem Herrn eigen«. Jeder einzelne Name ein kleiner Widerhall auf jene tröstliche Zusage: »Fürchte dich nicht!« Jedenfalls alles andere als Schall und Rauch.

Das Volk Israel hat sich in seiner bewegungsreichen und leidvollen Geschichte immer wieder vor allem an jene Zusage gehalten. Und so dürfen auch wir es tun. Was auch immer der heutige Tag bringen mag.

OKKO HERLYN

Guter Gott, mit dieser Zusage wollen wir gerne in diesen Tag gehen und ihn dann auch beschließen: Dass wir uns nicht fürchten müssen, was auch kommen mag. Du kennst unsere Namen. Danke.

Auf Gottes Zuwendung angewiesen

Haben Sie in diesem Jahr eine Weihnachtsgratifikation zu erwarten? Diese Zuwendung nimmt man dankbar entgegen und kann damit großzügiger Geschenke besorgen. Sie ist eine willkommene Zugabe.

Keine Zugabe, sondern unverzichtbar ist die Zuwendung Gottes, um die das verzweifelte Volk Israel im Psalm bittet. Sie ernähren sich vom »Tränenbrot« und trinken »eimerweise« bittere Tränen. Sicherlich liegen dem Psalm die Erfahrungen zugrunde, die mit der Eroberung der Nordstämme durch die Assyrer einhergingen (V. 3).

Sie sehen voll Trauer auf die großen Zeiten in ihrer Geschichte zurück und fassen ihre Klage in ein bewegendes Bild. Israel wird mit einem Weinstock verglichen, den Gott in Ägypten ausgegraben und in Kanaan eingepflanzt hat (V. 9). Wunderbar hat er sich entwickelt und ausgebreitet. Aber was ist heute? Das Bild wechselt zum Weinberg (V. 13–14): Er liegt ungeschützt brach. Wie kann Gott das, was er liebevoll großgezogen hat, jetzt der Verwüstung preisgeben?

Immer wieder flehen die Beter Gott im Kehrvers an (V. 4.8.15.20), er möge sich seines Volkes annehmen und es wiederherstellen zu seiner vormaligen Größe. Sie wissen zutiefst: Ihr Leben hängt davon ab, dass Gott sie freundlich ansieht. Wenn er sich ihnen zuwendet, dann erleben sie Segen, Hilfe, Trost. Wenn er sein Angesicht abwendet, dann sind sie schutzlos.

Das dringende Warten darauf, dass Gott uns in unserer Not sieht und sich uns zuwendet, äußert sich in vielen Adventsliedern. Ja, diese Sehnsucht erfüllt auch uns. Uns verbindet mit den Betern des Psalms die Sorge um das Volk Gottes.

Die Kirche Jesu Christi ist durch die bittere Coronazeit zerstreut und verstört. Gemeinden liegen am Boden. Wir bitten Gott um sein Erbarmen, seine freundliche Zuwendung und die Wiederherstellung seines Volkes.

ANNEGRET AHRENS

Wo bleibst du, Trost der ganzen Welt, darauf sie all ihr Hoffnung stellt? O komm, ach komm vom höchsten Saal, komm tröst uns hier im Jammertal!

Gott für uns

Der Advent ist in diesem Jahr extrem kurz, weil der 4. Advent und der Heilige Abend auf einen Tag fallen. So stehen wir schon heute genau in der Mitte dieser Vorbereitungszeit auf Weihnachten hin. Die Mitte ist ein Punkt, und dieser Mittelpunkt steht für das Zentrale, den Kern. Die Mitte zu finden, sich auf den Kern, das Wesentliche zu fokussieren, ist wichtig und der Advent lädt jedes Jahr neu ein, darauf zu fokussieren, was in unserem Glauben und in unserem Leben im Mittelpunkt steht. Es scheint, dass Jesaja es auf den Punkt bringt, denn er macht den Anspruch Gottes hörbar: »Außer mir gibt es keinen Gott.« (Jes 44,6) Da setzt Gott sich selbst in die Mitte und damit Punkt und Ende, alles gesagt? Bei weitem nicht, und genau das macht die Mitte aus. Der Mittelpunkt existiert nicht ohne Bezugsrahmen, er ist nur vom Umfeld her zu bestimmen und dazu gibt Jesaja zwei sehr interessante Impulse.

Zunächst einmal sieht Gott selbst sich nicht unabhängig von dem Kontext, von der Welt, in der er erfahrbar ist. Er schaut und geht sportlich mit einer möglichen Konkurrenz um, indem er sie aktiv herausfordert und bereit ist, darzulegen, warum er der Fels ist, auf den wir bauen sollten. Er konstatiert sich selbst nicht als gottgegeben, sondern als aus der Erfahrung gewonnene Einsicht. Gott erklärt sich in die Welt hinein.

Und dennoch erfüllt er nicht ganz leicht unsere Sehnsucht, ihn greifbar zu machen, und wir stehen in der Gefahr, dass wir nicht die Fülle Gottes, sondern immer nur Teile erfassen und diese absolut setzen; das ist gefährlich. Die Asche zu hüten ist dafür ein starkes Bild. Wenn wir das Ganze aus dem Auge verlieren, führt das nicht ins Leben, sondern in den Tod. Gott lässt sich nicht auf einen Aspekt, auf ein Bruchstück beschränken, sondern es gilt, das Ganze in den Blick nehmen; Gott ist eben Alpha und Omega.

In der Mitte des Advents wird uns diese nicht leichte Kost serviert, aber vielleicht wagen wir mit offenem Herzen einen weiten Blick auf das Ganze und es gelingt, im fairen Wettstreit um die beste Idee für unsere Zukunft, dem Mittelpunkt ein Stück näher zu kommen.

BEATE GILLES

Gott, werde uns zur Mitte des Lebens.

Neue Verhältnisse

Die starken Bilder des Jesaja-Textes passen vielleicht auf den ersten Blick nicht so richtig in den Advent; verbinden wir doch diese Zeit eher mit leisen Tönen, mit der Erwartung, die noch ganz offen ist auf das, was kommt, mit dem Bild, dass etwas wachsen muss und mit dem vorsichtigen Tasten auf das Neue hin. Da wirken die Aussagen des Jesaja eher wie Paukenschläge. Gott stimmt hier einen Triumphgesang an: Himmel und Erde sollen jubeln, denn sie sind erlöst. Neben der Tonalität kann diese Ansage geradezu irritieren, denn das Volk, dessen Erlösung hier konstatiert wird, befindet sich gerade im babylonischen Exil und die äußere Situation lässt so gar nicht an Erlösung denken. Und auch heute lässt die Situation der Welt weniger diesen Jubel anstimmen. Als Christinnen und Christen denken wir die Erlösung vielleicht auch zu sehr vom Himmel her und damit in die Zukunft hinein, so dass die Erlösung die Sehnsucht, nicht aber der Ausgangspunkt ist.

Aber genau hier liegt der Schlüssel. Weil Gott die Welt erschaffen hat, ist sie immer schon erlöst »und siehe, es war sehr gut« (Gen 1,31). Schöpfung ist nicht nur ein Akt des Werdens, sondern ein Zustand des Seins; und auch die Unfähigkeit und Sünde des Menschen kann hier keinen nachhaltigen Schaden anrichten, sondern löst sich auf wie ein Nebel.

Jesaja zeichnet damit den Grund, auf dem, und den Rahmen, in dem sich dann das Drama des Lebens vollzieht. Denn natürlich ignoriert er nicht die Bedrängnis des Volkes, hat die Zerstörung des Tempels vor Augen, fordert die Umkehr des Menschen und träumt die freie und wiedererrichtete Stadt Jerusalem. Aber als Geschöpf Gottes ist der Ausgangspunkt für dieses Neuwerden ein kraftvoller und gesegneter.

Wie anders ist ein adventlicher Blick auf unsere Welt, wenn Erlösung keine Zukunftsmusik ist, sondern die Quelle unseres Seins. Vielleicht entdecken wir, dass unser Kraftpotenzial heute schon größer ist und mehr möglich ist, als wir dachten. Und dass diese Kraft auch in einem kleinen, wehrlosen Kind liegt, ist dann eine andere Facette der gleichen Geschichte.

BEATE GILLES

Du, unser Gott, lehre uns adventlich blicken.

Herr der Herren

Der Satz, »Tauet Himmel …«, ist die Botschaft des Advents in einem Satz. Wir warten im Advent auf die Ankunft des Gerechten, und wenn ein Gedanke zwischen dem Alten und Neuen Testament nicht an Bedeutung verloren hat, dann ist es die Einsicht, dass die Welt erlösungsbedürftig ist. Es ist klar, dass die Welt und der Mensch allein hierzu nicht die Kraft entfalten können, sondern die Rettung muss buchstäblich vom Himmel fallen. Das ist aber nur die eine Seite der Medaille. Die zweite ist die Bewegung von der Erde her. Die Erde muss sich öffnen, damit die Saat aufgenommen werden und wachsen kann. Das gilt für den Kreislauf von Säen, Wachsen und Ernten; das gilt natürlich auch im übertragenen Sinne für alles Handeln.

Seine Kraft entfaltet es im Zusammenspiel. Weder das Handeln Gottes noch die Bemühungen des Menschen stehen alleine, sondern indem der Mensch das Angebot Gottes an- und aufnimmt, entfaltet es Wirkung.

Und genau von diesem Zusammenspiel zwischen Gott und Mensch erzählt Jesaja. Der Perserkönig Kyrus ist im 6. Jahrhundert v. Chr. ein neuer Herrscher, der das Machtgefüge durch einen sehr erfolgreichen Feldzug verändert. Für das Volk Israel, das im Exil in Babylon lebt, bedeutet die neue Herrschaft die Möglichkeit, nach Jerusalem zurückzukehren. Aber die Kraft zu diesem Durchbruch ist eben nicht nur die menschliche Stärke, sondern Gott ist es, die Kraft verleiht und die Türen öffnet.

Allerdings gibt es in dieser Erzählung noch einen kleinen Haken, den der Text nicht auflöst. Denn der Feldherr Kyros kennt den Gott Israels gar nicht; er wird ohne sein Wissen als Gesalbter bezeichnet und leitet seine Erfolge selbst nicht von der Begleitung Gottes ab. Leider wissen wir nicht, ob Kyros diese Rede je gehört und wie sie auf ihn gewirkt hat. Ob er sie als Vereinnahmung und Anmaßung empfunden hat oder ihm ein Licht aufgegangen ist.

In einer Gesellschaft, in der die Rede von Gott immer weniger selbstverständlich ist und auch in der Situation, dass wir Menschen denken, alles im Griff zu haben, gibt uns dieser Text vielleicht einen interessanten Denkanstoß.

BEATE GILLES

Du, unser Gott, sei auch heute mächtig.

Gebrochene Gefäße – erwartetes Heil

Eine Scherbe – ein Stück gebrannter Ton mit scharfer Bruchkante: Sie kann verletzen. Und das Gefäß, zu dem sie gehörte, ist selbst verletzt, gebrochen: ein Gefäß, das jeden Halt verloren hat. Kaum erkennt man die kunstvolle Hand des Töpfers: Die Form, die es hatte; die schöne Glasur, die Verzierungen vielleicht; und gewiss erkennt man nur wenig von dem eigentlichen Sinn des Gefäßes – es bleibt nur noch die Scherbe.

Jesaja vergleicht mich, mein Leben, mit so einer Scherbe. Das tut weh – denn es weckt Erinnerungen. Ich habe mich so gefühlt in meinem Leben: verletzt, geschlagen, kaputt. Vielleicht fühle ich es auch jetzt, in diesem Moment. Es tut weh, den eigenen Sinn nicht mehr zu erkennen.

An wen sollte ich mich wenden mit meiner Trauer, wenn nicht an Gott? »Wieso nur ist es so – wieso muss ich so etwas erleben?« Aber Jesaja sagt: »Wehe!« Und das tut fast noch mehr weh – wieso darf ich denn Gott nicht klagen – oder auch anklagen?

Doch: Ich klage. Denn es ist mir »wehe« ums Herz. Und mitten darin – ist Gott da. Und breitet den Himmel über mir aus. Gott wird nicht in Donner und Blitz meine Fragen beantworten – aber Gottes Gegenwart wird sich dennoch erweisen: im Verborgenen.

Stück um Stück wird mein Leben, werde ich selbst wieder zusammengesetzt: Alle Scherben werden sorgsam aufgesammelt und liebevoll zusammengefügt. Mein Wesen wird bewahrt, meine Form kehrt zurück, und ich werde auch meinen Sinn wiederfinden: Denn mein Schöpfer, die große Trostkraft, mein Heil wird mich retten. Auch dann, wenn ich hadere, nicht verstehe.

Und einmal – stehe ich wieder aufrecht. Die Narben wird man erkennen, die Bruchstellen werde ich behalten. Aber die Scherben werden mit goldenen Fäden verbunden sein. Und ich – bin ich. Ganz. Gerettet. Heil.

HEIDRUN VIEHWEG

Schöpfer meines Lebens – bewahre mich in schweren Zeiten. Sieh meine Zerrissenheit, füge mein bruchstückhaftes Leben zusammen und schenke mir Heil.

Die Suche

Der Rabbi sitzt am Tisch und sinnt über der Heiligen Schrift: Auf der Suche nach Gott bewegt er die Worte im Herzen.

Plötzlich wird die Stille des Studierzimmers empfindlich gestört: Die kleine Enkelin kommt hereingerannt, voller Tränen, ganz aufgelöst. Der Großvater nimmt sie in den Arm, hält das schluchzende Kind eine Zeitlang. Als sich die Kleine beruhigt, fragt er sie: »Was ist denn nur geschehen?« Das Mädchen erzählt: »Ich habe mit meinen Freunden Verstecken gespielt. Und ich hatte das beste aller Verstecke – es war wunderbar! Ich habe mich ganz klein gemacht und gewartet. Ich habe mich gefreut. Ich war so aufgeregt. Und die anderen fanden mich wirklich nicht. Ich habe gewartet. Und gewartet. Und dann – habe ich geschaut: Da suchte keiner mehr. Sie sind alle weggegangen. Sie spielen schon lange etwas anderes – sie haben mich gar nicht gesucht!«

Das Mädchen fängt wieder an zu weinen – und der Rabbi nun mit ihr. Das Kind schaut ihn an: »Warum weinst du denn nun, Opa?« »Liebes Kind – ich verstehe deinen Schmerz so gut. Und ich dachte gerade bei mir: Was, wenn Gott ebenso fühlt? Wenn Gott verzweifelt wäre: Weil er sich auf uns freut – aber wir alle weggehen. Und keiner nach Gott sucht?« (nach einer chassidischen Geschichte)

Gott hat Himmel und Erde geschaffen, mit Leben erfüllt, mich in die gesegnete Schöpfung gestellt. Um mich herum begegnet mir Gottes Größe, jeden Tag: in den wunderbaren Schöpfungsgaben, in den Menschen um mich und immer wieder in Gottes Wort. Ich selbst habe es oft erfahren, wie unsagbar heilsam es ist, über seinem Wort nachzusinnen, mit einem Bibelvers durch den Tag zu gehen, Gottes Gegenwart zu erahnen. Wieso gelingt es mir nicht öfter?

Lassen Sie uns heute durch den Tag gehen mit dem Vers: »Im HERRN habe ich Gerechtigkeit und Stärke.« Gott wird sich finden lassen – jeden Tag neu und immer anders. Ich freue mich darauf, Gott zu suchen – und Gott freut sich auf mich.

HEIDRUN VIEHWEG

Schöpfer des Himmels und der Erde, mein Schöpfer: Lass nicht zu, dass der Alltag meinen Blick trübt; hilf mir, dich zu suchen. Und lass mich dich finden.

Was bleibt?

Es ist der Samstag vor dem dritten Advent. Weil es nicht klar ist, ob sich alle an den Feiertagen sehen, hat sie ein Zoom-Meeting geplant und die Zugangsdaten verschickt. Der Großvater weiß genau, worauf er drücken muss; die Tante brauchte etwas Hilfe; die Kinder wissen eh Bescheid – nur der Kleinste ist etwas unruhig: Bei diesem Programm gibt es gar keine Geschichte – scheint's.

Während alle reden und sie die vielen Gesichter auf dem Computer sieht, passiert es: Die Internetverbindung reißt ab, und sie sieht nur noch das eingefrorene Bild. Keine redet mehr, keiner bewegt sich. Sie schaut auf den Computer.

Da ist der Großvater. Obwohl er schon ganz weiße Haare hat – in seinem Herz ist kein graues Haar. Er hat große Pläne. »Jeden Tag nutzen«, das ist sein Motto. Die Tante wirkt müde. Sie hat viel durchgemacht in diesem Jahr, ihr Mann starb, sie lebt nun allein. Sie hat wenig geredet in den letzten Wochen, jedes Wort scheint sie anzustrengen. Die Jugend plapperte durcheinander: von Studium und Schule, Ausbildung und Reiseplänen. Der Kleine war eben nur ab und zu im Bild – er wollte lieber Roller fahren und findet solche Treffen per »Video-Telefon« langweilig.

Sie schaut auf die Gesichter: voller Freude die einen, müde die anderen. Der Kleine gelangweilt, die Tante traurig – ihr eigenes Gesicht ist das einzige, das sich noch bewegt. Sie schaut sich selbst fragend an: Dies Jahr ging zu Ende und hat die Fülle des Lebens für ihre Familie gebracht. Es gab manches Tal zu durchkämpfen, und auch viele Sonnenmomente. Abschiede, Neuanfänge, Sicherheiten und Fragen. Und das war nur ein Jahr von so vielen. Jedes Jahr kommt schneller, geht schneller. Und ganz deutlich sieht sie auch die grauen Strähnen in ihrem Haar.

In ihrem Herzen fühlt sie Wehmut, Dankbarkeit, Trauer auch – aber vor allem ist da ein Gedanke: Ich bin nicht allein, Gott sei Dank. Denn Gott verspricht: »Bis in euer Alter bin ich derselbe, und ich will euch tragen, bis ihr grau werdet.«

HEIDRUN VIEHWEG

Gott, dir vertraue ich. Ich lasse mich fallen – trage du mich.

Alles gut!?

Alles gut! Das sagen wir schnell und häufig, um unser Gegenüber zu beruhigen. Zumeist ist aber keineswegs alles gut.

Israel hatte gehofft, dass alles gut würde, wenn Gott sie aus der Gefangenschaft befreite. Und nun müssen sie erleben, wie armselig und mühsam ihr Leben verläuft. Nichts vom früheren Wohlstand ist zu spüren. Mit ihrer Enttäuschung wenden sie sich an Gott. Sie lassen es nicht an Dankbarkeit fehlen, dafür, dass er ihr Geschick gewendet hat. Aber ein echter Neustart müsste doch anders aussehen. Ist Gott ihnen denn noch böse?

Sie legen ihre offenen Fragen Gott vor und bitten ihn dringend um Antwort. Gott versagt sie ihnen nicht. Ein prophetischer Sprecher Gottes übermittelt ihnen, was er vernommen hat. Ihnen wird eine Zeit verheißen, in der sich die Sehnsucht nach einem heilen Leben erfüllt. Sie beginnt mit einer wunderbaren »Hochzeit«: Recht und Frieden gehen einen Bund ein, sie küssen sich! Statt Mangel breitet sich Frieden, die Fülle des Schalom, aus. Statt ungerechten Verhältnissen triumphiert das Recht.

Da berühren sich Himmel und Erde: Vom Himmel schickt Gott Gerechtigkeit aus wie Sonnenwärme; von der Erde her kommt ihm dankbarer Glaube entgegen wie keimende Saat. Ein Friedensreich wird verheißen entsprechend dem Reich, das im »Adventskapitel« Jesaja 11 mit aufregenden Bildern ausgemalt ist.

Und heute, im Advent des Jahres 2023? Ist alles gut? Wir freuen uns ja, dass der Friedenskönig Jesus Christus zu uns gekommen ist. Und wir leiden doch unter der Friedlosigkeit in unserer Welt, wir hungern nach Gerechtigkeit.

Unser Sonntagspsalm ermutigt uns, uns nicht abzufinden damit, wie die Dinge nun mal stehen. Er lässt uns rufen, suchen, fragen, und unsere Sehnsucht wach halten, dass Gott wirklich alles gut machen wird. Dann gehören wir zu denen, die Jesus seligpreist und denen er seine neue Welt verspricht (Mt 5,3–10).

ANNEGRET AHRENS

O komm, o komm, du Morgenstern, lass dich uns schauen, unsern Herrn. Vertreib das Dunkel unsrer Nacht durch deines klaren Lichts Pracht!

Der Mut, ich selbst zu sein

Theologisch ist es eine offene Frage, welches »Ich« unser heutiger Text mit dem »Gottesknecht« identifiziert: dem Volk Israel, dem Propheten oder dem Messias? Und wer heute? Im letzten Jahr, am 24. Januar 2022 haben sich 125 Queere, katholische Personen, die für die katholische Kirche arbeiten oder auf dem Weg dahin sind, gemeinsam geoutet (queer = einer anderen als der heterosexuellen Geschlechtsidentität zugehörig, Anm. d. Red.). Sie haben damit alle sowohl ihren Job als auch eine Welle an Hass riskiert. Ihr Mut zu sich selbst und zu dem, wie G*tt sie geschaffen hat, zu stehen, war so unendlich groß, dass ich sofort an sie denken musste, als ich die Zeilen der Bibel des heutigen Tages las. Das Bekenntnis zu sich selbst, egal wie groß der Widerstand auch sein könnte, ist ein Bekenntnis zu G*tt, die mich im Mutterleib geschaffen und dort schon ihre Pläne mit mir ausgeheckt hat. G*tt, die mir mein Talent geschenkt hat. Zum Beispeil das Talent, die richtigen Worte zu finden und sie einzusetzen, auch wenn sie nicht jede*r hören will. Zu mir selbst zu stehen ist ein Bekenntnis dazu, dass G*tt mit mir keinen Fehler gemacht hat, sondern mich genauso geschaffen hat, wie sie es wollte. Weil sie glaubt, dass ich ein Licht in dieser Welt sein kann. Ein Licht, das so hell scheint, dass es alle anderen Lichter und Leben um mich herum erhellen kann. Aber so hell kann ich nur scheinen, wenn ich ich selbst bin, wenn ich zu mir stehe, so wie G*tt mich im Mutterleib geschaffen hat. Wenn ich mutig auf den lauten Ruf: »Zeigt euch!« reagiere und mich der Welt zeige. Wenn ich darauf vertraue, dass Gott mich – so wie ich bin – auf den richtigen Weg führt. Mich mit meinem wahren Ich, das nach Gottes Plan geschaffen ist.

LISA QUARCH

Du mein G*tt, ich bitte dich, schenk mir den Mut so zu sein, wie ich bin. Manchmal ist das das Schwerste überhaupt. Aber ich glaube, nur wenn ich es immer wieder versuche und mich immer wieder traue, kann ich dein*e Knecht*in sein. Nur dann kann ich mich ganz für dich und für andere einsetzen. Danke, dass du mich so geschaffen hast, dass ich ein Licht sein kann, hilf du mir dabei.

Du lässt blühen, wo ich verbrannte Erde glaubte

Es gibt da diese Orte in meinem Leben. Diese Orte in dem Leben der Menschen, um mich herum. Diese Orte in den Herzen der Menschen, die ich liebe. Diese Orte in den Herzen der Menschen, mit denen ich spreche. Dieser Orte, die verbrannte Erde sind. Orte, wo die Hoffnung an etwas aufgegeben wurde. Vielleicht ist das der Ort, wo mir als Kind jemand gesagt hat, dass ich zu dick bin. Vielleicht ist das der Ort, wo ich nicht ernst genommen wurde, als ich erzählt habe, dass ich mich verliebt habe. Und zwar in jemand anderen, als von mir erwartet wurde. Vielleicht ist das der Ort, wo ich ausgelacht wurde, als ich versucht habe, eine Turnübung zu machen. Vielleicht ist das der Ort, an dem ich verstoßen wurde, als ich erzählt habe, ich bin anders, als du von mir denkst. Vielleicht ist das der Ort, als mein »Nein« ignoriert wurde. Als meine Grenzen egal waren. Vielleicht ist das der Ort, an dem ich nicht eingeladen worden bin. Vielleicht ist das aber auch der Ort, an dem ich eine Grenze ignoriert habe, an dem ich über dich gelacht habe, an dem ich dich nicht ernst genommen habe, an dem ich von dir erwartet habe zu sein, wer du nicht bist und mich jeden Tag schlecht dafür fühle. Verbrannte Erde. Vertrocknetes Land. Vergessenes Land. Verbrannte Teile (Anteile?) von mir. Vertrocknete Teile von mir. Vergessenes Ich. Vergessen – bis ich gerettet werde. Vergessen – bis ich gefunden bin. Erkennen, dass ich nie verloren war.

LISA QUARCH

Du, mein G*tt, lässt Neues wachsen, wo ich verbrannte Erde glaubte. Du lässt an mir die Wunder geschehen, von denen in der Bibel erzählt wird, auch wenn es mir erst fast unmöglich erscheint. Du hast versprochen, dass Land, das vertrocknet ist, nicht vertrocknet bleiben wird. Und so vertraue ich dir und lasse mich von dir neu machen, denn du lässt Blüten aufgehen an Orten, die ich schon vergessen hatte. Du machst mich wieder bunt.

#popupJesus

In der 2022 erschienen SWR-Dokumentation »Pop Up Jesus – Kirche aber anders« erzählen unterschiedliche Menschen aus der evangelischen und katholischen Kirche davon, von welcher Kirche sie träumen, was für eine Kirche sie sich wünschen und an welcher Kirche sie bauen. Auch dabei ist die Berliner Pfarrerin Lena Müller. Einer ihrer Gottesdienste wird gefilmt. In der Doku sieht man, wie Lena von der Kanzel einen Text aus der Bibel kritisch dahingehend einordnet, dass der Text aus einer rein männlichen und machtvollen Position heraus geschrieben ist. Dabei erwähnt sie nicht nur das Fehlen einer weiblichen Perspektive, sondern auch das Fehlen einer nicht binären und queeren Perspektive (nicht binär = nicht (nur) männlich oder weiblich, Anm. d. Red.). Dafür schlägt ihr nach der Ausstrahlung eine große Welle an Hass entgegen. Hass, der wehtut. Aber Lena bleibt sich sicher, dass ihr Weg, der Weg, sich für sichere und liebevolle Räume einzusetzen, der richtige Weg ist. Damit macht sie nichts anderes als das, was in der Bibelstelle des heutigen Tages beschrieben ist. Obwohl der Hass kommt, bleibt auch das Vertrauen in G*tt und die Sicherheit, dass G*tt da ist und kämpft. Nicht locker lässt. Nicht einfach weg geht, sondern auf dem gewählten Weg begleitet. Auf dem Weg, der sich solidarisch mit Unterdrückten zeigt.

Der Weg, der standhaft bleibt.

Der Weg der Mutigen und G*ttvertrauenden.

G*tt ist bei allen, die Hass erfahren, wenn sie sich für andere einsetzen, und deswegen lassen sie sich nicht einschüchtern. Gott ist nahe und setzt die Liebe durch.

LISA QARCH

Du, mein G*tt, du meine Kriegerin, ich bitte dich, steh für mich ein. Mache mich stark. Besonders in den Momenten, in denen ich mutig für dich, für Andere und für mich eingestanden bin und danach keinen Applaus bekommen habe, sondern ausgebuht worden bin, Hass und Hohn auf mich prallten. Ich bitte dich, setz dich weiter für mich ein.

Hört her!

Der Glaube kommt aus dem Hören. Ebenso die Hoffnung. Und die Gerechtigkeit. Gleich dreimal fordert der zweite Jesaja zum Hören auf. Mit einer Gottesrede wendet er sich an sein Volk in babylonischer Gefangenschaft, fernab der Heimat. Es soll merken: Gott hat euch nicht vergessen. Gott selbst meldet sich zu Wort. Nach einem verlorenen Krieg sind noch immer große Teile des Volkes Israel im erzwungenen Exil. Voller Sehnsucht warten die Verbannten auf Heimkehr. Warten, dass ihre Zeit der Strafe vorbei ist. Aber während sie die Augen auf den Boden richten, ist der Himmel schon weit geöffnet. Sie haben genug gebüßt. Für Israel soll eine neue Zeit beginnen.

Der Glaube kommt aus dem Hören. Und tatsächlich hören die Getreuen: Gott will sie trösten. Er will sie zu Bausteinen seiner Gerechtigkeit machen. Abraham ist Bürge für die bleibende Erwählung Israels. Er ist Vorbild eines Gottvertrauens, das sich von düsteren Erfahrungen nicht beirren lässt. Im Blick auf ihn können die Verbannten neue Hoffnung auf eine Wiederherstellung schöpfen. Wenn sie der Weisung Gottes vertrauen, wenn sie ihr gehorchen, brauchen sie die Schmähungen ihrer Feinde nicht zu fürchten. Hört mir zu! Schaut her! Merkt auf! Hebt eure Augen auf! So viele Imperative. Aus dem Hören folgt das Gehorchen. Beides hat den gleichen Wortstamm. Nur wenn das Hören Folgen hat, kann Israel zum Baustein der Gerechtigkeit werden, die Gott aufrichten wird.

Ebenso in dunkler Zeit formulierte die Synode der Bekennenden Kirche 1934 in Barmen eine Theologische Erklärung. In der ersten These wird der prophetische Dreischritt »Hören, Vertrauen, Gehorchen« aktualisiert: »Jesus Christus, wie er uns in der Heiligen Schrift bezeugt wird, ist das eine Wort Gottes, das wir zu hören, dem wir im Leben und im Sterben zu vertrauen und zu gehorchen haben.« Für die Evangelische Kirche ist dies bis heute Grundlage des Glaubens, der Hoffnung und der Liebe Gottes zu seiner Welt.

KLAUS EBERL

Gott, ich bitte dich, gib mir Ohren, die dein Wort hören. Augen, die die Welt sehen, wie sie ist. Hände, die helfen. Und ein Herz, das dir gehorcht und die Menschen liebt.

Merkt auf!

»Wach auf, wach auf!« Der Prophet schreit um Hilfe. Um Hilfe für sich und das Volk Gottes. Am Ufer des Eufrat warten sie auf Heimkehr, die Kriegsgefangenen aus Israel. Ihr Mut ist auf den Nullpunkt gesunken. Die Gefährten, die sich um den Propheten, den zweiten Jesaja, scharen, sind voller Heimweh nach Jerusalem. All ihre Träume sind auf die Stadt gerichtet, die das geographische Zentrum ihres Glaubens ist. Sie wollen »heimkehren und nach Zion kommen mit Jauchzen«.

Der Prophet schreit um Hilfe. Aber wird er gehört? Im ersten Moment klingt sein Schreien wie der verzweifelte Versuch, einen schlafenden Gott zum Eingreifen zu bewegen. Ihn an seine Macht und Stärke zu erinnern. Aber sein Weckruf hat andere Gründe. Schlafend ist nicht Gott, sondern das Volk Gottes. Einige haben sich eingerichtet im Exil Babylons. Haben sich gewöhnt an Hunger und Entbehrung. Haben sich klein gemacht aus Angst vor den Machthabern. Viele haben ihre Träume längst begraben und mit ihnen einen Gott, dem offenbar die Welt und das Schicksal seines Volkes egal sind.

Deshalb schreit der Prophet die heilsame Erinnerung an Gottes Schöpfungstat und sein befreiendes und bewahrendes Handeln in der Geschichte Israels heraus. Nicht Gott muss daran erinnert werden, sondern das Volk. Der Hilferuf trifft auf einen Gott, der nicht schläft, sondern tröstet. Der nicht stumm ist, sondern spricht. Der nicht abwesend ist, sondern sein Volk heimführt.

»God is still speaking«, lautet ein Motto der UCC in den Vereinigten Staaten. Gott spricht noch immer. Und er handelt noch immer. Manchmal benutzt er dazu große oder kleine Propheten. Manchmal Menschen, die sich in seinen Dienst stellen oder es selbst gar nicht merken. Jeder kann das ausprobieren.

KLAUS EBERL

0800 111 0 111 Freecall. Das Gespräch ist frei und macht auch frei. Ich red jetzt los und du hörst zu. Gott. Oder wer auch immer am Ende der Leitung. Alles leg ich in dein Ohr und in dein Herz. Nimmst weg den Kummer und den Gram. Die Schuld und alles Zagen. Gibst wieder mir den sich'ren Schritt. Wer bist du denn, dem ich vertrau'. Der Boden gibt unter die Füße. Der Liebe gibt, auf die ich bau.

Freudenbotschaft!

Alles wird gut! Überschwänglich rühmt der zweite Jesaja die Stadt Jerusalem, Ort der Sehnsucht aller Deportierten im babylonischen Exil. Der Zug der Freiheit ist nicht mehr aufzuhalten. Die Tyrannei hat ein Ende. So wie damals, als Gott sein Volk aus dem Sklavenhaus Ägyptens befreite. Der Prophet, der so viel Leid erlebt hat, ist kaum zu bremsen. Gutes predigen, Heil verkündigen! Endlich kann er sich als Freuden- und Friedensbote erweisen! Denn Gott regiert die Welt.

Dabei gibt es noch gar nicht viel zu bejubeln. Das Exil dauert schon mehr als vierzig Jahre. Und der Tempel, das tut besonders weh, liegt in Schutt und Asche. Jerusalem, die stolze Stadt, ist nur noch ein Schatten ihrer selbst. Den Exilierten geht es nicht anders. Der Enthusiasmus des Propheten trifft auf müde und depressiv gewordene Menschen, die das Hoffen verlernt haben. Jesaja rüttelt die traumlosen Gefährten auf, indem er ihre tiefste Sehnsucht berührt: Rückkehr in die Heimat. Heimkehr zu Gott. Gewiss, die Trümmer sind da. Es wartet viel Arbeit auf die Heimkehrenden. Aber Gott ist da. Er will sich finden lassen. Und tatsächlich: Die Deportierten kehren heim, der Tempel wird wieder aufgebaut. Alles gut? Nein, schon bald bestimmen Unfriede, Schuld und Leid wieder die Tagesordnung. So ist die Welt, in der wir leben. Der Enthusiasmus des Propheten ist wieder bitter nötig.

Die Freudenbotschaft Jesajas wird regelmäßig in der Adventszeit zitiert. Auch in den Tagen vor Weihnachten sind viele unterwegs, um heimzukehren. Um etwas zu finden, wonach sie sich schon lange sehnen: Geborgenheit, Frieden, Einklang mit sich selbst, mit anderen, mit Gott. Gut zu wissen, dass Heimat nicht nur der Ort ist, aus dem wir kommen, sondern wohin wir unterwegs sind. Ob wir ankommen? Alles wird gut, wenn Gott uns entgegenkommt.

KLAUS EBERL

Gott, sag ja zu mir, wenn alles gegen mich spricht. Ich laufe in der Spur der Hoffnung, die du gezogen hast. Ich trau deiner Liebe mehr als dem Scheitern. Dem Recht mehr als der Willkür. Dem Frieden mehr als dem Krieg. Dem Ja mehr als dem Nein. Gott, sag Ja zu mir.

Ehre sei Gott in der Höhe

Ein Psalm, ausgesucht für den Heiligen Abend, der in diesem Jahr auf einen Sonntag fällt. Er lässt sich gut »weihnachtlich« auslegen. Klingt Ihnen nicht gleich beim ersten Vers das »Ehre sei Gott in der Höhe« in den Ohren, das die Engel auf Betlehems Feldern sangen?

Ja, um Gottes Ehre geht es auch in diesem Psalm. Die jüdische Gemeinde sorgt sich um Gottes Ruf. Sie sehen ihn verunglimpft durch ihre heidnischen Nachbarn. Deshalb flehen sie ihn an, er möge doch seinen Namen wieder zu Ehren zu bringen.

Aber sie beginnen auch selbst für ihn zu kämpfen. Auf den Spott der anderen reagieren sie offensiv. Zunächst einmal höhnen sie kräftig zurück. Sie nehmen deren toten Götzenfiguren aufs Korn und untersuchen sie von Kopf bis Fuß. Was ergibt der Test? Die können ja gar nichts: nicht sehen, nicht hören, nicht riechen! Fazit: Wer ein goldüberzogenes Stück Holz verehrt, ist genauso dumm wie sein Produkt.

Aber vor allem bezeugen die jüdischen Gläubigen die überlegene Macht ihres lebendigen Gottes: »Unser Gott ist im Himmel. Er kann tun, was er will!« Und sie bezeugen Hilfe und Schutz, die sie durch Gott immer wieder erfahren haben: »Gott denkt an uns und segnet uns!«

Wie steht es um die Ehre Gottes bei unserer Art, Weihnachten zu feiern? Wo bleibt diese Ehre, wenn sich allerlei nette oder kitschige »Figuren« in den Vordergrund schieben? Wenn alles sich nur noch um uns dreht und unsere Heile-Welt-Romantik?

Lassen Sie uns als Christen, wie die Gläubigen damals, bezeugen, dass der lebendige und barmherzige Gott an uns gedacht hat. ER ist selbst in seinem Sohn zu uns auf die Erde gekommen, er ist nicht länger unsichtbar im Himmel geblieben.

Diesen Gott sollen alle, die an ihn glauben, aus vollem Herzen loben. Alle, die ihn lieben, sollen als großer, vielstimmiger Chor gegen Spott und Unwissenheit ansingen an diesem Christfest 2023!

ANNEGRET AHRENS

Kommt und lasst uns Christum ehren, Herz und Sinnen zu ihm kehren, singet fröhlich, lasst euch hören, wertes Volk der Christenheit!

Einführung zum Lukasevangelium Seite 395 ff

Freude, Freude über Freude

Sie ist »guter Hoffnung« und ich stimme mit ein in Marias Freudenlied. Am Geburtsfest Jesu nehme ich es heute als gegeben, dass die junge Frau den Sohn Gottes vom Heiligen Geist empfängt, austrägt und auf die Welt bringt. Heute will ich mitstaunen über Gottes Heilsgeschichte.

Sie lobt mit Worten, die sie aus der Schrift kennt. Die Motive ihrer Bibel verbindet sie mit dem, was ihr der Engel ankündigte, mit dem was ihr »geschehen« ist und mit dem, was der Gruß ihrer Verwandten Elisabeth aussagt.

Maria singt ein freudiges Loblied auf Gott. Auf das, was Gott tut – an ihr, an Israel und für alle, die ihn fürchten und sich vor ihm beugen. Ich will in meiner Weihnachtsfreude mit Maria singen. Ihr Lied soll mich inspirieren. Ich stimme mit ein und freue mich über Gott, der so ist, der so handelt, der zu uns kommt.

Die Gegensätze, die sie anklingen lässt, finde ich auch in meiner Welt: Gottesfurcht und Überheblichkeit, Machthaber und Unbedeutende, Hungrige und Reiche. Wie sollte ich das ausblenden? Wenn nun Gott zu uns kommt, besinne ich mich, wo ich in diesen Spannungsfeldern stehe. Was kann ich tun, damit mehr Menschen auf die »weihnachtliche« Seite finden, auf der Gottes Wohlgefallen ruht?

Ich begebe mich auf die Spur des Handelns Gottes. Von Weihnachten bis Ostern. Weiter: von den Vätern und Müttern Israels bis zu den Nachkommen; vom Schöpfer bis zum Vater im Himmel. Ich lobe seine Macht und Heiligkeit. Ich preise seine Barmherzigkeit und Treue.

Ich bin in dieser Geschichte Gottes nicht ausgeschlossen. Am Geburtsfest Jesu stehe ich mit drinnen – und an jedem Tag, an dem Christus bei mir ist. Ich kann mich freuen, Gott hat viel an uns getan.

ROLAND SCHARFENBERG

»Siehe, siehe, meine Seele, wie dein Heiland kommt zu dir.« Du, Herr, kommst herab zu uns Niedrigen. Ich beuge mich zu dir. Du erfüllst, was du geredet hast. Du erfüllst uns mit deiner Barmherzigkeit. Ich erhebe dich. »Freuet euch mit großem Schalle, dass er uns so hoch geacht'.«

O du mein Trost und süßes Hoffen

Am zweiten Weihnachtsfeiertag stimme ich in Simeons Lobpreis ein. Wörtlich heißt es, er »sagte Gutes« an die Adresse Gottes. Das Gute erkennt er, als er dem Säugling Jesus begegnet. Er sehnte sich, dass sich die Heilsankündigung Gottes erfüllt. Gott sagte ihm zu, er werde noch vor seinem Tod den Christus des Herrn sehen. Jetzt ist es so weit!

Simeon war gottesfürchtig und ließ sich vom Heiligen Geist leiten. Er vertraute den alten Gottesworten der Heiligen Schrift und er ließ sich im Alltag vom Geist führen. So begegnet er im Tempel Maria und Josef und nimmt ihnen das Baby aus dem Arm. Im Jesuskind findet er Gottes Zusage für sich erfüllt. Für sich persönlich, und weit darüber hinaus auch für Israel und alle Völker, denn »der Herr hat offenbart seinen heiligen Arm vor den Augen aller Völker, dass aller Welt Enden sehen das Heil unseres Gottes.« (Jes 52,10)

Mit Simeon vergegenwärtige ich mir heute, wer an Weihnachten geboren ist: der, den Gott gesandt hat, damit alle Menschen gerettet werden und das Heil finden. Bei ihm, Jesus, finde auch ich meinen Frieden mit Gott und in dieser Welt. Wie gut, dass Christus mir Licht bis hinein in den Schwarzwald bringt. Er enthüllt, nimmt die Decke weg und erleuchtet mein Herz mit dem Glanz der Gegenwart Gottes.

Auf diesen Trost wartete Simeon (V. 20) wie das Volk Israel. Auf den Trost, »dass ihre Knechtschaft ein Ende hat, dass ihre Schuld vergeben ist« (Jes 40,1+2).

Simeon singt mir vor, dass Licht und Trost bei Jesus zu finden sind. Auch mich lehrt Gottes Wort, dass Gott den Christus zu uns sendet. Auch mir zeigt der Heilige Geist, dass Jesus als Heiland zu mir kommt.

Ich will mich neu auf den Weg machen, bei Jesus meinen Frieden mit Gott zu finden und meine getroste Zuversicht im Leben und im Sterben.

ROLAND SCHARFENBERG

O du mein Trost und süßes Hoffen, lass mich nicht länger meiner Pein; mein Herz und Seele sind dir offen, o Jesu, ziehe bei mir ein! Du Himmelslust, du Erdenwonne, du Gott und Mensch, du Morgenglanz, ach komm, du teure Gnadensonne, durchleuchte meine Seele ganz!

Der Maßstab der Menschheit – seht: der Mensch

Dieses vierte Lied vom leidenden und dann verstorbenen Gottesknecht hat wie kein anderer Text des Ersten Testaments den Horizont für die Deutung des Leidens und des Todes des Jesus von Nazareth gestellt. Das vierte Gottesknechtslied wurde die Blaupause für die Karfreitagsszene. Der gering Geachtete wird zum Maßstab der Menschheit. Der Allerverachtetste, der Unwerteste, vor dem man das Gesicht verbarg, wenn man ihn sah, wurde zum Kern eines neuen Anfangs für viele.

In der Rückschau deutet eine Gruppe, ein »Wir«, den Tod des gemarterten und geschändeten Gottesknechts auf vielerlei Weise.

»Wir« haben die Bedeutung des Gottesknechts zu seinen Lebzeiten nicht verstanden.

»Wir« haben den verachtet, der unser Garant für Befreiung und Erlösung ist.

»Wir« haben nicht verstanden, dass er für »uns« gelitten hat.

»Wir« hielten ihn für einen der von Gott geschlagen ist, dabei hat der Gottesknecht stellvertretend für »uns« gelitten.

Er hat »unsere« Strafe auf sich genommen und durch seine Wunden sind »Wir« geheilt.

Es liegt im Dunkeln, von wem dieser Text handelt. Wer ist der Gottesknecht im Zeitkontext des Jesaja? Ist es der Prophet selbst? Handelt der Text vom Volk Israel? Ist das ganze Volk dieses »Wir« oder nur die, denen es immer gut ging?

Bibelforscher haben auf alle diese Fragen, die das berühmte Lied vom Gottesknecht umschweben, keine Antwort. Wir haben nur diesen Text. Und diese alten Worte umhüllen das Leben und den Tod Jesu wie ein Gewand. Als wäre Jesus in das Gewand dieser Worte geschlüpft und habe die ganze Welt, die ganze Menschheit zu einem »Wir« zusammengeführt. Aus dem »Seht welch ein Mensch« wurde das »Seht, der Mensch«!

Eine neue Sicht auf die Welt wird hier geboren, eine neue Bedeutung des Leides erkannt.

JOHANNA HABERER

Ich will hier bei dir stehen, verachte mich doch nicht! Von dir will ich nicht gehen, wenn dir dein Herze bricht: Wenn dein Herz wird erblassen im letzten Todesstoß: Alsdann will ich dich fassen, in meinem Arm und Schoss.

Heilung statt Sühne

Wer auch immer hier angesprochen wird, dieser Abschnitt aus dem zweiten Jesaja, diesem anonymen Autor, hat in der Christenheit die Vorstellung vom Tod Jesu als einen Sühne-Tod für die Sünden der Vielen geformt.

Einer wird geschlagen für die Sünden der Vielen. Das ist eine Gedankenfigur, die eine unselige, aber unglaublich nachhaltige Wirkung in der christlichen Geistesgeschichte erhalten hat. Es ist Gott selbst, der für die Schuld der Vielen eine Art Racheakt an seinem Knecht vollführt.

»Ein Lämmlein geht und trägt die Schuld« dichtete Paul Gerhardt 1647 und prägte in diesem Lied zur Kommunion ein dauerhaftes Sündenbewusstsein vieler Christen. Jeder Christ, jede Christin fühlt sich – nach dieser Rezeption des Gottesknechtsliedes – lebenslang schuldig am Tod des Gottessohnes.

Diese Denkfigur des Sühnetodes, eines rachsüchtigen Gottes, der Blut sehen will, hat viele Christinnen und Christen an dem christlichen Gott zweifeln und verzweifeln lassen.

Offen bleibt, wer mit dem Gottesknecht gemeint ist. Und für wen es geschrieben ist. Ist es das Volk Israel im Ganzen? Ist es ein König oder ein Prophet? Vermutlich hat der Autor wissentlich offengelassen, wer da angesungen wird.

Es ist an uns, die bleibende Bedeutung dieser Umkehrung der Wahrnehmung menschlichen Erfolgs zu deuten. Wir irren uns, wenn wir die Gezeichneten Verlierer nennen, wir irren uns, wenn wir die Armen, die Gefolterten und Verfolgten dieser Welt für gottverlassen halten.

Zugang zu der Logik Gottes erhalten wir erst, wenn wir beim Anblick des Leidenden Mitleid lernen. Der leidende Knecht Gottes ist ein Bild, mit dem wir eine Position außerhalb unserer Selbst einnehmen. Wir sehen von uns ab. Wir denken uns hinein in einen Menschen, der total ohnmächtig gemacht worden ist. Und wir lernen in der Anschauung des Leidenden Gottes einseitige Liebe kennen, die das Große im Kleinen sieht und das Mächtige im Machtlosen. Und wir lernen dort Heilung unserer Lebensirrtümer.

JOHANNA HABERER

Liebe, die du Kraft und Leben, Licht und Wahrheit, Geist und Wort, Liebe, die sich ganz ergeben, mir zum Heil und Seelenhort: Liebe dir ergeb' ich mich, dein zu bleiben ewiglich.

»Schäme dich nicht!«

Scham ist ein belastendes Gefühl. Jeder von uns kennt es. Man fühlt sich entblößt, ertappt, der Lächerlichkeit preisgegeben oder gar in seiner Würde bedroht, manchmal fast wie gelähmt.

Scham hat verschiedene Gesichter. Sie kann eine Reaktion des Gewissens auf Schuld sein. Jesaja deutet das mit »der Schande deiner Jugend« an. Offenbar hat Israel nicht immer so gelebt, wie es dem Willen Gottes entspricht. Doch hier scheint noch ein anderer Grund eine Rolle zu spielen. Es ist der große Verlust, den dieses Volk in der Fremde erfahren hat. Alles, was ihm bislang Halt und Orientierung gegeben hatte, ist nun dahin: Jerusalem in feindlichen Händen, der Tempel zerstört, der alte Glaube in Frage gestellt. Man kann nur ahnen, wie demütigend die grandios zur Schau gestellte Macht der babylonischen Götter mit ihren Prozessionen auf die Israeliten gewirkt hat.

Seit Babylon haben die Demütigungen in unserer Welt nicht aufgehört. Da wird ein schwacher Schüler von seiner Lehrerin vor der ganzen Klasse vorgeführt. Da wird eine Mitarbeiterin vor versammelter Mannschaft vom Chef »zur Schnecke gemacht«. In den sozialen Medien scheinen Herabwürdigungen anderer Menschen geradezu zum Volkssport geworden zu sein. Nein, man muss nicht in Babylon gelebt haben, um zu wissen, was es mit der Schande der Scham auf sich hat.

Und Jesaja? Er nimmt die Klagen seines Volkes ernst, seine Furcht und seine Scham. Er hört also auf die Menschen. Aber vor allem – er hört auf Gottes Wort: »Es sollen wohl Berge weichen und Hügel hinfallen, aber meine Gnade soll nicht von dir weichen …« Gottes Zusage will Menschen in Bewegung bringen, schenkt ihnen eine unverlierbare Würde.

Welch ermutigende Botschaft. Auch für uns. Ganz gleich, welche Gewissheiten oder Sicherheiten des Lebens wie Hügel oder gar Berge in sich zusammenbrechen – Gottes Zusage seiner Treue wird »nicht hinfallen«. Deshalb: »Schäme dich nicht!«

EDWIN JABS

Barmherziger Gott, deine Gnade befreit mich von der Scham über meine Fehler und meine Unzulänglichkeit. Du stellst meine Füße auf weiten Raum und machst mir Mut, die nötigen Schritte zu wagen.

Höret, so werdet ihr leben!

»Wohlan, alle, die ihr durstig seid, kommt her zum Wasser!« Wasser ist Leben. Jeder von uns trägt eine unauslöschliche Sehnsucht, einen Durst nach Leben in sich. Auch die Israeliten in der babylonischen Gefangenschaft wollen nichts anderes als eben: leben. Doch manche von ihnen haben offensichtlich nur noch das materielle Überleben zum Ziel, denn sie haben ihren Halt, ihre Hoffnung, ja, ihren Gott verloren. Andere laufen den Glücksversprechungen der babylonischen Religionen hinterher.

Aber der Gott Israels, ihr Gott, ist da! Er spricht sie mit der Stimme Jesajas an: »Warum zählt ihr Geld dar für das, was kein Brot ist, und euren sauren Verdienst für das, was nicht satt macht?« Gottes Ruf ändert die Blickrichtung: »Kommt her!« »Hört doch auf mich, so werdet ihr Gutes essen und euch an Köstlichem laben.« Brot, das auch die Seele satt macht, und Wein als Zeichen, dass das Leben ein Fest sein soll.

Hören wir Gottes Ruf?

Es gibt für uns heute eine solche Fülle an Möglichkeiten, dass man sich fast in ihnen verlieren kann. Wasser und Wein in allen Preislagen, Konsumangebote von der neuesten Unterhaltungselektronik bis hin zu den außergewöhnlichsten Erlebnisreisen. Alles wird vermarktet, selbst die Sehnsucht nach Lebendigkeit und Sinn.

Aber ist das, was unser Leben erfüllt, jemals käuflich gewesen? Einen Menschen umarmen, mit Freunden beieinandersitzen, gemeinsam singen, beten, auf Gottes Wort hören? Die Liebe, die ein Mensch mir schenkt? Die Treue eines Menschen, der mir in der Not beisteht? Die Geborgenheit in Gott?

Wir sind nicht geworfen in eine Welt ohne Gott. Er ist da, seine Verheißung bleibt. Wir brauchen nur zu hören. Dazu sind alle eingeladen: mit oder ohne Religion, mit Kippa oder Kopftuch, zuversichtlich oder verzweifelt. »Höret, so werdet ihr leben!«

EDWIN JABS

Lebendiger Gott, ich danke dir für jedes Zeichen deiner Nähe. Ich danke dir, dass du mich siehst und ansprichst. Lass mich verstehen, was du mir sagen willst und in deiner Gegenwart leben.

»Du weißt den Weg für mich«

»Meine Gedanken sind nicht eure Gedanken, und eure Wege sind nicht meine Wege.« Ja, Gottes Wege sind für uns Menschen manchmal unergründlich.

In der babylonischen Gefangenschaft haben viele der Israeliten die Suche nach Gott aufgegeben. Sie hatten vergeblich gehofft. Mittlerweile haben sie sich eingerichtet in einem Leben ohne Gott. Viele Menschen taten und tun es ihnen nach. Bis heute.

Aber Gott schweigt nicht. Gegen die Aussichtslosigkeit und Ohnmacht seiner Menschen setzt Er die Verheißung einer Zukunft in Freiheit. Gegen den Gedanken, wir könnten menschlich leben in einer Welt ohne Gott, erinnert Er daran, dass Sein Wort erst die Erde zu einem Ort des Lebens und Wachsens macht.

Deshalb ruft er zur Umkehr: »Der Gottlose lasse von seinem Wege und der Übeltäter von seinen Gedanken.« Neuanfang ist nötig. Seine unumkehrbare Voraussetzung: »Bei Gott ist viel Vergebung.«

Gottes Wort kehrt nicht leer zu Ihm zurück. Diese Verheißung bleibt. Sie gilt für Israel, und sie gilt für uns.

Ganz gleich, ob mich der Gedanke quält, meine Wege seien verbaut, weil ich das Vertrauen zu einem Menschen oder zu mir selbst verloren habe. Nicht ein blindes Schicksal regiert die Welt, sondern Gott. »Suchet den Herrn, solange er zu finden ist.« Es gibt Situationen, da spüre ich etwas von der Nähe Gottes. Wenn ich erlebe, dass verletzte Menschen wieder neu vertrauen können, anderen und auch sich selbst. Wenn Vergebung möglich ist, wo ich es nicht mehr gehofft habe. Wenn Lebensmut neu geschenkt wird.

Ganz gleich, welche Wege vor uns liegen im neuen Jahr: Gott weiß den Weg. Darauf vertraue ich: Wir werden immer Leben vor uns haben, weil Er, der lebendige Gott, vor uns ist und vor uns bleibt! In einer Situation tiefster Dunkelheit, nämlich während seiner widerrechtlichen Gefangenschaft, hat Dietrich Bonhoeffer gebetet: »Ich verstehe deine Wege nicht, aber du weißt den Weg für mich.« Es könnte auch unser Gebet werden.

EDWIN JABS

Lebendiger Gott, bleibe bei uns auf all unseren Wegen. Schenke uns Lebensmut und Liebe füreinander. Führe uns auf rechtem Wege und lass uns den Weg finden zu dir.

Einführung in die biblischen Bücher

Genesis/1. Buch Mose

Genesis ist Griechisch und bedeutet »Entstehung, Ursprung«. Im Judentum wird das Buch nach dem Wort bezeichnet, mit dem es beginnt: Bereschit, »am Anfang«.

Genesis als erstes Buch der christlichen und der jüdischen Bibel erzählt vom Ursprung der Welt und der Menschheit und vom Ursprung des Volkes Israel. Das Buch Genesis ist das erste Buch der »fünf Bücher Mose« (= Tora = Pentateuch), obwohl Mose in Genesis noch nicht vorkommt. Es beginnt mit der Schöpfung und endet mit dem Tod Josefs in Ägypten. Daran schließt unmittelbar das nächste Buch, Exodus, an. In den folgenden Büchern Levitikus, Numeri und Deuteronomium werden die Anfänge weitererzählt und entfaltet. Dabei handelt es sich um einen großen Erzählzusammenhang, der auch in der kunstvollen Komposition sichtbar wird. Dieser Erzählbogen wird im folgenden Buch Josua und teilweise bis in die Königsbücher weitergeführt. Diese Bücher erzählen in einem großen Komplex chronologisch von der Schöpfung bis zum Exil des Volkes Israel.

Entstehung

Das Buch Genesis ist, wie die Tora insgesamt und auch die folgenden Bücher, in einem langen Prozess entstanden. Die genauen Umstände dieses Prozesses sind umstritten. Das Buch Genesis vereint unterschiedliche Traditionen aus verschiedenen Zeiten. Vermutlich gab es über längere Zeit mündliche Überlieferungen und erste schriftliche Texte. Wahrscheinlich gab es bereits im 7. Jahrhundert v. Chr. ein größeres Erzählwerk, das aber noch nicht alle Texte des heutigen Pentateuchs enthielt. Um 400 v. Chr. bearbeitete eine Endredaktion den Text: Die fünf Bücher des Mose entstanden als eine abgeschlossene Einheit.

Der Blick auf die komplexe Entstehungsgeschichte – unterschiedliche Überlieferungen aus verschiedenen Zeiten mit oft unterschiedlichen theologischen Schwerpunkten – kann helfen zu verstehen, warum in den Texten manche Spannungen und Widersprüche auftauchen und anderes mehrfach erzählt wird. Wenn auch Details heute nicht mehr exakt rekonstruierbar sind, so verweist uns die Entstehungsgeschichte doch auf die Vielfalt von religiösen Erfahrungen Israels in der Geschichte und deren theologischen Deutungen, die im Buch Genesis ihren Niederschlag gefunden haben.

Naturwissenschaft, Geschichte und Theologie

Das bedeutet aber, dass wir es im Buch Genesis nicht mit einem Geschichtsbericht im modernen Sinn zu tun haben, sondern dass die Erfahrungen, die im Lauf der Geschichte gemacht wurden, theologisch reflektiert und verarbeitet wurden. Die Erzählungen über die Schöpfung wollen keine naturwissenschaftliche Abhandlung sein, sondern das Verhältnis von Gott, Mensch und Welt religiös deuten. Was uns über die Erzeltern erzählt wird, ist nicht historisch nachweisbare Geschichte, sondern Deutung von Leben im Licht des Glaubens. Die entscheidende Frage der biblischen Texte ist: Was bedeutet das Vergangene, die Ursprungszeit, für die Gegenwart? Nicht naturwissenschaftliche und historische Fakten sollen vermittelt werden, sondern die bleibende Bedeutung dieser Ursprünge für »uns«, Menschen späterer Generationen, die diese Texte als ihre Heilige Schrift lesen.

Aufbau

Das Buch Genesis kann in zwei große Abschnitte geteilt werden: die Urgeschichte in Gen 1–9, in der der Ursprung der Welt und der Menschen erzählt wird (Gen 1,1–2,3: die Welt, wie sie von Gott her ist/sein soll; Gen 2,4–4,26: das Zusammenleben der Menschen zwischen Ideal und Wirklichkeit; Gen 5,1–9,29: die Welt, wie sie wirklich ist, bedroht von Gewalt) und Gen 10–50, die Erzelternerzählungen, der Ursprung des Volkes Israel (Gen 10–11: Israel in der Völkerwelt; Gen 12–36: die Erzeltern Abraham und Sara, Isaak und Rebekka, Jakob, Rahel und Lea; und Gen 37–50: Josef und seine Brüder).

Inhalt

Die Urgeschichte

Die Urgeschichte steckt gleichsam den theologischen Rahmen ab, innerhalb dessen die weiteren Texte zu verstehen sind. Sie erzählt von der Schöpfung, in der Gott die Welt, die Lebewesen und ihre Ordnung konstituiert. Der Mensch stellt sich aber gegen die von Gott gesetzte Lebensordnung und wendet sich der Gewalt zu: Das verdeutlichen die Erzählungen von der Ursünde und ihren Folgen und vom Mord Kains an Abel. Die Sintflut kommt über die Menschheit, weil sie voll von Gewalt ist. Am Ende dieser Katastrophe, die beinahe die Schöpfung revidiert, schließt Gott einen Bund mit Noah und mit allen Lebewesen der Erde. Er sichert zu, dass so etwas nicht wieder passieren wird, auch wenn die Menschen sich dem Bösen zuwenden.

Die Erzelternerzählungen

Die »Völkertafel« (Gen 10), die Turmbau-Geschichte sowie die folgende »Geschlechtertafel«, die zu Abraham hinführt (Gen 11), verorten Israel in der Völkerwelt. Ab Gen 12 wird die besondere Geschichte Gottes mit den Erzeltern erzählt. Abraham erhält eine Verheißung, die zugleich eine Aufforderung ist, seine Heimat zu verlassen. Er muss nach Ägypten, führt in Kanaan Kriege, trennt sich von seinem Neffen Lot. Mit Abraham schließt Gott einen Bund. Er verheißt ihm einen Nachkommen, durch den sein Segen zu allen Völkern gelangen wird. Sara aber ist unfruchtbar. Zunächst schickt sie Abraham zu ihrer Magd Hagar, die an ihrer Stelle ein Kind für Abraham gebären soll – damals nicht unüblich. Letztlich bekommt Sara doch einen Sohn: Isaak. Hagars Sohn Ismael wird mit seiner Mutter weggeschickt. Gen 22, wo Gott Abraham auffordert, seinen geliebten Sohn Isaak als Opfer darzubringen (was ein Engel dann letztlich verhindert), zeigt die Herausforderung des Glaubens in schweren Zeiten. Der barmherzige Gott erscheint zeitweise fremd. Abraham, der auch das Volk Israel repräsentiert, lernt, sogar in solchen Situationen auf Gott zu vertrauen.

Nach Saras Tod schickt Abraham seinen Diener in die frühere Heimat, um dort eine Frau für Isaak zu finden. Rebekka verlässt ihre Familie und wird Isaaks Ehefrau. Sie bringt Zwillinge zur Welt: Esau und Jakob. Nachdem Jakob seinen Bruder um den Erstgeburtssegen des Vaters betrogen hat, muss er fliehen. Er begibt sich zu seinem Onkel Laban nach Haran. Dort wird auch er selbst betrogen: Er bekommt zunächst die ältere Lea zur Frau, obwohl Laban ihm Rahel versprochen hatte. Jakob muss Laban zweimal sieben Jahre für die beiden Frauen dienen. In dieser Zeit werden ihm elf Söhne und eine Tochter geboren. Die Rivalität der beiden Frauen um die Gunst Jakobs bestimmt das Leben dieser Familie. Auch die Dienerinnen Bilha und Zilpa werden in den Wettstreit einbezogen. Nach der Trennung von Laban kehrt Jakob nach Kanaan zurück und versöhnt sich mit seinem Bruder Esau. Zuvor hat er einen nächtlichen Kampf mit einem Unbekannten zu bestehen, der ihm einen zweiten Namen gibt: »Israel« – Gottesstreiter. Im Land Kanaan wird Jakobs Tochter Dina vergewaltigt, ihre Brüder nehmen blutige Rache. Rahel stirbt bei der Geburt ihres zweiten Sohnes Benjamin.

Den letzten Teil des Buches Genesis (37–50) nimmt die Geschichte Josefs und seiner Brüder ein, die auch eine Geschichte Jakobs und seiner Söhne ist. Josef, von seinen Brüdern verkauft, gelangt nach Ägypten und wird dort mit Gottes Hilfe der zweitmächtigste Mann. Nach vielen Schwierigkeiten versöhnen sich die Brüder, und Jakob zieht mit seiner ganzen Familie nach Ägypten, um die Hungersnot zu überstehen. Das Buch Genesis endet mit dem Segen Jakobs, seinem Tod und Begräbnis in Hebron und mit dem Tod Josefs, der in Ägypten begraben wird.

Theologische Schwerpunkte

Theologie wird im Buch Genesis narrativ vermittelt, also in Form von Erzählungen. Hier sollen einige wichtige Aspekte genannt werden: Die Schöpfungs-Erzählung der Genesis spricht von Gottes Ja zum Leben. Die Sintflut-Geschichte erzählt von einem barmherzigen Gott, der trotz der Wendung der Menschen zum Bösen an seinem Ja festhält. Die Erzeltern machen die Erfahrung eines Gottes, der herausfordert, der aber auch auf allen Wegen mitgeht, selbst wenn sie schwierig sind. Die Erzählungen vermitteln das Bild JHWHs als eines Gottes, der sich den Menschen und insbesondere seinem Volk zuwendet. Seine besondere Zuwendung gilt den Benachteiligten, wie Hagar und Ismael in der Wüste. Gott schließt einen Bund mit den Menschen, mit Abraham. Er gibt seine Verheißungen, ohne dass diese an das Verhalten der Menschen gebunden wären, die ja nicht immer auf seinen Wegen gehen. So zeigt das Buch Genesis in vielfältiger Weise Gottes Treue und seine Zuwendung zu den Menschen.

AGNETHE SIQUANS

Ijob (Hiob)

Inhalt

Das Ijobbuch erzählt die Geschichte eines Mannes namens Ijob, der von schwerem Leid getroffen wird: Er verliert seinen Besitz, seine Dienerschaft und seine Kinder (1,13–19) und wird schließlich mit Aussatz geschlagen (2,7). Den Hintergrund dieser Schicksalsschläge bildet ein Gespräch im Himmel zwischen Gott und dem Satan (1,6–12; 2,1–6). Ijob wird in der Erzählung als gerecht und gottesfürchtig vorgestellt (1,1–5). Doch der Satan unterstellt, Ijobs Frömmigkeit sei eigennützig: Er diene Gott allein deshalb, weil er persönlich einen Vorteil davon habe (1,9). Um den Vorwurf zu überprüfen, gestattet Gott dem Satan, Ijob schweres

Leid zuzufügen. Ijob, der von der Disputation im Himmel nichts weiß, nimmt zunächst sein Leid aus der Hand Gottes ergeben an (1,20–22; 2,9). Schließlich besuchen ihn seine drei Freunde, um ihn zu trösten (2,11–13). Nach einer Zeit siebentägigen Schweigens bricht es aus Ijob heraus: Er klagt und verflucht den Tag seiner Geburt (3). An dieser Klage entzündet sich eine lange Auseinandersetzung zwischen Ijob und seinen drei Freunden (4–31). Ijob beklagt die Sinnlosigkeit seines Leids. Seine Klage steigert sich zur Anklage Gottes. Seine Freunde weisen die Maßlosigkeit seiner Klage zurück. Sie unterbreiten ihm unterschiedliche Deutungsangebote in Bezug auf seine Lage: Er möge das Leid aus der Hand Gottes annehmen; möglicherweise sei es eine Strafe für eine verborgene Schuld; er solle sich mit ganzem Herzen Gott zuwenden. Ijob weist das Ansinnen seiner Freunde zurück. Es kommt zum Zerwürfnis. In zunehmendem Maße wendet sich Ijob klagend und anklagend an Gott. Er fordert ihn zu einer Antwort heraus (31,35–40). Bevor Gott antwortet, ergreift ein vierter Freund, von dem der Leser bisher nichts erfahren hat, das Wort: Elihu (32–37). Er äußert seine Unzufriedenheit mit dem Verlauf des Streitgesprächs und unterbreitet Ijob seinerseits ein theologisch fundiertes Deutungsangebot. Schließlich antwortet in zwei großen Reden Gott, der hier mit seinem Namen JHWH eingeführt wird (38,1–40,2; 40,6–41,26). In seiner Reaktion auf die Gottesreden erklärt Ijob den Streit für beendet (40,3–5). Wonach er so sehr verlangt hat (19,26), wird ihm am Ende zuteil: Gott zu schauen noch vor seinem Tod (42,5). Im abschließenden Epilog tadelt Gott die Freunde (42,7–9). Ijob bringt auf Geheiß Gottes ein von ihnen finanziertes Opfer dar, um sie zu entsühnen. Ijob selbst wird wiederhergestellt (42,10–17): Er erhält seinen Besitz in doppeltem Maße zurück, bekommt erneut sieben Söhne und drei Töchter und stirbt hochbetagt und lebenssatt.

Gliederung und Gedankengang

Das Buch gliedert sich in drei Teile: Prolog (1–2), Dialog (3–42,6) und Epilog (42,7–17). Prolog und Epilog sind in Prosa gehalten und bilden den Rahmen um den in Poesie verfassten Dialogteil. Sieben Tage und sieben Nächte sitzt Ijob mit seinen Freunden auf der Erde. »Keiner redete ein Wort mit ihm, denn sie sahen, dass sein Schmerz sehr groß war.« (2,13) Danach öffnet Ijob seinen Mund und verflucht den Tag seiner Geburt und die Nacht seiner Empfängnis. In erschütternden, tief in der menschlichen Seele verwurzelten Bildern spricht hier ein zu Tode getroffener

Mensch: »Warum starb ich nicht vom Mutterschoß weg, kam ich aus dem Mutterleib und verschied nicht gleich? ... Warum schenkt er dem Elenden Licht und Leben denen, die verbittert sind?« (3,1.20) Eine tiefe Todessehnsucht spricht sich in der ersten, großen Klage Ijobs aus. Das geht seinen Freunden zu weit. Sie erheben Einspruch. Es kommt zu einer heftigen Auseinandersetzung zwischen Ijob und seinen Freunden. Sie gliedert sich in drei große Redegänge (Kap. 4–28).

Der erste Redegang (Kap. 4–14) kreist um die Frage: Muss Ijob leiden, weil er Schuld auf sich geladen hat? Gleich in seiner ersten Rede greift Elifas, der Wortführer der drei Freunde, diese Frage auf: »Bedenke doch: Wer geht ohne Schuld zugrunde, und wo kommen Redliche um? Wohin ich auch schaue: Die Unrecht pflügen, die Unheil säen, die ernten es auch.« (4,7f) Damit wird ein Grundgedanke alttestamentlicher Weisheitstheologie aufgegriffen: der sogenannte Tun-Ergehen-Zusammenhang. Dieser besagt: Einem Menschen ergeht es so, wie er sich verhält. Wer Gutes tut, dem ergeht es gut, wer Schlechtes tut, dem ergeht es schlecht: »Wer Unrecht tut, hat keinen Bestand, doch die Wurzel der Gerechten sitzt fest.« (Spr 12,3)

Elifas greift in seiner programmatischen Eröffnungsrede einen weiteren Gedanken auf: die Leidenspädagogik Gottes. »Ja, glücklich der Mensch, den Gott zurechtweist, die Zucht des Allmächtigen verwirf nicht! Er fügt zwar Schmerzen zu, doch er verbindet auch, er schlägt, doch seine Hände heilen.« (5,17f) Was Ijob in seinem Leid widerfährt, so Elifas, ist eine Art von Erziehung. Diese kann bisweilen auch schmerzlich sein, letztlich aber bringt sie den Menschen voran. Durch das Leid erlangt er jene Reife, wie die »der Garben, die man einbringt zu ihrer Zeit« (5,26). Was Ijob widerfährt, ist eine Form göttlicher Erziehung, die es anzunehmen gilt. Zwar schlägt Gott, doch seine Schläge wollen weder schaden noch töten, sondern heilen und retten (vgl. Spr 3,11f; Hebr 12,5f). Der Gedanke der Leidenspädagogik Gottes wird im weiteren Verlauf der Auseinandersetzung vor allem von Elihu, dem vierten Freund, aufgegriffen und entfaltet (Kap. 32–37).

Ijob lässt sich durch all die gut gemeinten Worte seiner Freunde das Klagen nicht verbieten. In seiner Antwort auf Elifas nennt er zum ersten Mal Gott als den für sein Leid Verantwortlichen: »Die Pfeile des Allmächtigen stecken in mir ... die Schrecken Gottes stürmen gegen mich.« (6,4) Damit klingt die ungeheure Spannung an, die ein monotheistisches Bekenntnis auszuhalten hat: Heil und Unheil können nicht auf verschiedene Götter verteilt werden. Ein Gott verwundet, ein anderer heilt – mit einer solchen Rollenverteilung versucht der Polytheismus den vielfältigen und oft widerstrebenden und in Spannung zueinander stehenden menschlichen Erfahrungen gerecht zu werden. Der biblische Monotheismus dagegen bekennt: Derselbe Gott verwundet und verbindet (5,18). »Ich bin es, der tötet und der lebendig macht.« (Dtn/5 Mose 32,29) Jetzt erfährt Ijob diesen Gott, einen »Angreifer-Gott«. Dennoch erwartet er Hilfe von Gott. Doch sein Wunsch klingt paradox: Gott möge ihn töten, »das wäre noch ein Trost für mich« (6,10). Immer wieder kommt für Ijob der Tod als Erlösung in den Blick (vgl. 3,11.21). Er spürt, dass der erlösende Tod nur von Gott gegeben werden kann. Doch dieser Gott weigert sich. Ijob erfährt ihn als grausam, weil er ihn quält, aber *nicht* tötet.

In Ijobs Worten werden Grundzüge biblischer Anthropologie und Theologie auf den Kopf gestellt. Bittet der Beter in der Not gewöhnlich um die *Zuwendung* Gottes, so bittet Ijob, Gott möge sich von ihm *abwenden*. »Herr, wende dich mir zu und errette mich«, bittet der Beter von Psalm 6. »Schau doch her, erhöre mich, Herr, mein Gott«, heißt es in Psalm 13,4. Ijob dagegen: »Wann endlich schaust du weg von mir, willst mich in Ruhe lassen?« (7,19) Ijob erfährt die Nähe Gottes als Bedrohung, ja, als Angriff. Eine Befreiung von diesem Gott würde ihm Erleichterung verschaffen.

Entstehung

Die meisten Exegeten rechnen damit, dass das Ijobbuch in der vorliegenden Gestalt nicht von *einem* Autor stammt, sondern eine längere Entstehungsgeschichte aufweist. Vereinfachend gesprochen kann man sich an einem dreiphasigen Entstehungsmodell orientieren:

(1) Zum ältesten Bestand dürfte die Rahmenerzählung 1,1–2,10; 42,10–17 gehören. Sie kann als eine in sich geschlossene theologische Lehrerzählung verstanden werden, in Art einer Novelle. In ihr wird ein volkstümlicher Sagenstoff erzählerisch gestaltet, der noch in Ez 14,12–23 greifbar ist: Ein Gerechter namens Ijob wird von schwerem Leid heimgesucht. Er bewährt sich in dieser Situation, indem er das Leid annimmt und den Namen JHWHs preist. JHWH wendet am Ende das Geschick dieses Gerechten.

(2) In einer späteren Phase wurde die Erzählung wahrscheinlich aufgesprengt und durch den umfangreichen Dialogteil (2,11–27,23; 29–31; 38–42,6) erweitert. Die in der Rahmenerzählung anvisierte Lösung wird problematisiert, Ijob wandelt sich vom

Dulder zum Rebell. In dieser Form gehört das Buch zur Auseinandersetzungsliteratur.

(3) Noch einmal später wurden sehr wahrscheinlich die Elihureden eingefügt (32–37). In ihnen wird versucht, aus der Ausweglosigkeit herauszuführen, in der die Auseinandersetzung zwischen Ijob und seinen drei Freunden geendet hatte. Zudem leiten die Elihureden zu den anschließenden Gottesreden über. Wahrscheinlich ist auch das Lied über die Weisheit (28) eine spätere Ergänzung.

Aufgrund seiner kritischen Auseinandersetzung mit traditionellen Wissensgehalten und anderen Büchern der Schrift dürfte das Buch – zumindest in der durch den Dialog erweiterten Gestalt – nicht zu den ältesten Werken israelitischer Weisheitsliteratur zu rechnen sein. Als Entstehungszeit kommt am ehesten der Zeitraum vom 6. bis zum 2. Jh. v. Chr. infrage.

Vom Glauben zum Schauen

In den Gottesreden wird Ijob vom Glauben zum Schauen geführt. Als ein gottesfürchtiger, das heißt: als ein gläubiger Mann wird Ijob zu Beginn der Erzählung vorgestellt (1,1). Zunächst schien es so zu sein, als könne er das schwere Leid, das ihn getroffen hatte, im Glauben bewältigen. Doch als nach einem zweiten satanischen Schlag und nach siebentägigem Schweigen das ganze Ausmaß des Elends zum Vorschein kam und immer tiefer in sein Bewusstsein eindrang, begann sein Glaube zu zerbrechen. Hellsichtig haben das seine Freunde erkannt. Mit einem »Überzeugtsein von Dingen, die man nicht sieht« (Hebr 11,1), konnte sich Ijob nicht mehr zufriedengeben. Zu groß war die Not, die ihn getroffen hatte. Mit Gott selbst wollte er in Kontakt kommen und nicht nur mit dem, was über ihn gesagt wird (vgl. 13,1–3). Tatsächlich ist ihm dies gelungen. So ist folgerichtig im Schlussteil der Erzählung (42,7–17) nicht mehr davon die Rede, dass Ijob Gott fürchtet, dass er an Gott glaubt. Er ist den Weg des Glaubens zu Ende gegangen und ein Schauender geworden. In der Erzählung heißt es, dass er noch hundertvierzig Jahre (so) gelebt habe (42,16).

LUDGER SCHWIENHORST-SCHÖNBERGER

Psalmen

»Summa, willst du die heilige christliche Kirche gemalet sehen mit lebendiger Farbe und Gestalt, in einem kleinen Bilde gefasset, so nimm den Psalter vor dich, so hast du einen feinen, hellen, reinen Spiegel, der dir zeigen wird, was die Christenheit sei. Ja, du wirst auch dich selbst drinnen und das rechte Gnothi seauton finden, dazu Gott selbst und alle Kreaturen« (M. Luther, Vorrede auf den Psalter, 1528).

Einleitung

Seit ihrer Entstehung werden die Psalmen als lebendiges Gebet im Tempel, in der Synagoge und in der Kirche verwendet.

Jede Zeit suchte ihren eigenen Zugang zu ihnen; auch im alten Israel gehören sie nicht an einen einzigen geschichtlichen Ort. Vielmehr spiegeln sich in ihnen Erfahrungen vieler Beterinnen und Beter. Und gerade deshalb können sich auch heute viele Menschen in den Psalmen wiederfinden, trotz allem, was uns darin fremd erscheint.

Das Psalmbuch

Das Buch der Psalmen ist eine Zusammenstellung von 150 poetischen Texten, die in der hebräischen Bibel und der griechischen/lateinischen Übersetzung jeweils unterschiedlich gezählt werden.

Der Name »Psalmen« kommt von griech. psalmos = Sprechgesang zum Saitenspiel. Das hierfür benutzte Instrument, die Standleier, heißt griech. psaltērion, von daher erklärt sich der Name »Psalter«.

Das Judentum dagegen nennt die Psalmen Buch der Tehillim (Preisungen, abgeleitet vom Verb *hll* »rühmen, preisen«, das auch dem Aufruf »Halleluja« zugrundeliegt). In dieser Bezeichnung zeigt sich, dass die Psalterredaktoren das Lob für das eigentliche Gebet hielten, obwohl die Mehrzahl der Psalmen Klagegebete sind. Die Klagelieder geben ihnen recht. Denn auch sie werden letztlich um des Gotteslobes willen gebetet. Zudem spiegelt sich in dieser Bezeichnung die Beobachtung, dass das Psalmbuch zwar mit Klageliedern beginnt, aber gegen Ende, vor allem in den Psalmen 146–150, in das allumfassende Gotteslob einmündet.

Die Komposition des Psalters

Man hat den Psalter oft mit einem Haus verglichen, das einen Eingang und einen Ausgang sowie unterschiedliche Räume hat.

Insgesamt besteht er aus 5 Büchern und einer Rahmung, was in der rabbinischen Tradition so erklärt wird: »Mose gab den Israeliten die fünf Bücher der Tora und David gab den Israeliten die fünf Bücher der Psalmen.« Diese Einteilung wird nicht durch Überschriften kenntlich gemacht, sondern durch Lobpreisungen am Ende eines jeden Buches (in Ps 41,14; 72,18f; 89,53; 106,48; [145,21]). In dieser Aufteilung spiegelt sich zugleich ein Stück weit die Entstehung des Gesamtpsalters, dem ursprünglich selbständige Teilsammlungen zugrunde liegen, die nach und nach kunstvoll miteinander verbunden wurden, bis um etwa 150 v. Chr. das Psalmenbuch in seiner heutigen Endgestalt vorlag.

Das 1. Buch (Ps 3–41) enthält Davidpsalmen, die z.T. nachträglich mit bestimmten Situationen in seinem Leben in Verbindung gebracht wurden.

Das 2. Buch (Ps 42–72) und das 3. Buch (Ps 73–89) bilden von den Psalmenüberschriften her eine Einheit: Die Asaf- und Korach-Psalmen stehen außen und rahmen die Davidpsalmen.

Das 4. Buch (Ps 90–106) enthält eine geschlossene Gruppe von Psalmen, die das Königtum JHWHs preisen. Um sie herum sind Mose- und Davidpsalmen gruppiert.

Das 5. Buch (Ps 107–145) besteht aus Hallel- und Wallfahrtspsalmen, die den großen Tora-Psalm 119 (ein Alphabetlied) umgeben, als äußerer Rahmen fungieren zwei Psalmen, die das Königtum JHWHs preisen.

Den Abschluss des Psalters bilden die Psalmen 146–150. Ihre Themen sind der ideale König David, die Davids- und Tempelstadt Jerusalem sowie die Schöpfung, die in das Lob JHWHs einstimmt.

Eingangs- und Ausgangs»tor« des Psalters sind die Psalmen 1 und 2 bzw. 149 und 150. Sie bilden jeweils einen Lesehorizont für den Gesamtpsalter: Ps 1 ist ein Tora-Psalm, der die Beter vor die Entscheidung zweier Wege stellt: den Weg der Gottesfürchtigen und den der Frevler. Ps 2 gibt der Messiashoffnung Ausdruck und stellt die gerechte, gottgefällige Herrschaft vor Augen, die dazu ermächtigt und befähigt, die feindlichen Mächte des Todes zu besiegen und Leben zu ermöglichen.

Ps 149 enthält eine Aufforderung an das Gottesvolk, Psalmen zu singen und so die Feindmächte gewissermaßen in Ketten zu legen. Und in Ps 150 klingt der Psalter aus im Gesang des zur Ehre Gottes atmenden Kosmos. Was mit den Themen Tora und Messias beginnt, endet im Lob des Königsgottes. Dadurch wird ein doppelter Weg beschritten: der Weg von der Klage zum Lob und zugleich der Weg durch die Geschichte Israels. In der Septuaginta und in Qumran gibt es noch einen 151. Psalm, gleichsam eine Art »Nachwort«, das in die kanonisierte Version des Psalters nicht aufgenommen wurde.

Die Psalmen sind in ganz unterschiedlichen Zusammenhängen entstanden. Die Stelle, an der sie heute stehen, ist dennoch nicht zufällig oder willkürlich. Vielmehr wird ihre Anordnung durch gemeinsame Leitworte und Motive bewusst gesteuert: So sind z.B. die Psalmen 3–14 eine Einheit von Klage- und Bittgebeten, die um den Schöpferhymnus Ps 8 als Mitte angeordnet sind, in dem es u.a. um die Menschenwürde der in Ps 3–7 und 9–14 klagenden Beter geht. Manchmal interpretieren sich zwei Psalmen gegenseitig, so z.B. Ps 111 und 112 (zwei Alphabetlieder): 111 preist den gerechten und barmherzigen Gott, 112 den gerechten und barmherzigen Menschen. Beide Texte sind durch den nichtausgesprochenen Gedanken der Gottebenbildlichkeit verbunden. Den Psalmen 20 und 21 ist das Thema Königtum gemeinsam, einmal in Form der Bitte, einmal in Form des Dankes. Nur zusammen entwerfen sie ein richtiges Bild vom König.

Die Psalmenüberschriften
sind ein Hinweis für die Art des liturgischen Gebrauchs der Psalmen, z.B. der häufige Hinweis »Für den Chormeister« oder die Bestimmung »Lied zum Dankopfer« (Ps 100,1). Der genaue Ablauf des Tempelgottesdienstes ist kaum bekannt, so dass die Funktionen vieler Überschriften unklar bleiben. Urbild der Psalmdichter ist David: Allein 73 Überschriften nennen seinen Namen. Man dichtete Psalmen »nach der Weise Davids/im Hinblick auf David bzw. auf einen Davididen«. Denn David lebte in der Erinnerung der Menschen als königlicher Sänger und Harfenspieler und Stifter des Gottesdienstes in Jerusalem. Durch die Überschrift wurde eine Verbindung der Beter mit dem verfolgten und geretteten David hergestellt, in späterer Zeit mit dem David der kommenden Heilszeit. Auch da, wo die Psalmenüberschriften auf konkrete Lebenssituationen Davids Bezug nehmen, wird dieser zum idealen Beter und so zum Gebetsvorbild Israels stilisiert. Musikalische Anweisungen in den Überschriften zeigen uns, dass wir nur die Hälfte der Psalmenkunst kennen, die Texte nämlich. Melodie und Instrumentenbegleitung sind verloren.

Andere Überschriften deuten an, wie die Psalmen verwendet wurden, nämlich als Gebetsformulare. So lautet die Überschrift von Ps 102: »Gebet eines Unglücklichen, wenn er in Verzweiflung ist und vor dem Herrn seine Sorge ausschüttet«. Man verwendete Formen, Worte und Inhalte, die traditionell vorgegeben waren, so dass andere das Lied nachsingen und -beten konnten. Fragen nach dem genauen Entstehungszeitpunkt eines Psalms helfen daher oft wenig weiter.

Die Psalmensprache

Eine Grundform der Psalmensprache ist der sog. parallelismus membrorum (= die parallele Anordnung der Versglieder). Wer dichtet, sagt zwei- oder auch mehrmals mit anderen Worten das gleiche. Das sind nun nicht einfach mechanische Wiederholungen. Vielmehr beleuchtet man so einen Sachverhalt von verschiedenen Seiten, um eine Ganzheit auszudrücken. Beim synonymen parallelismus membrorum ergänzen sich die beiden Verszeilen jeweils, beim antithetischen stehen sie zueinander in Gegensatz und beim synthetischen Parallelismus wird der erste Gedanke durch den zweiten fortgeführt.

Themen und Gattungen der Psalmen

Die Psalmen enthalten sehr unterschiedliche Gattungen von Gebeten. Dazu gehören u.a.:

1. Klagepsalmen

Die meisten Psalmen sind Klagepsalmen. Die Klage des einzelnen besteht aus den Elementen Ichklage, Feindklage, Gottklage, ferner aus Bitten, dem Bekenntnis der Zuversicht und einem Lobgelübde.

Die Ursachen der Klage können vielfältig sein: Krankheit (Ps 38), falsche Anklage (Ps 35) oder Bedrängnis durch Feinde (Ps 3). Häufig ist es geradezu ein Ursachengeflecht, das den Beter zur Klage treibt, weil er keine Rettungsmöglichkeit sieht. Das Leid wird als Abwendung Gottes erlebt (Ps 13; 22). Ziel der Klage ist die gnädige Zuwendung Gottes und die Rettung aus der Not (Ps 22).

Neben den Klagen des einzelnen gibt es auch Klagen des Volkes (z.B. Ps 60.79.80.85): Sie haben als Hintergrund eine geschichtliche Notsituation. In diesen Psalmen finden sich daher die Elemente Notklage, Feindklage und Gottklage. Diesen Elementen wird als Kontrastmotiv das heilvolle Handeln Gottes in der Vergangenheit gegenübergestellt.

2. Lobpsalmen
Der lobende Mensch wendet sich an Gott in

– Dankliedern (berichtende Lobpsalmen)
Der Beter berichtet von der Rettung aus einer Notsituation durch Gott (Ps 30;40 u.a.), und dieser Bericht ist verbunden mit Opferdarbringungen (Ps 66). Entscheidend für die Danklieder ist das öffentliche Preisen der Zuwendung und Hilfe Gottes (z.B. Ps 18;116).

– in Hymnen (beschreibende Lobpsalmen)
Diese Psalmen preisen die Majestät Gottes, die sich in seiner ewigen Herrschaft, seinem Richteramt, seinem Kampf mit den Mächten des Todes, der Überlegenheit über andere Götter und seiner Königsherrschaft offenbart (Ps 113.117.96–99 u.a.). Das Lob des Schöpfers findet einen eigenen Ausdruck in den Schöpfungspsalmen (Ps 8; 19; 104), das Lob des Herrn der Geschichte in den Geschichtspsalmen (Ps 105).

3. Zionspsalmen
Die Zionspalmen preisen den von Gott erwählten Wohnsitz, den Gottesberg Zion (Ps 48). Gottes Gegenwart auf dem Zion verbürgt Sicherheit und Schutz angesichts zerstörerischer Natur- und Geschichtsmächte (Ps 46), dort zerbricht er die Waffen der Feinde (Ps 46;76). Es ist der Wunsch des Beters, zum Zion zu ziehen und dort beständig bleiben zu können (Ps 84).

4. Königspsalmen
Der König galt im Alten Orient als Repräsentant und Sachwalter Gottes auf Erden. Diese Funktion des Königs wird in den Königspsalmen aufgenommen, die sich ursprünglich auf die Feier des Königtums in Jerusalem bezogen haben. Wie der Großfürst von einem Vasall als Vater respektiert und angesprochen wurde, so galt auch der irdische König als Sohn Gottes, nicht im Sinne einer Zeugung, sondern im Sinne einer Annahme an Sohnes Statt (vgl. Ps 2,6f). Hauptaufgabe des Königs ist die Vernichtung der Chaosmächte, also die Kriegsführung gegen feindliche Völker (Ps 110). Der Besiegung der Feinde folgte die Regentschaft des Königs als Friedensfürst im eigenen Reich. Nur dem loyalen König, der gemäß dem Willen Gottes sein Amt führte, traute man den Sieg über die Feinde zu. Gerechte, legitime Herrschaft und erfolgreiche Sicherung des Reiches (Friedens- und Kriegsseite) sind die

beiden Seiten der Königsherrschaft. Der König garantiert zudem Recht und Gerechtigkeit im Land und ist Segensmittler (Ps 72).

Die vielfältigen thematischen Aspekte, die im Psalter angesprochen werden, zeigen eindrücklich, dass die Psalmen einen Spiegel der ganzen menschlichen Existenz darstellen. Angesichts der Herausforderungen des Lebens wollen sie als Sprachschule des Glaubens Beter und Beterinnen immer neu den Weg mit und zu Gott eröffnen – klagend, bittend, lobend.

PETER RIEDE

Sprichwörter/Sprüche Salomos

Das Buch der Sprichwörter (dafür im Weiteren »Spr«) ist eine einmalige Sammlung von Lebensweisheiten. In sehr verdichteter Form reflektiert es vielfältige menschliche Erfahrungen und durchleuchtet sie auf ihren Sinn, ihre Zusammenhänge und ihre Verbindungen mit Gott.

Stellung in der Bibel

Spr gehört in der Hebräischen Bibel zu deren drittem und letzten Teil, den »Schriften« (Ketubim). Dies deutet schon an, dass Spr als ganzes Buch eher spät entstanden ist und auf vorausliegende biblische Bücher zugreifen kann. Viele setzen die Endredaktion von Spr im 3. Jahrhundert v. Chr. und damit in der hellenistischen Zeit an. In den meisten deutschen Bibelausgaben findet sich Spr in der Mitte unter den sogenannten »weisheitlichen Schriften« eingeordnet, meist hinter den Psalmen und vor Kohelet (Prediger) und Hohelied, noch deutlich vor den Schriftpropheten.

Gliederung

Spr besteht aus insgesamt sieben Sammlungen; darauf scheinen auch die »sieben Säulen« in der Einladung von »Frau Weisheit« zu ihrem Mahl in Spr 9,1 hinzudeuten. Diese Teile sind:

1. Spr 1–9: die vermutlich jüngste Sammlung, stark theologisch geprägt;
2. Spr 10,1–22,16: »Sprüche Salomos«, die ausführlichste Sammlung;
3. Spr 22,17–24,22: »Sprüche von Weisen« (22,17.20), die sich teilweise mit der ägyptischen »Lehre des Amenemope« berühren, mehrfach mit Begründungen;

4. Spr 24,23–34: weitere Sprüche von Weisen, die kürzeste Sammlung;
5. Spr 25–29: weitere »Sprüche Salomos«, angeblich unter König Hiskija (Ende 8. Jh. v. Chr.) gesammelt (25,1);
6. Spr 30: »Worte Agurs« (er ist sonst nicht bekannt);
7. Spr 31: »Worte Lemuels«, des Königs von Massa (auch unbekannt), der die Belehrung seiner Mutter wiedergibt.

Im ersten und siebten Teil, und dort vor allem im Lob der »tüchtigen Frau« (31,10–31), gibt es mehrere gemeinsame Motive, die auf eine bewusste Rahmung schließen lassen. In der griechischen Septuaginta sind Anordnung und oft auch Übersetzung verschieden, doch gibt sie kaum die ursprüngliche Fassung wieder.

Zuschreibung an »Salomo«

Die Gesamtüberschrift am Beginn in Spr 1,1 lautet »Sprüche Salomos, des Sohnes Davids, des Königs von Israel« und bringt das Buch mit diesem berühmten König und Nachfolger Davids in Verbindung. Ähnliches geschieht bei Kohelet (Koh 1,1, indirekt) und Hohelied (Hld 1,1, explizit). Die Zuschreibung an Salomo gründet wohl auf 1 Kön 5,9–14, wo seine außergewöhnliche Weisheit gerühmt wird, und im Besonderen auf V. 12, der ihm 3000 Sprüche zuerkennt.

Der Bezug von Spr auf Salomo ist weniger historisch als vielmehr theologisch und funktional zu verstehen. In der Bitte an Gott zu Beginn seiner Herrschaft hatte Salomo um ein »hörendes Herz« gebeten (1 Kön 3,9). Dieser war darauf eingegangen und hatte ihm ein unvergleichlich »weises und verständiges Herz« zugesagt (V. 12). An dieser einzigartigen, von Gott geschenkten Weisheit können die Hörer/Leser von Spr somit teilhaben. Die »Etikette Salomo« verleiht dem Buch der Spr besondere Autorität und zeugt von der Wertschätzung, die seine Person in der Abfassungszeit von Spr hatte. Wer die einzelnen Sammlungen oder das ganze Buch wirklich verfasst hat, entzieht sich unserer Kenntnis.

Adressaten

Schon die Eröffnung Spr 1,1–7 gibt an, dass alle angesprochen sind, die in diesem Buch vorgestellte Weisheit zu erlangen. V. 4 erwähnt dafür Unerfahrene und junge Menschen, V. 5 mit »Weisen und Verständigen« deren Gegenteil. In Spr 1,8 begegnet erstmalig die Anrede »mein Sohn/Kind«, die in der Folge häufig erscheint (1,10.15; 2,1 ..., auch in der Mehrzahl: 4,1; 8,32). Spr gibt sich damit vielfach als elterliche Belehrung aus, und öfter werden dabei ebenso die Mütter eigens genannt (1,8; 4,3; 6,20 ... 31,1).

Mehrfach zeigt sich eine enge Beziehung zur Weisheit. Die Angeredeten sollen zu ihr sagen: »Meine Schwester bist du!« (Spr 7,4), auf ihr Reden hören (8,34) und ihrer Einladung zum Gastmahl Folge leisten (9,1–6). Dabei tritt die Weisheit einige Male personifiziert als Frau auf, die die Hörer/Leser anspricht (ab 1,20; auch in Spr 8 und 9) und die Kontrastfigur zu »Frau Torheit« darstellt (9,13–18). Der Beginn der zweiten Sammlung stellt mit dem »weisen Sohn/Kind« in 10,1 die folgerichtige Fortsetzung dieser Bewegung dar.

Besondere Akzente des Buches enthüllen weitere Merkmale der angezielten Adressaten. Es sind Menschen, die die Ehrfurcht vor JHWH hochschätzen (Spr 1,7), sich an Gerechtigkeit und Recht orientieren (2,9), Verbundenheit und Treue/Wahrheit leben (3,3), ganz auf Gott vertrauen (3,5). Als »Gerechte« erscheinen sie ab 10,3 im Gegensatz zu den »Frevlern«; diese Opposition prägt vielfach das weitere Buch, ebenso wie der Kontrast von Weisen und Toren.

Darbietung

Hebräische Poesie verwendet das Stilmittel des Parallelismus, d.h. dass jeweils zwei Aussagen einander ergänzen oder zusammenhängen. Dies gilt auch für Spr, mit einer Vorliebe für den »antithetischen« (entgegengesetzten) Parallelismus, z.B. durchgehend in 10,1–9. Die einzelnen Sprüche sind oft äußerst knapp und ohne Erklärung, weil von selbst einsichtig. Häufig sind Erfahrungen und Vergleiche aus dem täglichen Leben verwendet (s. 25,18–20; 26,1–3).

Vom Stil her hebt sich Sammlung 1 von den übrigen ab. Sie zeigt thematische Anordnungen, die über mehrere Verse hinweg einen Aspekt behandeln, so z.B. in Spr 1,10–19 die Warnung vor Gemeinschaft mit gewalttätigen Menschen, und nur in ihr erscheint die Weisheit personifiziert. Einen Höhepunkt dafür markiert 8,22–31, wo sie eine entscheidende Rolle bei Gott am Beginn der Schöpfung hat; von ihr als »Schöpfungsprinzip« her ist auch zu verstehen, warum sie den Schlüssel für gelingendes Leben darstellt (s. 3,19–26). Im Allgemeinen sieht man 1 als die zuletzt entstandene Sammlung an, die dann als Horizont für das Verständnis dem Buch vorangestellt wurde.

Anders steht es mit den Sammlungen 2 bis 7, die überwiegend aus einzelnen Sprüchen bestehen, wobei der Grund für deren Zusammenstellung in der vorliegenden Anordnung oft nur noch schwer erkennbar ist. Manchmal gibt es verbindende Stichworte, so etwa in 11,4–10 mit »Gerechtigkeit« bzw. »Gerechte«, und assoziative Verknüpfungen, z.B. bei den Zahlensprüchen in 30,18–31.

Die Kürze der Einzelsprüche und das Bemühen, klar und prägnant zu unterweisen, können manchmal zu allgemeinen, pauschalen Aussagen führen, die nicht immer zutreffen müssen (u.a. 5,22–23, das Ergehen der Frevler, oder 1,33, die Sicherheit der auf die Weisheit Hörenden). Von daher ist Vorsicht davor geboten, sie (zu) direkt auf das irdisch beobachtbare Geschick zu übertragen. Meist hat Spr eine Perspektive im Blick, die von Gott und seiner Bewertung her menschliches Leben betrachtet.

Spr liebt das Arbeiten mit Gegensätzen, wobei ein Gedanke nach zwei Richtungen entfaltet wird (vgl. 2,21–22; 4,26–27). Manchmal verbindet es sogar Gegenteile, so in 26,4–5 mit dem (Nicht-) Antworten auf Toren, oder in 30,8–9 mit einer ausgeglichenen Haltung zwischen Armut und Reichtum. Darin werden ein Erfahrungsschatz und gleichzeitig eine Weite des Horizontes sichtbar, die für die Leser/Hörer des Buches eine große Bereicherung beinhalten.

Sie zu bewegen und zu gewinnen ist Anliegen von Spr. Vor allem Sammlung 1 enthält viele Mahnungen und Warnungen. Viele Imperative und Einladungen fordern die Adressaten intensiv auf, mit der Weisheit den Weg des Guten und der Gerechtigkeit zu wählen; eine Motivation dafür liegt auch im Selbst-Lob der Weisheit in 8,11–21 vor. Im Kontrast dazu steht die Warnung vor der »fremden Frau« und vor »Ehebruch« (öfter ab 2,16; sehr stark in Spr 5 und 6,24–7,27). Dabei spielt neben der konkreten Ebene die übertragene Ebene des »Fremdgehens« durch die Verführung von »Frau Torheit« hinein, die in 9,13–18 die Sammlung 1 beschließt.

Inhalte

Ein Buch mit hunderten Aussagen bezüglich seiner Botschaft zusammenzufassen ist nur schwer möglich. Doch einige Orientierungspunkte treten hervor:

»Die Ehrfurcht vor JHWH ist der Beginn der Erkenntnis« (Spr 1,7) gibt schon anfangs ein Grundthema an, das durchgehend durch das Buch oft begegnet (1,29; 3,7; 9,10; 10,27; 15,16 …), bis hin zum Ende, wo die tüchtige Frau sich dadurch auszeichnet.

Die Ausrichtung auf Gott durchzieht ebenfalls das ganze Buch; sogar der von manchen als »weltlichster Abschnitt der israelitischen Weisheitsliteratur« angesehene Beginn von Sammlung 5 verweist auf ihn (25,2.21–22). Alle Weisheit kommt von ihm (2,6). Ihm den ersten Platz zu geben (3,5–9) befreit davon, sich selbst für »weise« zu halten (V. 7) und so dem Untergang zu verfallen (26,12). Gott sorgt für die Gerechten (10,3), hat an ihnen Gefallen (11,20; 15,8–9) und lässt ihren Weg gelingen (22,4). Vor allem die Sammlung 2 verwendet den Gottesnamen JHWH oft, auch strukturierend, und mit vielen Aspekten.

Themen des Alltags und der persönlichen Lebensgestaltung sind in Spr ebenfalls stark präsent. Neben der Warnung vor der »fremden Frau« (s. oben) findet sich in Sammlung 1 betont jene vor »bürgen, faul und falsch sein« (6,1–19). In den folgenden Sammlungen begegnen mehrfach Themen wie »rechtes/falsches Reden« (10,18–21; 12,17–20), »Armut und Reichtum« (10,4.15; 14, 20.31), »Anschein und Realität« (13,7; 14,12; 20,14), Selbstbeherrschung (15,18; 19,11), »Ehre oder Schande« (13,18; 18,12), »Begehren/Erfüllung« (10,28; 11,23; 13,12.19), Vergeltung (17,9.13; 20,22; 24,29), »Tun und resultierende Folgen« (14,22; 17,22; 26, 27), menschliche Beziehungen (15,17; 18,22.24; 19,13), »Fleiß und Faulheit« (10,26; 24,30–34; 26,13–16) und andere, manchmal auch Paradoxe (s. 11,24; 26,4–5; 27,7). Diese Motive sind zumeist verstreut über das Buch; ihre Wiederholungen an späteren Stellen bewirken ein erneutes »Wachrufen« des schon einmal Vernommenen und verstärken so den »Lerneffekt«.

Wertung

Das Anliegen eindringlicher Belehrung weist auch Züge auf, die man kritisch betrachten kann. Einige pauschale Aussagen oder Gegenüberstellungen in Schwarz-Weiß-Technik überzeichnen die Wirklichkeit oder sprechen von einem Ideal, das sich nicht immer so erfüllt. Die behaupteten Zusammenhänge von Tun und entsprechendem Ergehen mögen vor Gott und auf sehr lange Sicht gültig sein; auf der Welt jedoch behaupten sich Böse oft länger, als es recht ist. Von daher ist Spr als ein Buch der Hoffnung zu lesen, das tröstet angesichts manchen Unrechts und motiviert zu gutem Handeln, auch wenn sich dessen Erfolg nicht unmittelbar einstellt.

Die Ausrichtung auf Gott und seine Weisheit erfolgt mit starkem Nachdruck. Von daher erklären sich zumindest teilweise die manchmal überzogenen negativen Kontrastbilder, Schadenfreude und Spott, die in 1,26 erwähnt werden (gegen die in 16,32; 22,10; 24,17–18 empfohlenen Haltungen), die Mitwirkung am Unglück der Frevler (21,12, gegen die sonst nahegelegte Zurückhaltung vor Vergeltung), und andere. Auch das wiederholte Motiv der »Erziehung/Zucht« (3,11 und öfter), die sogar die »Rute« nicht ausschließt (13,24; 23,13–14; 29,15), zeugt vom Einsatz von Mitteln zur Erzielung des gewünschten Erfolgs, denen gegenüber man heute kritisch ist.

Doch von solchen, gleichfalls zeitbedingten Schwächen und Grenzen abgesehen, enthält das Buch der Sprichwörter eine derart reiche Fülle an Impulsen, dass es nie auszuschöpfen ist, noch dazu in einer gesunden Orientierung und ausgewogenen Balance vieler Aspekte. Spr wird dadurch zu einem »Lebensbuch«, das eine(n) dauerhaft begleitet und hilft, richtige Entscheidungen zu treffen. Auch deshalb erhalten fromme jüdische Frauen es zur Hochzeit.

GEORG FISCHER SJ

Jesaja 40–55

Um die Mitte des 6. Jahrhunderts v. Chr. tritt, wahrscheinlich in Babylon, ein Prophet auf; er wendet sich mit Worten, die Lebensmut und Hoffnung auffrischen sollen, an die »oberen Zehntausend« Jerusalems, die in den Jahren 597 und 587 v. Chr. nach Babylon deportiert worden sind (2 Kön 24–25). Einige seiner Predigten sind an die Jerusalemer Rest-Bevölkerung gerichtet (z.B. 49,14–26; 54). Wir kennen den Namen dieses Propheten nicht; wir nennen ihn seit den bahnbrechenden Untersuchungen von J.G. Eichhorn (1783) und B. Duhm (1892) »Deuterojesaja« (= »Zweiter Jesaja«), weil uns seine – nach Inhalt und Sprachstil homogene – Botschaft in Kap. 40–55 des Jesaja-Buches begegnet. Inzwischen haben viele Ausleger die Einheitlichkeit von 40–55 zwar bestritten. Aber u.a. auch, weil sich die im Abschnitt »Poetischer Sprachstil« erwähnten Stilfiguren teils ausschließlich, teils gehäuft in Jes 40–55 finden, wird man diesen Text-Komplex weiterhin *einem* Autor zuschreiben dürfen. Das schließt einige spätere Hinzufügungen nicht aus.

Erster Orientierung diene eine Grob-Gliederung des Stoffes:

40,1–11: Prolog: Die zentrale Botschaft, eine bevorstehende Heilswende, vermittelt der Prophet in Form eines virtuellen Theaterstücks in fünf Aufzügen.

40,12–49,13: Worte an die Exilierten in Babylon. Die Rolle des Perserkönigs Kyros im Heilsplan JHWHs.

49,14–55,13: Zion/Jerusalem betreffende Heilsworte.

Ort und Zeit des Zweiten Jesaja

Die Botschaft des Zweiten Jesaja ergeht in eine gegenüber der Zeit Jesajas (740–690 v. Chr.; Kap. 1–39) deutlich veränderte Lage des JHWH-Volks: Das von den Propheten Jesaja, Micha und Jeremia wieder und wieder angekündigte Gottesgericht über Juda ist ergangen, das Land durch die Feldherren Babylons verwüstet (49,19; vgl. 2 Kön 24–25), Jerusalem verödet (44,26; 52,9), das davidische Königtum am Ende, der Tempel, Ort der Opfer und vermeintlicher Garant der Gottesgegenwart, zerstört (44,28). Verglichen mit dem Schicksal der eineinhalb Jahrhunderte vorher durch die Assyrer verschleppten Nordisraeliten scheint das Exil in Babylon erträglich gewesen zu sein. Die meisten Exilanten wurden von den dortigen Behörden in verschiedenen Kolonien im Umland angesiedelt. Dort können sie sich relativ frei bewegen, Häuser bauen, Gärten anlegen, Handel treiben. Eine begrenzte Selbstverwaltung ist ihnen eingeräumt (Jer 29). Sie pflegen die »Familie« und die Stammbäume (vgl. Esr 2). Zur Teilnahme am Kult um den babylonischen Reichsgott Marduk mit seinen imposanten Aufzügen werden sie nicht gezwungen; sie können sich zu eigenen Gottesdiensten versammeln, halten den Sabbat hoch und erleben in seiner Feier den Fortbestand des Bundes.

Gleichwohl lässt uns Deuterojesajas Predigt erahnen, wie die Exilanten, fern dem Tempel als Segensquelle (vgl. Ps 137,3–4), in eine kollektive Depression gefallen sind: Man fühlt sich von Gott verlassen, vergessen, verworfen (49,14; 50,1). Der Prophet teilt – insoweit solidarisch mit seinen Landsleuten – die Erfahrung der Verborgenheit Gottes (45,15). Aus seinem Berufungserlebnis, gespiegelt in 40,6–8, geht hervor, dass er die Vergänglichkeit irdischen Wesens im Exil verschärft empfunden hat. Den Exilierten läuft die Zeit davon.

Der Seelsorger

Die Voraussetzung dafür, dass er – im noch währenden Exil – die Erlösung mit seinem »Jetzt aber« (z.B. Jes 43,1.19) verkünden darf, formuliert Deuterojesaja in Jes 40,2: Die Schuld ist abgezahlt. An anderer Stelle kann er sagen, dass Gott in seiner Liebe zu den Israeliten deren Sünden bedingungslos »ausgestrichen«

hat (43,25; 44,22); Jesus wird Jahrhunderte später manch schuldbeladenem Menschen Gottes Vergebung ohne Wenn und Aber zusprechen. Die zum Zeitpunkt des Auftretens Deuterojesajas überraschende Frohbotschaft – das später auf die Verkündigung Jesu angewandte Wort stammt in seinem geistlichen Sinn aus Jes 40,9; 52,7–10; 61,1ff – schöpft der Prophet nicht aus sich selber. Vielmehr überbringt er sie im Auftrag JHWHs (48,16; 51,16). Als ein selbst »durch die Finsternis Gegangener« (50,10) weiß er, wovon er spricht, wenn er die Schwermut seiner Schicksalsgenossen angeht. Er tut dies in eindrücklichen, aus dem elementaren Leben gegriffenen Bildern, die uns auch heute noch unmittelbar zu Herzen gehen (z.B. 40,10–11.15; 41,14–16; 43,2; 46,3f; 49,15f; 54,10; 55,1–3). Besonders das mit »Fürchte dich nicht« eingeleitete Gotteswort, wie es schon die Erzeltern Israels in der Fremde vernehmen durften (Gen 15,2; 21,17; 46,3), will die verschieden getönten Ängste seiner Landsleute beschwichtigen (41,8.10.14; 43,1.5; 44,2; 54,6).

Im Selbstzeugnis von 50,4–5a verrät uns der Prophet, aus welcher Quelle er in seiner Seelsorge schöpft, nämlich aus seinem Morgengebet. Morgen um Morgen hält er sich JHWH hin, der ihm die Ohren »weckt«, d.h. der ihn hellwach macht und sensibilisiert für die Glaubenszweifel der »Müden«. (Das hebräische Wort umfasst auch die seelische Schlappheit schwermütiger Menschen.) So wird er befähigt, auf die Klagen seiner Landsleute einzugehen, wie es beispielhaft in 40,27–31 geschieht. Dort senkt er den »Müden« die alten Schöpfungsgewissheiten und das Urbild des Adlerflugs tief in die Seele. Jesus scheint in seiner allmorgendlichen Gebetszwiesprache dem Modell von Jes 50,4 gefolgt zu sein (Mk 1,35).

Anknüpfung an frühere Erfahrungen Israels

JHWH hat seine Macht bewiesen, insofern mit dem Exil das Gottesgericht eintraf, welches seine Propheten Jesaja und Jeremia unermüdlich angekündigt hatten. Also ist JHWH und nicht die Götter Babylons der Herr der Geschichte und überhaupt der alleinzige Gott – erst im Zuge dieser Gedankenfolge kommt es zur Geburt des Monotheismus in Israel (41,21–29; 43,8–13 u.a.). Niemand anderes als JHWH hat Himmel und Erde durch sein Schöpferwort ins Dasein gerufen – mit dem Ziel der Nahrung und des Wohnraums für alle Lebewesen (42,5; 45,18). Hat JHWH nicht auch Israel »erschaffen« und schon dessen Ahnvater »Jakob« zu seinem Kind erklärt (43,1; 44,2)? Hat JHWH Israel nicht schon einmal, damals aus Ägypten, in die Freiheit geführt? Warum sollte Israel also daran zweifeln, dass JHWH auch jetzt, in einer ähnlichen Lage der Exilierten, als ihr Retter auftreten wird? Er wird es tun, nach dem Muster des ersten Exodus, aber herrlicher als damals. Geradezu in feierlicher Prozession soll der Auszug und der Weg durch die Wüste dieses Mal vonstattengehen (43,16–21; 52,11–12; 55,12). Der Schöpfer Israels wird auch sein »Erlöser« sein (43,1; 44,6 u.a.); Deuterojesaja hat den Begriff aus dem Sippenrecht übernommen. Dort bezieht er sich auf die Person, welche in der Pflicht ist, einen in Schuldknechtschaft geratenen nahen Verwandten auszulösen (Lev 25,47–54).

Im Verfolg seines Rettungsplans für die Exilierten bedient sich JHWH des Perserkönigs Kyros (vgl. 46,10–11), der sich gerade anschickt, Babel die Weltherrschaft zu entreißen (41,1–7; 43,14–15; 45,1–7). Als JHWHs »Gesalbter«, ein für ausländische Regenten unerhörter Titel, wird Kyros sogar den Wiederaufbau des Tempels und der Städte Judas befördern (44,26–28).

Poetischer Sprachstil

Unangefochten galt lange Zeit die Lehrmeinung, dass Deuterojesaja seine Botschaft in nur wenige Spruchgattungen gegossen habe: Heilsankündigung und Heilsorakel (sic!), Disputationswort und Gerichtswort, dazu das sog. »eschatologische« Loblied. Diese Schubladen und dazugehörige Formzwänge werden der schöpferischen Phantasie nicht wirklich gerecht, in der Deuterojesaja alle möglichen, auch profane Gattungen nutzte, seine Botschaft effektiv und sinnenfällig vorzutragen. Um nur wenige Beispiele zu nennen: Der Prolog 40,1–11 und auch 52,7–10 bieten virtuelles Theater in kurzen Szenen. 40,27–31 liegt die auch sonst im AT begegnende Sprachform einer seelsorgerlichen Anteilnahme vor. 44,10–20 ist eine herrliche Satire mit Entlarvung der Götzenbilder. 48,16b–19 lässt sich als »Dekalog-Erinnerung« nach dem Muster von Psalm 81 verstehen. In 48,20 und 52,11 suggerieren mit doppeltem Imperativ formulierte »Auszugsbefehle« die unmittelbare Nähe des Exodus. Kap. 54 kann man als Hochzeitslied für »Aschenputtel Zion« lesen. In 55,1–3 tritt JHWH als »Marktschreier« auf.

Deuterojesaja verfügt über eine beträchtliche Zahl rhetorischer und poetischer Stilmittel, um seine Frohbotschaft wirkungssicher vorzutragen. So durchzieht Parallelismus membrorum, in dem ein Satz aus zwei gleichförmigen Teilen gebildet wird, nahezu vollkommen seine Redestücke (z.B. 40,27–31). Um einem

Aufruf Nachdruck zu verschaffen, verdoppelt der Prophet da und dort die Imperative (40,1; 51,9; 52,11). Geradezu eine Neuschöpfung stellt eine Redefigur dar, mittels derer Deuterojesaja sich und seine Klientel der Wirkmächtigkeit und Liebe Gottes vergewissert: Eine bestmögliche Qualität der geschöpflichen Welt, wie sie alle vor Augen haben, zeigt in Richtung auf eine diesbezügliche Absolutheit JHWHs: Mögen auch kraftstrotzende junge Männer ausnahmsweise einmal schlapp machen – die auf JHWH harren, bekommen wieder und wieder Kraft (40,30f). Mag auch schlimmsten Falles eine »Rabenmutter« ihr Kindlein vergessen – JHWH wird Zion niemals vergessen (49,14f). Die tief in der Erde wurzelnden Berge sind das Letzte, das in der Schöpfung einstürzen könnte, aber selbst wenn es ein solches Erdbeben gäbe – JHWHs Liebe (*hebr. chäsäd*) wird niemals von Jerusalem weichen (54,10).

Die Texte vom Gottesknecht

Zum Minimalbestand der eingeschobenen sog. »Lieder vom Gottesknecht« zählt man 42,1–4; 49,1–6; 50,1–9; 52,13–53,12; vielleicht handeln aber auch 42,5–9; 49,7; 48,16b–19; 49,8–12; 50,10–11 von ihm. Den hebräischen Titel *´ebed JHWH* könnte man genauer übersetzen mit »der im Dienste JHWHs Stehende« oder »der im Auftrag JHWHs Handelnde«. Aber wer ist dieser in der Sicht Deuterojesajas? Eine Gestalt der Vergangenheit oder einer nahen Zukunft? Redet der Prophet womöglich von sich selbst so oder vielleicht von einem Zeitgenossen? Von einer aus dem Alten Testament bekannten Figur? Von Israel? Von einem wahren Israeliten, wie er in der Bindung an JHWH leben soll (vgl. Joh 1,47)? Von einem kommenden Heilskönig? Von einem neuen Mose oder neuen Josua (vgl. 49,8f)? Gerade die letztere Vermutung hat einiges für sich, wenn man erst einmal erkannt hat, dass der Gottesknecht in Jes 42,2–3 ein fünffaches Nein zu den Heiligen Kriegen Josuas und Gideons in die Welt setzt. Eine präzise Auswertung des hebräischen Textes ergibt: Er verwirft punktgenau die drei Eröffnungszeremonien: die Rekrutierung, das Herbeischreien der Krieger; das gottesdienstliche Eröffnungssignal (das Erheben der Widderhörner); den Lärm der Kriegsgesänge. Und er verweigert ebenso rigoros den finalen Schuss mit der restlosen Auslöschung der Feinde. Überhaupt ist der Gottesknecht einer, der jedwede Gewalt verwirft und Wege zu ihrer Überwindung zeigt. So weit geht er, dass er schmerzvolle Schläge erduldet, die eigentlich eine (nicht sicher identifizierbare) Wir-Gruppe verdient hätte; ja, er hebt deren Schuld und die dafür geltende Todes-Strafe durch sein stellvertretendes Leiden und Sterben von ihnen weg, sodass *sie* in Frieden leben dürfen (Jes 52,13–53,12).

Vor allem die Evangelien und die Apostelgeschichte zeigen Jesus als den, in dem die Gottesknecht-Texte sich erfüllt haben. Dies belegen nicht nur etliche Zitate wie Mt 12,18–21; Lk 22,37; Apg 8,32f, sondern auch Anspielungen und Anklänge, die Jesu Leiden und Sterben als stellvertretendes Sühnopfer für »die Vielen« deuten (Mk 10,45; 14,24; vgl. Lk 23,34.47 mit Jes 53,11.12). Auch Jesu immer wieder zur Gewaltfreiheit rufende Predigt greift in Mt 5,39 den Kasus von Jes 50,6 auf, wonach der Gottesknecht den Schlägern *beide* Wangen hinhielt.

WERNER GRIMM

Matthäusevangelium

Aufbau

Der wohl bekannteste Text des Matthäusevangeliums ist die Bergpredigt (Kap. 5–7). Hier wird die besondere, vollmächtige Gesetzesauslegung Jesu vorgestellt. Und zugleich zeigt sich auch eine Besonderheit dieses Evangeliums: Es gibt verschiedene größere Reden Jesu darin, in denen der Evangelist einzelne Stücke zu größeren Gesamtkomplexen zusammenfügt und uns Jesus als Lehrer und Prediger schildert, der die Botschaft vom nahen Himmelreich bringt (4,17 – Mt vermeidet die Nennung des Gottesnamens und spricht deshalb nicht vom »Reich Gottes«). Die Reden werden durch eine Situationsangabe eingeleitet (5,1–2 Einleitung zur Bergpredigt; 9,35–10,5 Einleitung zur Aussendungsrede; 13,1–3 Einleitung zur Gleichnisrede; 18,1–3 Einleitung zur Gemeinderede; 24,1–3 Einleitung zur Endzeitrede) und – mit geringen Abweichungen in der Formulierung – durch den Satz abgeschlossen: »Und es geschah, als Jesus diese Worte vollendet hatte …« (7,28; 11,1; 13,53; 19,1; 26,1). Man hat versucht, mithilfe dieser Reden das Evangelium zu gliedern, ohne dass sich jedoch auf diese Weise ein klarer Aufbau ergibt. So ist erst einmal als Grobgliederung festzuhalten, dass Kap. 1–2 eine Einleitung mit dem Stammbaum Jesu und einigen Geschichten von seiner Geburt enthält; Kap. 3–25 berichten von der Wirksamkeit Jesu; Kap. 26f erzählen die Passionsgeschichte; und Kap. 28 enthält die Ostertexte dieses Evangeliums. Bei der

Untergliederung von Kap. 3–25 ist auch zu beachten, dass zuerst das Wirken Jesu in Galiläa geschildert wird und er sich dann auf den Weg nach Jerusalem macht. Der Blick richtet sich ab 16,21 in Richtung auf Jerusalem und damit schon auf die Passion; von dem tatsächlichen Wechsel aus Galiläa nach Judäa erzählt aber erst 19,1. Am Anfang von Kap. 21 schließlich zieht Jesus nach Jerusalem ein.

Verhältnis zu den anderen Evangelien

Auffällig ist die besondere Nähe des Matthäusevangeliums zum Markusevangelium. Das betrifft die Reihenfolge der Stücke: Kap. 3f entsprechen weitgehend Mk 1; Kap. 12 (ab V. 22) –24 weisen in der Reihenfolge ein hohes Maß an Übereinstimmung mit Mk 3–13 auf. Auch sprachlich steht Mt den parallelen Mk-Texten besonders nahe. Bis auf wenige Stücke kommt das gesamte Mk-Material im Mt-Evangelium vor. Daneben gibt es eine größere Menge von Texten, die Parallelen im Lukasevangelium haben, aber nicht im Markusevangelium. Trotz verschiedener Schwierigkeiten im Detail hat sich weithin die Annahme durchgesetzt, dass der Verfasser des Matthäusevangeliums das Markusevangelium (welches er an vielen Stellen sprachlich behutsam glättet) und eine weitere Quelle (»Q«) benutzte, die auch dem Lukas vorlag. Hinzu kommen die Stücke, zu denen es in den anderen Evangelien keine Parallelen gibt, das sogenannte Sondergut des Mt, z.B. seine Geschichten über Geburt und Kindheit Jesu. Im Vergleich mit den anderen Evangelien zeigt sich an vielen Stellen das besondere theologische Profil des Mt, der sein Evangelium mit Bedacht durchkomponierte.

Theologisches Profil

Wie die anderen kanonischen Evangelien auch gibt das Matthäusevangelium Worte und Taten des irdischen Jesus wieder und erzählt dann von seinem Tod und seiner Auferstehung. Dabei steht das Leben Jesu von Anfang an im Lichte seiner Messianität und Gottessohnschaft. Als Sohn Davids und Abrahams, so stellt schon der vorangestellte Stammbaum klar, ist er der verheißene Messias Israels (1,1.16; vgl. 2,4; 16,16.20; 22,42–45; 26,63; 27,17.22). Die Verkündigung des Engels an Josef (1,20) und vollends die Gottesstimme bei der Taufe (3,17) zeigen uns Jesus als den Sohn Gottes. Dass er der Sohn Gottes ist, wird auch in 2,15; 4,3.6; 8,29; 14,33; 16,16; 22,42–45; 26,63; 27,40.43.54 ausgesprochen. Besonders markant ist, dass nach Mt die Behauptung der Gottessohnschaft Jesu zu seiner Verurteilung vor dem Hohen Rat führt, weil er damit göttliche Hoheit für sich selbst in Anspruch nehme (26,63–66).

Eine Besonderheit des Matthäusevangeliums sind die sogenannten Erfüllungszitate (auch Reflexionszitate genannt). Mit der Formel »damit erfüllt werde« werden Ereignisse im Leben Jesu, seine Worte und seine Taten zu alttestamentlichen Worten in Beziehung gesetzt (1,22f; 2,6.15.17; 2,23; 4,14–16; 8,17; 12,17–21; 13,35; 21,5; 26,31; 27,9f). Es geht darum nachzuweisen, dass Jesus der verheißene Messias ist und als Knecht Gottes den Willen Gottes erfüllt. Merkwürdigerweise gibt es kaum Erfüllungszitate in der Passionsgeschichte des Matthäus, obwohl nach unseren Maßstäben gerade hier der Aufweis nötig wäre, dass das Leiden des Sohnes Gottes dem Willen Gottes entspricht. Das liegt wohl daran, dass Matthäus in der Passionsgeschichte eng an seiner Quelle, dem Markusevangelium, bleibt.

Ein besonderes Interesse hat der Evangelist an der Lebensführung der Christen, wie vor allem die Bergpredigt und die Gemeinderede, aber auch die Endzeitrede zeigen. Die Gerechtigkeit der Nachfolger Jesu soll besser sein als diejenige der Pharisäer (5,20), und ihr Haus ist auf Fels gebaut, wenn sie die Worte Jesu hören und befolgen (7,24). Aus dem Schatz ihres Herzens bringen sie Gutes hervor (12,34f), denn als Getaufte richten sie sich nach dem Wort Jesu und halten alles, was er ihnen befohlen hat (28,19f). Das bedeutet nicht, dass sie ohne Sünde sind (18,15), und ihre ganze Nachfolge steht im Zeichen des Kreuzes Jesu (vgl. 19,27–30), der sein Leben gegeben hat als Lösegeld für die Menschen (20,28). Es ist auffällig, dass das Herz der Jünger Jesu sie dazu anleitet, Gutes und Barmherzigkeit zu tun, ohne dass ihnen das richtig bewusst wird – so erzählt es das Gleichnis vom Endgericht (25,31–46). Daher ist die Gerechtigkeit der Nachfolger Jesu letztlich eine Gerechtigkeit, die sie empfangen.

Die ausdrückliche Bejahung des alttestamentlichen Gesetzes (am deutlichsten 5,17–19) wie auch die Schilderung verschiedener Auseinandersetzungen Jesu mit Repräsentanten des Judentums haben zu der Annahme geführt, dass das Matthäusevangelium vor allem für Judenchristen geschrieben sei. Es fällt aber auf, dass das Evangelium von Anfang an auch Heiden zu den Adressaten der Frohen Botschaft zählt. So begrüßen die Weisen aus dem Osten als Erste den neugeborenen »König der Juden« (2,1–12); Jesus heilt zwei besessene heidnische Gadarener (8,28–34) und eine kanaanäische Frau (15,21–28); der Hauptmann von Kapernaum (Kafarnaum) ist ein Vorbild im Glauben (8,10), und am Ende bekennt der heidnische Hauptmann unter dem Kreuz: »Wahrlich, dieser ist Gottes Sohn gewesen.« (27,54) Vor allem aber steht am Ende des Evangeliums programmatisch die Aussendung der Jünger in alle Welt mit dem Auftrag, den Heidenvölkern die Botschaft Jesu zu verkündigen und sie zu taufen. So wird man recht gehen in der Annahme, dass das Evangelium für Gemeinden verfasst wurde, die aus Juden und Heidenchristen bestanden.

Verfasser

Der Name eines Autors wird im Text unseres Evangeliums nicht erwähnt. Die alte Evangelienüberschrift, die jedoch nicht zum ursprünglichen Text gehört, kennt ihn unter dem Namen Matthäus. Auffällig ist, dass der Zöllner, dessen Name in Mk 3,18 Levi lautet, im Paralleltext bei Mt den Namen Matthäus trägt (9,9). Historisch lässt sich nicht mehr klären, ob das womöglich eine Folge der Zuschreibung des Evangeliums an diesen Matthäus ist. Der Kirchenvater Papias (erste Hälfte des 2. Jh.) weiß davon zu berichten, dass Matthäus auf Hebräisch ein Evangelium verfasst habe. Eine hebräische Vorform oder gar eine hebräische Fassung unseres Matthäusevangeliums lässt sich allerdings nicht rekonstruieren. So bleibt die Verfasserschaft des Mt unklar; weithin nimmt man an, dass die Zuschreibung des Evangeliums an den Augenzeugen und Jünger Jesu sekundär ist. Nicht sicher lässt sich auch die Frage beantworten, wann das Evangelium entstanden ist. Die Annahme, dass der Verfasser das Markusevangelium kannte und benutzte, sowie der Versuch, das Evangelium allgemein in eine Entwicklungsgeschichte des frühen Christentums einzuordnen, führen zu der Hypothese, dass das Evangelium etwa in der Zeit zwischen 80 und 90 n. Chr. entstanden ist.

JORG CHRISTIAN SALZMANN

Lukasevangelium

Der Evangelist Lukas, wer immer hinter diesem Namen der kirchlichen Tradition steht, hat uns das dritte Evangelium in der Abfolge der Schriften des Neuen Testamentes hinterlassen. Für uns heutige Leser ist es sehr praktisch, dass er uns am Beginn seiner Schrift (Lk 1,1–4) sozusagen auf seinen Schreibtisch schauen lässt. Er schreibt auf, mit welchem Ziel er schreibt, und gibt uns so eine Lesehilfe für sein Evangelium. Zunächst einmal stellt er sich in eine Reihe vieler Zeugen, so dass niemand auf die Idee kommen kann, er sei der Erste, der die Geschehnisse aufschreibt. Ja, bereits andere haben darüber geschrieben, aber da fehlt anscheinend noch etwas. Warum also eine neue Schrift, wo doch alles bekannt war? Dafür ist offenbar der Adressat verantwortlich, ein gewisser Theophilus, für den es wichtig war, Sicherheit und Klarheit im Glauben zu bekommen. Um das zu erreichen, hat Lukas ausführliche Studien betrieben, die Vorgänge zurückverfolgt und baut auf denen auf, die ihrerseits Augenzeugenberichte verarbeitet haben. Der Vergleich mit den anderen Evangelien zeigt: Er benutzt das Markusevangelium und zugleich eine Quelle mit Jesusreden, die offenbar auch dem Matthäusevangelium vorlag. Darüber hinaus aber hat er jede Menge anderen Stoff, der offenbar nur in seiner Gemeinde überliefert wurde bzw. nur ihm wichtig genug war, aufgeschrieben zu werden. Betrachten wir diese Texte, so findet sich vieles, was zum Grundbestand unseres Glaubens gehört: die weihnachtlichen Geschichten, darunter die Verkündigung an Maria, die Geburt des Täufers, der Besuch Marias bei Elisabet, die Hirten an der Krippe, die Erzählung vom zwölfjährigen Jesus im Tempel. In diesen Erzählungen wiederum stehen das Benedictus, das Magnificat und das Nunc dimittis, die großen neutestamentlichen Hymnen, die bis heute ihren festen Platz im Stundengebet haben. Aber auch die Gleichnisse vom barmherzigen Samariter und vom barmherzigen Vater, die Erzählung vom armen Lazarus und von Zachäus sind nur bei Lukas zu finden, ganz zu schweigen von der Himmelfahrt Jesu und der Emmauserzählung. Ohne das Lukasevangelium hätten wir weit weniger Feste im Kirchenjahr.

Aus den Spuren seiner Quellen und dem, was er schreibt, lässt sich seine Schrift zeitlich einordnen. Das Markusevangelium lag ihm vor, er schreibt also sicher nach 70 n. Chr. Allerdings wird es auch nicht zu lange danach gewesen sein, so dass eine Abfassung zwischen 80 und 90 n. Chr. wahrscheinlich ist. Sein Adressatenkreis scheint aus Christen zu bestehen, die mit jüdischen Gebräuchen kaum etwas anfangen können. Der Vergleich mit Mk und auch Mt zeigt das Weglassen dieser Traditionen bzw. die genaue Erklärung. Seine Gemeinde ist also griechisch geprägt, man redet da von Heidenchristen.

Wie aber sollen wir dieses Evangelium lesen? Zunächst so wie Theophilus – mit dem Ziel, im Glauben gestärkt zu werden. Dazu müssen wir den Weg Jesu an der Hand des Evangelisten mitgehen, und dieser Weg ist ein besonderer. Um ihn zu verstehen, lohnt es sich, den zweiten Teil des Lukasevangeliums in Betracht zu ziehen: die Apostelgeschichte. An deren Anfang bezieht sich der Autor ausdrücklich auf sein erstes Buch für Theophilus. Liest man beide hintereinander, so findet sich in der Mitte (im letzten Teil des Lk und im ersten Teil der Apg) alles auf Jerusalem zentriert. Dorthin ist Jesus sehr bewusst unterwegs (von Kapitel 9–19), von dort gelangt die Botschaft seiner Auferstehung letztlich bis an die Grenzen der Welt. Jerusalem aber ist für das Lk so eine Sache: einerseits der Dreh- und Angelpunkt, wo die wichtigsten Ereignisse geschehen, andererseits aber auch der Ort, wo die Ablehnung Jesu und seiner Nachfolger ihr Zentrum hat. Das mag ein Bild für den Glauben sein. Macht man sich auf den Weg ins Zentrum, so besteht zumindest die deutliche Gefahr der Ablehnung. Jedenfalls scheint das für den Evangelisten, für Theophilus und ihre Gemeinde so zu sein, auch deshalb das Streben nach Befestigung des Glaubens.

Wie aber wird Jesus vorgestellt? Mehr als alle anderen ist Jesus für das Lk der Heiland. Seine Sendung zu den Armen und Ausgegrenzten wird immer neu erzählt: Kranke, Frauen, Sünder – alle, die in der antiken Welt am Rande standen, werden durch Jesu Nähe gewürdigt und bekommen durch ihn das Heil zugesagt. Mehr als in allen Evangelien stellt uns Jesus Gott im Lk als barmherzigen Vater vor. Als einen, der alles mit Barmherzigkeit umgibt, aber auch auffordert, selbst barmherzig zu handeln. Eine zweite Lesehilfe also: Die Armen und Kleinen sind Gottes Lieblinge, zu ihnen gehören und für sie da zu sein, verbindet mit Jesus.

Im Lk ist Jesus außerdem der Betende. In keinem anderen Evangelium zieht er sich so oft zum Beten zurück, geschieht so viel in Situationen, wo Jesus betet – die Taufe, die Wahl der Zwölf, die Verklärung, am Ende die eindrückliche Schilderung des betenden Jesus am Ölberg. Jesus lehrt die Jünger im Lk das Vaterunser auf ihre Bitte hin zu lernen, wie beten geht. Eine weitere Spur: Um glauben zu können, muss man Kontakt mit Gott aufnehmen und Lukas versichert uns durch das Beispiel Jesu, dass es auch möglich ist.

Mit Blick auf Theophilus und die im Glauben zu Stärkenden aller Zeiten wird ein Weiteres im Lk wichtig. Diese Spur findet sich gleich in den Weihnachtsgeschichten. Was angekündigt wird, tritt ein: in der Verheißung der Geburt Johannes des Täufers, der Verkündigung des Engels an Maria, der Botschaft der Engel an die Hirten, der Weissagung von Hanna und Simeon. Der Evangelist setzt auf Verlässlichkeit. Sein Leser kann gleich zu Anfang erleben, wie Gott handelt und dass er hält, was er versprochen hat. Die Botschaft, so lernen Theophilus und alle Leser fast nebenher auf dem Weg, ist verlässlich. Dies wird für die Jünger mit Jesu Tod allerdings in Frage gestellt. Und wie ihnen geht es vielleicht jedem späteren Leser, der in seinem Glauben angefragt ist. Wohl deshalb erzählt Lukas uns die Emmausgeschichte. Hier legt der Auferstandene selbst den Jüngern das Geschehene aus und zeigt ihnen, wie sie mittels Schrift und seiner Worte alles verstehen können. An der Hand dieser beiden Jünger kann der Leser die letzte Gewissheit hören. Jesus begegnet den Seinen auf dem Weg und seine Ansagen werden erfüllt. Wohl nicht zufällig ist nur einer der Emmausjünger namentlich benannt (Kleopas) – mag sein, dass der andere weit nach Jesu irdischem Weg lebt, mag sein, dass der Evangelist diese Leerstelle lässt, damit sich der Leser mit Kleopas auf den Weg nach Emmaus begeben kann. Dies mag die wichtigste Einladung des Lk sein, die Begegnung mit Jesus in den eigenen Wegen zu erwarten und dort die Botschaft stets neu ausgelegt zu bekommen, die Botschaft, dass Gott Heil will und dies durch Jesus wirklich bringt. Das ist nicht nur für Theophilus eine gute Nachricht – Evangelium –, sondern für alle Leser des Lk bis heute.

ANNE RADEMACHER

Römerbrief

Der Römerbrief des Apostels Paulus ist sein theologisches »Testament«, in dem Paulus seine Theologie bündelt. Biographisch gesehen entstand seine »Rechtfertigungslehre« als Selbstrechtfertigung am Ende seines Lebens und in der Situation der Verteidigung von dessen theologischen Grundentscheidungen. Diese haben die Geschichte des Christentums wesentlich geprägt.

Der Brief beginnt wie ein antiker Brief mit Briefkopf (1,1–7) und Thema (1,8–17): Es geht um die Botschaft von der »Gerechtigkeit Gottes aus Glauben zum Glauben« (1,16) für Juden und Völker.

Der *erste* Teil (1,18–11,36) entfaltet die Botschaft:
1,18–3,20: Die Vorbereitung der Botschaft: Gottes Gerechtigkeit als Zorn über die Sünde aller Menschen

3,21–4,25: Der Kern der Botschaft: Gottes Gerechtigkeit durch Glauben, unabhängig vom Gesetz
5,1–8,39: Die Antwort auf die Botschaft: Leben als Gerechtfertigte
9–11: Die gemeinsame Rettung von Israel und den Völkern

Der *zweite* Teil (12,1–15,13) konkretisiert die Botschaft:
(12,1–15,13): Die Praxis des Evangeliums
15,14–16,23: Briefschluss mit einer langen Grußliste
Ein Verstehen des Römerbriefs muss mit Paulus beginnen, und zwar mit dem Juden Paulus, der in der Begegnung mit Christus nicht aufgehört hat, Jude zu sein, aber der plötzlich begriffen hat: Dieser (eine) Gott hat einen Sohn, Jesus, den Messias; und das zu verstehen und zu verkündigen war von da an sein einziges Lebensthema.

Er verkündigt den Glauben (Gal 1,13); Glaube beinhaltet dabei für Paulus noch nicht in erster Linie Glaubens-Inhalte. »Glaube«, oder besser noch »Trauen«, ist in der griechischen Sprache ein Beziehungs- und Verhältnisbegriff und bringt eine gegenseitige, auf Vertrauen basierende Beziehung zur Sprache. Glauben meint eine Haltung des Vertrauens, Sich-Anvertrauens, Vertrauen-Schenkens. Paulus benutzt das Wort, um das Verhalten des Menschen gegenüber Gott auszudrücken (4,5), aber auch für Gottes eigene Zuverlässigkeit und Treue (3,3); und er verwendet es auch für das Verhalten Christi gegenüber Gott und den Menschen (3,22.26). Wenn in seinen Briefen also vom Glauben an Jesus oder an Christus die Rede ist, kann man den griechischen Ausdruck auch anders übersetzen: nicht der Glaube des Menschen an Christus, sondern der Glaube Jesu selber, seine Haltung des Trauens oder Vertrauens, die er Gott gegenüber, aber auch den Menschen gegenüber lebt. In seiner ganzen Person verkörpert er das Freundschaftsangebot (Trauen) Gottes den Menschen gegenüber und als Mensch auch die Antwort des Trauens, die der Mensch diesem Gott gibt. Am deutlichsten wird diese Haltung des Trauens Jesu für Paulus am Kreuz (3,21–26).

Dieses Trauen als Prinzip des Handelns Gottes wirft nun ein neues Licht auf das Gesetz. Indem Paulus die Geschichte Gottes mit der Menschheit erklären will, stellt er Trauen/Glauben und Gesetz einander gegenüber. Damit beginnt nun die ganze schwierige Geschichte dieser Gegenüberstellung von »Gesetz und Evangelium«: Wenn das Trauen neu ist, weil für Paulus die neue, umwerfende Erfahrung in seiner Begegnung mit Christus im Zentrum steht, ist dann das Gesetz alt in dem Sinn, dass es überholt oder am Ende ist? Wenn das Gesetz dem Menschen seine Sünde aufzeigt (3,19f), damit er die Vergebung in Christus erkennen und annehmen kann, bedeutet dies, dass es selber diese Sünde provoziert oder den Menschen gar zur Sünde anstachelt, indem es von ihm »Werke« verlangt, wo es doch allein auf das Trauen ankommt? Die letzten 30 Jahre Paulusforschung haben viel dazu beigetragen, diese Fragen immer klarer mit »nein« beantworten zu können. Wenn Paulus das Gesetz dem Trauen gegenüberstellt, so will er damit zwei Weisen zeigen, in denen Gott dem Menschen entgegenkommt: Im Gesetz offenbart er seinen Willen durch die Gebote. Dieses Gesetz ist – ganz jüdisch gesagt – heilig, gerecht und gut (7,12). Der Mensch antwortet darauf, indem er das Gebotene tut. Das hat nichts mit Werkgerechtigkeit zu tun, sondern durch dieses Tun der Gebote wird er ein gerechter Mensch, also ein Mensch, der in Verbindung mit Gott, in seinem Willen und in seiner Zuwendung lebt. Auch das ist selbstverständlich jüdisch, und Paulus entwertet es an keiner Stelle. Das Gesetz hat jedoch eine entscheidende Grenze (8,3): Angesichts der Übertretung muss es die Sanktion aussprechen, sonst würde es seiner Aufgabe nicht gerecht und Gott wäre gar ein Komplize der Sünde (3,5–8). Deshalb offenbart Gott in Christus seine Gerechtigkeit auf neue Weise und kommt den Menschen nicht im Gesetz, sondern im Trauen entgegen. In Jesus offenbart sich also die Treue Gottes, denn er investiert oder schenkt seinen Sohn, kommt dem Menschen entgegen in einer Haltung des Trauens mit der Einladung, dass der Mensch dieses Vertrauen mit Trauen beantwortet, sich auf diese Beziehung einlässt und aus ihr lebt: »Der Gerechte wird aus Trauen leben« – so zitiert er am Beginn des Römerbriefs den Propheten Habakuk (1,17).

Und nun kommt die große Frage des Paulus, die er in Römer 9–11 zu lösen versucht: Die Gerechtigkeit im Gesetz, die Israel durch das Leben nach dem Willen Gottes erreicht hat, hätte dazu führen müssen, dass Israel in der Begegnung mit Christus die Gerechtigkeit aus Trauen hätte erkennen und ergreifen müssen. Denn Christus ist, wie Paulus pointiert formuliert, »Ziel des Gesetzes« (10,4): Er verkörpert das, worauf das Gesetz zielte und was es bezeugte, aber nicht selber vermitteln konnte: die neue, gegenseitige Beziehung des Trauens zum Gott Israels, Gerechtigkeit als Folge der Vergebung der Sünde. Die Frage, die sich Paulus stellt, ist: Wie geht Gott mit dieser Reaktion Israels auf den Messias um? Zunächst betont er gegenüber den mehrheitlich heidenchristlichen Adressaten seines Briefes: An der Erwählung Israels ändert sich nichts: »Hat Gott sein Erbe, Israel, verstoßen? Das sei ferne.« (11,1) Israel bleibt Träger der Verheißung. Das bleibt es auch dann, wenn Gott jetzt in Gestalt der Gemeinde von Christusgläubigen aus Juden und Heiden eine neue Berufung setzt (9,24–29). Diese Gemeinde tritt nicht an die Stelle Israels; die Heidenchristen werden aber auch nicht einfach in das Gottesvolk eingemeindet (deshalb müssen sie nicht beschnitten werden), sondern Gott beruft eine neue Gruppe aus einem »Rest« aus Israel und den neu dazugekommenen Heiden. Beide Gruppen, Israel und die neue Gemeinde mit ihrem jüdischen Kern sind aufeinander verwiesen und haben darin ihren Auftrag für das größere Projekt Gottes, die Rettung der Menschheit.

In 11,7 steht nun das schwierige Bild von der Verstockung Israels. Hat Gott sein Volk absichtlich verstockt, sodass es Christus nicht erkennen kann? Hier merkt man die Last der jahrhundertelangen Übersetzungsgeschichte. Verstockung heißt auch in der deutschen Sprachgeschichte ursprünglich »steif werden«, »ins Stocken geraten« und hat nichts mit widerborstiger Haltung zu tun. Was ins Stocken kommt, ist der Prozess der Erkenntnis Christi. Auch das ist nicht von Gott verfügt, sondern Paulus beschreibt zunächst das Faktum. Gott jedoch, so Paulus, verstößt sein Volk deswegen nicht oder gibt das Erbe einem neuen Volk, das dann die Kirche wäre – auch so hat man manchmal verstanden, sondern macht daraus Segen für die Völker. In diesem Zusammenhang kommt dann das berühmte Bild vom Ölbaum, in den die Völker eingepfropft werden (11,17–24). Der Ölbaum ist aber nicht Israel, sondern Christus, der aus der Wurzel der Väter gewachsen ist, denn der Messias kommt aus Zion. Die von diesem Baum getrennten Zweige sind also zunächst von Christus getrennt, aber nicht von Gott. Für Paulus ist klar: Das Ziel Gottes ist es, die abgetrennten Zweige – die nicht verdorrt sind – in den Ölbaum Christus (was nicht heißt in die Kirche!) einzupfropfen. Rettung besteht für ihn in der Verbindung mit Christus, auch für Israel, das in Jesus den Messias (noch) nicht erkennt.

Hier steht das große Wort vom Geheimnis (11,25). Paulus versteht es so, dass Gott das Nicht-Erkennen Israels an das Wachsen der Völker im Glauben bindet. Noch einmal sagt er: Unwiderruflich sind die Geschenke Gottes (11,29) – Gott nimmt von seiner Verheißung an Israel nichts zurück. Doch ist Israel im Blick auf Christus ungehorsam geworden, und deshalb wird Gott ihm mit Erbarmen begegnen, damit es den Messias erkennt, der den Namen Jesus tragen wird. Diese Rettung bedeutet für Israel, weder seine jüdische Identität noch den Bund aufgeben zu müssen. Die Rettung »Ganz-Israels« geschieht nach Paulus also an der Kirche vorbei, aber durch Christus.

Paulus sah mit Schmerzen das Nicht-Erkennen Christi durch Israel. Was dann jedoch hinzukam, war ein Nicht-Erkennen Israels durch die Kirche. Auch hier kam etwas ins Stocken, was von Gott her vielleicht anders angelegt war. Helmut Merklein sprach einmal von der Verstockung Israels, zu der in der Geschichte die Verschuldung der Kirche dazugekommen sei. Davon konnte Paulus noch nichts wissen. Vielleicht ahnte er es, denn er warnt immer wieder vor Überheblichkeit gegenüber Israel. Diese Verschuldung der Kirche, eine Blindheit, die darin auch schuldig wurde, ist etwas, was – christlich gesprochen – die »Rettung Ganz-Israels« ins Stocken gebracht und verhindert hat. Die Frage ist jetzt, anknüpfend an Paulus: Wie reagiert Gott auf diesen neuerlichen Ungehorsam – jetzt der Christen? Wie erweist er jetzt sein Erbarmen? In der Vergebungsbitte an das jüdische Volk, die Papst Johannes Paul II. im Jahr 2000 ausgesprochen hat, bringt er seinen Schmerz über das Nicht-Erkennen der Berufung Israels zum Ausdruck und bittet um dieses Erbarmen Gottes. Johannes Paul II. und die Päpste nach ihm haben auch unmissverständlich vom nie gekündigten Bund gesprochen und ihren Respekt vor dem Volk Israel immer wieder bezeugt. Paulus sah die Synagoge gemeinsam mit der Kirche dem kommenden Messias entgegengehen. Für die Christen heute bedeutet das, dass sich Kirche theologisch nicht ohne Israel verstehen kann. Jedem Versuch, durch Mission den Prozess der Annäherung der Wege zu beschleunigen, hat die katholische wie die evangelische Kirche deshalb definitiv eine Absage erteilt. Sie legt das Wann und das Wie des Heils des jüdischen Volkes ganz in Gottes Hände.

MARGARETA GRUBER OSF

Philipperbrief

Im Philipperbrief zeigt sich uns Paulus in einer Rolle, in der wir ihn sonst kaum einmal sehen können: als ein Freund. Dabei ist der Brief aber nicht privat; er schreibt auch diesen Brief als Apostel, und es geht um das Evangelium. Aber anders als sonst präsentiert er sich eben nicht als Apostel, der seine apostolische Autorität zur Geltung bringt, sondern als jemand, der mit »den Heiligen« (1,1) in Philippi freundschaftlich verbunden ist, in dieser Verbundenheit Rat erteilt und Anteil an seinem Leben gibt. Auf den Briefanfang (1,1f), in dem Timotheus als Mitabsender genannt wird, folgt eine Danksagung (1,3–11), in der es um die Gemeinde in Philippi geht und um eine briefliche Selbstempfehlung, in der Paulus Einblick in seine Situation gibt (1,12–30). Der Hauptteil des Briefes besteht aus zwei sehr unterschiedlichen Teilen, so dass mit guten Gründen erwogen wird, ob vielleicht zwei ursprünglich selbständige Briefe aneinandergefügt worden sind: Kapitel 2 beschäftigt sich mit Gemeindeproblemen und bietet Beratung (2,1–18); es schließen sich Überlegungen zur weiteren Gestaltung des freundschaftlichen Kontakts (2,19–3,1a) an. Ganz anders ist die Stimmung in Kapitel 3: Es geht um »Irrlehrer«, und Paulus ist unfreundlich und polemisch. Mit Kapitel 4 zeigt sich wieder der freundschaftliche Ton der ersten beiden Kapitel in Schlussmahnungen (4,1–9), Dank für die Unterstützung (4,10–20) und dem Briefschluss (4,21–23).

Wer waren diese Leute, denen Paulus so nahesteht wie keiner anderen Gemeinde? Philippi liegt in Nordgriechenland, nicht weit von der Mittelmeerküste entfernt, etwa 140 km östlich von Thessaloniki, ca. 15 km nordwestlich des heutigen Kavala an der Via Egnatia, der großen Straße, die Italien mit dem Bosporus verband. Die antike Stadt ist ausgegraben und für die Besichtigung erschlossen. Die Stadt war eine Gründung von Philipp II (356 v. Chr.), dem Vater Alexanders des Großen, auf dem Territorium einer älteren thrakischen Stadt. 42 v. Chr., in der Endphase der römischen Republik, fand bei Philippi die entscheidende Schlacht zwischen Oktavian und Antonius auf der einen und Brutus und Cassius, den Caesarmördern, auf der anderen Seite statt. Nach der Schlacht wurden in Philippi römische Veteranen angesiedelt. 16 Jahre später, inzwischen war aus Oktavian der kaiserliche Herrscher geworden, wurde Philippi in *colonia Julia Augusta Philippensis* umbenannt und konsequent in eine römische Stadt umgestaltet. Die offizielle Kultur war die römische und die offizielle

Sprache war Latein. Daneben wurde in der Stadt griechisch und auch thrakisch gesprochen. Das Stadtgebiet selbst war eher klein, aber ein regionales Zentrum. Die Einwohnerzahl ist auf 5000 bis 10000 geschätzt worden. Philippi verfügte im 1. Jahrhundert über ein beeindruckendes Theater und Thermen. Die Einwohner lebten von der Landwirtschaft und vom Handel, der durch die günstige Infrastruktur an der Via Egnatia und der Nähe des Hafens Neapolis begünstigt wurde. Die politische Macht lag in den Händen von Römern. Philippi war nicht nur mehrsprachig und multikulturell, sondern auch religiös-kultisch vielfältig: Die alten thrakischen Gottheiten wurden verehrt, dann die griechischen. Mit den Römern waren die römischen Gottheiten gekommen, über die Handelswege die großen Gottheiten aus dem Osten, wie Kybele und Isis. All diese Gottheiten waren im Lauf der Zeit miteinander überblendet worden. Ebenso spielte der Kaiserkult eine Rolle, auch wenn er für die Zeit, in der Paulus die Stadt kannte, noch nicht sicher bezeugt ist.

Paulus war im Jahr 49/50 auf der Via Egnatia nach Westen gewandert. Von Troas, am Hellespont gelegen, hatte er sich entschieden, seinen Wirkungsbereich nach Westen hin zu verlagern. Die Apostelgeschichte verbindet die Entscheidung mit einer Traumvision (16,9f) und zeigt damit, wie wichtig der Übergang nach Westen für die Ausbreitung der Jesusbewegung war. In Philippi gründete Paulus die erste Gemeinde auf (heute) »europäischem« Boden. Die Apostelgeschichte nennt aus dieser Gründungsphase eine Person mit Namen: Lydia, eine der jüdischen Gemeinde nahestehende Frau, die selbst jedoch nicht Jüdin war (Apg 16,14). Sie war Unternehmerin im Luxussektor und handelte mit Purpur, gebürtig war sie aus Thyatira, einer Stadt in der Provinz Asien (vgl. Offb 2,18). Nach Auskunft der Apostelgeschichte mussten Paulus und Silas die Stadt relativ rasch wieder verlassen. Auf seinem Weg nach Jerusalem besuchte Paulus Philippi erneut (Apg 20,6). Aus dem Brief wird ersichtlich, dass er den Kontakt zu der Gemeinde in Philippi regelmäßig pflegte, dass er Besucher aus Philippi empfing und sogar finanzielle Unterstützung von der Gemeinde annahm (4,15f). Paulus lehnte es sonst kategorisch ab, sich von den Gemeinden unterstützen zu lassen, und machte daraus sogar ein »Alleinstellungsmerkmal« seines Apostolats (vgl. 1 Kor 9,12–16). Wenn er für die Gemeinde in Philippi eine Ausnahme machte, ist das ein wichtiges Indiz dafür, dass diese Gemeinde wirklich etwas Besonderes war. Mehrere Mitglieder der Gemeinde nennt er namentlich (4,2f18): Epaphroditos, Evodia und Syntyche sowie

Klemens, drei griechische und ein römischer Name, zwei Frauen, drei mit Lydia, und zwei Männer.

Wodurch wurde das Leben in der Gemeinde in Philippi bestimmt? Das Gemeindeleben blühte, die Gemeinde war missionarisch tätig. Paulus drückt mehrfach seinen Dank an Gott dafür aus (1,3–11; 4,6). Allerdings zeichnen sich auch zwei problematische Themen ab: Einer hat mit den Beziehungen der Gemeindemitglieder untereinander zu tun. Es gab Streit (u.a. zwischen Evodia und Syntyche, 4,2f) und Konkurrenzverhalten (2,1–5). Diese Probleme könnten schwerwiegend gewesen sein. Jedenfalls setzt Paulus mit seiner Ermahnung ganz fundamental an, wenn er in dem vielleicht berühmtesten Abschnitt des Briefes einen Hymnus zitiert, der wahrscheinlich von Paulus nicht selbst gedichtet wurde, sondern zum »Liedgut« der Jesusbewegung gehörte (2,6–11). In seinem ersten Teil beschreibt der Hymnus, wie Christus als gottgleiches Wesen alles aufgab, Mensch wurde und sogar den Tod auf sich nahm (2,6–8). An dieser Stelle hat Paulus wahrscheinlich ein paar Worte hinzugefügt: den Tod am Kreuz! Der zweite Teil beschreibt die Erhöhung Jesu bis auf die Ebene Gottes. Es ist die Bereitwilligkeit, die Erniedrigung auf sich zu nehmen, die als Grund für die Erhöhung ausgemacht wird (2,9). Dieser Hymnus ist für die Entwicklung der kirchlichen Lehre über Jesus Christus sehr einflussreich geworden. Für Paulus ist Vers 9 besonders wichtig. Es geht ihm darum, dass Streit und Konkurrenzverhalten und der Glaube an diesen Jesus Christus unvereinbar sind. Erforderlich ist vielmehr die Bereitschaft, auf alles, wodurch man Größe und Ansehen beanspruchen kann, zu verzichten um des Wohls der anderen willen (2,4.12).

Es gab aber noch mehr Probleme in Philippi: In der Gemeinde hatten Personen Einfluss gewonnen, die Paulus vehement ablehnte. Ob es sich dabei um eine, um zwei oder sogar um drei verschiedene Richtungen handelt, ist nicht ganz klar. Die mehrheitlich nichtjüdischen (männlichen) Mitglieder der Gemeinde waren aufgefordert worden, die Beschneidung nachzuholen. Dem stellt Paulus am Beispiel seiner eigenen jüdischen Identität den übergeordneten Wert des Evangeliums entgegen (3,2–11) und erklärt – ähnlich wie im Galater- und Römerbrief – die Rechtfertigungsbotschaft. Außerdem war behauptet worden, die Vollkommenheit sei schon in der Gegenwart zu erreichen oder von einigen sogar schon erreicht worden. Dieser Position stellt Paulus, wiederum am eigenen Beispiel, die Überzeugung entgegen, dass dies erst mit dem Ende der Welt möglich werde, unsere Lebensführung aber als der Weg zu diesem Ziel ernst genommen werden müsse (3,12–16). Immer wieder zeigt er sich seinen Freunden als Vorbild und Orientierung (3,17).

Und was erfahren die Philipper über Paulus? Wegen des regelmäßigen Kontakts wussten sie mehr als wir und konnten die etwas lückenhaften Angaben ergänzen. Was wir rekonstruieren können, ist, dass sich Paulus in einer sehr schwierigen Lage befand, als er den Brief verfasste. Er ist offenbar im Gefängnis (1,7.13.17) und wartet darauf, wie über ihn entschieden wird. Haftgrund ist seine missionarische Tätigkeit (1,13). Wie das Urteil lauten wird, ist offen. Paulus hält einen Freispruch für möglich, aber auch ein Todesurteil (1,12–26). Beides wird er annehmen. Gern einen Freispruch, weil er dann die Freunde in Philippi wiedersehen wird (1,25), lieber noch ein Todesurteil, weil er dann bei Christus wäre (1,23). Selten wird so deutlich, dass Paulus erwartete, unmittelbar nach seinem Tod mit Christus vereint zu werden. Diese Überzeugung ersetzt allerdings nicht die Erwartung des Kommens des Herrn (1,6).

Um welchen Ort der Gefangenschaft handelt es sich? Man hat Ephesus vorgeschlagen, dann wäre der Brief Mitte der 50er Jahre entstanden. Andere meinen, der Brief sei während der römischen Gefangenschaft, also Anfang der 60er Jahre entstanden. Angesichts der Situation, in der sich Paulus befindet, ist das Grundmotiv seines Schreibens, die Freude, sehr eindrücklich (14 Belege!). Freude ist für Paulus kein Gefühl, das sich einstellt, wenn alles rund läuft, und nicht die Reaktion auf besonders schöne Erlebnisse. Freude ist für den Mann, der im Gefängnis sitzt und mit seiner Hinrichtung rechnet, unabhängig von seiner Lebenssituation. Die Wechselfälle des Geschicks und die Lasten des Alltags treten für ihn zurück: »Ich habe gelernt, mir genügen zu lassen« (4,11), erklärt er. Freude ist für ihn eine Reaktion auf eine Wirklichkeit, die er von Gott bestimmt weiß: Gott handelt zum Wohl der Menschen, auch durch ihn, Paulus, auch durch seine Freunde, die Heiligen in Philippi. Lebensfreude begleitet ihn deswegen, zur Lebensfreude ruft er deswegen auf.

GUDRUN GUTTENBERGER

Jakobusbrief

Einordnung

Der Jakobusbrief eröffnet heute im Neuen Testament die Gruppe der »Katholischen Briefe« (Jak; 1 Petr; 2 Petr; 1 Joh; 2 Joh; 3 Joh; Jud). Die sieben Schriften dieser Gruppe stammen von verschiedenen Autoren und zeigen in ihren theologischen Vorstellungen sowie in Funktion und Absicht deutliche Unterschiede. Gemeinsam ist ihnen, dass sie nicht an eine konkrete Gemeinde oder Person, sondern an einen weiteren Kreis adressiert sind und in diesem Sinn als »katholisch«, d.h. als »allgemein« oder »umfassend«, gelten können (2 Joh und 3 Joh, auf die dies nicht zutrifft, finden sich aufgrund der Zusammengehörigkeit mit 1 Joh in dieser Gruppe).

Als Adressaten nennt der Jakobusbrief die »zwölf Stämme in der Zerstreuung« (1,1). Demnach scheint sich das Schreiben an Christinnen und Christen zu wenden, die aus dem Judentum in der Diaspora stammen. Für eine judenchristliche Ausrichtung und Perspektive scheint auch die Betonung der Zusammengehörigkeit von Glauben und Werken in 2,14–26 zu sprechen; denn der Passus klingt wie eine gezielte Zurückweisung der paulinischen These, dass der Mensch durch den Glauben allein und ohne Werke des Gesetzes gerechtfertigt wird, d.h. im Gericht Gottes das Heil erlangt (vgl. Röm 3,28). Bei dem als Absender genannten Jakobus, den der Zusatz »Knecht Gottes und Jesu Christi« als anerkannte Persönlichkeit und als Träger von Autorität ausweisen soll, ließe sich folglich an den gleichnamigen »Herrenbruder« denken, der ein herausragender Vertreter und die zentrale Identifikationsfigur des Judenchristentums in den frühen Gemeinden war (Apg 21,18–25; vgl. Gal 1,9). Auf seine Autorität beriefen sich judenchristliche Gegner des Paulus und seiner Theologie (Gal 2,12; vgl. auch Gal 2,5f). Auch wenn der Herrenbruder Jakobus mit Paulus darin übereinstimmte, dass Heiden ohne Beschneidung in die christlichen Gemeinden aufgenommen werden konnten und nicht zur vollen Erfüllung des mosaischen Gesetzes verpflichtet waren (Gal 2,9; Apg 15,13–21), so widersprach er dennoch der Sicht des Paulus, dass für das Heil des Menschen allein der Glaube an das Evangelium von der Erlösung im Tod Jesu Christi entscheidend sei.

Pseudepigraphie

Die kritische Forschung ist sich heute einig, dass der historische Herrenbruder Jakobus, bei dem es sich wohl um einen Bruder Jesu, nicht nur um einen nahen Verwandten handelte (Mk 6,3) und der nach Ostern eine der entscheidenden Autoritäten in der Jerusalemer Gemeinde war, nicht der tatsächliche Verfasser des Briefes sein kann. Das hervorragende Griechisch mit zahlreichen in den neutestamentlichen Schriften nur einmal belegten Wörtern und der ausgezeichnete Stil, der rhetorische Schulung erkennen lässt, sprechen nicht zwingend gegen seine Verfasserschaft, da Kenntnisse des Griechischen auch unter den Juden Palästinas im 1. Jahrhundert weit verbreitet waren und die Familie Jesu und die Mitglieder der Jesus-Bewegung nicht zur Unterschicht gehörten. Gegen den Herrenbruder Jakobus als Verfasser spricht jedoch, dass dieser bereits im Jahr 62 auf Betreiben des Hohenpriesters Ananus hingerichtet wurde. Bei einem judenchristlichen Schreiben, das vor diesem Zeitpunkt entstanden sein müsste und das auf paulinische Theologie antwortet, wäre überraschend, dass die Kontroverse um die Aufnahme der Heiden ohne Beschneidung und Verpflichtung auf das Gesetz sowie die Diskussion um Reinheitsgebote, Speisevorschriften, Sabbat, Kult und Tempel nicht aufscheint. Der Text scheint einer späteren Zeit anzugehören, in der diese Themen in den Gemeinden nicht mehr im Vordergrund standen.

Auch der Passus 2,14–26 zeigt die Akzentverschiebung einer späteren Zeit. Im Unterschied zu Paulus spricht der Jakobusbrief nicht von »Werken des Gesetzes«, sondern allgemein von »Werken«. Damit steht für den Jakobusbrief nicht mehr die grundsätzliche Frage nach der Bedeutung des mosaischen Gesetzes als Heilsweg im Vordergrund, sondern mit der Betonung der Einheit von Glaube und Werken zielt er auf ein moralisch verantwortetes Handeln, in dem sich der Glaube zeigen und als echt bewähren muss. Kritik und Polemik richten sich damit nicht mehr unmittelbar gegen Paulus selbst, sondern gegen Zuspitzungen seiner Theologie in nachpaulinischer Zeit. Gegen eine Abfassung durch den Herrenbruder Jakobus spricht außerdem, dass diese Zuschreibung erst Ende des 2. Jahrhunderts begegnet, der Brief bis zu dieser Zeit offenbar nicht rezipiert wurde und noch bis ins 4. Jahrhundert nicht in allen Gemeinden unter die anerkannten Schriften gezählt wurde (Eusebius von Caesarea).

Beim Jakobusbrief handelt es sich um ein Produkt der frühchristlichen Pseudepigraphie, d.h. er gehört zu jenen Schriften, bei denen der reale Autor seine Identität hinter dem Namen einer anerkannten Gestalt der Anfangszeit verbirgt, um mit ihrer Autorität seinem eigenen Anliegen Geltung zu verschaffen. Dass der als Absender des Briefes genannte Jakobus mit dem Herrenbruder zu identifizieren ist, wird im Text nicht ausdrücklich gesagt, scheint aber wahrscheinlich, da andere aus den neutestamentlichen Schriften bekannte Träger dieses Namens ausscheiden. Jakobus, der Sohn des Zebedäus, gehörte zwar wie sein Bruder Johannes neben Simon Petrus zu den herausragenden Gestalten des Zwölferkreises (vgl. Mk 1,29; 3,17; 9,2; 10,35.41; 13,3; 14,33), wurde jedoch bereits Anfang der 40er Jahre in Jerusalem durch den jüdischen König Agrippa I. hingerichtet (Apg 12,2). Jakobus, der Sohn des Alphäus, war als Mitglied des Zwölferkreises gewiss eine prominente Figur (vgl. Mk 3,18), bleibt in der frühen Überlieferung aber eine weitgehend blasse Gestalt. Dies gilt noch mehr für die weiteren Personen dieses Namens in den neutestamentlichen Schriften (vgl. Mk 15,40; 16,1; Lk 6,16; Apg 1,13). Die Wahl des Herrenbruders verdankt sich der Absicht, eine im Gegenüber zu Paulus profilierte Gestalt aufzubieten, um mit seiner Autorität eine Theologie zurückzuweisen, die sich auf Paulus berief; doch ist dies nicht die einzige Funktion des Briefes. Da der Herrenbruder schon früh als »Gerechter« und damit als mustergültig Frommer galt, bot er sich als geeigneter Absender an für ein Schreiben, das mit einer Vielzahl von Mahnungen zu moralischer Vollkommenheit im Handeln auffordern will.

Traditionsgebundenheit

Der Jakobusbrief schöpft aus einem breiten Strom konventioneller jüdischer und hellenistischer moralischer Unterweisungen; dies zeigen zahlreiche Parallelen zu einzelnen Mahnungen in alttestamentlichen, frühjüdischen und antiken philosophischen Schriften. Das inhaltliche Profil und die theologische Eigenart des Briefes ergeben sich deshalb nicht aus den einzelnen Mahnungen, sondern aus der Auswahl und Zusammenstellung des traditionellen Materials. Eine klare Struktur und ein stringenter Aufbau jedoch fehlen dem Jakobusbrief, der außer der Eröffnung mit Angabe von Absender und Adressaten sowie Eingangsgruß (1,1) keine brieflichen Elemente besitzt. Die einzelnen Mahnungen scheinen weitgehend lose aneinandergefügt und nur vereinzelt durch Assoziationen oder Stichworte miteinander verknüpft. Sie sollen aber unter dem übergeordneten Gedanken der Aufforderung zu moralischer Vollkommenheit zusammengefasst und gelesen werden (1,4.17.25; 2,8.22; 3,2). Diese besteht nach dem Jakobusbrief darin, dass der Glaube im Alltag von Gemeinde und Welt gelebt und durch konkrete Werke wirksam wird (1,22f; 4,17). Der Glaube, der sich in vielfältigen Prüfungen und Versuchungen durch Standhaftigkeit und Geduld bewähren muss (1,3.12f; 5,7f), soll wirksam werden in der Liebe zum Nächsten, in der das göttliche Gesetz zusammengefasst ist (2,8) und die sich im Umgang mit Armut und Reichtum und mit sozialen Unterschieden in der Gemeinde realisiert (1,9–11; 2,1–5; 5,1–6), aber auch durch Bescheidenheit, Demut und Rücksichtnahme im Auftreten gegenüber allen Mitgliedern der Gemeinde (3,13; 4,6.11).

Parallelen zwischen dem Jakobusbrief und anderen frühchristlichen Schriften sind durch den traditionellen und konventionellen Charakter der einzelnen Mahnungen zu erklären, nicht durch Benutzung und direkte Abhängigkeit. Dies schließt auch die Parallelen zu Herrenworten der synoptischen Evangelien ein (z.B. das Verbot zu schwören in 5,12 und Mt 5,34–37; vgl. auch 1,22f; 5,2.9); das Fehlen einer entsprechenden Einleitungs- oder Zitationsformel zeigt, dass der Verfasser des Briefes dieses Material nicht als Herrenworte kannte und nicht dem Strom der Jesus-Überlieferung entnimmt. Parallelen in Schriften aus dem hellenistisch geprägten Judentum Alexandrias (besonders Philon) genügen wohl nicht als Indiz dafür, dass der Jakobusbrief in judenchristlichen Kreisen dieser Stadt entstanden ist. Klare Hinweise auf den Entstehungsort jedoch fehlen. Die starke Abhängigkeit von frühjüdischer Überlieferung und die hohe Qualität von Sprache und Stil lassen immerhin erkennen, dass der Verfasser des Jakobusbriefes ein gebildeter Judenchrist aus der hellenistisch geprägten Diaspora ist. Da der Jakobusbrief nicht unmittelbar auf Paulus, sondern auf Interpretationen und Fortschreibungen seiner Theologie reagiert, dürfte er erst in nachpaulinischer Zeit, wohl gegen Ende des 1. Jahrhunderts, entstanden sein.

THOMAS JOHANN BAUER

Judasbrief

Der kleine Judasbrief steht in unserem Neuen Testament als letzte Schrift vor der Johannesoffenbarung. Er ist an keine namentlich genannte Gemeinde, sondern »an die Berufenen« gerichtet. Aus diesem Grund rechnet man diese nur 25 Verse umfassende Schrift zu den sogenannten katholischen, das heißt an eine Allgemeinheit gerichteten Briefe.

Der Judasbrief kämpft gegen Irrlehrer, die – vielleicht als charismatische Wanderprediger – in die Gemeinde gelangt sind. Ihre Lehre wird nicht entfaltet. Aber ihr Leben wird unter die Lupe genommen und mit deutlichen, krassen Worten geschildert: Sie sind gottlos und führen ein ausschweifendes, zügelloses Dasein (V. 4), sie treiben Unzucht (V. 7), sie sind auf Gewinn aus (V. 1), sie prassen und lassen es sich gut gehen. Sie lassen sich von ihren Begierden treiben und prahlen mit stolzen Worten, wobei sie auch noch mit ihrem Schicksal hadern (V. 16).

Und doch sind diese Irrlehrer nicht einfach nur sittlich verkommene Menschen. Sie verstehen sich als Christen und nehmen auch noch teil am Liebesmahl, der Agape, die wahrscheinlich zur Zeit der Briefabfassung noch nicht vom Abendmahl getrennt war. Ihr Verhalten ist Ausdruck einer für die Gemeinden gefährlichen religiösen Überzeugung. Liegt bei ihnen ein ähnliches Missverständnis der herrlichen Gnade Gottes als »billige Gnade« vor, gegen die sich der Jakobusbrief (Jak 2,14ff) wendet, etwa nach dem Motto: Wenn Gott doch gnädig ist, dann kommt es ja nicht auf unser Tun und Leben an? Darauf könnte Vers 4 deuten.

Wahrscheinlicher aber ist, dass es sich bei diesen Irrlehrern um »Pneumatiker« handelt, um Menschen, die sich im Vollbesitz des Heiligen Geistes wähnten und damit den »Psychikern«, den »niedrig Gesinnten«, überlegen fühlten. Sie waren der Überzeugung, alles Irdische berühre sie nicht mehr, sie könnten es also hemmungslos gebrauchen. Sie selbst gehörten bereits zur himmlischen Welt und seien darum auch überirdischen Mächten überlegen (V. 8). Ihnen wird in Vers 4 sogar vorgeworfen, dass sie unsern alleinigen Herrscher und Herrn Jesus Christus verleugnen. Möglich ist, dass diese Verleugnung durch ihren faktischen Lebenswandel geschah; vermutlich weist dieser Vorwurf jedoch auch auf eine gnostische oder vorgnostische schöpfungsfeindliche Weltanschauung. Angesichts dieser Gefahr, die der Gemeinde jetzt durch die Irrlehrer droht, gilt es, an der Lehre festzuhalten, die durch die Apostel überliefert ist, und für den Glauben zu kämpfen (V. 3.17.20). Die Gefährdeten soll sie aus dem Feuer reißen und sich den Zweiflern gegenüber als barmherzig erweisen (V. 22f).

Verfasser und Aufbau des Briefes

Der Verfasser des Briefes nennt sich Judas. Im Neuen Testament gibt es mehrere Träger dieses Namens, aber nur einen, der einen Bruder namens Jakobus hat (Mk 6,3). Mit Jakobus ist vermutlich der »Herrenbruder« gemeint, der einflussreiche spätere Leiter der Jerusalemer Gemeinde (Gal 1,19). Da die im Judasbrief bekämpfte Irrlehre jedoch in die Zeit um 100 n. Chr. deutet und offenbar auch für den Schreiber des Judasbriefs die Zeit der Apostel zurückliegt (V. 17), wird der Brief wohl erst um diese Zeit geschrieben worden sein. Dass der Verfasser dennoch den Namen des Judas verwendet, ist für uns heute befremdlich, entsprach jedoch durchaus der damaligen Sitte und ist Ausdruck der Überzeugung des Verfassers, dass er nichts anderes sagen will, als dieser gesagt hätte.

Der Judasbrief wurde in der frühen christlichen Gemeinde schon bald bekannt. Der 2. Petrusbrief hat ihn zum großen Teil in seine Schrift aufgenommen (vgl. Jud mit 2 Petr 2). Auch in einem Verzeichnis der römischen Gemeinde aus dem Jahr 200 n. Chr., dem »Kanon Muratori«, ist er erwähnt. Dennoch ist es bis 367 n. Chr. umstritten, ob der Judasbrief in den Kanon des Neuen Testaments aufgenommen werden soll. Der Grund für diese Unsicherheit mag darin liegen, dass er auf jüdische Legenden und außerbiblische Schriften wie die »Henochapokalypse« und die »Himmelfahrt des Mose« zurückgriff.

Wo der Judasbrief geschrieben wurde, bleibt unklar. Die Vermutungen der Exegeten reichen von Rom über Kleinasien bis nach Alexandria.

Der Brief beginnt, wie damals üblich, mit dem Präskript, das heißt der Nennung des Absenders und Empfängers. In den Versen 3–4 nennt er sein Grundanliegen, den Kampf gegen die Irrlehrer und die Bewahrung des überlieferten Glaubens. In den Versen 5–16 wird anhand des Alten Testaments und außerbiblischer Zeugnisse vor Augen gestellt, dass die Irrlehrer dem Gericht Gottes verfallen werden. Nach der Mahnung an die Gemeinde in den Versen 17–23 schließt der Brief mit einer Doxologie, einem Lobpreis Gottes (vgl. Röm 16,25ff).

LIESELOTTE MATTERN

Gebete

Sonntagmorgen

Aufatmen.
Tief einsaugen,
wie das Wort des Lebens
in mir Gestalt sucht
und findet.
Du, Gott, schenkst diesen Raum,
um zu atmen,
um Ewiges in meinem Endlichen zu sammeln
und um zu ahnen,
wie nah
sichtbare und unsichtbare Welt
beieinander liegen.
Es ist ein Atemzug – an diesem neuen Morgen;
an dem Tag,
an dem du selbst
Luft geholt,
Pause gemacht hast.
Atempause.
Damit Leben neu beginnt.
So ehre ich dich an diesem Morgen –
du Ewiger.

Sonntagabend

Auf dem Weg zur Nacht
wirft der neue Tag
seine Schatten schon voraus.
Doch, du, Gott, flüsterst mir zu:
Hier und jetzt
bin ICH da.
Hier und jetzt.
So bitte ich dich:
Bahne dein Licht
in meine Schatten
und nimm schon jetzt auf,
was mir in dieser Nacht
und am neuen Morgen,
in der neuen Woche
begegnen wird.
Es sei dein Hier und Jetzt,
in dem wir uns begegnen
und du mir
kleine Lichtzeichen des Lebens sendest.
Segne mich an diesem Abend,
in dieser Nacht.
Segne mich,
als ob es kein Morgen gäbe.

Montagmorgen

Ewiger Gott,
Neustart in den Tag –
und ich bitte dich:
Sei an meiner Seite
in Gesprächen,
in Konflikten,
im Träumen,
im Durchatmen,
in Tränen,
im Ausruhen,
in den Stunden unterwegs,
im Ankommen
und
im Aufbrechen.
Sei an meiner Seite,
wenn das Leben mich fordert
und meine Seele sich müht
und Freude mein Herz wärmt.
Sei an meiner Seite,
du Immer-Da,
du treuer Begleiter,
du Hüter meiner Seele.

Montagabend

Ewiger Gott,
gelebt habe ich diesen Tag
aus deinen Händen;
ein Tag, den du mir anvertraut hast,
um zu gestalten,
zu atmen,
zu leben,
um zu sein –
und mit meinem Dasein davon zu erzählen,
dass du bist – mitten im Leben.
Danke für diese anvertraute Zeit;
danke für das, was in dieser Zeit geworden ist.
Dein Erbarmen erbitte ich für das,
was offen bleibt – auch an diesem Abend.
Gesegnet seien die Menschen,
denen ich begegnet bin,
an die ich gedacht habe,
die mir eine Freude waren
und die mir schwergefallen sind.
Gesegnet sei nun auch die Nacht,
in der du mich behüten mögest.

Dienstagmorgen

Ewiger Gott,
vorsichtig beginne ich diesen neuen Tag,
tastend wage ich mich an seine Fragen,
an meine Sorgen
und an das, was dieser Tag fordert.
In allem hoffe ich auf dich!
Ich hoffe, dass du mit mir unterwegs bist
in den Herausforderungen,
in dem, was mich übersteigt,
oder einfach nur
in meinem Alltag –
bei jedem einzelnen Schritt,
bei jedem Atemzug,
in allem, was mein Herz erschreckt,
und auch in allem,
was mein Leben
für einen Augenblick
durchlichtet.
Geh mit mir, guter Gott,
geh mit mir
und zeige mir meinen Weg
in deinen Spuren des Lebens.

Dienstagabend

Ewiger Gott,
am Abend dieses Tages schaue ich zurück
und danke dir
für alles, was gelungen ist;
für die Menschen, mit denen ich unterwegs war;
für die Überraschungen, die ich erlebt habe.
Und ich bitte dich für alles, was offen geblieben ist
an diesem Tag;
wo Streit noch schwelt,
wo Fragen ohne Antwort geblieben sind;
wo ich mich nicht habe durchringen können
zu entscheiden
und hinzustehen.
In deine Hände lege ich mein Leben
an diesem Abend
und bitte dich:
Schenke mir eine ruhige Nacht
und in alles Offene hinein
dein klärendes Wort der Liebe.
Ehre sei dir,
du Gott des Lebens,
der mich umfängt und trägt.

Mittwochmorgen

Menschgewordener Gott,
in der Mitte der Woche halte ich schon am Morgen inne
und staune.
Ich bestaune, was du einsetzt, damit Leben gelingt.
Ich bestaune deine Treue zu mir.
Ich bestaune, wie du mir folgst in meine Abgründe,
in meine Traurigkeiten, selbst in meine Schuld –
und mehr noch:
dass du in all diesem schon auf mich wartest
und sagst: »ICH bin da.«
Ich bestaune, dass du mich nicht loslässt,
auch wenn ich loslasse.
Und ich bestaune, dass du wirklich alles einsetzt
an Liebe, damit ich lebe.
So bist du Mensch geworden, ewiger Gott,
hast den Himmel hinter dir gelassen,
auch für mich,
damit ich lebe.
Du bist Mensch geworden,
um mir in die Augen zu schauen – ganz direkt –
und um mir zu sagen:
»ICH bin bei dir. Fürchte dich nicht.«
DU treuer Gott,
komm mit mir auf meine Reise durch diesen Tag;
komm mit mir und sei da – in allem.
Dein Segen möge Fröhliches und Schweres durchleuchten –
immer neu.

Mittwochabend

Dreieiniger Gott,
am Ende dieses Tages lege ich dir mein Leben ans Herz.
Behüte mich in dieser Nacht,
schenke meiner Seele Erholung
und meinem Herzen die Kraft,
die es braucht, um aufzuatmen, neu zu leben.
Ich lege dir auch deine Welt ans Herz
mit ihren Kriegen und Krisen;
mit unserem Unvermögen, sie so zu schützen,
wie sie es braucht;
mit ihren Dramen und dem Leid,
von dem jedes Leben etwas erzählen kann;
und mit ihrem Tod,
der auch in dieser Nacht vielfach gestorben wird.
Du, Gott, bist in deinem Sohn Mensch geworden.
Du hast die Täler des Lebens und der Tränen durchschritten.
Du hast dich nicht abhalten lassen,
in unseren Spuren zu laufen,
um uns Spuren des Lebens zu legen – Spuren des ewigen Lebens.
So möge deine Ewigkeit in dieser Nacht
die Endlichkeit der Welt durchatmen.
Dein Trost und dein Licht
mögen all jene einbetten und aufheben,
die es in dieser Nacht besonders brauchen.
Gott, ich hoffe auf dich.

Donnerstagmorgen

Ewiger Gott,
gleich am Morgen kommt das Gebet deines Volkes bei mir an.
Ich übernehme und reihe mich ein;
reihe mich ein bei denen,
die dieses Gebet durch die Nacht getragen haben;
bei denen,
die es mit ihrer Hoffnung und ihrer Angst und ihrem Schweigen
auf den Weg gebracht und weitergegeben haben –
bis hierher zu mir.
Und an diesem Morgen lege ich dazu:
meinen Weg durch die Nacht,
meine Hoffnung für den Tag,
meinen Blick auf diese Welt,
die so dringend Hoffnung braucht.
Ich lege dazu jeden Schritt,
den ich heute gehe,
und jede Begegnung,
jedes Gespräch
und jedes noch so kleine Wehen
Deines Geistes.
Geh mit mir durch diesen Tag, Gott,
geh mit mir
und lass mein Gebet
durch dein Herz fließen.

Donnerstagabend

Ewiger Gott,
am Ende dieses Tages reiche ich mein Gebet weiter;
reiche es weiter an die Menschen,
die gleich erwachen
und sich nach dir ausstrecken
und dich bitten,
dass du sie durch ihren Tag begleitest.
Ich reiche mein Gebet weiter,
es ist angefüllt
mit all meinem Erleben heute,
mit dem, was mir heute wehgetan hat,
mit dem, wo ich fröhlich lachen konnte,
mit meinen Fragen,
mit deinen Antworten,
und mit unserem Schweigen bei allem,
wo die Antwort noch wachsen will.
Ich reiche mein Gebet weiter.
So reist die Hoffnung um die Welt –
die Hoffnung auf dich
als den Ersten, den Letzten und den Lebendigen.
Alle Ehre dir!

Freitagmorgen

Ewiger Gott,
heute will ich in den Spuren deines Sohnes laufen;
will mich erinnern, wie es war,
als ER zum letzten Mal
mit Seinen Freunden zusammengekommen ist,
gegessen hat.
Ich will mich erinnern,
wie ER ihnen die Füße gewaschen hat,
damit sie gewappnet sind für die nächste Wegstrecke,
damit sie diesen Weg neu beginnen können.
Heute möchte ich in den Spuren deines Sohnes laufen,
der sich dann verabschiedet hat,
um aufzunehmen, was IHM nicht gehört:
die Tränen der Welt, die Schuld von uns Menschen,
das Leid der Schöpfung.
In Seinen Spuren will ich heute laufen
und mich erinnern, was damals geschehen,
um die neunte Stunde,
als die Welt zu einem Ende kam
und noch nicht verstehen konnte,
dass nun alles neu werden würde;
dass nun Leben neu beginnen würde.
In Seinen Spuren will ich heute laufen,
will IHN einladen in meine Tränen, in meine Schuld, in mein Leid,
und will mich locken lassen
von Seiner Liebe,
die auch mich trägt – heute und immer.
So gehe ich in diesen Tag, Gott, und bitte dich:
Zeige mir Seine Spuren
und locke mich in dein Leben.

Freitagabend

Heute Abend brauche ich dich ganz besonders, Gott.
Ich brauche es, dass du dich zu mir setzt –
einfach nur zu mir setzt
und mit mir schweigst
und aushältst.
Ich brauche dich in meinem Ringen,
in meiner Verletzung,
in meinem Suchen nach einer Antwort.
Ich brauche dich
als meinen Felsen,
als meinen Boden,
als denjenigen,
der freundlich die Hoffnung in meinem Herzen hütet
und der hier und heute mehr als ich weiß,
dass sich das Leben am Ende trotzdem durchsetzt.
Ich brauche dich, Gott. So sehr.
Nimm das Meine in deine Hände,
zeichne deine Segensspuren
über dem Loch in meiner Seele –
verbinde es
und ordne mein Herz.
Behüte mich in dieser Nacht,
der du mich schon ewig kennst
und durch die Zeit begleitest.
Dir vertraue ich mich an.

Samstagmorgen

Ewiger Gott,
ich starte in diesen neuen Tag
und ich bin bereit für deine Wunder!
Lass mich dich in allem,
was mir heute begegnet,
suchen und entdecken und finden.
Geh an meiner Seite, wenn ich Hilfe brauche;
trage mich, wenn meine Seele müde wird;
und lache herzhaft mit mir,
wenn das Glück mir die Hand reicht.
Gott,
mein ganzes Leben lege ich heute in deine Hände,
mit all meinem Vertrauen,
dass das, was ich heute erlebe,
dem Leben dient
und etwas von dir erzählt
und von deiner Größe,
von deiner Liebe.
Schenke es, dass ich heute für einen Augenblick
etwas von dir ahne,
wenn ich den Tag lebe, den du mir anvertraut hast.
Dein Segen begleite die Menschen, die ich treffe,
und er trage auch mich.

Samstagabend

Ewiger Gott,
am Ende des Tages und am Ende der Woche schaue ich zurück.
Ich suche deine Spuren in meinem Leben,
schaue auf das,
wohin dein Geist mich getrieben
und worauf ER mich aufmerksam gemacht hat.
Ich schaue auf die Spuren deines Sohnes in meinem Leben,
wie ER mir begegnet ist
im anderen Menschen,
in deiner Schöpfung,
in überraschender und tröstender Liebe,
im Ruf, ebenfalls zu lieben,
und im Glück, es getan zu haben.
Und ich schaue auf dich
als dem Anfang und der Mitte meines Lebens,
als meinen Seelengrund,
als das ewige Erbarmen,
aus dem ich lebe.
Du lässt mich diese Woche verabschieden –
und du lässt mich Neues beginnen.
So lege ich all mein Sein und mein Erleben in deine Hand.
Anvertraute Zeit habe ich gelebt,
von deiner Fürsorge durchsättigt,
im Kleinen wie im Großen.
Nähre in dieser Nacht meine Hoffnung,
dass du alles vollendest, was brüchig ist und bleiben wird,
und dass dein Wort des Lebens
das erste und letzte Wort über dieser Welt ist –
und über meinem Leben.
Deine Liebe bleibt.

Anhang

Bibelleseplan

Januar

1. **Neujahr**
   Psalm 8
2. Genesis 1,1–13
3. Genesis 1,14–25
4. Genesis 1,26–2,4a
5. Genesis 2,4b–17
6. **Epiphanias**
   Erscheinung des Herrn
   Psalm 72
7. Genesis 2,18–25

8. **1. So nach Epiphanias**
   Taufe des Herrn
   Psalm 71
9. Genesis 3,1–13
10. Genesis 3,14–24
11. Genesis 4,1–16
12. Genesis 4,17–26
13. Genesis 6,1–4
14. Genesis 6,5–22

15. **2. So nach Epiphanias**
    2. So im Jahreskreis
    Psalm 105,1–15
16. Genesis 7,1–16
17. Genesis 7,17–24
18. Genesis 8,1–12
19. Genesis 8,13–22
20. Genesis 9,1–17
21. Genesis 9,18–28

22. **3. So nach Epiphanias**
    3. So im Jahreskreis
    Psalm 105,16–45
23. Genesis 11,1–9
24. Genesis 11,27–12,9
25. Genesis 12,10–20
26. Genesis 13,1–18
27. Genesis 14,1–16
28. Genesis 14,17–24

29. **Letzter So nach Epiphanias**
    4. So im Jahreskreis
    Psalm 40
30. Genesis 15,1–21
31. Genesis 16,1–16

Februar

1. Genesis 17,1–14
2. Genesis 17,15–27
3. Genesis 18,1–15
4. Genesis 18,16–33

5. **Septuagesimä (3. So v. d. P.)**
   5. So im Jahreskreis
   Psalm 62
6. Genesis 19,1–14
7. Genesis 19,15–29
8. Genesis 19,30–38
9. Genesis 21,1–21
10. Genesis 22,1–19
11. Genesis 23,1–20

12. **Sexagesimä (2. So v. d. P.)**
    6. So im Jahreskreis
    Psalm 61
13. Römer 1,1–7
14. Römer 1,8–15
15. Römer 1,16–17
16. Römer 1,18–32
17. Römer 2,1–16
18. Römer 2,17–29

19. **Estomihi (Sonntag v. d. P.)**
    7. So im Jahreskreis
    Psalm 60
20. Römer 3,1–8
21. Römer 3,9–20
22. **Aschermittwoch**
    Römer 3,21–26
23. Römer 3,27–31
24. Römer 4,1–12
25. Römer 4,13–25

26. **Invokavit**
    1. So der österl. Bußzeit
    Psalm 64
27. Römer 5,1–5
28. Römer 5,6–11

März

1. Römer 5,12–21
2. Römer 6,1–11
3. Römer 6,12–23
4. Römer 7,1–6

5. **Reminiszere**
   2. So der österl. Bußzeit
   Psalm 25
6. Römer 7,7–13
7. Römer 7,14–25
8. Römer 8,1–11
9. Römer 8,12–17
10. Römer 8,18–25
11. Römer 8,26–30

12. **Okuli**
    3. So der österl. Bußzeit
    Psalm 10
13. Römer 8,31–39
14. Römer 9,1–5
15. Römer 9,6–13
16. Römer 9,14–29
17. Römer 9,30–10,4
18. Römer 10,5–15

19. **Lätare**
    4. So der österl. Bußzeit
    Psalm 84
20. Römer 10,16–21
21. Römer 11,1–10
22. Römer 11,11–16
23. Römer 11,17–24
24. Römer 11,25–32
25. Römer 11,33–36

26. **Judika**
    5. So der österl. Bußzeit
    Psalm 69,1–16
27. Matthäus 26,1–16
28. Matthäus 26,17–30
29. Matthäus 26,31–35
30. Matthäus 26,36–46
31. Matthäus 26,47–56

April

1. Matthäus 26,57–68

2. **Palmsonntag**
   Psalm 69,17–37
3. Matthäus 26,69–75
4. Matthäus 27,1–14
5. Matthäus 27,15–30
6. Gründonnerstag
   Matthäus 27,31–44
7. **Karfreitag**
   Matthäus 27,45–56
8. **Karsamstag**
   Matthäus 27,57–66

9. **Ostersonntag**
   Matthäus 28,1–10
10. **Ostermontag**
    Matthäus 28,11–20
11. Römer 12,1–8
12. Römer 12,9–16
13. Römer 12,17–21
14. Römer 13,1–7
15. Römer 13,8–14

16. **Quasimodogeniti**
    2. So der Osterzeit
    Psalm 116
17. Römer 14,1–12
18. Römer 14,13–23
19. Römer 15,1–6
20. Römer 15,7–13
21. Römer 15,14–21
22. Römer 15,22–33

23. **Miserikordias Domini**
    3. So der Osterzeit
    Psalm 23
24. Römer 16,1–16
25. Römer 16,17–27
26. Spr 1,1–7
27. Spr 1,8–19
28. Spr 1,20–33
29. Spr 2,1–22

30. **Jubilate**
    4. So der Osterzeit
    Psalm 100

Mai

1. Spr 3,1–12
2. Spr 3,13–26
3. Spr 3,27–35
4. Spr 4,10–19
5. Spr 4,20–27
6. Spr 5,1–23

7. **Kantate**
   5. So der Osterzeit
   Psalm 108
8. Spr 6,6–11
9. Spr 6,12–19
10. Spr 7,1–27
11. Spr 8,1–21
12. Spr 8,22–36
13. Spr 9,1–18

14. **Rogate**
    6. So der Osterzeit
    Psalm 111
15. Philipper 1,1–11
16. Philipper 1,12–18a
17. Philipper 1,18b–26

18. **Christi Himmelfahrt**
    Psalm 110
19. Philipper 1,27–2,4
20. Philipper 2,5–11

21. **Exaudi**
    7. So der Osterzeit
    Psalm 27
22. Philipper 2,12–18
23. Philipper 2,19–30
24. Philipper 3,1–11
25. Philipper 3,12–21
26. Philipper 4,1–9
27. Philipper 4,10–23

28. **Pfingstsonntag**
    Psalm 118,1–14
29. **Pfingstmontag**
    Psalm 118,15–29
30. Genesis 24,1–28
31. Genesis 24,29–49

Juni

1. Genesis 24,50–67
2. Genesis 25,19–34
3. Genesis 27,1–29

4. **Trinitatis**
   Dreifaltigkeitssonntag
   Psalm 113
5. Genesis 27,30–40
6. Genesis 27,41–28,9
7. Genesis 28,10–22
8. **Fronleichnam**
   Genesis 29,1–14a
9. Genesis 29,14b–30
10. Genesis 31,1–7.14–32

11. **1. So nach Trinitatis**
    10. So im Jahreskreis
    Psalm 34
12. Genesis 31,33–54
13. Genesis 32,1–22
14. Genesis 32,23–33
15. Genesis 33,1–20
16. Genesis 37,1–11
17. Genesis 37,12–36

18. **2. So nach Trinitatis**
    11. So im Jahreskreis
    Psalm 4
19. Genesis 39,1–23
20. Genesis 40,1–23
21. Genesis 41,1–36
22. Genesis 41,37–57
23. Genesis 42,1–28
24. Genesis 42,29–38

25. **3. So nach Trinitatis**
    12. So im Jahreskreis
    Psalm 103
26. Genesis 43,1–14
27. Genesis 43,15–34
28. Genesis 44,1–34
29. Genesis 45,1–24
30. Genesis 45,25–46,7

Juli

1. Genesis 46,28–34

2. **4. So nach Trinitatis**
13. So im Jahreskreis
Psalm 77
3. Genesis 47,1–12
4. Genesis 47,27–31
5. Genesis 48,1–22
6. Genesis 49,1–28
7. Genesis 49,29–50,14
8. Genesis 50,15–26

9. **5. So nach Trinitatis**
14. So im Jahreskreis
Psalm 101
10. Matthäus 4,18–22
11. Matthäus 4,23–25
12. Matthäus 5,1–12
13. Matthäus 5,13–20
14. Matthäus 5,21–26
15. Matthäus 5,27–32

16. **6. So nach Trinitatis**
15. So im Jahreskreis
Psalm 82
17. Matthäus 5,33–37
18. Matthäus 5,38–48
19. Matthäus 6,1–4
20. Matthäus 6,5–15
21. Matthäus 6,16–18
22. Matthäus 6,19–23

23. **7. So nach Trinitatis**
16. So im Jahreskreis
Psalm 106,1–23
24. Matthäus 6,24–34
25. Matthäus 7,1–6
26. Matthäus 7,7–11
27. Matthäus 7,12–23
28. Matthäus 7,24–29
29. Matthäus 8,1–4

30. **8. So nach Trinitatis**
17. So im Jahreskreis
Psalm 106,24–48
31. Matthäus 8,5–13

August

1. Matthäus 8,14–17
2. Matthäus 8,18–22
3. Matthäus 8,23–27
4. Matthäus 8,28–34
5. Matthäus 9,1–8

6. **9. So nach Trinitatis**
18. So im Jahreskreis
Psalm 63
7. Matthäus 9,9–13
8. Matthäus 9,14–17
9. Matthäus 9,18–26
10. Matthäus 9,27–34
11. Matthäus 9,35–10,4
12. Matthäus 10,5–15

13. **10. So n. Trin./Israelsonntag**
19. So im Jahreskreis
Psalm 78,1–31
14. Matthäus 10,16–26a
15. Matthäus 10,26b–33
16. Matthäus 10,34–39
17. Matthäus 10,40–42
18. Matthäus 11,1–19
19. Matthäus 11,20–24

20. **11. So nach Trinitatis**
20. So im Jahreskreis
Psalm 78,32–55
21. Matthäus 11,25–30
22. Matthäus 12,1–14
23. Matthäus 12,15–21
24. Matthäus 12,22–37
25. Matthäus 12,38–45
26. Matthäus 12,46–50

27. **12. So nach Trinitatis**
21. So im Jahreskreis
Psalm 78,56–72
28. Matthäus 13,1–9.18–23
29. Matthäus 13,10–17
30. Matthäus 13,24–30.36–43
31. Matthäus 13,31–35

September

1. Matthäus 13,44–46
2. Matthäus 13,47–52

3. **13. So nach Trinitatis**
22. So im Jahreskreis
Psalm 112
4. Matthäus 13,53–58
5. Matthäus 14,1–12
6. Matthäus 14,13–21
7. Matthäus 14,22–36
8. Matthäus 15,1–20
9. Matthäus 15,21–28

10. **14. So nach Trinitatis**
23. So im Jahreskreis
Psalm 16
11. Matthäus 15,29–39
12. Matthäus 16,1–12
13. Matthäus 16,13–23
14. Matthäus 16,24–28
15. Matthäus 17,1–13
16. Matthäus 17,14–21

17. **15. So nach Trinitatis**
24. So im Jahreskreis
Psalm 79
18. Matthäus 17,22–27
19. Matthäus 18,1–9
20. Matthäus 18,10–14
21. Matthäus 18,15–20
22. Matthäus 18,21–35
23. Matthäus 19,1–12

24. **16. So nach Trinitatis**
25. So im Jahreskreis
Psalm 114
25. Matthäus 19,13–15
26. Matthäus 19,16–26
27. Matthäus 19,27–30
28. Matthäus 20,1–16
29. Matthäus 20,17–28
30. Matthäus 20,29–34

Oktober

1. **Erntedankfest/17. So n. Tr.**
26. So im Jahreskreis
Psalm 104
2. Matthäus 21,1–11
3. Matthäus 21,12–17
4. Matthäus 21,18–22
5. Matthäus 21,23–27
6. Matthäus 21,28–32
7. Matthäus 21,33–46

8. **18. So nach Trinitatis**
27. So im Jahreskreis
Psalm 119,1–8
9. Matthäus 22,1–14
10. Matthäus 22,15–22
11. Matthäus 22,23–33
12. Matthäus 22,34–46
13. Matthäus 23,1–22
14. Matthäus 23,23–39

15. **19. So nach Trinitatis**
28. So im Jahreskreis
Psalm 119,9–16
16. Jakobus 1,1–12
17. Jakobus 1,13–18
18. Jakobus 1,19–27
19. Jakobus 2,1–13
20. Jakobus 2,14–26
21. Jakobus 3,1–12

22. **20. So nach Trinitatis**
29. So im Jahreskreis
Psalm 119,17–24
23. Jakobus 3,13–18
24. Jakobus 4,1–12
25. Jakobus 4,13–17
26. Jakobus 5,1–6
27. Jakobus 5,7–12
28. Jakobus 5,13–20

29. **21. So. nach Trinitatis**
30. So im Jahreskreis
Psalm 19
30. Ijob 1,1–12
31. **Reformationstag**
Ijob 1,13–22

November

1. **Allerheiligen**
   Ijob 2,1–13
2. **Allerseelen**
   Ijob 3,1–26
   Ijob 4,1–21
3. Ijob 5,17–27

4. **22. So. nach Trinitatis**
   31. So im Jahreskreis
   Psalm 22,1–22
5. Ijob 6,1–10.24–30
6. Ijob 7,7–21
7. Ijob 8,1–22
8. Ijob 9,1–15.32–35
9. Ijob 11,1–20
10. Ijob 12,1–6; 14,1–12

11. **Drittletzter So im Kirchenjahr**
    32. So im Jahreskreis
    Psalm 22,23–32
12. Ijob 19,21–29
13. Ijob 31,16–40
14. Ijob 40,1–5
15. Ijob 40,6–32
16. Ijob 42,1–6
17. Ijob 42,7–17

18. **Vorletzter So im Kirchenjahr**
    33. So im Jahreskreis
    Psalm 70
19. Judas 1–16
20. Judas 17–25
21. **Buß- und Bettag**
    Matthäus 24,1–14
22. Matthäus 24,15–28
23. Matthäus 24,29–31
24. Matthäus 24,32–44

25. **Ewigkeitssonntag**
    Christkönigsfest
    Psalm 126
26. Matthäus 24,45–51
27. Matthäus 25,1–13
28. Matthäus 25,14–30
29. Matthäus 25,31–46

Dezember

1. Jesaja 40,1–11
2. Jesaja 40,12–31

3. **1. So im Advent**
   Psalm 117
4. Jesaja 41,8–20
5. Jesaja 42,1–9
6. Jesaja 43,1–7
7. Jesaja 43,8–13
8. Jesaja 43,14–28
9. Jesaja 44,1–5

10. **2. So im Advent**
    Psalm 80
11. Jesaja 44,6–20
12. Jesaja 44,21–28
13. Jesaja 45,1–8
14. Jesaja 45,9–17
15. Jesaja 45,18–25
16. Jesaja 46,1–13

17. **3. So im Advent**
    Psalm 85
18. Jesaja 49,1–6
19. Jesaja 49,7–17
20. Jesaja 50,4–11
21. Jesaja 51,1–8
22. Jesaja 51,9–16
23. Jesaja 52,1–12

24. **4. So im Advent**
    Heiligabend
    Psalm 115
25. **1. Weihnachtstag**
    Lukas 1,46–55
26. **2. Weihnachtstag**
    Stephanus
    Lukas 2,29–32
27. Jesaja 52,13–53,5
28. Jesaja 53,6–12
29. Jesaja 54,1–10
30. Jesaja 55,1–5
31. **Silvester**
    Jesaja 55,6–13

Bibelstellenregister

Matthäus 5,1–12	12.07.
Matthäus 5,13–20	13.07.
Matthäus 5,21–26	14.07.
Matthäus 5,27–32	15.07.
Matthäus 5,33–37	17.07.
Matthäus 5,38–48	18.07.
Matthäus 6,1–4	19.07.
Matthäus 6,5–15	20.07.
Matthäus 6,16–18	21.07.
Matthäus 6,19–23	22.07.
Matthäus 6,24–34	24.07.
Matthäus 7,1–6	25.07.
Matthäus 7,7–11	26.07.
Matthäus 7,12–23	27.07.
Matthäus 7,24–29	28.07.
Matthäus 8,1–4	29.07.
Matthäus 8,14–17	01.08.
Matthäus 8,18–22	02.08.
Matthäus 8,23–27	03.08.
Matthäus 8,28–34	04.08.
Matthäus 8,5–13	31.07.
Matthäus 9,1–8	05.08.
Matthäus 9,9–13	07.08.
Matthäus 9,14–17	08.08.
Matthäus 9,18–26	09.08.
Matthäus 9,27–34	10.08.
Matthäus 9,35–10,4	11.08.
Matthäus 10,5–15	12.08.
Matthäus 10,16–26a	14.08.
Matthäus 10,26b–33	15.08.
Matthäus 10,34–39	16.08.
Matthäus 10,40–42	17.08.
Matthäus 11,1–19	18.08.
Matthäus 11,20–24	19.08.
Matthäus 11,25–30	21.08.
Matthäus 12,1–14	22.08.
Matthäus 12,15–21	23.08.
Matthäus 12,22–37	24.08.
Matthäus 12,38–45	25.08.
Matthäus 12,46–50	26.08.
Matthäus 13,1–9.18–23	28.08.
Matthäus 13,10–17	29.08.
Matthäus 13,24–30.36–43	30.08.
Matthäus 13,31–35	31.08.
Matthäus 13,44–46	01.09.
Matthäus 13,47–52	02.09.
Matthäus 13,53–58	04.09.
Matthäus 14,1–12	05.09.
Matthäus 14,13–21	06.09.
Matthäus 14,22–36	07.09.
Matthäus 15,1–20	08.09.
Matthäus 15,21–28	09.09.
Matthäus 15,29–39	11.09.
Matthäus 16,1–12	12.09.
Matthäus 16,13–23	13.09.
Matthäus 16,24–28	14.09.
Matthäus 17,1–13	15.09.
Matthäus 17,14–21	16.09.
Matthäus 17,22–27	18.09.
Matthäus 18,1–9	19.09.
Matthäus 18,10–14	20.09.
Matthäus 18,15–20	21.09.
Matthäus 18,21–35	22.09.
Matthäus 19,1–12	23.09.
Matthäus 19,13–15	25.09.
Matthäus 19,16–26	26.09.
Matthäus 19,27–30	27.09.
Matthäus 20,1–16	28.09.
Matthäus 20,17–28	29.09.
Matthäus 20,29–34	30.09.
Matthäus 21,1–11	02.10.
Matthäus 21,12–17	03.10.
Matthäus 21,18–22	04.10.
Matthäus 21,23–27	05.10.
Matthäus 21,28–32	06.10.
Matthäus 21,33–46	07.10.
Matthäus 22,1–14	09.10.
Matthäus 22,15–22	10.10.
Matthäus 22,23–33	11.10.
Matthäus 22,34–46	12.10.
Matthäus 23,1–22	13.10.
Matthäus 23,23–39	14.10.
Matthäus 24,1–14	22.11.
Matthäus 24,15–28	23.11.
Matthäus 24,29–31	24.11.
Matthäus 24,32–44	25.11.
Matthäus 24,45–51	27.11.
Matthäus 25,1–13	28.11.
Matthäus 25,14–30	29.11.
Matthäus 25,31–46	30.11.
Matthäus 26,1–16	27.03.
Matthäus 26,17–30	28.03.
Matthäus 26,31–35	29.03.
Matthäus 26,36–46	30.03.
Matthäus 26,47–56	31.03.
Matthäus 26,57–68	01.04.
Matthäus 26,69–75	03.04.
Matthäus 27,1–14	04.04.
Matthäus 27,15–30	05.04.
Matthäus 27,31–44	06.04.
Matthäus 27,45–56	07.04.
Matthäus 27,57–66	08.04.

Mitarbeiterinnen und Mitarbeiter

Ahrens, Annegret, Pastorin, ev.-freikirchl., 42651 Solingen | 10.+17.+24.12.
Arnold, Sr. Brigitte, Pfarrerin, ev., CH 4125 Riehen | 09.–11.01.
Aßmann, Helmut, Oberkirchenrat, ev., 30169 Hannover | 6.–8.02.
Backhaus, Dr. Franz Josef, Pfarrer, röm.-kath., 33428 Harsewinkel | 30.–31.01.; 02.02.
Bähnk, Dr. Wiebke, Pastorin, ev., 25524 Itzehoe | 30.–31.03.; 1.04.
Bálint, Kristóf, Generalsuperintendent, ev., 14467 Potsdam | 07.–09.09.
Bammel, Dr. Christina-Maria, Pröpstin, ev., 10249 Berlin, 06.–07.10.
Barnstedt, Dr. Elke Luise, Direktorin beim BVerfG a.D., ev., 76199 Karlsruhe | 03.–05.04.
Bauer, Dr. Steffen, Pfarrer, ev., 64285 Darmstadt | 13.–15.02.
Bauer, Prof. Dr. Dr. Thomas Johann, röm.-kath., 28876 Oyten | Jakobusbrief
Becher, Nicole, Pfarrerin, ev.-meth., CH 8560 Märstetten | 26.–28.10.
Beutler-Lotz, Heinz-Günter, Pfarrer, ev., 55234 Bermersheim v.d.H. | 28.–30.08.
Bode, Dr. Franz-Josef, Bischof, röm.-kath., 49074 Osnabrück | 23.–25.03.
Brandt, Edwin, Pastor, ev.-freikirchl., 23570 Lübeck | 17.–19.04.
Brockmöller, Dr. Katrin, Geschäftsführende Direktorin im Katholischen Bibelwerk e.V., röm.-kath., 70176 Stuttgart | 06.–08.03.
Brunner-Wyss, Andrea, Pfarrerin, ev.-meth., CH 8302 Kloten | 27.–29.11.
Butt, Dr. Christian, Pastor, ev., 23909 Ratzeburg | 16.–18.03.
Cornelius-Bundschuh, Prof. Dr. Jochen, Landesbischof i.R., ev., 76133 Karlsruhe | 02.–04.03.
Danilovich, Dr. Yauheniya, Akademische Rätin, griech.-orth., 48163 Münster | 13.–14.10.
Degkwitz, Dr. Sebastian, Pfarrer, ev., 81739 München | 06.–08.04.
Deselaers, Dr. Paul, Spiritual, röm.-kath., 48143 Münster | 03.–05.07.
Dörrfuß, Dr. Ernst Michael, ev., Pfarrer und Kirchenrat, 72574 Bad Urach | 16.–18.11.
Durst, Dr. Stefan, Pastor, ev., 22587 Hamburg | 01.–03.05.
Eberl, Klaus, Oberkirchenrat i. R., ev., 41849 Wassenberg | 21.–23.12.
Ebert, Ingrid, Journalistin, ev.-freikirchl., 03149 Forst/Lausitz | 13.–14.07.
Eltrop, Dr. Bettina, Wiss. Referentin im Katholischen Bibelwerk e.V., röm.-kath., 73760 Ostfildern | 03.–05.08.
Ewerszumrode, Dr. habil. Frank, Pfarrer, alt-kath., 45127 Essen | 27.–28.02.; 01.03.
Faatz, Dr. Martin, Diakon, röm.-kath., 97222 Rimpar | 04.–06.05.
Fischer, Prof. Dr. Georg, SJ, röm.-kath., A 6020 | Innsbruck | Sprichwörter/Sprüche Salomos
Fricke-Hein, Hans-Wilhelm, Pfarrer i.R., ev., 47441 Moers | 02.–04.11.
Gabel, Dr. Helmut, Domkapitular, röm.-kath., 97222 Rimpar | 24.–26.08.
Gilles, Beate, Generalsekretärin der Deutschen Bischofskonferenz, röm.-kath., 53113 Bonn | 11.–13.12.
Grimm, Dr. Werner, Pfarrer, ev., 88662 Überlingen | 30.11.; 01.–02.12.; Jesaja
Gruber, Prof. Dr. Margareta OSF, röm.-kath., 58179 Vallendar | Römerbrief
Guttenberger, Prof. Dr. Gudrun, ev., 65343 Eltville | Philipperbrief
Haag-Merz, Christine, Referentin für Öffentlichkeitsarbeit, ev.-meth., 71034 Böblingen | 19.–21.01.

Haberer, Prof. Johanna, ev., 91054 Erlangen | 27.–28.12.
Hafner, Lea, Kindergärtnerin und Gerontologin i.R., ev.-meth., CH 3812 Wilderswil | 18.–20.09.
Hahn, Udo, Direktor Evangelische Akademie Tutzing, ev., 82327 Tutzing | 22.01.; 12.02.; 12.03.
Hasselhorn, Jost, MA, ev., 29320 Hermannsburg | 11.–13.09.
Hauber, Dr. Michael, Gymnasiallehrer, röm.-kath., 93059 Regensburg | 11.–13.05.
Heckel, Prof. Dr. Ulrich, Oberkirchenrat, ev., 73033 Göppingen | 25.–27.09.
Herlyn, Prof. Dr. Okko, Hochschullehrer i. R., ev., 47239 Duisburg | 07.–09.12.
Hermann, Dr. Markus-Liborius, Theologe, Hausleiter u. Geschäftsführer des Bildungshauses St. Ursula, röm.-kath., 99096 Erfurt | 04.–06.12.
Hilgenstock, Dr. Gabriele, Ärztin, ev., 44339 Dortmund | 16.+23.+30.04.
Hinrichs, Karen, Geschäftsführende Direktorin des Friedensinstituts Freiburg, ev., 75015 Bretten | 17.+24.09.; 01.10.
von Hoerschelmann, Sieghilde, Buchhändlerin, ev., 25821 Sönnebüll | 20.–22.07.
Jabs, Edwin, Landespfarrer i.R. (Dipl. Psych.), ev., 40668 Meerbusch | 29.–31.12.
Jahn, Christine, Pfarrerin, ev., 91083 Baiersdorf | 13.–15.03.
Janz-Spaeth, Barbara, Pastoralreferentin, röm.-kath., 73033 Göppingen | 21.–23.08.
Jepsen, Maria, Bischöfin i. R., ev., 25813 Husum | 06.–08.07.
Junge, Ulrike, Kita-Fachberaterin, ev., 14806 Bad Belzig | 19.+26.02.; 05.03.
Kattan, Prof. Dr. Assaad Elias, griech.-orth., 48153 Münster | 20.08.
Kirchgessner, Msgr. Dr. Bernhard, Domvikar, röm.-kath., 94032 Passau | 29.01.; 05.02.; 29.10.
Kiroudi, Dr. Marina, Wissenschaftliche Mitarbeiterin, griech.-orth., 60316 Frankfurt a.M. | 11.–12.10.
Klaiber, Dr. Walter, Bischof i.R., ev.-meth., 72072 Tübingen | 16.–18.02.
Klomp, Wibke, Dekanin, ev., 97877 Wertheim | 08.–10.05.
Knoll, Günter, Pfarrer, ev., 71083 Herrenberg | 31.07.; 01.–02.08.
Koch-Baisch, Bärbel, Pfarrerin, ev., 74523 Schwäbisch Hall | 28.–30.09.
Kock, Manfred, Präses i. R., ev., 50735 Köln | 20.–22.11.
Köhring, Dagmar, Pastorin, ev.-meth., 57586 Westerwald | 18.–20.05.
Kolter, Dr. Claudia, Pädagogin und Theologin, ev.-freikirchl., 52070 Aachen | 09.–11.11.
Kravarioti-Haaß, Ioanna, Rechtsassessorin, griech.-orth., 88131 Lindau | 18.+25.06.
Kuhn, Achim, Pfarrer, ev.-reform., CH 8708 Männedorf am Zürichsee | 12.–14.06.
Lehmann-Etzelmüller, Monika, Dekanin u. Pfarrerin, ev., 69469 Weinheim | 22.–24.05.
Leonhardi, Angelika, Studienleiterin, ev., 01445 Radebeul | 30.–31.10.; 01.11.
Liebl, Heimo, Präsident i.R. DW., ev., 82362 Weilheim | 27.08.; 03.+10.09.
Lubenow, Kerstin, ev., 10707 Berlin | 10.–12.08.
Mattern, Prof. Dr. Lieselotte, ev., 71638 Ludwigsburg | 20.–22.02.; Judasbrief
Michailidis, Gabriel, griech.-orth., 71638 Ludwigsburg | 02.07.
Miller, Rev. Dr. Heike, ev., 88011 New Mexico, USA | 25.–27.05.
Neiber, Hans-Christian, Pfarrer, ev., 95632 Wunsiedel | 02.–04.01.

Nietzke, B.A. P. Markus, Superintendent, ev., 29320 Hermannsburg | 19.+26.11.; 03.12.
Oberkampf, Anne, Pastorin, ev.-meth., 71032 Böblingen | 24.–26.07.
Puder, Dr. Dirk, Pfarrer i R., ev., 52134 Herzogenrath | 29.–30.07.; 01.07.
Quarch, Lisa, Pastoralreferentin, röm.-kath., 60528 Frankfurt a. Main, 18.–20.12.
Quincke, Christine, Dekanin, ev., 75172 Pforzheim | 23.–25.01.
Rademacher, Dr. Anne, Seelsorgeamtsleiterin Erfurt, röm.-kath., 99084 Erfurt | 07.+14.05.; 11.06.; Lukasevangelium
Rehn-Laryea, Andrea, Pastoralreferentin, röm.-kath., 21385 Amelinghausen | 10.–12.04.
Renovanz, Christian, Militärdekan, ev., 88699 Frickingen | 31.08.; 01.+02.09.
Ressel, Anne, Pfarrerin, ev., 68161 Mannheim | 12.–14.01.
Riede, Prof. Dr. Peter, Kirchenrat, ev., 76135 Karlsruhe | 01.+05.+06.01.; Psalmen
Rist, Prof. Dr. Josef, röm.-kath., 97072 Würzburg | 06.–08.11.
Röhrs, Annette, Pfarrerin, ev., 74889 Sinsheim | 02.–04.06.
Rolf, Dr. Sibylle, Pfarrerin, ev., 68535 Edingen | 30.–31.05.; 01.06.
Rose, Prof. Dr. Christian, Prälat i. R., ev., 72800 Eningen u. A. | 21.+28.+29.05.
Salzmann, Prof. em. Dr. Jorg Christian, ev., 29559 Wrestedt-Wieren | 15.–17.05.; Matthäusevangelium
Sattler, Prof. Dr. Dorothea, röm.-kath., 48291 Telgte | 20.–22.03.
Sauerbrey, Ute, Pfarrerin, ev., 13469 Berlin | 05.+12.11.
Schäberle-Koenigs, Dr. Gerhard, Pfarrer, ev., 75385 Bad Teinach-Zavelstein | 26.–28.01.
Schächtele, Prof. Dr. Traugott, Prälat, ev., 68723 Schwetzingen | 05.–07.06.
Schäfer, Bärbel, Dekanin, ev., 79541 Lörrach | 23.–25.10.
Schäfer, Michael, Pfarrer, ev., 53111 Bonn | 08.+15.+22.10.
Scharfenberg, Dr. Roland, Pfarrer, ev., 78112 St. Georgen | 23.–25.02.
Schneider, Anne, Lehrerin i. R., ev., 45136 Essen | 24.–25.04.
Schneider, Dr. h. c. Nikolaus, Präses a.D. und Ratsvorsitzender der EKD a.D., ev., 45136 Essen | 09.04.
Schneider-Riede, Susanne, Pfarrerin, ev., 76135 Karlsruhe | 08.–10.06.
Schroeder, Dr. Christoph, Pastor, ev., 22609 Hamburg | 23–25.06.
Schubert, Dr. Benedict, Pfarrer, ref., CH 4051 Basel | 14.–16.08.
Schwarz, Klaus, Dekan i. R., ev., 71032 Böblingen | 15.–17.06.
Schwienhorst-Schönberger, Prof. Dr. Ludger, röm.-kath., A 1010 Wien | Ijob
Senftleben, Dr. Martin, ev., 38321 Denkte | 09.–11.02.
Seul, Dr. Peter, Pfarrer, röm.-kath., 50670 Köln | 19.–21.06.
Sfiatkos, Emmanuel, Bischof von Christoupolis, griech.-orth., 14195 Berlin | 20.–22.04.
Siquans, Prof. Dr. Agnethe, röm.-kath., A 1010 Wien | 19.+26.03.; 02.04.; Genesis
Smetana, Magdalena, Pfarrerin, ev., 72076 Tübingen | 19.–21.10.
Sobottke, Ilka, Pfarrerin, ev., 68161 Mannheim | 14.–16.09.
Spendel, Sr. Dr. Aurelia OP, röm.-kath., 86150 Augsburg | 22.–24.06.
Stäblein, Dr. Christian, Bischof, ev., 10249 Berlin | 02.–04.10.
Stalter, Christian, Pfarrer, ev., 82031 Grünwald | 04.–06.09.
Stephan, Thomas, Pastoralreferent, röm.-kath., 76863 Herxheim | 10.–12.07.

Stöckigt, Beate, Pfarrerin, ev., 99510 Apolda | 17.–19.07.
Sträter, Dr. Beate, Pastorin, ev., 53113 Bonn | 02.–04.02.
Thiesbonenkamp, Dr. Jürgen, Pfarrer i.R., ev., 47229 Duisburg | 27.–29.03.
Viehweg, Heidrun, Pfarrerin und Schulseelsorgerin, ev., 45136 Essen | 14.–16.12.
Vliagkoftis, Dr. Konstantinos, Theologe, griech.-orth., 53227 Bonn | 09.–10.10.
Volkmann, Dr. Evelina, Kirchenrätin, ev., 70565 Stuttgart | 16.–18.01.
Wahl, Msgr. Stephan, Priester, röm.-kath., Jerusalem | 23.–25.11.
Weingardt, Dr. Beate, Theologin und Dipl.-Psychologin, ev., 72072 Tübingen | 26.–29.04.
Weiß, Thomas, Pfarrer, ev., 76534 Baden-Baden | 09.+16.+23.07.
Weiß-Schautt, Christof, Pfarrer, ev., 74626 Bretzfeld | 05.+16.–18.10.
Wenner, Rosemarie, Bischöfin em., ev.-meth., 69226 Nußloch | 09.–11.03.
Wilmer, Dr. Heiner, SCJ, Bischof, röm.-kath., 31134 Hildesheim | 13.–15.04.
Wischniewski, Alexander, Priester i. E., alt-kath., 68305 Mannheim | 21.–23.09.
Witzenbacher, Dr. Marc, Oberkirchenrat, ev., 76199 Karlsruhe | 17.–19.08.
Wolf, Christine, Schuldekanin, ev., 69123 Heidelberg | 30.07., 06.+13.08.
Wünsch, Dr. Hans-Michael, Pfarrer, ev., 72138 Kirchentellinsfurt | 27.–29.07.
Zapff, Prof. Dr. Burkard M., röm.-kath., 85072 Eichstätt | 07.+08.+15.01.
Zimmer, Dirk, Pastor, ev.-freikirchl., 91332 Heiligenstadt | 07.–09.08.
Zobel, Hans-Joachim, Dekan i. R., ev., 79117 Freiburg | 26.–28.06.
Zumkehr, Hansfrieder, Pfarrer, ev., 31224 Peine | 13.–15.11.

Abkürzungen biblischer Bücher
(nach den Loccumer Richtlinien)

Altes Testament

Gen	Genesis/1 Mose = 1. Buch Mose
Ex	Exodus/2 Mose = 2. Buch Mose
Lev	Levitikus/3 Mose = 3. Buch Mose
Num	Numeri/4 Mose = 4. Buch Mose
Dtn	Deuteronomium/5 Mose = 5. Buch Mose
Jos	Josua
Ri	Richter
Rut	Rut
1 Sam	1. Buch Samuel
2 Sam	2. Buch Samuel
1 Kön	1. Buch der Könige
2 Kön	2. Buch der Könige
1 Chr	1. Buch der Chronik
2 Chr	2. Buch der Chronik
Esra	Esra
Est	Ester
Neh	Nehemia
Ijob	Ijob/Hiob
Ps	Psalmen
Spr	Sprichwörter/Sprüche Salomos
Koh	Kohelet/Prediger Salomo
Hld	Hohelied/Hohelied Salomos
Jes	Jesaja
Jer	Jeremia
Klgl	Klagelieder des Jeremia
Ez	Ezechiel/Hesekiel
Dan	Daniel
Hos	Hosea
Joel	Joël
Am	Amos
Obd	Obadja
Jona	Jona
Mi	Micha
Nah	Nahum
Hab	Habakuk
Zef	Zefanja
Hag	Haggai
Sach	Sacharja
Mal	Maleachi

Neues Testament

Mt	Matthäusevangelium
Mk	Markusevangelium
Lk	Lukasevangelium
Joh	Johannesevangelium
Apg	Apostelgeschichte
Röm	Römerbrief
1 Kor	1. Korintherbrief
2 Kor	2. Korintherbrief
Gal	Galaterbrief
Eph	Epheserbrief
Phil	Philipperbrief
Kol	Kolosserbrief
1 Thess	1. Thessalonicherbrief
2 Thess	2. Thessalonicherbrief
1 Tim	1. Timotheusbrief
2 Tim	2. Timotheusbrief
Tit	Titusbrief
Phlm	Philemonbrief
1 Petr	1. Petrusbrief
2 Petr	2. Petrusbrief
1 Joh	1. Johannesbrief
2 Joh	2. Johannesbrief
3 Joh	3. Johannesbrief
Hebr	Hebräerbrief
Jak	Jakobusbrief
Jud	Judasbrief
Offb	Offenbarung des Johannes

Quellenverzeichnis

Abkürzungen:
Bigs = Bibel in gerechter Sprache
EG = Evangelisches Gesangbuch
EM = Gesangbuch der Evangelisch-methodistischen Kirche
EÜ = Einheitsübersetzung
GL = Gotteslob, Katholisches Gebet- und Gesangbuch 2013

Januar	4. nach Augustinus, Confessiones I,1
Februar	9. Ps 139, 5+6 | 10. Ps 139,1b–3 | 11. Ps 139, 7+18b | 16. EG 326,8 | 17. EG 447,8 | 18. EG 446,8+9 | 22. EG 85,4
März	18. nach EG 154,1
April	14. 1 Kön 3,9
Mai	2. Edith Stein zugeschrieben | 4. nach 1 Kön 3,9a | 5. nach Eph 4,29 | 6. nach Tobit 8,7b | 7. GL 475 | 11. GL 358,7 | 12. GL 358,6 | 13. GL 358,2 | 18. nach Franz von Assisi
Juni	1. EG 352,1
Juli	5. Gloria | 13. »Es seufzt, es stöhnt die Erde« Text: Eugen Eckert ©Dehm Verlag; aus: »Junges Gotteslob »Ein Segen sein«; www.dehm-verlag.de | 17. EG 136, 1 | 22. EG 428,5 | 27. EG 358,6 | 28. nach EG 374,2 | 29. EG 390,2 | 31. EG 293,1
August	12. EG 416 | 17. EG 248,5 | 18. EG 275,1 | 19. EG 355,5
September	13. EG 365,3 | 25. EG 206,1 | 26. EG 412,2 | 27. EG 386,10 | 29. EG 417,1 | 30. EG Württemberg 592,1
Oktober	13. Ps 51,12 | 16. EG 361, 8 | 17. EG 631,2 | 18. EG 447,8 | 30. EG 343,1 | 31. EG 343,2
November	1. EG 343, 5 | 6. 1 Joh 4,8f | 7. Ps 144, 3f | 8. Jes 55,8f | 17. Eduard Möricke
Dezember	4. Jesaja 41,10 | 6. nach Jesaja 43,4 | 24. EG 3,1 | 26. Wilhelm Osterwald | 27. Paul Gerhardt | 28. EG 401,4
Lesezeichen	Morgengebet © Raymund Weber Abendgebet Jochen Klepper